现代汉语
同步辅导与习题详解

主编 童程
总策划 云图智作中心

【本书适用于黄伯荣、廖序东增订六版·上下册】

版权专有　侵权必究

图书在版编目（CIP）数据

现代汉语同步辅导与习题详解手写笔记 / 童程主编
— 北京：北京理工大学出版社，2023.8
ISBN 978 - 7 - 5763 - 2746 - 5

Ⅰ. ①现… Ⅱ. ①童… Ⅲ. ①现代汉语 - 高等学校 - 教学参考资料 Ⅳ. ① H109.4

中国国家版本馆 CIP 数据核字（2023）第 153207 号

出版发行 / 北京理工大学出版社有限责任公司
社　　址 / 北京市海淀区中关村南大街 5 号
邮　　编 / 100081
电　　话 /（010）68914775（总编室）
　　　　　（010）82562903（教材售后服务热线）
　　　　　（010）68944723（其他图书服务热线）
网　　址 / http://www.bitpress.com.cn
经　　销 / 全国各地新华书店
印　　刷 / 天津市蓟县宏图印务有限公司
开　　本 / 787 毫米 × 1092 毫米　1/16
印　　张 / 23　　　　　　　　　　　　　　　　　　　　　　责任编辑 / 申玉琴
字　　数 / 574 千字　　　　　　　　　　　　　　　　　　　文案编辑 / 申玉琴
版　　次 / 2023 年 8 月第 1 版　2023 年 8 月第 1 次印刷　　责任校对 / 刘亚男
定　　价 / 65.80 元　　　　　　　　　　　　　　　　　　　责任印刷 / 李志强

图书出现印装质量问题，请拨打售后服务热线，本社负责调换

前 言
——我的现代汉语学习跟跟现代汉语考研有关的二三事

诸君切莫惊慌，副标题没有打错。两个"跟"字连用是语言学大师赵元任在《语言问题》第一讲题目中小试的"牛刀"，原标题为"语言学跟跟语言学有关系的些问题"，第一个"跟"是连词，第二个"跟"是介词。笔者此处东施效颦，化用这个小花招，博君一笑！

我与现代汉语结缘是在大学期间。进入汉文班后，我跟着老师推开了语言学的大门。所谓"一入语言深似海，从此文学是路人"，到图书馆最先去的书架从"I"（文学）逐渐变成了"H"（语言、文字），终于发觉语言学对我的吸引力远远大于文学，或许是因其文理交织的缘故，对我一半路出家的文科生更为友好吧。

"现代汉语"是中文系所有课程中我听得最认真的一门，课程开设了两个学期，课堂知识满满当当，在老师的指引与帮助下，我跟着一节不落地搞懂了许多基础概念，这为我考研乃至读研、做研究奠定了良好的基础，在此要感谢我的两位业师（陈老师与刘老师）。为此，本科毕业论文选题时，我坚定地认准了语言学方向的一个小题目，后来该论文获得了省级优秀毕业论文，对我自己来说无疑是一剂强心针，更坚定了我学习现代汉语的决心。

考研时，尽管很多院校并没有规定具体书目，但黄伯荣、廖序东主编的《现代汉语》是默认的参考书（以下简称"黄廖"），并且该书的体例内容几近完美，集几十年传统本科现代汉语教学研究之大成。虽然我不迷信翻阅的遍数，但在考研备考中也前后精读了多次，平时查阅、记忆更甚。恰逢当年是"黄廖"出版发行四十周年，有纪念与讨论的会议，我的老师受邀并带去了在我翻书过程中积攒的该书在教学实践中遇到的问题，不多不少刚好 3 000 字交给了编委会，我那时竟然自大地冠以"摘误"，现在想来实在是班门弄斧。这算是考研途中遇到的第一件事，是一件有趣的事。

我深知现代汉语考研中课本知识是基础，决胜初试与复试的是主观题（与主观题背后的视野）。所以在三月到五月的时候，我集中阅读了一些重要的语言学书目。看完之后再回过头来看"黄廖"的表述与解释，真有"醍醐灌顶，甘露滋心"的感觉。此外，除了"黄廖"，我还选择性地翻阅了几本国内有一定影响力的教材。有了课外学科专著与课内多版本教材的加持，我对现代汉语内容的理解有了质的变化。这算是第二件事，是一件有意义的事。

借着对语言学深深的热爱，考研时我的现代汉语考了专业第一，上岸后又如愿投入心仪的导师门下。平台更好了，资源也更多了。我陆续参加了北京大学、清华大学、复旦大学、中山大学、暨南大学、香港中文大学、香港浸会大学、粤港澳高校中文联盟等学术机构举办的各种语言学夏令营、田野考察培训、学术研修、讲座等活动，见到了许多书上大名鼎鼎的方家。此外，我尽力几乎同时听完了语言学与应用语言学、汉语国际教育两个方向的硕士专业课，虽然课表排满了，但我觉得在阳光洒进来的教室里聆听老师传道解惑，真真是一种莫大的享受与乐趣。以上种种极大地丰富了经历，拓展了视野。这笼统算是第三件事，是一件幸运又幸福的事。

对现代汉语的学习绝不止步于考研，它需要我们广泛地阅读与沉静地思考。有了前者才能知道学界研究的过往成果与当下热点，有了后者才能不被纸本禁锢思想，观察生活中的语言实例，从而多加阐发。

能看到这篇文字的诸君想必是有现代汉语考研之志的，当冠以"勇"字；能看到我拉拉杂杂末尾此处的，又可见诸君之不急不躁，"诚"字可当也；不管面前的您拿到这本书是几月，都希望您能坚持走完选择的路，再落实一"勤"字，"上岸"便指日可待了。

当下正是"鹏北海，凤朝阳，又携书剑路茫茫"的日子，遥祝大家"明年此日青云去，却笑人间举子忙"！

作　者

中山大学康乐园

凡 例
——本书使用建议

一、本书内容编写以黄伯荣、廖序东主编的《现代汉语（增订六版）》（后简称"教材"）为底本，具体由"理框架、划重点、解习题、练习题"四部分组成。大的章节分布从教材之便，但各小节分隔则因利制宜，如绪论、文字、修辞等章部分小节知识点较少，则将其相邻小节合而为一，统一讲解。这将在章前的学习提示处加以说明。

二、"理框架"部分以简单明了的框架图勾勒知识点结构、关系，并在相应的枝干后用"★"号标明其在实际考研应试中的重要性，此或与教材每小节标题下理论上的"目的要求"有出入，读者请知悉。标有三颗星的标题极为重要，含有主观题、论述题等题型内容，或属于现代汉语基础知识，务必掌握；两颗星为理解，含有名词解释、应用等题型内容；一颗星为含有判断题、选择题等客观题内容。加"*"号表示几乎不会在试卷中出现，仅保留在框架图中。"划重点"部分若出现带"*"内容，表示不予考查但需了解。

三、"划重点"部分按照教材的行文顺序，依次摘录重点。正文适宜归纳为名词解释的，则尽量以"定义、特点（或功能）、分类、举例"四步骤组织内容，如语音部分的"重音"；对应主观题答案的，则尽量在保持原貌下精简内容，如文字部分的"形旁与声旁的作用和局限性"；语法部分有些小节，教材原文的表述之内涵极为深刻，一字一句均独具教材编者的匠心，并不适宜删减，笔者处理这一部分时将酌情挖掘教材行文背后的支持依据和原因，以批注的形式加以提示，以脚注的形式标示其出处或相关论据。另有"考试拓展"与"小贴士"：前者补充某一知识点在考试之外或与考试相关的拓展内容，可增眼界、广见识，不要求掌握，了解即可；后者是在应试中需要特别注意的答题技巧、常见误区等，较为实际，务必知悉。

"解习题"部分对教材每节课后的重点习题给出参考答案。"练习题"部分则适当补充客观题、主观题题目。

四、本书的适用对象主要是考研科目中涉及现代汉语的学生。另，大学本科的期末考核、专升本的单科考试亦可参考。请务必在认真翻阅一遍教材的基础上再参考本书，带着问题来看阐释与拓展，收获会更多。

五、本书涉及的参考文献与其他版本的《现代汉语》说明如下：

1.《通论》：邵敬敏.现代汉语通论（第三版）[M].上海：上海教育出版社，2016.

2.《北大本》：北京大学中文系现代汉语教研室.现代汉语（重排本）[M].北京：商务印书馆，2004.

3.《胡版》：胡裕树．现代汉语（重订本）[M]．上海：上海教育出版社，2011.

4.《钱版》：钱乃荣．现代汉语 [M]．南京：江苏教育出版社，2001.

此外，一些具体的参考文章或著作会在每页下方以脚注的形式注出。

六、为了帮助理解，在每节前都附有视频讲解的二维码，可扫码观看。

七、限于篇幅，选入的练习题数量有限（考试重点章节的习题将策略性扩大，冷门章节的习题将策略性减少或放弃），若想进一步与笔者交流，可通过抖音、哔哩哔哩、微信公众号、微博等社交网站，搜索"小卖部长—童大饱"找到作者，也可将题目发至邮箱 tongcheng202307@163.com。欢迎来题讨论，笔者静候惠赐！

目 录

绪论 ... 1

第一章　语音 ... 11
第一节　语音概说、辅音与声母、元音与韵母 ... 12
第二节　声调、音节 ... 28
第三节　音变、音位 ... 41
第四节　朗读和语调、语音规范化 ... 56

第二章　文字 ... 63
第一节　汉字概说 ... 64
第二节　汉字的形体与结构 ... 69
第三节　汉字的整理和标准化、使用规范汉字 ... 85

第三章　词汇 ... 95
第一节　词汇概说 ... 96
第二节　词义及其性质和构成、义项和义素 ... 108
第三节　语义场及词义和语境的关系 ... 122
第四节　现代汉语词汇的组成与熟语 ... 137
第五节　词汇的发展变化和词汇的规范化 ... 152

第四章　语法 ... 161
第一节　语法概说 ... 162
第二节　词类（上）（下） ... 170
第三节　短语 ... 209
第四节　句法成分 ... 230
第五节　单句 ... 259

第六节　单句语病的检查和修改 ⋯⋯⋯⋯⋯⋯⋯⋯⋯⋯⋯⋯⋯⋯⋯⋯⋯⋯⋯ 295

　　第七节　复句 ⋯⋯⋯⋯⋯⋯⋯⋯⋯⋯⋯⋯⋯⋯⋯⋯⋯⋯⋯⋯⋯⋯⋯⋯⋯⋯⋯⋯ 302

　　第八节　句群与标点符号 * ⋯⋯⋯⋯⋯⋯⋯⋯⋯⋯⋯⋯⋯⋯⋯⋯⋯⋯⋯⋯⋯⋯ 312

第五章　修辞 ⋯⋯⋯⋯⋯⋯⋯⋯⋯⋯⋯⋯⋯⋯⋯⋯⋯⋯⋯⋯⋯⋯⋯⋯⋯⋯⋯⋯⋯⋯ 317

　　第一节　修辞概说、词语的锤炼和句式的选择 ⋯⋯⋯⋯⋯⋯⋯⋯⋯⋯⋯⋯ 318

　　第二节　辞格（一）至（四） ⋯⋯⋯⋯⋯⋯⋯⋯⋯⋯⋯⋯⋯⋯⋯⋯⋯⋯⋯⋯ 327

　　第三节　辞格的综合运用及修辞常见的失误与评改 ⋯⋯⋯⋯⋯⋯⋯⋯⋯⋯ 346

　　第四节　语体 ⋯⋯⋯⋯⋯⋯⋯⋯⋯⋯⋯⋯⋯⋯⋯⋯⋯⋯⋯⋯⋯⋯⋯⋯⋯⋯⋯⋯ 354

跋 ⋯⋯⋯⋯⋯⋯⋯⋯⋯⋯⋯⋯⋯⋯⋯⋯⋯⋯⋯⋯⋯⋯⋯⋯⋯⋯⋯⋯⋯⋯⋯⋯⋯⋯⋯⋯ 357

绪论

学习提示

本部分重要知识点较少,故将三节编在一处。教材的第二节与第三节翻阅一遍即可,重点把握第一节的核心考点:现代汉语的定义、形成、特点。

理框架

扫码听知识精讲

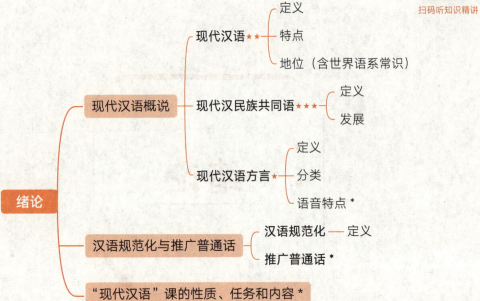

划重点

1. 现代汉语

现代汉语是现代汉民族所使用的语言，包括多种方言和民族共同语。

> **考试拓展**
>
> 教学上一般要避免对同一知识点的多版本解读，为的是减轻学生负担。本书出现的少数几处了解即可。
>
> 补充对现代汉语的多版本定义（依次为）：
> 《通论》：狭义的现代汉语指现代汉民族使用的共同语，即普通话，也叫华文、中文。
> 《胡版》：广义的现代汉语指现代全体汉民族使用的语言，包括普通话及其方言。
> 《北大本》：广义上的现代汉语指五四运动后一直到现在汉民族用来交际的语言，其中包括各个地区所有的方言。

2. 现代汉民族共同语

现代汉民族共同语是以北京语音为标准音、以北方话为基础方言、以典范的现代白话文著作为语法规范的普通话。

3. 文学语言

文学语言又称标准语，是现代汉民族语言中经过高度加工并符合规范化的语言。

（1）文学语言的形成和发展，以书面语的产生与演进为先决条件。但是文学语言比一般书面语更丰富，更具有表达力。

（2）文学语言不局限于书面语。文学语言既有书面语形式，也有口语形式。

（3）文学语言主要在书面上，也在口头上服务汉民族社会活动和文化生活的各个方面。

（4）作为标准语，文学语言对现代汉民族语言的健康发展起着很大的示范和推动作用。

4. 基础方言

民族共同语是一个民族全体成员通用的语言，民族共同语是在一种方言的基础上形成的，作为民族共同语基础的方言叫基础方言。一种方言能否成为民族共同语的基础方言取决于该方言区的政治、经济、文化、人口等因素。

5. 现代汉民族共同语的发展流程

汉族早就存在着民族共同语：在春秋时代，这种共同语被称为"**雅言**"；从汉代起称为"**通语**"；明代改称为"**官话**"；到了现代，即辛亥革命后，称为"**国语**"；新中国成立以后，则称为**普通话**。

> 📢 **小贴士**
>
> "现代汉民族共同语的发展"的详细流程很少有学校考查，但其在考纲中的地位又很高，故一旦出题便是大题，同学们不可不重视教材中相关部分的论述。
>
> 背诵这一部分，切忌死记硬背，理解共同语的发展走向是前提，即先唯一、后分流、再合一。具体为：
>
> ①书面共同语出现；②接近口语的第二种书面语（即白话）出现；③脱离口语的"书面共同语"变成文言文；④白话推动北京话流传；⑤白话取代文言文（白话文运动）；⑥北京话成为标准音（国语运动）；⑦书面语（白话文）和口语（北京话）接近；⑧现代汉民族共同语诞生。

6. 现代汉语方言

（1）定义：汉语方言俗称地方话，只通行于一定地域，是局部地区使用的语言。

（2）特点：①形成汉语方言的因素有外部的（如社会、历史、地理等），也有内部的（语言自身原因：语言发展不平衡、不同语言接触等）；②方言虽通行于一定地域，但自身功能、形式完备，有一套完整的系统（语音、词汇、语法）；③汉语方言的差异性在各分系统皆存在，差异性由大到小依次为语音、词汇、语法。

（3）分类：我国方言大致有七类，包括北方（方言）、吴（方言）、湘（方言）、客家（方

关于方言"十类说"只需要了解比"七类说"多了"平话、晋语、徽语"即可。

言）、赣（方言）、闽（方言）、粤（方言）。

(4) 关于《现代汉语七大方言语音主要特点表》的考查：

①浊塞音与浊塞擦音：吴方言六个全有，湘方言日趋消失，闽方言（厦门、潮州）只有 [b][g]，其他方言皆无；②鼻音韵尾 [-m][-n][-ŋ]：客家、闽、粤（三个南部方言）全有，其他只有 [-n][-ŋ]（即只区分一般的前后鼻音）；③入声韵尾 [-p][-t][-k]：只有客家、闽、粤（三个南部方言）全有；④汉语声调数目最少的是北方方言，最多的是粤方言。

> **📣 小贴士**
>
> 名词解释尽量以这四个步骤来作答可保答题无虞：a. 定义；b. 特点；c. 分类；d. 举例。
>
> 教材中七大方言的代表地点、人数（最多与最少），以及北方方言和闽方言的下分次方言名字等需牢记！可以出选择题、填空题、判断题等小题。
>
> 关于教材（上）P5 的七大方言语音主要特点表，只有西北大学等少数高校考查过选择题，一般可忽略。

> **🚩 考试拓展**
>
> 为了便于形象化记忆方言分布，《中国语言地图集》[1] 可为佐助，建议配合使用加深感性的认识。→ 方言区和方言区之间的界限一般不会考查，但往年有考查过江淮方言和吴语分别在哪座城市的东和西，答案是镇江。
>
> 《北大本》：各方言与普通话的差异从大到小为：闽、粤 > 吴 > 客家、赣、湘。

7. 现代汉语的特点

> **📣 小贴士**
>
> 教材（上）P6~7 总结的现代汉语特点（与英语等印欧语相比）是比较全面、稳妥的，其他版本只需拓展、了解即可。另第二个角度，即与古代汉语相比较得出的特点是作者总结得出，诸君学有余力可为一记。
>
> 一种语言的特点都是与其他语言对比得出的，没有类型学的支撑，就是"只在此山中，云深不知处"[2]。

→ 第一个对比角度，与印欧语进行比较。

Ⓐ 现代汉语属于汉藏语系，具有区别于印欧语系语言的许多特点。

(1) 语音方面：音节界限分明，乐音较多，噪音少，加上声调的高低变化和语调的抑扬顿

---

[1] 中国社会科学院和澳大利亚人文科学院合编. 中国语言地图集 [M]. 北京：中国社会科学院出版社，1987.
[2] 吕叔湘. 吕叔湘语文论集 [M]. 北京：商务印书馆，1983:133–148.

挫，因而具有音乐性强的特点。具体表现如下：

①没有复辅音。音节内辅音不连用，例如没有 str、sp 等，因而噪音少。（汉语拼音字母 ng、zh、ch、sh 是两个字母表示一个音素，不是复辅音。）②元音占优势。汉语音节中复元音比例高。因元音是乐音，所以汉语语音中乐音成分比例大。③音节整齐简洁。多数音节一个辅音在前，一个单元音或复元音在后，辅音在后的很少，音节结构整齐而简洁，音节数目较少。④有声调。每个音节都有几个固定音高型式的声调，表示不同的意义。声调还可以使音节之间界限分明，使语言富有高低升降的变化，所以音乐性强。

(2) 词汇方面：

①单音节语素多，双音节词占优势。汉语词形简短，古汉语单音词更多，发展到现代汉语，逐渐趋向双音节化，如"目—眼睛""石—石头"。有些多音节短语也被缩减为双音节词，如"外交部长—外长""彩色电视机—彩电"。新创造的词也多为双音节词，如"离休""电脑"。三音节词很少。②构词广泛运用词根复合法。汉语运用复合法，使用词根语素构成的合成词最多，如"火车""山峰"等。使用附加法，用词缀语素加词根语素构成的词较少，如"袜子""石头"等。③同音语素多。这个特点使汉字能够长期适应于汉语。

(3) 语法方面：

①汉语表示语法意义的手段不大用形态，主要用语序和虚词。

> 📢 **小贴士**
>
> 注意，这里的说法是"不大用形态"（或者说"基本上不用"），而不是"缺乏形态"，这种说法是经过专家反复讨论和推敲的。具体可参见黄伯荣、廖序东主编的《现代汉语教学与自学参考（增订六版）》（下文简称《自学参考》）。

这里所说的形态，主要指表示语法意义的词形变化。例如，英语"She loves me"和"I love her"，同一个词"她"，位居主语（she）时和位居宾语（her）时词形不同；同是一个动词"爱"，当主语是第三人称时"love"要加"s"，主语是第一人称时则不必加。而汉语"她爱我"和"我爱她"里面的两个代词"她"和两个"我"，不管是作主语还是作宾语，词的形态不变，只用语序表示不同的语法关系。

②词、短语和句子的结构规则基本一致。语素组成合成词、词组成短语、词或短语形成句子，都有主谓、动宾、补充、偏正、联合五种基本语法结构关系。例如，词"地震"、短语"地面震动"、句子"地面震动了"都是陈述关系的主谓结构。

③词类和句法成分关系复杂。汉语中的词类和句法成分之间的对应关系不像印欧语那样简单（一种词类对应一种成分）。汉语里同一类词可以充当多种成分，同一种句法成分又可以由几类词充当。因此汉语的兼类词（同词异类）比较多。

④量词和语气词十分丰富。数词和名词结合时，一般需要在数词后加量词，而量词又随它后面的名词而不同，如"一个人""一头牛""一张纸"等。语气词常常出现在句末，表示各种语

气的细微差别，例如，"是他吗？"（疑问），"是他吧！"（推测），"是他啊！"（惊奇）。

此外，汉语的特点还体现在所使用的文字方面。

汉语是世界上唯一的几千年来一直使用表意体系文字的语言，表示语素意义的汉字字符数以万计。汉字在书面上能区别汉语众多同音词和同音语素。汉字还具有超时空性，它能记录语音上差别极大的古今汉语（含各种方言）乃至记录不同语系的外族语言。

> **📢 小贴士**
>
> 本部分虽然是导论，但是教材编者已经在绪论部分暗含了语言研究的一种重要方法，即"比较法"。现代汉语里比较法的运用主要有三个角度：普通话与方言；现代汉语与古代汉语；现代汉语与外语。普通话、方言、古代汉语，三者相互印证，即著名语言学家邢福义先生提出的大三角"普—方—古"[1]结合的方法。

> **✏️ 考试拓展**
>
> *与上文 A.相呼应*
>
> B. 现代汉语同古代汉语比较，所显示的特点：
>
> 语音方面：无成套的全浊声母，入声消失，[m]尾韵消失（只保留在客家、闽、粤方言中）。
>
> 词汇方面：以双音节词为主，出现大量的新词新语，有较多的外来词和字母词。
>
> 语法方面：词缀增加，词类活用减少，一些特殊句式（判断句、被动句）消失，欧化句式进入。

8. 现代汉语规范化

关于现代汉语规范化，教材解释了普通话的三个内涵，并提到了1955年的"现代汉语规范问题学术会议"，至于考试题目一般很少涉及。

根据汉语历史发展的规律来确立现代汉民族的共同语及内部语音、语法、词汇各方面明确的、一致的标准，并用这种标准消除语音、词汇、语法等方面存在的一些分歧，同时对它的书写符号——文字的形、音、义各个方面也制定标准进行规范，以便更进一步发挥汉语的社会交际作用，促使其朝着健康的方向发展。

> **📢 小贴士**
>
> "现代汉语规范化"只需背诵其定义即可。后面"文字四定"部分会有更多内容。
>
> 几个容易出填空题的知识点：1955年确定的语言文字工作的三大任务——促进汉字改革、推广普通话、实现汉语规范化；第一部关于语言文字的专门法——《中华人民共和国国家通用语言文字法》，该法自2001年1月1日起生效。

---

[1] 邢福义.语法研究中"两个三角"的验证[J].华中师范大学学报（人文社会科学版），2000（05）:38-45.

思考和练习一

1. 什么是现代汉民族共同语？它是怎样形成的？

划重点 1+ 划重点 5，分步骤踩点作答即可，不必死记硬背。

2. 共同语和方言的关系是怎样的？

（1）民族共同语是一个民族全体成员通用的语言；方言是局部地区的人们使用的语言。

（2）有些方言是形成民族共同语的基础；在民族共同语形成之后，方言仍可以与共同语同时存在。

（3）规范化的共同语是民族语言的高级形式，各地方言则为低级形式，前者更具表现力。

（4）共同语形成后对各种方言的语音、词汇、语法都有吸引、同化作用，使方言向其靠拢，在一定意义上制约方言的发展。

（5）方言是共同语丰富发展自己的重要资源宝库。

3. 简述现代汉语口语和书面语的关系。

（1）总论：口语与书面语是现代汉语两种不同的语体。口语通过口头发音传播，书面语通过文字流传。

（2）载体不同：口语的载体是语音，书面语的载体是文字。

（3）风格特征不同：口语应用于口头交际，风格简短、疏放，多省略、多短句；书面语因为缺少口语交流时的其他辅助性信息支持（如姿态、语气等），故趋于周密、严实，结构完整，长句多，因此书面语得以规范化、标准化，进而成为文学语言，即标准语的基础。

（4）产生先后：先有口语，后有书面语。

（5）流传方式与范围：口语传播于当下，受一时一地的时间、空间制约；书面语则无此阻碍，可跨越千年，可流播万里。

（6）相互影响：书面语促使口语趋于规范化、标准化；口语则以其鲜活的动态内容更新、完善、丰富书面语。

4. 汉语在世界语言中有什么样的地位和影响？

（1）总论：汉语是世界上历史悠久、发展水平最高的语言之一。无论是过去还是现在，汉语在国内外都具有很大的影响，占有很重要的地位。

（2）在世界上，汉语的使用人数最多。

（3）历史原因：汉语与许多民族语言有接触并互相影响。

（4）汉语是联合国的六种工作语言之一。

(5) 现在国际上研究、学习汉语的机构不断增多。

5. 略

6. 略

思考和练习二

1. 20 世纪 50 年代初期国家制定的语言文字工作三大任务是什么？

促进汉字改革、推广普通话、实现汉语规范化。

2. 新时期语言文字工作的方针和任务是什么？

方针：贯彻执行国家关于语言文字工作的政策和法令，促进语言文字规范化、标准化，继续推动文字改革工作，使语言文字在社会主义现代化建设中更好地发挥作用。

任务：(1) 做好现代汉语规范化工作，大力推广和积极普及普通话；(2) 研究和整理现行汉字，制定各项有关标准；(3) 进一步推行《汉语拼音方案》，研究并解决实际使用中的问题；(4) 研究汉语汉字信息处理问题；(5) 加强语言文字的基础与应用研究；(6) 做好社会调查和社会咨询、服务工作。最重要的任务是促进语言文字规范化、标准化，使语言文字在社会主义现代化建设中更好地发挥作用。

3. "国家通用语言文字"具体指什么？《国家通用语言文字法》的颁布与实施有什么重要意义？

"国家通用语言文字"指的是普通话和规范汉字。《国家通用语言文字法》的颁布与实施标志着语言文字工作经历了长期实践后进入国家法制化的全新历史阶段，从此语言文字工作的重大方针与政策等将以法律形式应用于全国语言文字使用的各个领域，普通话与规范汉字的推广有法可依，这必将有利于国家通用语言文字的规范化与标准化。

4. 什么是现代汉语规范化？

根据汉语发展的规律来确立现代汉民族的共同语及内部语音、语法、词汇各方面明确的、一致的标准，并用这种标准消除语音、词汇、语法等方面存在的一些分歧，同时对它的书写符号——文字的音、形、义各个方面也制定标准进行规范，以便更进一步发挥汉语的社会交际作用，促使其朝着健康的方向发展。

5. 现代汉语规范化的标准是什么？

（即普通话的定义，但不要钻牛角尖。）

语音方面：以北京语音为标准音（但并非北京话中的任何一个音都是标准的，异读与土音排除在外）。词汇方面：以北方话词汇为基础（通行范围很小的地方土语词要排除）。语法方面：以典范的现代白话文著作为语法规范（是该种著作的一般用例而非少数特殊用例）。

6. 略

7. 略

思考和练习三

1. 略（自圆其说即可）
2. 略（同上）

1. 普通话与方言之间的差异有哪些？

可参考《通论》中关于现代汉语方言与普通话之间的差异：

(1) 语音上：声母韵母存异，声调中入声、调类、调值皆相异。

(2) 词汇上：各有方言词，导致各方言间"同物异名""同名异物"等情况。

(3) 语法上：量词、语气词、助词、句子格式等存异。

2. 汉语规范化会不会妨碍语言的发展？会不会使语言千篇一律，发生僵化？

汉语规范化不会妨碍语言的发展。因为规范化要剔除的是语言中不符合语言发展规律的，甚至是部分低俗的内容，目的在于克服语言内部的分歧和混乱。而这恰恰有利于促使语言更健康，更适应时代发展。

汉语规范化不会使语言千篇一律，发生僵化。语言形式的多样化属于修辞范围，不论是作家的行文风格还是个人的语言风格，其中丰富生动的表达与修辞都以规范的全民语言使用背景为基础。在文艺作品中，方言俗语的使用在一定程度上是锦上添花，这与语言规范并行不悖。

3. 有人认为部分方言（如粤语）与普通话差异极大，"汉民族共同语的变异形式"这一称法不太合适，应当认定为新的语言，你怎么看？

这一看法是错误的。虽然现代汉语与各种方言之间存在不少差异，尤其是语音差异较大，非方言区的人之间可懂度很低，沟通较为困难，但是各方言共用一套汉字书写符号系统，并有着一大批同源乃至共用的词汇，又有大致统一的语法结构和整套关系密切对应的语音系统。总之，各方言仍然是从属于汉民族共同语的变体，并不能够与普通话相对立。

学习提示

  本章的各小节内容之间具有或密或疏的相关性,重要程度也不尽相同,我们在之后的篇幅里会根据情况,按顺序归并讲解。教材语音章共有 9 小节,现将其分为 1~3、4~5、6~7、8~9 四部分。

第一节 语音概说、辅音与声母、元音与韵母

 理框架

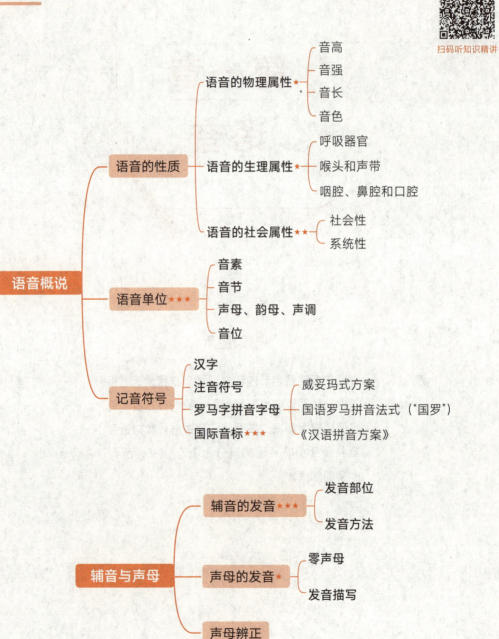

扫码听知识精讲

语音 ● 第一章

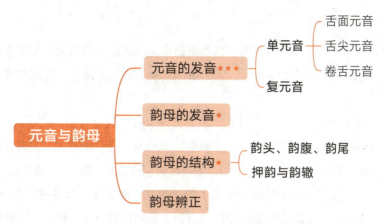

划重点

1. 语音 → 语音与自然界的声音区别有三：由人类发音器官发出；不同语音有不同"意义"；目的在于社会交际。

语音是人类发音器官发出来的表达一定意义的声音，是语言的物质外壳，是语言的交际功能得以实现的物质手段，语言必须凭借语音才能表达出来。

2. 音高

音高是声音的高低，取决于发音体振动的快慢。在一定时间内振动的快慢即振动次数的多少，叫作"频率"。在一定时间内振动快、次数多，频率就高，声音也就高；反之则低。大的、粗的、厚的、长的、松的物体振动慢、频率低、声音低；反之则高。汉语字音之声调、句子之语调的不同，主要是音高的高低升降形成的格式造成的。

→ 语音四要素分别决定了什么需要特别注意。

3. 音强

音强指的是声音的强弱，与发音体的振幅有关。振幅大，声音就强；反之则弱。语音的强弱取决于发音气流的强弱。

4. 音长

普通话中无。
广州粤语中："三【sa:m⁵⁵】"—"心【sam⁵⁵】"，"考【ha:u³⁵】"—"口【hau³⁵】"。
日语中："ojisan"（叔叔）—"ojiisan"（爷爷），"obasan"（阿姨）—"obaasan"（奶奶），"syosai"（书房）—"syoosai"（详细情况）。
英语中："heat"（热）—"hit"（打击）。

音长指的是声音的长短，决定于发音体振动时间的久暂。有的语言可用音长区别意义。

5. 音色

音色又叫"音质"，指的是声音的特色，是不同声音互相区分的最本质的特征。音色的差别主要取决于音波的波纹（波形）。造成音色差别的因素有三种：发音体、发音方法、发音时共鸣器形状。

→ 填空

> **小贴士**
>
> 《北大本》：语音的物理四要素中，音色是语言用以区别不同意义的基本要素，其他三种要素的重要性在不同语言中各异。除了音色，余下的三要素里，音高对汉语来说较为重要。
>
> 站在人类的发音角度，"音色"里的"发音方法"就是教材（上）P30"辅音的发音方法"所言，但是"发音体"应当指的是"声带"，与教材（上）P30 说的发音部位是不同的。"共鸣器形状"就是教材（上）P45 的口形（舌位、开口度、唇形）。需要注意区别。
>
> 教材在许多地方的表述可能缺乏形式上的层次性，而其他版本往往会用序号标明。同学们在使用教材的时候需要有主动罗列的意识，比如教材（上）P18 对咽腔气流的介绍其实是声波到达咽腔后的三种输送方式：①口音；②鼻音；③鼻化音。

6. 语音的生理属性

肺和气管——动力器官；喉头和声带——振动器官；咽腔、鼻腔和口腔——共鸣器官。

7. 语音的社会属性

（表征有二，即在不同的语言（或方言）中，同义不同音；在一种语言（或方言）内部，同音不同义或同义不同音皆有。）

语音是一种社会现象，这可以从语音表示意义的社会性看出来。作为社会交际作用的语言，其语音总是附载着一定的语音内容——词义，表示特定的社会概念，而用什么样的语音形式表示什么样的语音内容，不是由个人决定的，而是由使用该语言的全体社会成员约定俗成的，即词语所表示的意义是由社会赋予的，这就是语音的社会属性。语音的社会属性是语音的本质属性。

语音的社会属性还表现在语音的系统性上。不同的语言或方言有不同的语音系统，从物理属性和生理属性角度看是不同的音，在语言中可能认为是相同的音。

> **考试拓展**
>
> 《北大本》：从交际功能的角度来看，重要的不是语音在生理、物理属性上的差别，而是语音的差异是否与意义的差别相联系。音位的划分便与此有关。
>
> 《通论》：语音的社会属性表现在：①约定俗成；②系统性；③语音具备一定的民族特征和地域特征。

8. 音素

音素是从音色的角度划分出来的最小的语音单位（填空）。一个音节，如果按音色的不同去进一步划分，就会得到一个个最小的各有特色的单位（填空），这就是音素（这叫音素分析法）。例如，"爸（bà）"从音色的角度可以划分出"b"和"a"两个不同的音素。

9. 辅音

气流经过口腔或咽头受到阻碍而形成的音叫作辅音，又叫子音。如 b、m、f、d 等。辅音的发音由发音部位和发音方法决定。普通话共有 22 个辅音，其中大部分是清音，只有 m、n、l、r、ng 是浊辅音。

> 发音时喉头、口腔、鼻腔节制气流的方式。

> 发音时气流受到阻碍的位置叫作发音部位。

> 📣 **小贴士**
>
> 针对考研的同学，教材（上）P30 的辅音的发音方法可以结合教材（上）P19 的"发音器官纵切面示意图"理解性地记忆，每种方法都有固定的一套说辞。比如鼻音是"口腔完全闭塞，软腭下降，打开鼻腔通路"，又因为鼻音都是浊的，所以还有一句"气流振动声带"，而非鼻音就全部反过来即可；再比如送气和不送气在描述时采用"较强的气流""较弱的气流"等。诸如此类，每一种发音方法（阻碍方式、是否振动、强弱与否）都理解后再看教材（上）P32~33 的声母发音的全面描写就会很清楚了。
>
> > 强调"完全"是因为声学上还有一类口鼻音，气流同时经过口腔和鼻腔。
>
> > 声母共 22 个，教材中只列出了 21 个辅音声母，零声母在教材（上）P31，另外不是声母的辅音 ng 的发音描述在教材（上）P52。
>
> 教材（上）P20 中辅音与元音的四大区别请着重记忆！分别是受阻与否、紧张度、气流强弱、响亮度方面。

10. 辅音的发音部位

是指发音时气流受到阻碍的位置。例如双唇音（b、p、m）由上唇和下唇阻塞气流而形成。上唇和下唇就是发音部位。依据发音部位的不同，可将辅音分为七类。

> 见教材（上）P29《普通话辅音总表》的横轴。

> 📣 **小贴士**
>
> 请各位牢记教材（上）P29《普通话辅音总表》，现代汉语考研需要背默的表格不多，几乎全集中在语音部分，需要背默的地方笔者会特意注明。此表格的横轴还有两个值得注意的细节，其一是唇音，包括双唇音和唇齿音（概念一定要清楚）；其二是"上唇"到"软腭"这一行是发音器官，搭配教材（上）P19 的"发音器官纵切面示意图"看最佳。
>
> 分出的各小类有无别名，例如"舌尖前音——平舌音"等，请务必弄清楚。

11. 辅音的发音方法

发音时，喉头、口腔、鼻腔节制气流的方式和状态，可以从发音时构成阻碍和克服阻碍的方式、声带是否振动、气流强弱的情况三个方面来观察。①看阻碍的方式。普通话声母分为塞音、擦音、塞擦音、鼻音、边音五类。②看声带是否振动。发音时声带振动的是带音，又叫浊音；声带不振动的是不带音，又叫清音。③看气流的强弱。塞音、塞擦音有送气音和不送气音的分别。

12. 声母

传统的音韵分析法把音节里开头的辅音字母叫声母。

13. 零声母

有的音节不以辅音开头，元音前头那部分是零，习惯上叫"零声母"。零声母音节其实在真正发音时往往带上一些半元音和辅音，比如轻微的舌面后浊擦音 [ɣ] 或喉塞音 [ʔ]。它们都是出现在零声母音位的位置上，注音或标音时都不写出来。零声母通常写作"ø"。<u>这两个是辅音。</u>

主要是 [j]、[w]、[ɥ] 这三个。

> **小贴士**
>
> 声母和辅音的区别可从以下四个角度着眼（教材 [上]P21 有简单的表述）：
>
> ①概念不同。②性质和着眼点不同。声母是声韵学术语，着眼于音节结构；辅音是语言学术语，着眼于音位系统和语音特色的分析。③范围大小不同。辅音的范围比声母大，22 个辅音中，21 个能作声母，ng[ŋ] 只能作韵尾。④在音节的位置不同。声母一般出现在元音开头，而辅音除声母的位置外还可出现在韵尾。
>
> 教材（上）P27 的《国际音标简表》非常有用。教材（上）P31《零声母表》中的 [j]、[w]、[ɥ]、[ɣ]、[ʔ] 在《国际音标简表》中都有，前后结合，可以常读常新。另，哪些韵母只与零声母相拼，哪些又不与其相拼，在音节部分会展开说明。

> **考试拓展**
>
> 研究指出[1]，北京话合口呼零声母 w 存在一定的语音分歧，处在开头的 w 有可能发 v 的音。一般来看，出现 v 的发音情况的女性多于男性，文化程度高的人多于文化程度低的人，青年人多于老年人。

14. 元音

元音的发音描述没有辅音那么重要，了解即可。

对照辅音来看，这就是不同！

气流振动声带，经过口腔、咽头不受阻碍而形成的音素叫作元音，又叫母音。如 a、e 等。普通话有单元音 10 个，复元音 13 个。

15. 单元音

请牢记教材（上）P45 的《普通话单元音总表》，做到能背默！

发音时舌位、唇形、开口度始终不变的元音叫单元音。单元音是和复元音相对的概念。普

这是从语音的生理属性角度来划分元音。

---

[1] 沈炯.北京话合口呼零声母的语音分歧[J].中国语文,1987（5）.

通话的单元音共 10 个，包括 7 个舌面元音、2 个舌尖元音和 1 个卷舌元音。

> 考试拓展

《北大本》关于元音与辅音的补充定义：气流从肺里出来振动声带，形成音波，通过口腔时又没有受到任何阻碍而形成的音叫元音。气流从肺里出来不一定振动声带，通过口腔时受到一定的阻碍，这种主要依靠阻碍发出的音叫辅音。

16. 舌面元音

发音舌位在舌面部分的元音叫舌面元音。普通话的舌面元音有 7 个，即 a、o、e、ê、i、u、ü。舌面单元音的不同主要是由不同的口形及舌位造成的。舌头的升降伸缩、唇形的展扁圆敛以及口腔的开闭都可以造成不同的共鸣器，因而形成各种不同音色的元音。

17. 舌尖元音

发音舌位在舌尖部分的元音叫舌尖元音。舌尖前元音 -i[ɿ] 只出现在辅音声母 z、c、s 后，舌尖后元音 -i[ʅ] 只出现在辅音声母 zh、ch、sh、r 后。它们与舌面元音 i[i] 出现条件不同。因此，《汉语拼音方案》用 i 同时表示 i[i]、-i[ɿ]、-i[ʅ]。

18. 卷舌元音

er[ər]，卷舌、央、中、不圆唇元音。er 是个舌尖上翘带有卷舌色彩的央元音 e[ə]。er 中的 r 不代表音素，也不是韵尾，只是表示卷舌动作的符号，所以 er 虽用两个字母标写，但仍是单元音。

19. 复元音

复元音是指发音时舌位、唇形都有变化的元音。复元音并不止一个元音，也非两个元音音素的简单相加。其发音特点是从一个元音的发音状况快速向另一个元音的发音状况过渡，舌位的高低前后、口腔的开闭、唇形的圆展，都是逐渐变动的，不是突变的、跳动的，中间有一连串过渡音；同时气流不中断，中间没有明显的界限，发的音围绕一个中心形成一个整体，是多个元音的复合体。根据发音时元音的响度不同，又可分为前响复元音、中响复元音、后响复元音。

> **考试拓展**
>
> 　　教材（上）P46 的"舌面元音舌位示意图"非常重要，准确理解其中各个元音的位置能够帮助我们厘清相关问题，比如教材（上）本章第六节音变背后的原理，若不懂此图，势必难以完全掌握。教材（上）P46 的图中左边外侧的 [i]、[e]、[ɛ]、[a] 与右边外侧的 [u]、[o]、[ɔ]、[ɑ] 合称为定位元音。

20. 韵母

　　传统的音韵分析法把音节里声母后面的部分叫作韵母。普通话的韵母共㊴个，韵母位于音节后段，由元音或元音加辅音构成。可从结构、韵头、韵尾三个角度对韵母进行分类。

　　韵母的结构可分为韵头（i[i]、u[u]、ü[y]）、韵腹（也叫主要元音，且所有元音都能作韵腹）、韵尾（i[i]、u[u]、n[n]、ng[ŋ]）。

早期的看法可能存在出入，但目前教材、《通论》都是39个，我们就以此数字为准。

> **考试拓展**
>
> 　　与其他方言相比，普通话的韵母有以下特点：其一，有舌尖韵母 [ɿ][ʅ]；其二，有卷舌韵母 er[ɚ]；其三，四呼俱全；其四，复韵母多；其五，辅音韵尾只有 n、ng。

> **小贴士**
>
> 　　请牢记教材（上）P51 的《普通话韵母总表》，做到背默！
>
> 　　观察教材与《通论》（见下表）的两张韵母总表，我们会发现某些韵母的国际音标写法存在差异，这是不同版本的现代汉语编者看法有别。本书若无特别说明，拼音的国际音标同教材（上）P27 所示。
>
> 　　下面补充《通论》的韵母总表。

普通话韵母总表

韵母 按结构分	按口形分	开口呼	齐齿呼	合口呼	撮口呼	按韵头分 按韵尾分	韵母
单元音韵母		-i[ɿ][ʅ]	i[i]	u[u]	ü[y]	无韵尾韵母	
		ɑ[A]	iɑ[iA]	uɑ[uA]			
		o[ǫ]		uo[uo]			
		e[ɤ]					
		ê[E]	iê[iE]		üe[yE]		
		er[ɚ]					

语音 • 第一章

续表

韵母 按结构分 \ 按口形分	开口呼	齐齿呼	合口呼	撮口呼	韵母 按韵尾分 \ 按韵头分
复元音韵母	ai[ai]		uai[uai]		元音韵尾韵母
	ei[ei]		uei[uei]		
	ao[au]	iao[iau]			
	ou[ou]	iou[iou]			
带鼻音韵母	an[an]	ian[iɛn]	uan[uan]	üan[yɛn]	鼻音韵尾韵母
	en[ən]	in[in]	uen[uən]	ün[yn]	
	ang[aŋ]	iang[iaŋ]	uang[uaŋ]		
	eng[ɤŋ]	ing[iŋ]	ueng[uɤŋ]		
	ong[uŋ]	iong[yŋ]			

注意韵母表最下一行的 ong 与 iong，《通论》分别归入开口呼、齐齿呼，是以形式为依据；而教材则分别归入合口呼和撮口呼，是以实际的发音为主，我们依教材。

21. 四呼

中国传统语音学把汉语的韵母分为四类，"开口呼（15个）""齐齿呼（9个）""合口呼（10个）""撮口呼（5个）"，简称"四呼"。普通话里声母与韵母有搭配上的选择性，不同的声母只能与"四呼"中的部分韵母相拼。"四呼"的分类有利于揭示声韵拼合规律。

22.《汉语拼音方案》

《汉语拼音方案》由中国文字改革委员会于1956年拟订，1958年通过第一届全国人大第五次会议批准正式推行。《汉语拼音方案》是在过去各种记音法的基础上发展起来的，是我国人民创制各种汉语记音法与汉字注音法的经验总结，采用国际通用的拉丁字母（又名罗马字母）书写。《汉语拼音方案》有下列用途：①汉字的注音工具；②普通话的拼写工具；③我国各少数民族创制和改革文字的共同基础；④帮助外国人学汉语；⑤用来音译人名、地名和科学术语；⑥用来编制索引和代号；等等。

考试拓展

以往的"直音""读若""反切"都是用汉字注音，这存在两个问题：其一是用来注音的汉字可能也不认识；其二是同一个汉字在古代的方言中读音也有差别。

教材（上）P28《三种记音符号对照表》展示的注音符号克服了上述缺点，但又出现了几个问题：其一，既非音素标音，也非拉丁字母标音，仍不能准确反映规范读音；其二，无法与国际通用的符号接轨。

 小贴士

汉语拼音的作用部分很能体现教材的一个特点，就是不太注重分点，或者不能一以贯之的标序号，同学们需要自己勤动笔。

《汉语拼音方案》含有五个部分，分别是字母表、声母表、韵母表、声调符号、隔音符号。 ←填空

教材（上）第一章第一节后附录一的三个表非常重要，有很多小知识点，请务必仔细阅读，附录二与附录三更要勤加翻阅，掌握国际音标与汉语拼音的转写！

教材（上）第一章第二节中的声母辨正部分、附录一、附录二与第三节中的韵母辨正部分、附录一、附录二、附录三了解即可，按需学习。

23. **国际音标** ←英文全名是 International Phonetic Alphabet，简称 IPA。具体包括元音表、辅音表、附加标记符号三部分。

国际音标是1886年成立于英国伦敦的国际语音学会为了记录和研究人类语言的语音而在1888年制订的一套记音符号。有以下四个特点：其一，它共有一百多个符号，符合"一个符号一个音素，一个音素一个符号"的原则；其二，它的符号大部分采用世界通用的拉丁字母印刷体，简明、科学、细致；其三，拉丁字母不够用时，采用倒写、反写、大写字母小写其尺寸等方法，存在个别希腊字母，并允许其添加标音符号；其四，以形体相似的一组符号表示发音部位或发音方法相近的一组音，规律整齐。

解习题

思考和练习一

1. 什么是语音？它与自然界其他声音有何异同？

定义：语音是人类说话时由发音器官发出的表达一定意义的声音，是语言的物质外壳，是语言的交际职能得以实现的物质手段，语言必须借助语音才能表达出来。

←即便是手语，也有手语音系学。

语音和自然界其他声音都产自物体的振动，具有物理属性。语音是人类说话时由发音器官发出的，和一般动物的叫声一样，也都具有生理属性。至于非生物的声音，如雷声、雨声就不具备生理属性。语音和其他声音更本质的区别在于其社会属性，由何语音表何义，必须是由使用一种语言的全体成员约定俗成的。

2. 试联系你所熟悉的语言，谈谈什么是音高、音强、音长、音色，并谈谈它们在语音中的表现或作用。

音高：声音的高低，取决于发音体振动的快慢。在一定时间内振动的快慢即振动次数的多少，叫作"频率"。在汉语中，声调的变化主要由语音的音高决定。

音强：声音的强弱，与发音体的振幅有关。振幅大，则声音强，反之则弱。普通话中的轻声就是语音的音强减弱的表现。

音长：声音的长短，取决于发音体振动时间的久暂。汉语保留入声调的一些方言，其入声调显得短促有力，即音长比较短。

音色：又叫"音质"，指的是声音的特色。发音体、发音方法、发音时共鸣器形状等都可影响音色。部分客家方言中 i、ü 不分就是唇形圆展未加以区分。

3. 试绘制发音器官示意简图，并写出口腔中各发音部位的名称。

略（详见教材[上]P19）

4. 语音具有哪些属性？为什么说社会属性是语音的本质属性？

语音有物理属性、生理属性、社会属性。之所以认为社会属性是语音的本质属性，是因为语音是一种社会现象，尽管声音和意义之间不存在必然的因果关系，是任意性的，但由何音来表何义，完全是由全体社会成员约定俗成的。在不同的语言（或方言）中，同义不同音，例如"书"，北京话为 [ʂu^{55}]，吴语龙泉话为 [ɕy^{335}]；在一种语言（或方言）内部，同音不同义或同义不同音皆有，例如中古汉语中"阁"表示"小门"，郑张尚芳拟音为 [kʌp]，但这个音在现代英语中是杯子的意思。

5. 解释术语（注意举例）：

（1）音素（2）辅音（3）元音（4）音位（5）音节（6）声母（7）韵母（8）声调

"音素、辅音、元音、声母、韵母"略。

音位：语音系统中能够区别意义的最小语音单位，是按语音的辨义作用归纳出来的。例如北方官话里会区分"n、l"，那么"n"和"l"就是两个音位。

音节：由音素构成的语音片断，是听话时自然感到的最小的语音单位。每发一个音节时，发音器官的肌肉，特别是喉部的肌肉都明显地紧张一下。每一次肌肉的紧张度增而复减，就形成一个音节。紧张几次就有几个音节。一般来说，汉语中一个音节用一个汉字来表示。儿化音节是例外，如"花儿"。

声调：依附在声韵结构中具有区别意义作用的音高型式，是整个汉语中不可缺少的成分。例如"底"的音高，是先降到最低然后再升高上去，这种先降后升的音高变化格式，就是音节"底"的声调。

6. 声母与辅音有何不同？韵母与元音有何不同？

22个声母包括21个辅音声母和1个零声母。22个辅音中有21个可以作声母，还有一个 ng 只能作韵尾，另外 n 既可以作声母，也可以作韵尾。

（这里强调一个互相"充当"的关系。）

韵母可由单元音充当，如 a；可由复元音充当，如 ai；还可由元音加辅音充当，如 uang。此外，数量也不同，单元音10个，复元音13个，而韵母则有39个。

7.《汉语拼音方案》的主要用途有哪些？

略（详见本节划重点22）

思考和练习二

1. 学唱《汉语拼音字母歌》，并将歌中的18个辅音字母按七个发音部位排列，指出少了哪些辅音字母，说明为什么。

《汉语拼音字母歌》略。

双唇：b、p、m；唇齿：f；舌尖前音：z、c、s；舌尖中：d、t、n、l；舌尖后音：r；舌面前音：j、q、x；舌面后音：g、k、h。

少了 zh、ch、sh，因为都由双字母表示。

2. 普通话辅音的发音部位和发音方法各包括哪几种？请画成一个总表，把辅音填上。

略 → 见教材（上）P29辅音总表。

3. 根据题目所提供的发音部位和发音方法，填上相应的声母。

分别是 p、sh、l、r、j。

4. 根据题目所提供的的辅音声母，写出它的发音部位和发音方法。

(1) k：舌面后、送气、清、塞音。
(2) ch：舌尖后、送气、清、塞擦音。
(3) n：舌尖中、浊、鼻音。
(4) x：舌面前、清、擦音。
(5) z：舌尖前、不送气、清、擦音。

→ 描述发音时的顺序：发音动作、气流强弱、振动与否、阻碍方式。

5.~8. 略

9. 试从发音部位和发音方法两方面分辨下列各组声母的异同。

(1) g—k：都是舌面后、清、塞音，但前者不送气，后者送气。
(2) f—h：都是清、擦音，但前者是唇齿音，后者是舌面后音。
(3) zh—z：都是不送气、清、塞擦音，但前者是舌尖后音，后者是舌尖前音。

(4) b—p：都是双唇、清、塞音，但前者是不送气音，后者是送气音。

(5) m—n：都是浊、鼻音，但前者是双唇音、后者是舌尖中音。

(6) q—c：都是送气、清、塞擦音，但前者是舌面前音，后者是舌尖前音。

10. 略

11. **声母调查例字** （这个调查例字表其实出自《方言调查字表》，通过念读这些字音，语言工作者可以推知不同方言的声韵系统（这里是确定声母）。《方言调查字表》的设计者和修订者是赵元任、丁声树、李荣等，张清常先生所写《赵元任先生所指引的》一文对该表的来历阐释甚详，值得参看。）

标明例字声母如下：（请熟记教材（上）P28拼音字母与国际音标的对应关系与写法。）

(1) 布—步　　别　　　　怕　　　　　盘
　　 p　 p　　p　　　　 pʰ　　　　　pʰ

(2) 门—闻　　飞—灰　　冯—红　　　扶—胡
　　 m　ø　　f　x　　　f　x　　　　f　x

(3) 到—道　　夺　　　　太　　　　　同
　　 t　 t　　t　　　　 tʰ　　　　　tʰ

(4) 南—蓝　　怒—路　　女—吕　　　莲—年—严
　　 n　 l　　n　 l　　n　 l　　　　l　n　ø

(5) 贵—跪　　杰　　　　开　　　　　葵
　　 k　 k　　tɕ　　　　kʰ　　　　　kʰ

(6) 岸—暗　　化—话　　围—危—微　午—武
　　 ø　ø　　x　x　　　ø　ø　ø　　ø　ø

(7) 精—经　　节—结　　酒—九　　　秋—丘　　　齐—旗
　　 tɕ　tɕ　tɕ　tɕ　 tɕ　tɕ　　 tɕʰ tɕʰ　　 tɕʰ tɕʰ

　　 修—休　　全—拳　　旋—玄
　　 ɕ　 ɕ　　 tɕʰ tɕʰ　ɕ　ɕ

(8) 税—费
　　 ʂ　 f

(9) 糟—招—焦　　仓—昌—枪　　曹—巢—潮—桥　　散—扇—线
　　 ts　tʂ　tɕ　tsʰ tʂʰ tɕʰ　 tsʰ tʂʰ tʂʰ tɕʰ　 s　ʂ　ɕ

　　 祖—主—举　　醋—处—去　　从—虫—穷　　　苏—书—虚
　　 ts　tʂ　tɕ　tsʰ tʂʰ tɕʰ　 tsʰ tʂʰ tɕʰ　　　 s　ʂ　ɕ

　　 增—争—蒸　　僧—生—声　　粗—初　　　　　锄—除　　　思—师—施
　　 ts　tʂ　tʂ　　s　 ʂ　ʂ　 tsʰ tʂʰ　　　　　tʂʰ tʂʰ　　 s　ʂ　ʂ

(10) 认—硬　　扰—脑—袄　　若—约　　　　闰—运　　而　日
　　 ʐ　ø　　 ʐ　n　ø　　　ʐ　ø　　　　ʐ　ø　　ø　ʐ

(11) 延—言—然—缘—元　　　软—远
　　 ø　ø　ʐ　ø　ø　　　　ʐ　ø

12. 略

思考和练习三

1.《汉语拼音字母歌》中有哪些单元音字母？它怎样代表普通话 10 个单元音韵母？为什么？

单元音字母有 5 个：a、o、e、i、u。其中 a、o 分别只能对应一个单元音韵母 [A]、[o]。

u[u] 代表舌面、后、高、圆唇元音韵母，添加符号后为 ü[y]，代表舌面、前、高、圆唇元音韵母。<u>熟记教材（上）P45 的《普通话单元音总表》，发音动作和部位可手到擒来。</u>

e[ɤ] 代表舌面、后、半高、不圆唇元音韵母。添加符号后成为 ê[ɛ]，表示舌面、前、半低、不圆唇元音韵母。和 r 组成双字母 er[ər]，表示卷舌、央、中、不圆唇元音韵母。

i[i] 表示舌面、前、高、不圆唇元音韵母。同时还表示舌尖、前、高、不圆唇元音韵母 -i[ɿ]，与舌尖、后、高、不圆唇元音韵母 -i[ʅ]，此三者出现环境各异，故不会发生混淆。

2. 用汉语拼音字母默写下表中韵母，加注国际音标。

即教材（上）P51 的《普通话韵母总表》加上 P27 的《国际音标简表》。

3. 分别按韵头、韵尾分类，韵母各可分成哪些类？

按韵母开头的元音发音口形，可分成开口呼、齐齿呼、合口呼、撮口呼。

按韵尾可分成无韵尾韵母；元音韵尾韵母，即 i、u 作韵尾的韵母；鼻音韵尾韵母，即韵尾是 n、ng 的韵母。

4. 举例说明单元音的发音应从哪几个方面进行分析。

舌位高低、舌位前后、唇形圆展可对 7 个舌面单元音作出分析，值得注意的是 2 个舌尖元音和 1 个卷舌元音，需要特别注意。

-i[ɿ] 是舌尖前元音，舌尖前伸，接近上齿背，不圆唇。-i[ʅ] 是舌尖后元音，舌尖上翘，接近硬腭前，不圆唇。er[[ər] 是央元音、口形略开，舌位居中，不圆唇，舌头向硬腭卷起。

5. 根据所提供的发音条件，在括号内写出相应的单韵母。

依次是 ü、e、u、ê、o、-i[ɿ]、a。

6. 将下列单元音的发音条件写出来。

(1) a[A]：舌面、央、低、不圆唇。

(2) -i[ʅ]：舌尖、后、高、不圆唇。

(3) u[u]：舌面、后、高、圆唇。

(4) er[ər]：卷舌、央、中、不圆唇。

(5) -i[ɿ]：舌尖、前、高、不圆唇。

(6) e[ɤ]：舌面、后、半高、不圆唇。

7. 试述普通话韵母的结构。下列各字音的韵母结构是怎样的？试用表加以分析。

韵母可分为韵头、韵腹、韵尾三部分。韵头只有元音 i、u、ü 3 个，位置在韵腹前。10 个单元音都可以作韵腹。韵尾在韵腹后，只有元音 i、u 和辅音 n、ng 可以充当。

韵腹自身或韵腹加韵尾，都叫韵身（与韵头相对），也叫韵。

例字	韵母		
	韵头	韵身	
		韵腹	韵尾
航（háng）		ɑ	ng
海（hǎi）		ɑ	i
表（biǎo）	i	ɑ	o[u]
扬（yáng）	i	ɑ	ng
安（ān）		ɑ	n
全（quán）	ü	ɑ	n
队（duì）	u	e	i
伍（wǔ）		u	
霞（xiá）	i	ɑ	
光（guāng）	u	ɑ	ng
流（liú）	i	o	u
水（shuǐ）	u	e	i

8.~9. 略

10. 韵母调查例字。 （同样出自《方言调查字表》。）

爬	河	蛇	资—支—知	耳					
A	ɤ	ɤ	ɿ ʅ	ɚ					

（卷舌元音的国际音标有两种表达方法，[ɚ] 和 [ə]。）

架	茄	野	第 地	花	过	故	靴	居—基	
iA	iɛ	iɛ	i i	uA	uo	u	yɛ	y i	

辣	舌	色	合	割	北—百	直	日		
A	ɤ	ɤ	ɤ	ɤ	ei ai	ʅ	ʅ		

夹	铁—踢	落—鹿—绿	接	急					
iA	iɛ i	uo u y	iɛ	i					

刮　　各—郭—国　活　出　木
uA　　ɤ　uo　uo　uo　u　　u

确—缺　月—欲—药
yɛ yɛ　yɛ　y　iau

盖—介　倍　妹　饱—保　桃　斗—赌　丑—母　怪—桂　帅　条
ai ie　ei　ei　au au　au　ou u　　ou u　　uai uei　uai　iau

流　　烧—收
iou　au ou

旧—舅
iou iou

短—胆—党　酸—三—桑　干—间　含—衔　根—庚
uan an aŋ　uan an aŋ　an iɛn　an iɛn　ən əŋ

讲—减—检—紧　心—新—星
iaŋ iɛn iɛn in　in in iŋ

良—廉—连—林—邻—灵
iaŋ iɛn in in in iŋ

光—官—关　魂—横　温—翁
uaŋ uan uan　uən uəŋ　uən uəŋ

权—船—床　圆—云　群—琼—穷　勋—胸
yan uan uaŋ　yan yn　yn yŋ yŋ　yn yŋ

11. 发音练习。

(1) (2) (3) (5) 略。(4) 写出韵脚字，分析押韵，指出韵辙。

轻（qīng）、声（shēng）、云（yún）、春（chūn）是韵脚。隔句押韵，中间有换韵。轻、声是中东辙，庚韵；云、春是人辰辙，痕韵。

练习题

1. 犬吠声与人类语音有何差异？

犬吠、鸟鸣等自然界动物的声音与人类语音最大的区别在于是否有社会属性。社会属性是语音区别于非语音的最本质特征，内涵在于语音符号的形式与意义相统一，具有一定的民族、地域特征，且具有严格的系统性，即语音系统中的音素、音节是相对固定的，结构整齐，层次清晰。犬吠、鸟鸣等无法受制于系统的约定俗成，不具备语言的功能。综上所述，犬吠只是信号，语音是符号系统。

2. 什么是语音的"约定俗成"性？

单纯的声音无语言价值，只有结合一定的社会意义才成为语音。语音的形式与意义之间存在任意性。用什么样的语音形式来表示什么内容不取决于个人的意志，而是由使用该语言的全体社会成员约定俗成的。在不同语言社会里，同音可不同义，如 [fo] 在汉语中表示"佛"，在英语中表示"4"（four）；同义在不同语言社会里，语音也不一致，如在汉语里是"筷子"，在英语里是"chopsticks"。

3. 分析元音、辅音的区别。

音素可以分为元音和辅音两大类。二者的区别可以从以下四个方面来考察：

（1）从受阻与否看：发辅音时，气流通过咽头、口腔的时候受到某个部位的阻碍；发元音时，气流通过咽头、口腔不受阻碍。这是元音和辅音最主要的区别。

（2）从紧张度看：发辅音时，发音器官形成阻碍的部位特别紧张；发元音时，发音器官各部位保持均衡的紧张状态。

（3）从气流强弱看：发辅音时，气流较强；发元音时，气流较弱。

（4）从响亮度看：发辅音时，声带不一定颤动，声音一般不响亮；发元音时，声带颤动，声音比辅音响亮。

4. 人类发出的声音都是语音吗？电影《让子弹飞》中，姜文扮演的马匪用吹口哨的方式在兄弟间传递消息，这是语音吗？

语音是语言的物质外壳，是人的发音器官发出的表达一定意义的声音。但并非所有人类发出的声音都是语音，不表示具体意义的声音，如打喷嚏、打哈欠、咳嗽等就不是语音。虽然在小范围内，经过某些成员的相互约定，口哨声也可表示一定的意义，但仍然不属于语音，因为并未经过社会的约定俗成，除了姜文《让子弹飞》中的例子，谍战片《风声》中最后张涵予用来传递暗号的京剧唱腔、"二战"片《波斯语课》中只有两人掌握的人造"波斯语"，都不能算是语音。

因为这种人造的"语言"无能产性、无聚合，更像一种黑话。

第二节 声调、音节

理框架

扫码听知识精讲

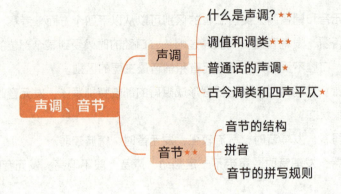

划重点

1. 声调

声调是依附在音节上的超音段成分，主要由音高构成。一句话，声调是整个音节的音高格式，具有区别意义的作用。

汉藏语系一些语言的音节是附有声调的。但印欧语系等世界上大多数语系的音节有音高而没有声调音高格式，所以被公认为没有声调的语言。

声调的高低起伏是一种音乐成分，平仄和节奏的配合还可以使汉语获得抑扬顿挫的美感。

> **考试拓展**
>
> 没有声调的语言又叫非声调语言，所谓非声调，并不是说没有音高变化，只是这种音高变化只能起到改变语气的作用，并不能区别意义。

2. 调值

调值指依附在音节里高低升降的音高变化的固定格式，也就是声调的实际读音。

调值的语音特点有二：第一，调值由音高决定，这里的音高是一种相对音高，不是绝对音高；第二，构成调值的相对音高在读音上是连续的、渐变的，中间没有停顿，没有跳跃。

描写调值一般采用赵元任创制的"五度标记法"[1]。它将声调的相对音高分为五度，分别是低、半低、中、半高、高，依次用数字1、2、3、4、5表示。通常是画一条竖线，分作四格五度，在竖线左侧从左至右画一条线，这条线的高低升降就反映了声调的高低升降变化。

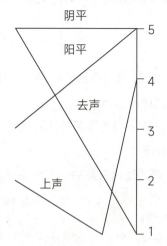

> **考试拓展**
>
> 调值所形成的曲线是多种多样的，如平、升、降、升降、升降升、降升、降升降等不同形式，高低还可能有变化，但一种语言的调值总是有限的，实际的某一种语言中，升调和降调一般不超过两种。
>
> 调值的变化有时会对韵母音色产生影响，如北京话 iou 读 35 调时，韵腹 o 的音长就比 iou 读 55 时短，福州话中例子更多。

3. **调类** →《通论》：调型指声调高低、升降的变化模式。调号即声调的标志符号，指标写声调所用的简单明了的符号。

调类是声调的种类，就是把调值相同的字归纳在一起所建立的类。在同一种方言中，有几种基本调值就可以归纳成几种调类。在不同方言中，调值相同的字不一定属于相同的调类；而调类相同的字，调值也不一定一样。

→ 了解即可

声调标记法 *：在拼写汉语音节时，标注调号的方法主要有四种，即调型标记法、调值数码法、五度竖标法、调类点角法。

> **小贴士**
>
> 教材（上）P66 的《普通话声调标记法示例表》罗列甚详，结合页底注释简明易懂。考试一般只要求掌握调型标记法和调值数码法，五度竖标法常出现在早期的一些方言调查著作里。

---

[1] 赵元任. 一套标调的字母（英文）[J]. 方言，1980（02）：81-83.

4. 古今调类 *

普通话的调类系统来自古代汉语的调类系统。我国南朝齐梁之际，有人把古汉语声调分为四类，即"平、上、去、入"。古声调同普通话声调的关系，从教材（上）P67 的《古今调类比较表》中可以看出。

> 沈约等人奠定了汉语声调分类的基础，为历代所沿用。

📢 小贴士

教材中的表格一向做得比较细，《古今调类比较表》请尽力记住。记忆的顺序是根据左侧的古调类，看其在普通话中的分布。

古清平归普通话的阴平，古浊平（若不区分次浊还是全浊，则二者皆是）归普通话的阳平，这一条口诀是"平分阴阳"。

古上声中只有全浊归入了普通话的去声中，其他不变，仍是上声，这一条为"全浊上归去"。

> "上声"中的"上"读214调，而现在读去声51调，原因就在于"上"这个字本来是全浊上声字，到了普通话中归入了去声，在表示声调的时候为了名实相副，故仍读214调。

古去声仍全部归去声。

古入声在普通话的四声中都有分布，即"入派四声"，但"次浊入归去，全浊入归阳"，这两点要额外注意，是可能出选择题的地方。

5. 平仄

"平"就是古代四声"平、上、去、入"中的平声，"仄"就是"上、去、入"三声的总称，是不平的意思。

古代诗词中有规律地交替使用这两大类声调（平与仄），可使诗词音调抑扬顿挫，悦耳动听，有音乐旋律的美感。

普通话中的阴平和阳平属于平声，上声、去声属于仄声，这可视作普通话里的平仄。

6. 音节

定义：音节是人们听感容易分辨的最小语音片段，它由一个或几个音素组成。一般来说，一个汉字的读音就是一个带调音节，有后缀"儿"字的是例外，是两个汉字读一个音节，如"花儿"（huār）。普通话中不带声调的音节约有 400 个，带有特定声调的音节约有 1300 个。

结构：普通话音节由声母、韵母、声调三部分构成。汉语有些复杂的音节的韵母含有韵头（又叫介音）、韵腹（又叫主要元音）和韵尾三个部分，有的韵母只有一两个部分。 ← 填空

普通话的音节结构特点： ← 可以出问答题！

（1）一个音节最多可以用四个音素符号来拼写（如"强"），也可以用一至三个音素符号来拼写。

（2）元音在音节中占优势。每个音节总要有元音，元音符号可以多至三个，并且需连续出现，分别充当韵头、韵腹和韵尾。如果一个音节只有一个音素，这个音素除极个别例外，都是

元音。例外是口语中表示叹词"呣""嗯"等的 m、n、ng 三个鼻辅音可以独立成为一个音节。数量很少的特殊例子不列入音节基本结构里。

（3）音节可以没有辅音（如"我、外、语、啊"）。辅音大都在音节的开头或末尾出现（如"强"），在音节末尾出现的辅音只限于 n 和 ng。没有两个辅音相连的音节；zh 声母、ng 韵尾都是双字母的音素符号，表示一个辅音音位。

（4）汉语音节都有声调，都有韵腹（主要元音）；可以没有辅音声母（但有零声母），可以没有韵头和韵尾。

韵腹是音节中的主要元音。充当韵腹的元音有 a、o、e、ê、i、u、ü、er、-i（[ɿ]、[ʅ]）。韵腹前面的元音就是韵头（介音），可以充当韵头的只有高元音 i、u、ü。

韵腹后面的音素就是韵尾，可以充当韵尾的只有高元音 i、u 和鼻辅音 n、ng。

> 📝 **考试拓展**

四个声调都有意义的普通话音节实际只有 160 多个。其余音节中，三个声调有意义的音节有 130 多个；两个声调有意义的音节有 70 个左右；一个声调有意义的音节有 40 个左右。

7. 普通话的声韵拼合规律

普通话声母和韵母的拼合有一定规律，这主要取决于声母的发音部位和韵母的四呼，一般而言，如果声母的发音部位相同，与之拼合的韵母四呼类别也基本相同。

从教材（上）P76 的《普通话声韵拼合简表》中可以总结得出以下规则：

（1）双唇音和舌尖中音 d、t 能跟开口呼、齐齿呼、合口呼韵母拼合，不能和撮口呼韵母拼合。双唇音拼合口呼限于 u。

（2）唇齿音、舌面后音、舌尖前音和舌尖后音等组声母能跟开口呼、合口呼韵母拼合，不能跟齐齿呼、撮口呼韵母拼合。唇齿音拼合口呼限于 u。

（3）舌面前音同上述四组声母相反，只能跟齐齿呼、撮口呼韵母拼合，不能跟开口呼、合口呼韵母拼合。

（4）舌尖中音 n、l 能跟四呼韵母拼合。零声母音节在四呼中都有。

> 📣 **小贴士**
>
> 《普通话声韵拼合简表》很重要，我们将此表准确记忆后，文字的表述可以不用费力背诵，只需将表格默写下来，对照表格一条一条指出普通话声韵拼合的主要规律。
>
> 观察教材（上）P77~78 的《普通话声韵拼合表》可得到更多细节：①不能拼零声母的只有 -i[ɿ]、-i[ʅ]、ong；②只能拼零声母的是 ê、er、ueng。

> 汉语拼音的拼写规则属于基础知识，很少有高校会以理论复述的形式出题（即使考到，分值也不高），一般会以注音题、改错题等实操形式加以考查。虽然这一部分在考试中分值占比不高，但有两份文件不可不看，一份是《汉语拼音方案》，另一份是《汉语拼音正词法基本规则》。教材中所言甚略的词的分写和连写问题，在后一份文件中表达得非常详细。

解习题

思考和练习四

1. 什么是调值和调类？试举例说明。

略（参见本节划重点部分）

2. 用调值数码法给下列汉字标调。

五官：耳^{214} 目^{51} 口^{214} 鼻^{35} 舌^{35}

五脏：心^{55} 肝^{55} 脾^{35} 肺^{51} 肾^{51}

五音：宫^{55} 商^{55} 角^{35} 徵^{214} 羽^{214}

五行：金^{55} 木^{51} 水^{214} 火^{214} 土^{214}

五味：甜^{35} 酸^{55} 苦^{214} 辣^{51} 咸^{35}

五彩：青^{55} 黄^{35} 赤^{51} 白^{35} 黑^{55}

五方：东^{55} 西^{55} 南^{35} 北^{214} 中^{55}

五谷：稻^{51} 黍^{214} 稷^{51} 麦^{51} 豆^{51}

五金：金^{55} 银^{35} 铜^{35} 铁^{214} 锡^{55}

五岳：泰$_{山}$^{51} 华$_{山}$^{51} 衡$_{山}$^{35} 恒$_{山}$^{35} 嵩$_{山}$^{55}

五经：易^{51} 书^{55} 诗^{55} 礼^{214} 春^{55}秋^{214}

3. 朗读下列各字，体会声调的高低升降，并分别指出它们的调值和调类。

安	定	团	结
55 阴平	51 去声	35 阳平	35 阳平
改	革	开	放
214 上声	35 阳平	55 阴平	51 去声
齐	心	协	力
35 阳平	55 阴平	35 阳平	51 去声
建	设	祖	国
51 去声	51 去声	214 上声	35 阳平

4. 拼读下列词语并注上汉字。

早操	前进	民族	胜利
良好	汽车	薄膜	地理
刻苦	强调	艰巨	检举
大刀	达到	转化	实现
清除	保证	护理	凯歌

5. 把《汉语方言声调对照表》横竖各看一遍，用自己的方言念表中的 11 个例子，写出它们的方言调值，并指出母语与表中哪个地点方言的调值相同或相似。

略

6. 声调调查例字：把下面表中右边的汉字注上普通话和方言的声调，然后整理出一个声调比较表来。

略

7. 发音练习。

略

思考和练习五

1. 拼音应注意哪些问题？试举例说明。

（1）声母要用本音；（2）声母和韵母之间不能有停顿；（3）要注意念准韵头。

举例略。

2. 熟记《汉语拼音方案》中的拼写规则。

略

3. 列表分析下列各个字音的结构方式，并指出其韵母是韵母四呼中的哪一种。

音节例字	结构方式					声调
	声母	韵母				
		韵头	韵腹	韵尾		
				元音	辅音	
良（liáng）	l	i	a		ng	阳平
高（gāo）	g		a	o[u]		阴平
铁（tiě）	t	i	e			上声

续表

音节例字	结构方式					声调
	声母	韵母				
		韵头	韵腹	韵尾		
				元音	辅音	
远（yuǎn）		ü	a		n	上声
关（guān）	g	u	a		n	阴平
爱（ài）			a	i		去声
舟（zhōu）	zh		o	u		阴平
步（bù）	b		u			去声
威（wēi）		u	e	i		阴平
雅（yǎ）		i	a			上声
权（quán）	q	ü	a		n	阳平
鹅（é）			e			阳平

"高、爱、舟、鹅"的韵母是开口呼。

"良、铁、雅"的韵母是齐齿呼。

"关、步、威"的韵母是合口呼。

"远、权"的韵母是撮口呼。

4. 下列各音节的拼写为什么是错误的？试根据声韵配合规律，加以说明并改正。

（1）齐齿呼韵母不能同舌尖后音声母拼合，应将"小"的读音改为 xiao。

（2）合口呼韵母不能同舌面前音声母拼合，应将"抓"的读音改为 zhua。

（3）舌面前音声母不能同开口呼韵母拼合，应将"夏"的读音改为 xia。

（4）唇齿音声母只限于 u 能同合口呼韵母拼合，应将"风"的读音改为 feng。

（5）撮口呼韵母不能同舌面后音声母拼合，应将"决"的读音改为 jue。

（6）双唇音声母同合口呼韵母拼合只限于 u，应将"破"的读音改为 po。

（7）任何声母都不能同 ueng 拼合，应将"通"的读音改为 tong。

（8）双唇音和唇齿音声母以外的声母不能同韵母 o 拼合，应将"多"的读音改为 duo。

（9）齐齿呼韵母不能同舌尖前音声母拼合，应将"精"的读音改为 jing。

（10）齐齿呼韵母不能同舌面后声母拼合，应将"叫"的读音改为 jiao。

（11）ong 不能自成音节，应将"翁"的读音改为 weng。

（12）舌尖前音声母不能同齐齿呼韵母拼合，应将"送"的读音改为 song。

5. 下列各词的拼写是不合拼写规则的，试把它们改正过来。

以下是改正后的用法：

用意（yòng yì）　　无畏（wú wèi）　　月夜（yuè yè）　　对流（duì liú）

威武（wēi wǔ）　　委员（wěi yuán）　　论文（lùn wén）　　谚语（yàn yǔ）

疑案（yí àn）　　堤岸（dī àn）　　雪球（xuě qiú）　　演员（yǎn yuán）

规律（guī lǜ）　　谬误（miù wù）　　杨柳（yáng liǔ）　　飞跃（fēi yuè）

6. 拼读下列各词，并把相应的汉字写出来。

国家　　时代　　珐琅　　守法

条件　　部门　　创造　　东方

妥善　　解除　　促进　　保证

7. 用汉语拼音字母和国际音标给下面一首诗注音（声、韵、调），并指出韵脚属于哪个韵部。

白　日　依　山　尽，
(bái　rì　yī　shān　jìn,)
pai³⁵　ʐʅ⁵¹　i⁵⁵　ʂan⁵⁵　tɕin⁵¹

黄　河　入　海　流。
(huáng　hé　rù　hǎi　liú。)
xuaŋ³⁵　xɤ³⁵　zu⁵¹　xai²¹⁴　liou³⁵

欲　穷　千　里　目，
(yù　qióng　qiān　lǐ　mù,)
y⁵¹　tɕʰyŋ³⁵　tɕʰiɛn⁵⁵　li²¹⁴　mu⁵¹

更　上　一　层　楼。
(gèng　shàng　yì　céng　lóu。)
kəŋ⁵¹　ʂaŋ⁵¹　i⁵⁵　tsʰəŋ³⁵　lou³⁵

8. 分析上题诗句每个字的字音结构，画一个表将声母、韵头、韵腹、韵尾、调类与调值六项填入表内。调值用五度数码标记法表示。

例字	结构方式					
	声母	韵母			声调	
		韵头	韵腹	韵尾	调类	调值
白	b		a	i	阳平	35
日	r		-i[ʅ]		去声	51
依	ø		i		阴平	55
山	sh		a	n	阴平	55
尽	j		i	n	去声	51
黄	h	u	a	ng	阳平	35
河	h		e		阳平	35
入	r		u		去声	51
海	h		a	i	上声	214
流	l	i	o	u	阳平	35
欲	ø		ü		去声	51
穷	q		ü	ng	阳平	35
千	q	i	a	n	阴平	55
里	l		i		上声	214
目	m		u		去声	51
更	g		e	ng	去声	51
上	sh		a	ng	去声	51
一	ø		i		阴平	55
层	c		e	ng	阳平	35
楼	l		o	u	阳平	35

> **小贴士**
>
> "穷"的实际音值为 qüng，拼音方案里用 io 表示 ü。
>
> "一"的调类要看本调。
>
> "流"的音节分析要把省略式"iu"复原为"iou"后再分析。

9. 审查下面音节结构表,指出每个错误分析的原因,并把正确的分析填上。

原因略,正确分析如下:

拼音与例字	结构项				
	正确分析				
	声母	韵母			声调
		韵头	韵		
			韵腹	韵尾	
论	l	u	e	n	51
文		u	e	n	35
有		i	o	u	214
缘		ü	a	n	35
退	t	u	e	i	51
休	x	i	o	u	55
用		ü		ng	51
功	g		u	ng	55

10. 什么是音节?音节结构分析的元辅音分析法来自何处?有何特点?

　　音节由一个或 n 个音素构成,是听话时自然感到的最小的语音单位。发音时每一次咽喉肌肉的紧张度增而复减,就形成一个音节。音素有两类:元音和辅音。汉语音节一般都有元音。鼻辅音可在音节开头,也可在音节末尾。英语中一个音节里还可以连续两三个辅音形成复辅音。

　　音节结构的元辅音分析法来自西方的现代语音学。这种分析法属线性分析,可用于世界各种语言,包括汉语。

11. 什么是汉语的音节?音节结构分析的声韵调分析法来自何处?有何特点?

　　汉语的音节也是由发音时喉头肌肉的每一次紧张度增而复减形成的。汉字的字音正好是一个音节,分析字音的术语来自我国传统的音韵学。

　　汉语的音节是指声韵结构,但必附有声调。汉语传统的字音分析法是反切上字表声母,声母在字音前段,可以是辅音,也可以是零辅音。反切下字表韵母,韵母同时附有声调。声韵调分析法中,声韵结构由音素组成,音素是音段成分。声调主要由音高构成,是超音段成分。汉语是有声调的语言,字音不仅仅是声韵结构,每个字音都有声调。所以特别适合用声韵调分析法。这是汉语音节的特点,也是汉语的特点。

12. 发音练习。

略

（一）选择题

1. 普通话的声调主要是由（　　）的不同变化决定的。
   A. 音高　　　　B. 音强　　　　　C. 音长　　　　　D. 音色
2. "潜力"一词的调值是（　　）。
   A. 214 51　　　B. 35 51　　　　　C. 211 51　　　　D. 55 51
3. 普通话中"您"的调型是（　　）。
   A. 高平调　　　B. 中升调　　　　C. 降升调　　　　D. 全降调
4. 下列各组词语中，画线的字调值相同的是（　　）。
   A. 尽管 尽力　　B. 处理 处所　　　C. 即使 既然　　　D. 鲜血 血压
5. 一男子在京剧中唱花旦，他的（　　）发生了变化。
   A. 相对音高　　B. 调值　　　　　C. 绝对音高　　　D. 调类
6. 下列关于声调的描述，不正确的是（　　）。
   A. 声调是依附在声韵结构中具有区别意义作用的音高变化。
   B. 调值相同的字，调类一定相同。
   C. 普通话与方言之间，调类相同，调值不一定相同。
   D. 调值只表示相对音高，不表示绝对音高。
7. 普通话中的"55、35、214、51"，被称为（　　）。
   A. 四声　　　　B. 调类　　　　　C. 调号　　　　　D. 调值
8. 声调符号应标在（　　）上。
   A. 韵母　　　　B. 主要元音　　　C. 韵头　　　　　D. 韵尾
9. 下列成语注音全部正确的是（　　）。
   A. 忍俊不禁　　rěn jùn bù jīn
   B. 茅塞顿开　　máo sài dùn kāi
   C. 驾轻就熟　　jià qīn jiù shú
   D. 亘古未有　　héng gǔ wèi yǒu
10. 下列成语中4个音节声调排列顺序是阳平、阴平、去声、去声的是（　　）。
    A. 乘虚而入　　B. 随声附和　　　C. 风卷残云　　　D. 教学相长
11. 普通话音节的韵头，由（　　）来充当。
    A. a、o、e　　　B. i、u、ü　　　　C. 舌面元音　　　D. 单元音

12. "ei"和"ie"两个音节的韵腹（　　）。

    A. 都是 e

    B. 都是 ê

    C. 前一个是 ê，后一个是 e

    D. 前一个是 e，后一个是 ê

13. 在现代汉语普通话中，辅音在音节中出现的位置是（　　）。

    A. 只能出现在音节的开头

    B. 只能出现在音节的末尾

    C. 少数可以出现在音节的中间

    D. 只能出现在音节的开头和末尾

14. 汉语音节中不可缺少的是（　　）。

    A. 声母和韵母　　B. 韵腹和声调　　C. 韵母和声调　　D. 声母、韵母和声调

15. 下列几组中，不符合汉语拼音拼写规则的是（　　）。

    A. 优秀　yōuxiù　　　　上海市　shànghǎishì

    B. 月夜　yuèyè　　　　语言　yǔyán

    C. 论文　luènwén　　　方案　fāngàn

    D. 中午　zhōngwǔ　　　高兴　gāoxìng

16. 在普通话语音系统中，下面几组韵母都能同声母 n 相拼的是（　　）。

    A. uo o　　　　B. en uen　　　　C. ie üe　　　　D. ia ei

17. "飞"不能拼成 fi，是因为普通话中 f 声母（　　）。

    A. 不跟开口呼韵母相拼　　　　B. 不跟合口呼韵母相拼

    C. 不跟齐口呼韵母相拼　　　　D. 不跟撮口呼韵母相拼

18. 韵母 iou、uei、uen 跟辅音声母相拼时写成 iu、ui、un，调号标注情况为（　　）。

    A. 标在前面的 i 或 u 上　　　　B. 标在后面的 i、u、n 上

    C. 都标在 u 上　　　　　　　　D. iu 和 un 标在 u 上，ui 标在 i 上

19. 在普通话里，能跟舌面音 j、q、x 相拼的一组韵母是（　　）。

    A. 开口呼、合口呼　　　　　　B. 开口呼、齐齿呼

    C. 合口呼、撮口呼　　　　　　D. 齐齿呼、撮口呼

20. 下列关于音节拼写规则的描述，正确的是（　　）。

    A. 以 i、u、ü 开头的音节，连接在其他音节后面时要使用隔音符号。

    B. ü 行的韵母与声母 n、l 相拼时，ü 上的两点要省去。

    C. 单韵母 i、u、ü 自成音节时，音节开头要使用 y、w。

    D. 单韵母 ê 单用时写作 e。

参考答案

1~5 ABBDC　　　6~10 DDBAB　　　11~15 BDDBC　　　16~20 CCDDC

（二）判断题

1. 调号是一种简化后的不标刻度的声调符号。（　）
2. 调值标为 35，表示的调型是全升。（　）
3. "美好"一词的两个音节的调类都是上声。（　）
4. 所谓的"浊上变去"，指的是古调类的浊声母上声字在现代汉语中归入去声字。（　）
5. 普通话的声调和现代汉语方言的声调都是从古汉语声调中发展演变而来的，其衍变的过程不完全相同。（　）
6. 复元音韵母音节的声调应该标在开头的元音上。（　）
7. 若一个音节韵母为 uen，根据省写原则，声调应标在元音 u 上。（　）
8. 轻声音节没有声调，所以不标调号。（　）
9. 声调是汉语音节必不可少的成分，贯穿音节发音的全过程。（　）
10. 双唇音和唇齿音可以与合口呼相拼，但组合情况仅限于和 u 相拼。（　）

参考答案

1~5 √×√×√　　　6~10 ×√×√√

第三节　音变、音位

扫码听知识精讲

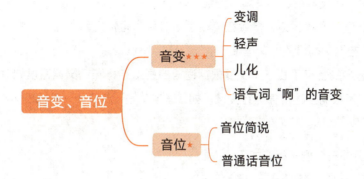

1. 变调

　　有些音节的声调在语流中连着念会起一定的变化，与单念时调值不同，这种声调的变化叫作变调。音节变调多数是受后一个音节声调的影响引起的。

　　这里谈的音变不是历时的语音变化，而是共时的语流音变，主要是连读音变，即连着念的音节，其(音素)、(声调)有时会发生变化。

> 连读变调
> 连读变音，如"干嘛"（gàn má）连读，"干"受到后一个音节声母的逆同化，实际发音为 gàm má。

> **考试拓展**
>
> 　　《通论》表示，普通话的音变可分为两类：一类是词语规范所要求的音变，如轻声词和儿化词的音变；另一类是语流连读中所发生的自然音变，如连读变调和连读变音。前者是规范的读音要求，在书面的拼音形式上要有相应的规定和标示；后者是自然发音机理的影响使然，在书面拼音形式上不作标示。

2. 上声的变调

(1) 上声音节单念，调值为 214 不变；上声在语流的末尾时，调值为 214 不变。 → 这两种不变的情况往往会被遗漏。

(2) 上声 + 上声：214+214 → 35+214。

(3) 上声 + 轻声（上声变读而来）有两种情况：① 214+ 轻声 → 35+ 轻声，如捧起、想起等；② 214+ 轻声 → 21+ 轻声，如姐姐、奶奶、嫂子。

(4) 上声 + 上声 + 上声，前两个上声的变调视词语内部的语义停顿而定：

①前两个上声音节语义紧凑，语义停顿在第二个音节后，可称为双单格。(214+214) + 214 → 35+35+214，如展览馆、手写体、洗脸水。

②后两个音节语义紧凑，语义停顿在第一个音节后，可称为单双格。214+（214+214）→ 21+35+214，如纸老虎、很勇敢、有理想。

(5) 如果连着念的上声不止三个，要根据词语的语法结构和语义紧密度划分出语义停顿，由此确定语义段，再根据上述规律进行变调。如"理想美好"念成 35+21+35+214。

> **小贴士**
>
> 教材中的另外三个例子标音如下：
>
> "彼此友好"念成（35+21）+（35+214）。
>
> "买把雨伞"念成（35+21）+（35+214）。
>
> "种马场养有五百匹好母马"念成（35+35+21）+（35+21）+（35+35+21）+（21+35+214）。

(6) 在非上声的前面，调值由 214 变成 21，在由非上声变读为轻声的音节前，变调情况也相同。 即还是看本调如何，而不看前面经过变化的轻声，这一规则很重要。

> **考试拓展**
>
> 不仅双音节的上声音节组合，或者三音节的上声音节组合，而且一般的非上声三字组音节之间，也存在一些内部的变调规律[1]。

3. "一、不"的变调 → "一"和"不"的变调情况大体相同，所以放在一起讨论。

(1) "一、不"单念或用在词句末尾，以及"一"在序数中，声调不变，读原调，阴平"一"念 55，去声"不"念 51。 这三种念原调的情况，经常被忘记，考试时务必记得先写清楚。

(2) 在去声前，一律变 35，如"一样、一定、不怕、不够"。

---

[1] 吴宗济. 普通话三字组变调规律 [J]. 中国语言学报，1985（2）.

（3）在非去声（阴平、阳平、上声）前，"一"变51，"不"仍读51，如"一般、不吃"。

（4）"一、不"嵌在相同的动词中间，读轻声，如"想一想、来不来"。

（5）"不"在可能补语中读轻声，如"做不好、来不了、巴不得"。

4."七、八"的变调

"七、八"在去声前调值可以变35，也可不变，其余场合念阴平原调值55。

5.轻声[1]

（1）定义：普通话中的声调在语流音变中可能变成的又轻又短的调子，统称为轻声。亦即轻声是四声在一定条件下变成比原调又轻又短的声调变体，故轻声不是第五个声调。我们把读轻声音节的字称为轻声字。

（2）特点：轻声音节的变化与语音的四种物理属性都有关系。音长变短，轻声音节比非轻声音节的音长短一半；音色也变化不定，听感上显得又短又模糊；音强一般变弱；音高受到前一字音的影响而不固定。

（3）轻声的音高变化：

阴平字 + 轻声字→ $\cdot|^2$（半低）：跟头、狮子。

阳平字 + 轻声字→ $\cdot|^3$（中调）：石头、桃子。

上声字 + 轻声字→ $\cdot|^4$（半高）：里头、李子。

去声字 + 轻声字→ $\cdot|^1$（最低）：木头、柿子。

（4）轻声的音色变化：轻声音节不仅会引起音长、音高、音强的变化，有时还会引起声母、韵母中辅音、元音音色的变化。

如果声母是不送气的清塞音 b、d、g 或是清塞擦音 j、zh、z，往往会发生浊化。如"嘴巴"的"巴"[bʌ⁴]，原来的清塞音 [p] 变成了浊塞音 [b]；"耳朵"的"朵"[duo⁴]，原来的清塞音 [t] 变成了浊塞音 [d]；"风筝"的"筝"[dzəŋ²]，原来的清塞擦音 [tʂ]，变成了浊塞擦音 [dz]。

轻声对韵母音色的影响更为明显。如"棉花"[xua] → [ɛua]、"银子"[tsɿ] → [tsə]、"出去"[tɕʰy] → [tɕʰiə] 等。某些以擦音为声母的轻声音节在极度轻读的情况下，往往会脱落韵母，只剩声母。如"豆腐"[fu] → [f]、"咱们俩"[mən] → [m]、"东西"[ɕi] → [ɕ]、"意思"[sɿ] → [s] 等。

> **考试拓展**
>
> 轻声现象是整个音节语音简缩的现象，不仅表现在音高起伏范围缩小，更表现在音强、音长的缩减和元、辅音的发音不到位[2]。

---

[1] 赵元任.国语罗马字的研究（附表）[J].国语月刊，1922（07）.

[2] 曹剑芬.连读变调与轻重对立[J].中国语文，1995（04）:312-320.

轻声字的长度比重读时大大缩短；两字词间，轻声字的音高取决于前面重读字声调的性质，单韵母读轻声时，都或多或少地向央元音 e[ə] 移动[1]。

(5) 轻声的分布：

> 因为使用频率低，需要通过完整的语音形式承载与其他词汇不同的含义信息，故一般没有轻声。声音上的缺损对应着传递信息的减少。

一般来说，新词、科学术语中没有轻声音节，口语中的常用词才有读轻声的。以下几种情况在普通话中通常读轻声。

> 教材举例非常注意例子的多样性、覆盖性。
> 单纯词　合成词　单音动词重叠式
> 都是高频常用的虚词。

①助词"的、地、得、着、了、过"和语气词"吧、嘛、呢、啊"等读轻声。②部分重叠词的后一音节读轻声，如"猩猩""妈妈""看看"。③双音动词 ABAB 的第二、第四音节读轻声，如"研究研究""打扫打扫"。④后缀"子""头""们"等读轻声，如"鸽子""石头""他们"。⑤表示方位的词或语素读轻声，如"马路上""脸上""前边""外面"。⑥动词、形容词后面表示趋向的词"来、去、起来、下去"等读轻声，如"送来""进来""热起来""冷下去"等；前头带有表示可能性的"得、不"的趋向动词不读轻声，如"划得来、出不来、拿得起来"。⑦有一批常用的双音词，后面的音节读轻声，如"伙计""喷嚏"；三音词的中间字音也有读轻声的，如"葡萄糖""狮子狗"。⑧下面词语中的第二个音节一律读轻声，如"黑不溜秋""傻不愣登""糊里糊涂""啰里啰嗦"。

> 词+词　　语素+语素
> 常见的后缀有"子、儿、们、头"，"儿"放在儿化中讨论。
> 准确来说，是用在动词后表示趋向，用在形容词后表示变化。

考试拓展

轻声词可分为语法轻声词和口语轻声词两种。语法轻声词规律性较强，在词句中必须读轻声，除了上文各种分类里的情况以及量词"个"，如"这个、那个"，还有夹在重叠动词之间的数词"一"，都是语法轻声词。口语轻声词主要是由长期以来的口语习惯所致。

(6) 轻声的作用：轻声在普通话里有其独特的作用。

①区别词义。如儿子的儿子"孙子"和古代军事思想家"孙子"。

②区分词性。如形容词"利害"和名词"利害"。

③增强语言的节奏感。语流中轻声的轻、短、模糊和四声的重、长、清晰构成了错落有致、富于变化的节奏，增强了语言的音乐性。

④区分短语和词。如主谓短语"火烧"与一种烧饼的名字"火烧"，动宾短语"煎饼"和一种饼食"煎饼"。

---

[1] 林茂灿, 颜景助. 北京话轻声的声学性质 [J]. 方言, 1980（03）:166–178.

6. 儿化

(1) 定义：普通话的"儿化"指的是一个音节中，韵母带上卷舌色彩的一种特殊音变现象，这种卷舌的韵母就叫作"儿化韵"。例如普通话念"花儿"的时候，这个"儿"字不是一个独立的音节，也不是音素，而只是一个表示卷舌动作的符号。只表示在念到"花"这个字的韵腹时，随即加上一个卷舌动作，使韵母带上卷舌音"儿"的音色。用汉语拼音字母拼写时，只需要在原来的音节后面加上"r"即可。字母"r"不表示音素，只表示卷舌动作。

> **考试拓展**
>
> 儿化[1]这个特征并不代表一个完整的音，只是一个具有区别性的发音部位和卷舌动作，可随时根据前韵的要求使儿化韵融入原韵之中。
>
> 儿化往往伴随着轻声[2]。北京话共有 26 个儿化韵，口语中大多可以有轻声的读法，由于主要元音的轻读音变，发生了韵母合并现象。儿化韵会发生轻读，往往是因为轻声总是出现在后一音节上，而一般情况下是由前一音节起到区别意义的作用，所以并不影响传达词语本身的意思。
>
> 从明末清初的十三辙算起，儿化韵已有三百多年的历史。

(2) 儿化韵的发音

普通话韵母里，单韵母 ê 没有儿化音，er 本身就是 e 的儿化音读法，除此之外都可以"儿化"。儿化时由于舌头上翘（卷舌），导致舌位又高又前的韵尾"-i、-n"发不成而丢失，同时使韵腹元音也受到影响而"央化"（或把非央元音变成央元音，或添一个央元音）。具体规则如下表：

韵母	儿化时的变化规律	举例	国际音标 儿化前	国际音标 儿化后
无韵尾或 u 韵尾的韵母	只加卷舌动作	小车儿	tʂʰɤ	tʂʰɤr
		小鸟儿	niɑu	niɑur
有 –i、–n 韵尾的韵母	卷舌时韵尾丢失，有的改变韵腹或增音	一块儿	kʰuai	kʰuɐr
		一点儿	tien	tiɐr
		没准儿	tʂuən	tʂuɐr
		背心儿	ɕin	ɕiɐr

---

[1] 王志洁. 儿化韵的特征架构 [J]. 中国语文，1997（01）:2–10.
[2] 贾采珠. 我和《北京话儿化词典》[J]. 辞书研究，1992（01）:132–137.

续表

韵母	儿化时的变化规律	举例	国际音标	
			儿化前	儿化后
高元音韵母 i、ü	加央元音 ə	小鸡儿	tɕi	tɕiər
		有趣儿	tɕʰy	tɕʰyər
舌尖元音韵母 [ɿ][ʅ]	变成央元音 ə	瓜子儿	tsɿ	tsər
		树枝儿	tʂʅ	tʂər
-ng 韵尾的韵母	卷舌时韵尾丢失，元音鼻化，有 i 韵腹的要加 ə̃	帮忙儿	maŋ	mɑ̃r
		花瓶儿	pʰiŋ	pʰiə̃r

> 非央元音韵腹变成央元音 ə。

> 韵尾丢失，元音鼻化（添加鼻化符号上波浪线）。

考试拓展

儿化韵有扩大使用面的趋势，儿化词的数量也会有所增加。儿化的音位条件变体[1]要么和前字的韵母"共存发音"，如"花儿 [xuɑr]"，要么不可"共存发音"，如"词儿 [tsʰər]"。这里只是儿化的音变简表，教材（上）P93 的发音操练 5 其实是一个详表。

（3）儿化的作用

儿化不是单纯的语音现象，它和词汇、语法、修辞都有密切的关系，具有区别词义、区分词性和表示感情色彩的作用。

①区别词义。如"头"（脑袋）和"头儿"（首领）。

②区分词性。如"尖"（形容词）和"尖儿"（名词）。

③表示细小、轻松或表示亲切、喜爱的感情色彩。如"小皮球儿""勺儿"。

7. 语气词"啊"的音变

> 教材（上）P90 的《语气词"啊"音变规律表》简明易懂、清楚明晰，建议直接记诵背默这个表格。

语气词"啊"ɑ[A⁵⁵] 发音时往往受到前字读音的影响而产生音变。

8. 音位

（1）定义：音位是按语音的社会属性划分出来的最小的区别意义的语音单位。

（2）归纳方法：有同等使用价值的一组音素，可归并为一个音位。通常是把一些音放在相同的语音环境中来进行替换比较，看它们是否能区别意义，凡是能够区别意义的音，就分别归纳成不同的音位，否则就是同一个音位。

从辅音中归纳出来的音位叫"辅音音位"；从元音中归纳出来的音位叫"元音音位"；从声

---

[1] 李延瑞. "儿化"性质及普通话儿化韵的发展趋势 [J]. 语文建设，1996（10）:29-32.

调中归纳出来的音位叫"声调音位",简称"调位"。

由音素成分构成的音位可以统称为"音质音位",又因为音质音位出现在固定的音段上,所以也称作"音段音位"。声调音位（即调位）主要是由音高特征构成的,音高不是音质,所以属于"非音质音位"。因为非音质音位不受音段的局限,所以也称作"超音段音位"。

> **考试拓展**
>
> 音位分析的前提条件：①必须在一个具体的音系之中进行,因为不同的音系有不同的语音结构与音节结构的特点；②音位分析的单位必须落实到语音的最小单位——音素。

（3）音位变体

一个音位往往包含一些不同的音,这些音就叫作这个音位的"音位变体"。音位变体是音位的具体表现形式,音位则是从音位变体中概括归纳出来的。音位与音位变体的关系是类别与成员的关系,也可以说是一般和个别的关系。例如,/a/ 由于出现的语音环境（条件）不同,受到的影响不同,实际读音也不大相同。但是,这些不同的读音,当地人听起来并没有明显的差异,没有区别意义的作用,所以说它们是 /a/ 的"音位变体"。

[手写批注：同一个音位的不同音位变体（不同音素）通常用国际音标加方括号（[××]）来表示,而音位则用双斜线（/××/）来表示。]

音位变体又分为"条件变体"和"自由变体"两类。在一定条件下出现的音位变体就叫作"条件变体"；没有环境限制,可以自由替换而不影响意义的音位变体叫"自由变体"。

（4）归纳音位的重要标准

[手写批注：也叫"对立原则" → 辨义功能；互补原则 → 互补分布；音感差异原则 → 音感差异]

语音的辨义功能、互补分布和音感差异（或"土人感"）是归纳音位的重要标准。

辨义功能：如果某种语言的语音差异可以造成意义的不同,这样的语音差异就有音位的对立,构成这种差异的语音特征就叫作"区别特征"。例如 [t] 和 [tʰ] 的差异在于前者不送气,后者送气,所以送气与不送气的语音特征就是普通话里的"区别特征"。送气与否是汉语中重要的区别特征。辅音中元音和辅音的音位区别特征都一样。

> **小贴士**
>
> 教材（上）P97~98 列出的《音位区别特征矩阵表》只针对辅音,我们可以模仿并自己绘制一个元音的音位区别特征矩阵表。

互补分布：音位变体的分布状况。音位的不同条件变体各有自己的分布条件,绝不出现在相同的位置上,因而它们的分布状况是互相补充的,这就叫"互补分布"。例如,/a/ 的音位变体 [a、ɛ、ʌ、ɑ] 就是处于互补分布中的。

凡是处于互补分布中的语音差异，一般不能造成音位的对立，因而互补分布也是归纳音位的一项重要的语音标准。

音感差异[1]：各种语言中形成互补分布的原因和情况不完全一样，所以有的音虽然处在互补分布中，但是当地人听起来差异过大，这样的音不宜归纳为同一音位。例如普通话里的 [m] 和 [ŋ]，虽然出现环境不一样，但是音感差异过大，还是要分别归纳为两个音位。

（批注：确定音位要依据"音感"。）

(5) 普通话元音音位

普通话共有十个元音音位，分别是 /a/、/o/、/ə/、/e/、/i/、/u/、/y/、/ɿ/、/ʅ/、/ər/。

> **小贴士**
>
> 教材（上）P99 以元音舌位图为基准的"普通话元音音位及其变体分布区域图"非常重要，记住这张图可以打通元音舌位、儿化韵、音位变体等很多相关部分的知识。

以下依次罗列普通话的元音音位及其变体，以及各自出现的条件。

音位	音位变体	出现条件	举例
/a/	[a]	在韵尾 [i] 或 [n] 之前	[ai][an]
	[ʌ]	在无韵尾的音节中	[iʌ][uʌ]
	[ɑ]	在韵尾 [u] 或 [ŋ] 之前	[ɑu][ɑŋ]
	[ɛ]	在韵头 [i] 和韵尾 [n] 之间	[iɛn]
/o/	[o]	无条件	[po][ʂuo]
/ə/	[ɤ]	在单韵母中	[kɤ]
	[ə]	在鼻韵母中	[xəŋ]
		作轻音节韵腹	[tə]
/e/	[e]	在韵尾 [i] 前面	[pei]
	[ɛ]	作韵腹、无韵尾时	[ɛ][tɕiɛ]
/i/	[i]	作韵腹	[tɕi]
	[ɪ]	作韵尾	[kʰaɪ]
	[j]	作韵头（零声母）	[jɛ]
/u/	[u]	作韵腹	[ku]
	[ʊ]	作韵尾	[xoʊ]

---

[1] 游汝杰，钱乃荣，高钲夏．论普通话的音位系统 [J]．中国语文，1980（05）：328-334．

续表

音位	音位变体	出现条件	举例
/u/	[w]	作韵头（零声母）	[wan] 或 [ʋan]
	[ʋ]		
/y/	[y]	作韵腹	[tɕʰy]
	[ɥ]	作韵头（零声母）	[ɥɛ]
/ɿ/	[ɿ]	在 [ts、tsʰ、s] 后作韵母	[tsɿ]
/ʅ/	[ʅ]	在 [tʂ、tʂʰ、ʂ、ʐ] 后作韵母	[tʂʅ]
/ər/	[ɚ]	阳平、上声音节	[ɚ³⁵][ɚ²¹⁴]
	[ɐ˞]	去声音节	[ɐ˞⁵¹]

（6）普通话辅音音位：普通话共有 22 个辅音音位。

> 📢 **小贴士**
>
> 音位章节在本科教材中是选讲，因难度较高故其重要性有所下降，所以音位部分的知识考查主要聚焦其中的定义、判定标准和常见的元音变体等。而普通话的辅音音位在考研中几乎不会涉及。学界关于普通话中的辅音音位尚有争议，教材认为大致有几种常见的情况，但《通论》认为普通话中没有明显的辅音音位变体。建议考生对这一部分参阅并了解原理即可。

①不送气清塞音、清塞擦音出现在轻声音节中时，由于读音弱，受前后元音的影响，有时变成了相应的浊辅音。②大多数辅音音位（除 [f] 等少数辅音外）在同后头的圆唇元音相拼时都双唇拢圆，即产生各种圆唇音的音位变体。③舌尖中音 /t/、/tʰ/、/n/、/l/ 和齐齿呼韵母拼合时出现带有腭化音色彩的音位变体。④舌根音 /k/、/kʰ/、/x/ 和 [ei] 拼合时，受到其中半高前元音 [e] 的影响。⑤鼻音 /n/ 除前面介绍的圆唇音之外，还有两个音位变体，一个是持阻、除阻都发音的声母 [n-]，另一个是持阻发音、除阻不发音的韵尾 [-n]。⑥鼻音 /ŋ/ 有两个音位变体：一个是持阻发音、除阻不发音的韵尾 [-ŋ]；另一个是音节开头的 [ŋ-]，有鼻音发音的三个阶段，但只出现在后续语气词"啊"的开头，"啊"同前面有韵尾 [-ŋ] 的音节连读时因同化作用[1]，常增有这种 [ŋ-] 辅音，如"唱啊" [tʂʰaŋŋA]。

---

[1] 曹剑芬.从协同发音看语音的结合与变化[C]// 石锋，潘悟云，编.中国语言学的新拓展.香港：香港城市大学出版社.1999.

(7) 普通话声调音位[1]

> 因为四个声调都能承担区别意义的功能，所以同样能归纳出四个不同的音位。

普通话的"阴阳上去"四个调类可用调值表示为 /55/、/35/、/214/、/51/ 四个调位，也可以分别写成 /1/、/2/、/3/、/4/ 四个调位。

罗列音位变体如下：

调位	音位变体	出现条件	举例
/1/	[55]	无条件	吃
/2/	[35]	无条件	拿
/3/	[214]	后面没有别的音节	好
	[35]	在上声音节前	土改
	[21]	在阴平、阳平、去声音节前	土堆、土豪、土地
/4/	[51]	后面没有别的音节	是
	[53]	在去声音节前	特色

轻声音节是短而弱的音节。轻声和非轻声的差别有时具有辨义作用，但是也有可能没有。

> 表述非常精确，只是大多，不是绝对。如"我们、你们"中的"们"很难确定其本调是什么。

读轻声的音节，在单字中大多都有本调，由此把轻声看作本调调位的变体是合适的。同时轻声的音高、音质都不固定，很难类型化。轻声是某调位的变体，轻声中的四种音高，又是轻声的条件变体。而类型化是音位的重要特点，但轻声不能类型化，所以将轻声看作独立的调位是不合适的。

> **小贴士**
>
> 教材（上）P102 最后两段的表述缺乏明显的顺序提示词，往往乍一看不明就里，但其实是在论述"为何不能把轻声看作独立的调位"。
>
> 其一是因为在声韵都相同的时候，声调不同，即不同的调位往往可以具有区别意义的作用。可是同一个字，轻声和不轻声未必可以区别意义，如"桌子"的"子"轻声与否皆可。
>
> 其二是音位归纳中很重要的因素是要类型化，而轻声的四要素都很难固定，即难以类型化，故不适宜。

---

[1] 游汝杰，钱乃荣，高钲夏．论普通话的音位系统[J]．中国语文，1980（05）:328-334．

解习题

思考和练习六

1. 什么是变调？举例说明普通话的主要变调类型。

略（参见本节划重点部分）

2. 什么是轻声？举例说明轻声音节音高变化的规律及韵母变化的规律。

略（参见本节划重点部分）

3. 举例说明轻声在普通话里的作用。

略（参见本节划重点部分）

4. 什么是儿化？儿化跟词汇和语法有何关系，试举例加以说明。

略（参见本节划重点部分）

5. 指出下面上声字的声调变化情况。

具体可作如下分类：

(1) 35+35+214：碾米厂。

(2) 21+35+214：好产品、老古董。

(3) 35+214：领导、选举、首长、老板、粉笔、耳鼓、搞鬼、浅水。

(4) 前一个上声字变读成 21：考察、水库、铁道、解除、水运、火柴、鼓动、检察、指挥、享受。

(5) 我请（35+214）｜雨伞厂（35+35+214）｜鲁厂长（21+35+214）｜选两把（21+35+214）｜好雨伞（21+35+214）｜给李组长（35+21+35+214）。

6. 用国际音标给变调注音，声调要用五度标记法（记数码）写出。

(1) 导演 [tɑu³⁵iɛn²¹⁴]　　体统 [tʰi³⁵tʰuŋ²¹⁴]　　脚本 [tɕiɑu³⁵pən²¹⁴]

　　本体 [pən³⁵tʰi²¹⁴]　　好朋友 [xɑu²¹pʰəŋ³⁵iou²¹⁴]

(2) 他们 [tʰA⁵⁵mən²]　　谁的 [ʂei³⁵tə³]　　你呢 [ni²¹nə⁴]　　看看 [kʰan⁵¹kʰan¹]

　　招呼 [tʂɑu⁵⁵xu³]　　便宜 [pʰiɛn³⁵i³]　　耳朵 [ər²¹tuo⁴]　　告诉 [kɑu⁵¹su¹]

　　梯子 [tʰi⁵⁵tsə³]　　锤子 [tʂʰuei³⁵tsə³]　　椅子 [i²¹tsə⁴]　　凳子 [təŋ⁵¹tsə¹]

　　多么 [tuo⁵⁵mə²]　　什么 [ʂən³⁵mə³]　　怎么 [tsən²¹mə⁴]　　这么 [tʂə⁵¹mə¹]

　　说了 [ʂuo⁵⁵lə²]　　读了 [tu³⁵lə³]　　想了 [ɕiɑŋ²¹lə⁴]　　试了 [ʂɨ⁵¹lə¹]

7. 依据儿化音变的规律，用国际音标给下面的儿化词注音。

宝盖儿 [paukɚ]　　侧刀儿 [tsʰɤtaur]　　肉月儿 [ʐouyɛr]

门墩儿 [məntuɚ]　　示补儿 [ʂpur]　　快板儿 [kʰuaipɚr]

单弦儿 [tanɕiɚr]　　小曲儿 [ɕiautɕʰyɚr]　　唱片儿 [tʂʰaŋpʰiɚr]

猜谜儿 [tsʰaimiɚr]　　逗乐儿 [toulɤr]　　纳闷儿 [nʌmɚr]

刨根儿 [pʰaukɚr]　　挑刺儿 [tʰiautsʰɚr]　　围嘴儿 [weitsuɚr]

8. 发音操练。

(1)~(5) 略

发音练习（6）：朗读下面的句子，写出"啊"音变后的汉字写法并标出国际音标。

①你来呀 [iʌ]。

②为什么不去呀 [iʌ]？

③你看哪 [nʌ]。

④多高哇 [uʌ]！

⑤怎么老不动啊 [ŋʌ]？

⑥是不是啊 [zʌ]？

⑦快干哪 [nʌ]！

⑧说你呀 [iʌ]。

⑨是我呀 [iʌ]。

⑩快唱啊 [ŋʌ]。

⑪写字啊 [zʌ]。

⑫没事啊 [zʌ]。

思考和练习七

1. 举例说明什么是音位。 ← 这种题型在考试中一般就是名词解释。

音位是按语音的社会属性划分出来的语音单位，指的是一个语音系统中能够区别意义的最小语音单位，是按语音的辨义作用归纳出来的。举例略。

2. 举例说明应怎样归纳音位。

音位是以语音的辨义功能、互补分布和音感差异为标准归纳出来的，其中辨义功能是最重要的标准。把不同的音素放在相同的语音环境中替换比较，凡是能够区别意义的音，就分别归纳成不同的音位，否则就是同一个音位。例如"爸(bà)"和"怕(pà)"，声母不同，且不可互相替换，也即b和p在相同的语音环境中能区别意义，故应该归为两个音位。

3. 什么是互补分布？什么是音感特征？二者作为归纳音位的语音标准，哪个更重要？为什么？

互补分布指的是音位的不同条件变体各有自己的分布条件，绝不出现在相同的位置上，它们的分布状况是互相补充的。所谓音感特征，指的是当地人对某些音在听感上的差异。就这两个归纳音位的标准来看，一般来说互补分布更重要，音感差异可作为参考。

4. 什么是音位变体？

一个音位往往包含一些不同的音，这些音就叫作"音位变体"。音位和音位变体的关系是类别和成员的关系，也可以说音位变体是音位的具体表现形式。例如，"太 [thai] 靠 [khɑu] 前 [qiεn] 啦 [lʌ]"中的 [a]、[ɑ]、[ε]、[ʌ] 出现的语音环境有别，但彼此换用仍可以理解，故它们就是音位变体的关系。

5. 条件变体和自由变体的区别何在？

凡是在一定条件下出现的音位变体就叫作"条件变体"；凡是无条件的，即没有环境限制，可以自由替换而不影响意义的音位变体叫"自由变体"。例如，/a/ 的条件变体有 [a]、[ɑ]、[ε]、[ʌ]，而 /g/ 的条件变体则为 [k]、[g]。

6. 音位理论对拼音文字的设计有何意义？

音位理论对拼音文字设计具有重要的意义，应用音位理论可以把呈现在具体语言中的繁杂的语音现象归纳为一个简约而有规律的拼音文字体系。这种拼音文字体系，以简驭繁，便于人们学习、运用和教学。而《汉语拼音方案》就是根据音位理论制定的。

7. g、a、u 三个音位各有哪些音位变体？举例说明它们出现的条件。

略（参见教材 [上]P99~100）

8. 用汉语拼音字母和国际音标拼注"哥哥黑黑和姐姐慧慧学爷爷"，指出拼音方案书写法为什么只见 e，不见 ê。

gē	ge	hēi	hei	hé	jiě	jie	huì	hui	xué	yé	ye
Kɤ⁵⁵	kɤ²	xei⁵⁵	xei²	xɤ³⁵	tɕiε²¹⁴	tɕiε⁴	xuei⁵¹	xuei¹	ɕyε³⁵	iε³⁵	iε³
哥	哥	黑	黑	和	姐	姐	慧	慧	学	爷	爷。

普通话里 e 和 ê 虽属两个不同的音位，但只有在零声母音节里才是对立的，这时需要标注不同的符号，如"鹅"(é) 和"诶"(ê)。此外，e 出现在 i 的前面，是舌面前半高不圆唇元音 [e]，如"黑"(hēi)，音节里的韵腹 e，不是由 ê 上面的符号而成的，ê 出现在 i 和 ü 的后面读 [ε]，如"姐"(jiě)、"学"(xué)，e 都是不用带帽子的。出现环境不同，呈现互补分布的状态。所以可以用一个字母符号 e 来表示，不会混淆。此外，可以单独标出 ê 的字，如"诶"又没有在要求拼注的句中出现，所以 ê 也就没有出现。

9. 用国际音标标出第10题短文《春风又绿江南岸》的音节，对着短文的汉字逐个标音，声调调值用数字标记，要用词儿连写法，可以省去 [　] 号。

略

10. 发音练习。

略

 练习题

（一）选择题

1. 轻声的作用是（　　）。（多选）
   A. 使语音有抑扬顿挫的变化，增加语音的音乐性。
   B. 表示喜爱、亲切的感情色彩。
   C. 可以区别词义和词性。
   D. 表示细小、细微的状态。
2. "儿化韵"的拼写方法是（　　）。
   A. 用 er　　　B. 在韵母后加 r　　　C. 在韵母后加 er　　　D. 在韵母后直接卷舌
3. "画"和"画儿"两个词（　　）。
   A. 意思一样，没有区别。
   B. 意思没有区别；词性有区别，"画"是动词，"画儿"是名词。
   C. 感情色彩有强弱，"画儿"的感情色彩强。
   D. 词性有区别，"画"是动词，"画儿"是名词；意义也有区别。
4. 下列词语中，"一"的变调不同的是（　　）。
   A. 一鼓作气　　B. 一片丹心　　C. 一帆风顺　　D. 一鸣惊人
5. "谈不谈""不是"中的两个"不"，应该读作（　　）。
   A. 阴平、上声　　B. 轻声、去声　　C. 去声、阳平　　D. 轻声、阳平
6. 下列词语中，上声变调的情况不同的是（　　）。
   A. 脑筋　　　B. 抵达　　　C. 宇宙　　　D. 勉强
7. "行啊"中的"啊"应读为（　　）。
   A. a　　　B. ya　　　C. nga　　　D. na
8. 下列每组词中，"子"都读轻声的是（　　）。
   A. 莲子、虾子　　B. 帘子、桌子　　C. 学子、椅子　　D. 鱼子、孙子
9. 下列每组词中均发生变调的是（　　）。
   A. 回应、一切、首先　　　　　　B. 运动、理想、北京

C. 平常、树叶、道路 D. 大象、河流、不去

10. 关于语流音变，下列描述正确的是（　　）。

   A. "一"在去声前读 51 调值。

   B. "不"在去声前读 35 调值。

   C. 上声与上声连读时，前一个上声变 21 调值。

   D. 上声与轻声相连时，前一个上声变 35 调值。

参考答案

1.ABCD　2.B　3.D　4.B　5.D　6.D　7.C　8.B　9.B　10.B

（二）判断题

1. "花儿"是两个语素，但对应的音节是一个音节。（　　）

2. 普通话里除 ê 和 er 外，其余的韵母都可以儿化。（　　）

3. 普通话连读一般是后一音节发生变调，其变调的高低由前一音节的声调调型决定。（　　）

   前一音节才对，并由后一音节的调型决定。

4. "上声 + 上声 + 上声"的连读变调情况，最后一个音节仍为上声。（　　）

5. 轻声音节"吗"和"们"没有本调，在任何情况下都读轻声。（　　）

   "吗"在"吗啡"中读本调，"们"在"图们江"中读本调，它们都有固定的调值。

6. 归纳某一音系里的全部音位，实际上就是全面寻找最小对立对的过程。（　　）

7. 音位是数目繁多的，音素是数量有限且成系统的。（　　）

8. 普通话中的 /n/ 和 /l/ 是对立的音位，在方言中也如此。（　　）

   音位归纳必须在同一语音系统中进行，不同系统不可类推。

9. 从舌位高低来看，/a/ 的四个主要音位变体并不都是低元音。（　　）

10. 调位也是音位，普通话中的四个声调是调位的音位变体。（　　）

参考答案

1~5　√√×√×　　6~10　√××√√

第四节　朗读和语调、语音规范化

理框架

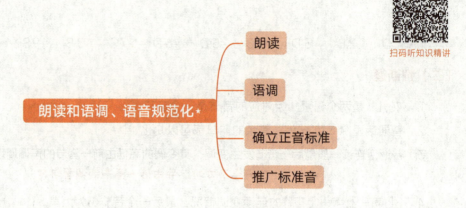

扫码听知识精讲

划重点

1. 语调

说话或朗读时，句子中的停顿、声音的快慢、轻重以及高低长短的变化，统称为语调。

> **考试拓展**
>
> 教材称之为语调，《通论》称之为节律。语调（节律）是运用言语的节奏和语声规律正确体现语言结构关系、语义关系与逻辑关系的一种表达手段，其受到语义、语法的制约。它将相互关联的语言材料组成既彼此层次分明又连接有序的表达单位，是言语过程中不可或缺的表达手段。

2. 停顿

定义：停顿是指说话或朗读时，段落之间，语句中间、后头出现的声音间歇。

来由：一方面是出于人的生理上或句子结构上的需要，另一方面是为了准确充分地表达思想感情。

分类：生理上换气需要的停顿；语法结构上的停顿；逻辑停顿。

意群：从意义上的联系来看，词与词可以结合在一起，构成一个意义整体。意群可大可小，在较大的意群里，还可以按照疏密不同的意义关系和结构层次再划分成更小一些的意义整体，这就叫"节拍群"。

> **考试拓展**
>
> 汉语自然音步的规则是"小不低过二,大不过于三"[1],即两个音节组成一个音步,三个音节也可组成一个音步。

3. 重音

(1)定义:语句中念得比较重、听起来特别清晰的音叫作重音,或者叫作语句重音。

(2)特点:增强声音的强度、扩大音域、延续时间。

(3)分类:语法重音,即按照语法结构的特点而重读;逻辑重音,即为了突出句中的主要思想或强调句中的特殊感情而重读。

> **考试拓展**
>
> 重音和轻音是相对的,重音一般都是重要语义的负载所在。单音节的实词不存在结构类型,所以不存在轻重读,单音节的虚词因语义的虚化,不可能重读。体现重音的主要成分是音高和音长,音强的作用是其次的。

4. 句调

> 字调只指一个音节(字)的音高格式。 但却突出地体现于句子的末尾。

句调是指整句话的声音高低升降的格式,是语句音高运动的模式。句调贯穿整个句子,从属于超音段成分,不同于音素、音节等音段成分。声调依附在声韵结构上,形成了字音(汉语的音节);句调依附在短语上,形成了句子。句末不同的标点,其实是不同语调的标志。

5. 句调和字调的关系

句调与字调的关系是音阶叠加的"代数和",而不是调形叠加的"代数和"。二者相互依存,彼此制约。声调受句调的调节,声调调形虽然相对稳定,但其音阶必须随句调升降而上浮或下沉。句调离不开声调,通过声调的浮沉得以实现。

> 尤其以前两种最为常见。

句调的四种形式:(1)升调,常用于表反问、疑问、惊异、号召等语气;(2)降调,常用于表陈述、感叹、请求等语气;(3)平调,常用于表严肃、冷淡、叙述等语气;(4)曲调,常用于表含蓄、讽刺、意在言外等语气。

句调对字调的影响:(1)句调上升。如果字调是上升的,就使字调升得更高;如果字调是平的,就使字调后部上升;如果字调是降的,就变成降升。(2)句调下降。如果字调是降调,就降得更低;如果字调是平调,就变成平降调;如果字调是升调,就变成升降调。

---

[1] 冯胜利.论汉语的"自然音步"[J].中国语文,1998(01):40-47.

> **考试拓展**
>
> 赵元任[1]指出,"语调是由声调、轻重音和说话的口气综合在一起形成的",且总结了轻声变调规律、上声字变化规则、重叠形容词和副词的变调现象,以及"一""不"的特殊变调。另,语调和字调关系中著名的"代数和"理论,也是其提出的,但有部分学者[2]不同意"代数和"的观点。

6. 正音标准

汉民族共同语以北京语音为标准音。

其内部分歧有二:第一种是北京口语的土音成分不能进入普通话。北京话里的儿化、轻声较多,其中能区别词义和词性的读音可承认是普通话成分,有些习惯上必须读轻声、儿化的,普通话也应该吸收,除此之外的儿化、轻声就不要吸收进普通话了。第二种是北京话里的异读词,即习惯上有几种不同读音的词。

> **考试拓展**
>
> 普通话是超方言的[3],以北京语音为标准音,指的是我们不能在北京的语音系统上面增加或减少一些音素或声调,而不是指每一个字的具体读音都要依照北京人的读法。

解习题

思考和练习八

1. 结合自己的经验,谈谈朗读在语文学习中的重要作用。

略

2. 试把下面两段话按自己的理解断开,并与别人的理解比较,看有什么不同,并说明停顿的运用在表达上的作用。

(1)我赞成他也赞成你怎么样?

A. 我赞成他,也赞成你,怎么样?

B. 我赞成,他也赞成,你怎么样?

---

[1] 赵元任. 最后五分钟——国语罗马字对话戏戏谱 再版(附录:北平语调的研究)[M]. 上海:中华书局,1929. 另见赵元任.《赵元任语言学论文集》[M]. 北京:商务印书馆, 2002:252-274.

[2] 胡明扬. 北京话初探[M]. 北京:商务印书馆, 1987:146-162.

[3] 王力. 论审音原则[J]. 中国语文, 1965(05).

（2）无鸡鸭也可无鱼肉也可一盘煮豆足矣！
　　A. 无鸡，鸭也可，无鱼，肉也可，一盘煮豆足矣！
　　B. 无鸡鸭也可，无鱼肉也可，一盘煮豆足矣！

3. 朗读下面的句子，试着变换重音的位置，并分析所能表达出来的意思。

　　重音在"我"，强调买花人是"我"，不是别人；重音在"玫瑰花儿"，强调买的是"花儿"，不是别的；重音在"一盆"，强调买的数量是"一"，没多买或没少买；重音在"买"，强调我是通过花钱"买"的，而不是别的途径得到这盆花的。

4. 语调和声调有何不同？二者又有什么关系？

　　声调指的是一个字音高低升降的变化，故也叫"字调"。语调则是贯穿一句话的声音高低升降以及快慢、轻重、顿挫的变化。语调是一个内涵比较复杂的概念，不仅指声音高低升降的变化，而且还包含着声音的轻重、缓急以及停顿转折等内容。但由于句子总是由若干词组成，从音节（字）的数量上看是几个字，字调的高低升降必然受语调升降因素的影响。这种影响大致可以总结为两句话，即末尾字调和句调相同的，就在原来的字调上再继续稍扬或稍抑；末尾字调和句调相反的，就在句调的基础上按照字调的升降稍微调整。

5. 发音练习。

　　略

思考和练习九

1. 结合生活中的事例说明语音规范化的必要性。

　　（1）语音规范化的重要内容是推广普通话，因为汉语方言之间最大的差异是语音，不同方言区的人往往就是因为彼此语音难懂才引出误会。有些方言区之间的语音差异极大，以致于彼此无法交谈，极大影响了人们的社交活动。（2）语音的规范对语言纯洁健康地发展，对国际政治、经济、文化等方面的交流，以及对语言文字工作的现代化都有极大的影响，所以语音规范化的工作十分必要。

2. 普通话语音规范化工作都包括些什么内容？试举例说明。

　　普通话语音规范化工作主要包括两方面的内容：一是确立正音的标准；二是大力推广标准音。（例子随文注出即可，不必死记硬背。）

3. 什么是"异读词"？下面各词语中加着重号的字，哪些是属于异读范围的，哪些不是，为什么？凡不规范的注音要改正。

　　异读词指的是习惯上有几种不同读音的词。本题所列举的"校对—学校、挑水—挑战、安宁—宁可、理发—奋发"中的加点字都不属于异读，因为这些字在不同词里的不同读音表示了不同的意义。另据《普通话异读词审音表》，"发酵"应读 fā jiào，"麦芒"应读 mài máng，"五更"应读 wǔ gēng。

4. 下列这些词读轻声或不读轻声，读儿化或不读儿化都没有区别词义的作用，但北京语音却都要读轻声或儿化。你认为这类词怎样读才是规范的读音？

北京人习惯读轻音的，就读轻音；北京人习惯读儿化音的，就读儿化音。

5. 发音练习。

略

 练习题

（一）选择题

1. 下列两个词的注音全部正确的一组是（　　）。
   A. 濒临（bīn lín）　波浪（bō làng）　B. 金钗（jīn chā）　嗔怒（chēn nù）
   C. 赔偿（péi sháng）　瞠目（chēng mù）　D. 狭隘（xià ài）　凹陷（āo xiàn）

2. 下列两个词的注音存在错误的一组是（　　）。
   A. 辍学（chuò xué）　阔绰（kuò chuò）　B. 傣族（tǎi zú）　逮捕（dài bǔ）
   C. 讹诈（é zhà）　咖喱（gā lí）　D. 皈依（guī yī）　哈达（hǎ dá）

3. 下列词语注音正确的是（　　）。
   A. 腌臜（ān zā）　B. 砧板（zhān bǎn）　C. 穿凿（chuān záo）　D. 对峙（duì shì）

4. 下列多音字中，注音错误的是（　　）。
   A. 扒（pá）手　B. 创（chuàng）伤　C. 女红（nǚ gōng）　D. 肉脯（fǔ）

5. 下列包含"shi"音字的词是（　　）。
   A. 钥匙　B. 寻思　C. 理事　D. 声势

6. 下列姓氏中注音错误的是（　　）。
   A. 朴（piáo）　B. 翟（zhái）　C. 晁（cháo）　D. 龚（gǒng）

7. "供给"应读为（　　）。
   A. gòng gèi　B. gōng gěi　C. gōng jǐ　D. gòng jǐ

8. 下列每组词中，"子"都读轻声的是（　　）。
   A. 莲子、虾子　B. 帘子、桌子　C. 学子、椅子　D. 孢子、孙子

9. 下列符合《普通话异读词审音表》读音规定的是（　　）。
   A. 猹（zhá）　B. 粘（zhān）贴　C. 娱（yù）　D. 轶（yí）

10. 下列符合《普通话异读词审音表》读音规定的是（　　）。
   A. 勃（bó）　　B. 胞（pāo）　　C. 背（bì）静　　D. 癌（ái）

参考答案

1~5 ABCBA　　　6~10 DCBBD

（二）判断题

1. "重音"的"重"字体现了重音的主要成分是音强。（　　） ← 主要是音长和音高。
2. 读重音的部分其语义一般比较重要。（　　）
3. 言语表达首先必须掌握的重音是逻辑重音。（　　） ← 语法重音
4. 词的不同轻重读音格式主要依据词的语义。（　　） ← 主要依据词的结构形式和口语化程度。
5. 单音节词无论语义实虚，都不存在轻重读。（　　）

参考答案

1~5 ×√××√

第一节 汉字概说

学习提示：本节需要记忆的知识点较少，需要特别注意汉字的特点。

 理框架

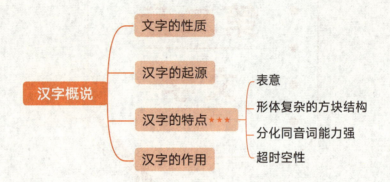

扫码听知识精讲

 划重点

1. 文字的性质

文字是记录语言的书写符号系统，是最重要的辅助性交际工具。

人类有了文字：（1）就突破了语言在时空上的限制，扩大了语言的交际功能；（2）人类社会就有了用文字记载的历史、知识、技术和经验，就促进了社会的发展；（3）就有了书面语言；（4）语言就可以更好地传播。

2. 汉字的起源

汉字是记录汉语的书写符号系统。汉字是世界上起源很早的文字之一。从最新的考古材料来看，汉字的历史可以追溯到五六千年前。殷商的甲骨文距今已有 3 000 多年的历史，已经算是比较成熟的文字了。

注意表述，不是"最早"，而是"很早"。

3. 汉字的特点

（1）汉字是表意体系的文字。世界上的文字基本上可以分为两大类：一类是表音文字，另一类是表意文字。记录语素、词的叫语素文字、表词文字，可合称为表意文字。汉字是表意体系的文字，同表音文字有着本质的区别。

从文字体系来看，汉字虽然有大量的形声字，但仍然应被看作表意体系的文字。

> **小贴士**
>
> 不同教材对汉字的定位是不同的，教材（上）P138 提到的"有人据此说汉字是意音文字"，《通论》即是如此认为。

（2）汉字是形体复杂的方块结构。汉字笔画较为繁多，但同时也有辨义力强的特点，另外还可使词形较短的汉语写下来更节省篇幅。

（3）汉字同音不同形，具有分化同音词的作用。

（4）汉字有超时空性。由于汉字不是直接表音的，因而具有一定程度的超时空性。几千年来，汉语的语音变化很大，但是汉字的字形和所记录的语素的意义却变化不大。例如古书上"天、地、人、花、鸟、虫、鱼"等字，现代人不懂它的古音，却能了解它的字义。这些汉字在不同方言区往往有不同的读音，但是字义却基本相同。汉族历史悠久，古代典籍丰富，地域十分辽阔，方言分歧很大，表意体系的汉字能在不同历史时期、不同方言之间很好地起到交际工具的作用，增强民族凝聚力。

4. 汉字的作用

汉字传承中华民族灿烂的古代文化，促进社会的发展、国家的统一，以及汉语的发展。汉字还可以保存汉字圈国家的文化遗产，并促进我国同这些国家的交往和文化交流。

> **考试拓展**
>
> 《通论》的表述条理更清晰：①维护民族团结、国家统一；②为中华民族保存了无比丰富的文化遗产；③为促进中外文化交流、发展人类文化作出巨大贡献。

解习题

思考和练习一

1. 什么是文字？什么是汉字？

文字是记录语言的书写符号系统。汉字是记录汉语的书写符号系统。世界上有用字母符号记录语言的音位的表音文字，如英文、俄文；有用笔画符号记录语言的语素的表意文字，如汉字，汉字是由笔画组成表意图形的表意文字。

2. 汉字是怎样产生的？你怎样认识"仓颉造字"说？

文字在人类文化发展到一定阶段时才出现，是为了满足日益复杂的交际需要而创造出来的。汉字是汉族人的祖先在长期社会实践中逐渐创造出来的。许多汉字起源于图画，在原始的画画记事的基础上逐渐形成。古代文化遗址出土的某些文物上有一些重复出现的简单符号,很有可能是古代汉字的前身。萌芽时期的原始汉字可能是分散的、不成系统的。经过整理后,图形或符号完全同语言中的词相一致,并能够记录汉语,这样汉字就逐步成熟了。现在能看到的殷商的甲骨文距今有3 000多年的历史,已经是相当成熟的文字了。

3. 汉字有哪些特点?

汉字的主要特点有四个:(1)汉字是表意体系的文字;(2)汉字是形体复杂的方块结构;(3)汉字分化同音词的能力强;(4)汉字有超时空性。

4. 为什么说汉字是表意文字?

世界上的文字可分为表音文字和表意文字两大类。表音文字是用数目不多的符号表示的一种语言的有限的音位或音节,作为标记词语声音的字母;表意文字是用数目众多的表意符号表示一种语言中有意义的语言单位——语素或词,而不是表示语言中的音位或音节。汉字用笔画构成的大量符号(字)来表示汉语语素的意义,从而代表了汉语语素的声音,而不是用符号或字母表示汉语的音素或音节,所以说汉字是表意文字。

5. 说"汉字是意音文字"对不对?请说明理由。

不对,答案略(详见教材表述)。

6. 怎样理解汉字有一定的超时空性?

由于表意文字有不直接表音而能表意的特点,因而汉字具有一定程度的超时空性。古今汉语的语音虽然变化很大,但是汉字的字义变化不是很大,所以有一定文化基础的人尚可阅读两千年前写的古书。汉语方言的分歧主要表现在语音上,同一个汉字在不同方言区常常有不同的读音,读起来常常听不懂,但是由于字体很少不同,所以写下来大体可以进行交际。汉族的历史悠久,方言分歧很大,表意体系的汉字能在不同历史时期、不同方言之间起到交际工具的作用。汉字这种打破时间、空间限制的特点,使它在加强汉民族内聚力方面作出了一定的贡献。

7. 将汉字同某一种表音文字进行比较,具体谈谈汉字的性质。

略

8. 从历史和现实、国内和国际不同角度说明汉字的作用。

从历史上看,汉字记录了光辉灿烂的汉民族文化遗产,流传至现在,传播到四方,促进了社会的发展。表意体系的汉字记录的书面语,限制了方言分歧的扩大,对汉民族和汉语的统一与发展起到了重要的作用。现在,汉字不仅是汉民族的通用文字,也是汉族人民和少数民族人民互相学习、交流经验的工具,作为国家通用的文字,在社会交际中发挥着重要的作用。

从国际上看，汉字曾被越南、朝鲜、韩国、日本等国家借去记录各自的民族语言，至今日本还在使用部分汉字。新加坡、马来西亚采用我国的规范汉字作为国家的正式文字之一。联合国把我国的规范汉字作为六种工作文字之一。汉字在历史上和当代的国际交往中都发挥了重要的作用。

9. 有人主张汉字应分词连写，你认为是否可行？

略

有人说，汉字是象形文字；有人说，汉字是表意文字。请谈谈你的看法并作出说明。

略（参见上文"思考和练习一"第 4 小题）

> **小贴士**
>
> 关于"汉字是表意文字"的表述，是经常考查的知识点之一，一定要弄清概念和相关表述。
>
> 有的论述题属于灵活的主观题范畴，在作答这种题目时，可以说是没有标准答案的，但也要求考生能在内容上自圆其说、言之有理，在答题规范上条理清晰、层次鲜明。例如：
>
> ①有人说拼音文字是汉字文字的最终形式，谈谈你的看法，你认为汉字未来的发展趋势是什么？
>
> ②结合下面的两句话谈谈你对汉字和汉语之间的关系的看法。
>
> a. 当有人说自己姓名的时候，常常会补上一句"弓长张"或"立早章"。
>
> b. "五四"新文化运动前后，包括鲁迅在内的一批学者提出"汉字不灭，中国必亡"。
>
> 下面来说说如何在教材内容给予我们有限的知识范围内，作答题目宽泛的主观题。
>
> 一是熟悉教材和考点。以不变应万变是文科考试的一个规律。只有精熟课本，知道每一章每一小节的内容设置和考点分布、掌握要求，才能迅速联想起和题干信息有关的部分。
>
> 二是分析考题，抽丝剥茧。从材料到题干，从文字到考题后所附的分值数字，都不要放过。以第①题为例，我们获取到的有效、有用信息是"拼音文字""汉字""汉字发展趋势"等，在脑海中迅速对接文本和知识网络后，可以将答案按照以下的顺序钩织：
>
> a. 汉字是表意文字，表意文字的优势和弊端。
>
> b. 拼音文字的定义，拼音文字的优势和弊端。
>
> c. 汉字过去的发展趋势，我预判的将来的发展趋势。

按照这样的框架组织答案，能做到尽可能地覆盖得分范围，不至于大面积失分。

三是主次鲜明，枝叶有别。有的考生在作答类似题目时，会出现个人感触多而事实少，议论多而材料少，畅想多而依据少的情况。请务必分清主次，以知识点为主，个人见解为次；以知识点为枝，阐发议论为叶。

第二节　汉字的形体与结构

 理框架

扫码听知识精讲

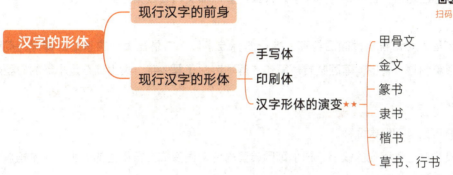

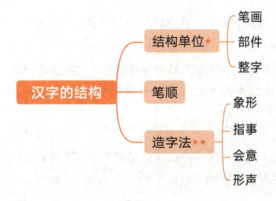

 划重点

（一）现行汉字的前身

正式字体：甲骨文、金文、篆书、隶书、楷书。
辅助字体：草书、行书。
古文字：甲骨文、金文、篆书。
今文字：隶书及以后的字体。

1. 甲骨文

指通行于殷商时代刻在龟甲、兽骨上的文字。主要特点：笔形是细瘦的线条，拐弯多是方笔，外形参差不齐、大小不一、异体字较多。

2. 金文

主要指通行于西周的青铜器上的文字。主要特点：笔画丰满粗肥，外形比甲骨文方正、匀称，异体字也较多。

3. 篆书

大篆一般（狭义上）指春秋战国时代秦国的文字，广义上指先秦所有的古文字。字形比金文整齐，笔画均匀，仍有少量异体字。大篆一般以籀文和石鼓文为典型代表。（填空）

小篆指秦始皇统一六国后整理、推行的标准字体，它是在大篆的基础上整理、简化而成的。字形更匀称、整齐，笔画圆转、简化，基本废除了异体字。泰山刻石是小篆的典型代表。（填空）

4. 隶书

隶书有秦隶、汉隶两种。（填空）

秦隶是产生于秦代的隶书，把小篆圆转弧形的笔画变成方折平直的笔画，基本摆脱了古文字象形的特点。

汉隶是在秦隶的基础上演变来的，是汉代通行的字体，字形规整，撇、捺、长横有波磔，很少有篆书的残存痕迹。

秦隶是具备象形特点的古文字演变为不象形特点的今文字的转折点，在汉字史上具有划时代的意义。*秦隶到汉隶的转变即隶变，在字体演变史上的地位最为重要，它是古今汉字的分水岭。*

5. 楷书

楷书也叫正楷、正书、真书。楷书是汉字的标准字体。其兴于汉末，盛行于魏、晋，一直沿用至今，字形方正，笔画没有波磔，书写方便。（填空）

6. 草书

草书包括章草、今草、狂草三种。章草是隶书的草写体，东汉章帝时盛行，笔画有汉隶的波磔，虽有连笔，但字字独立。今草产生于东汉末，形体连绵，字字顾盼呼应，贯通一气，笔形没有波磔。狂草产生于唐代，变化多端，极难辨认，变成了纯艺术品。

7. 行书

行书是楷书的辅助性字体。产生于东汉末，一直运用至今，形体近楷不拘，近草不放，笔画连绵，各字独立，易写好认。

> 📢 **小贴士**
> 各种字形的特点最好能大致记忆，各种字体的下位小类名称也要特别记忆！

> 汉字形体的演变主要是朝着简化易写的方向发展的。主要表现在四个方面：
> ①从图画性的象形文字逐步变成不象形的书写符号。
> ②笔形从类似绘画式的线条逐步变成横、竖、撇、点、折的笔画，书写更方便了。
> ③许多字的结构和笔画逐步简化，如"书"。
> ④甲骨文、金文都异体繁多，小篆、隶书、楷书的异体字都减少了。
> 汉字形体演变过程中也有繁化现象，但极少。

（二）现行汉字的形体

现行汉字经常运用的是楷书、行书。

从成字的手段来看，现行汉字有手写体和印刷体的区别。常用的手写体是楷书和行书两种。习惯上说的汉字的印刷体只指印刷上常用的楷书的各种变体。

（三）汉字的结构单位

现代汉字的结构单位有三级：一是笔画；二是部件；三是整字。

笔画是构成汉字的最小单位。部件是构成汉字的预制构件，是高一级的构字单位。

1. 笔画

笔画是构成汉字字形的最小单位。从落笔到起笔所写的点、线，叫一笔或一画。笔画的具体形状称笔形。

（1）传统的汉字基本笔形有八种，即点、横、竖、撇、捺、提、折、钩，又称"永字八法"。

（2）五种基本笔形是横、竖、撇、点、折，又称"札"字法。

（3）折笔形是两种或两种以上单一笔形的连接。

（4）笔画的组合有三种方式：相离、相接、相交。

（5）《现行汉字笔形表》（教材［上］P148）。这张表里的考点藏在笔画的名称里，有的题会问某个字的某一笔是什么，这时候单纯写出笔画并不保险，最无虞的是同时写出笔画名。而教材里最规范的笔画名就在这张表里。

2. 部件

部件是由笔画构成的具有组配汉字功能的构字单位，一个合体字由两个或两个以上的部件构成。现行汉字中的部件，按照不同标准可分为不同的类型：

（1）按照能否独立成字划分，分为成字部件和非成字部件。

（2）按照笔画多少划分，分为单笔部件和多笔部件。

（3）按照能否再切分为小的部件划分，分为基础部件（又叫单一部件、单纯部件、末级部件）和合成部件（复合部件）。

(4) 按照部件切分出的先后层次划分，分为一层部件、二层部件、三层部件等。

> 📢 **考试拓展**
>
> 构字部件的属性可以根据其和整字音义上的关系分为三类：意符、音符、记号（即该部件在意义和读音上都和整字没有联系）。

3. 整字

(1) 根据汉字部件的多少，汉字可分为独体字和合体字。由一个基础部件构成的字是独体字。
(2) 合体字部件的组合方式主要有五大类：
① 左右组合：a. 左右结构：明许把粘保貌。
　　　　　　b. 左中右结构：粥辨街班掰。
② 上下组合：a. 上下结构：岩笔类姜骂是。
　　　　　　b. 上中下结构：器葬曼哀禀。
③ 包围组合：a. 两面包围。上左包围：厅庆病居房虎。
　　　　　　　　　　　　上右包围：旬司氧式可。
　　　　　　　　　　　　左下包围：远赶题建翘。
　　　　　　b. 三面包围。上三包围：问凤凰同网向。
　　　　　　　　　　　　下三包围：凶函幽山。
　　　　　　　　　　　　左三包围：区医匠匡巨。
　　　　　　c. 四面包围。国围回困园囿。
④ 框架组合：巫坐乘噩爽。
⑤ 品字组合：晶森矗磊。　→ *最多的一类，可能考填空题。*
绝大多数的汉字属于<u>左右组合和上下组合</u>，包围组合较少，框架组合、品字组合极少。

→ *教材（上）P151的表述其实是在回答一个简答题，即部首和部件的关系。*
(3) 部首是字书中各部领头的部件或笔画，具有字形归类的作用。
① 大部分部首是合体字的一个多笔部件，少数部首是一个笔画。
② 有的部首可以分成几个部件，如部首"音"可以分为"立、日"两个部件。因此，部首不等于部件。
③ 充当部首的汉字部件，大都具有表示义类的作用，少数部首不表示义类，还有些部中的少数字，部首可能是声旁。

> 📢 **考试拓展**
>
> 偏旁、部件、部首的关系整理：

> 偏旁就是用二分法对合体字进行一次性切分而获得的结构单位，可分为"形旁"和"声旁"两类。
>
> 部件这个术语是为了适应现代汉字字形分析需要而提出来的。部件这个概念可大可小，有时等于偏旁，有时小于偏旁。
>
> 部首是指可以成批构字的一部分部件。部首一般包括形旁，如"木"；某些笔画，如"头"的第一笔"丶"就是部首。

（四）汉字的<u>笔顺</u> ➡ 笔画的走向叫笔势，笔画出现的先后次序叫笔序，二者合起来叫笔顺。

笔顺是写字时笔画的先后顺序。汉字的笔顺有一定的规律，一般是：先横后竖；先撇后点；从上到下；从左到右；先外后内；先中间后两边；先外后内再封口等。

此外，还应注意下列比较特殊的书写规则：

（1）关于点的笔顺，应注意：

点在左上先写，如"为、斗、头"。

点在右上后写，如"戈、发、我"。

点在里面后写，如"叉、瓦"，但点下有横的例外，如"丹、母"。

（2）竖在上面（在横的左面），在上包下或全包围的结构里，一般先写，如"战、冈、圈"。

（3）有"辶""廴"作偏旁的字，和一些下包上的半包围结构，一般先内后外，如"过、延、画"。

现代汉语通用笔顺的依据是国家语委、新闻出版署1997年发布的《现代汉语通用字笔顺规范》；国家语委1999年发布、2000年实施的《GB13000.1字符集汉字笔顺规范》收集了20 902个汉字的笔顺；2013年国务院又公布了《通用规范汉字表》；由教育部、国家语委于2020年公布、2021年实施的《通用规范汉字笔顺规范》则是最新的标准。

> **📢 小贴士**
>
> 现在查笔顺一般可以从"汉典"（网站）中在线查询到，另外还可以从教育部或国务院的官网下载《现代汉语通用字笔顺规范》《通用规范汉字笔顺规范》等。
>
> 教材（上）P153注释"'车'充当字的左部件或左下部件，'牛'充当左部件时，最后两笔是竖、提"。其实"牛"也可以充当左下部件，如"犇"。
>
> 教材（上）P153罗列的笔顺易错字是经常考查的重点，试卷中出现的需要考生写笔顺的题大部分出于此，故建议读者多多书写，识记笔顺。

（五）汉字的造字法

一般来说，古代汉字有象形、指事、会意、形声四种造字法。现行汉字又有一些特殊情况。

1. 象形

　　定义：象形就是用描绘事物形状来表示字义的造字法。用这种方法造的字就是象形字。

　　分类：古象形字有的像事物的整体轮廓；有的像事物的特征部分；有的还带有必要的附带部分。

　　特点：象形这种造字法接近画图，但复杂的事物、抽象的概念无法象形，所以单靠这种方法造的字较少，但它是构成汉字的基础。

> **考试拓展**
>
> 　　许慎说："画成其物，随体诘诎，日月是也。"
>
> 　　象形字是依据某种物体的形状曲折回环地画成的，如"日""月"二字。可以看出象形字是从画图发展来的，但是画图与文字的性质不同，文字与语言结合，有比较固定的形体，表达词的意义能够读出音来。而画图并不与语言结合。

2. 指事

（批注：许慎说："视而可识，察而见意，上下是也。"指事字从外形就可以认识它的形体构造，仔细观察，便可以体会它的意义。）

　　定义：指事就是用象征性符号或在象形字上加提示符号来表示字义的造字法。用这种方法造的字是指事字。

（批注：教材（上）P154-155 对指事字的举例比较重要，需要特别关注"一、二、三、刃、本、末、未、朱、甘、寸、乒、乓、刁、卡、甩"等字。）

　　分类：指事字可分两种，一种是象征性符号的指事字，如用三条线表示"三"；另一种是象形字加提示符号的指事字，如"本"原义是树根，在"木"下部加一个点，表示树根的所在。

> **考试拓展**
>
> 　　笔者整理了试卷中出现过的指事字，如：上、下、三、本、末、刃、亦（一说象形）、朱、甘、寸、乒、乓、甩、卡、刁、中、回、厶（一说象形）、叉、牟（牛吐气义）、芈（羊吐气义）、片、夕、子、可、后、匕、面、申（象形兼指事）、戍（象形兼指事）、言、凶……

3. 会意

（批注：请务必注意教材（上）P155 提及的各个会意字，多看多整理！）

　　定义：用两个或两个以上部件合成一个字，把这些部件的意义合成新字的意义，这种造字法叫会意。用会意方法造的字，就是会意字。

　　分类：会意字有异体会意字、同体会意字两类。异体会意字用不同的部件组成。同体会意字用相同的部件组成，如"从"，两人一前一后，有随从的意思。从独体的象形字到合体的会意字，是造字法的发展。

4. 形声

定义：由表示字义类属的部件和表示字音的部件组成新字，这种造字法叫形声。用形声法造的字叫形声字。

分类：形声字的形式可以分为五类。

（1）纯形声字。就是一个形符和一个声符组合成一个形声字，结构比较单纯。如"萁，豆茎也，从艸其声""裋，竖使布长襦，从衣豆声""岱，泰山也，从山代声""闾，里门也，从门吕声""拙，不巧也，从手出声"。

（2）亦声字。段玉裁说："凡言亦声者，会意兼形声也。"如"从女从取，取亦声"，就是说"取"是形声字的声符，同时又是"取女"的会意字。又如"贫，从贝从分，分亦声"，"分贝"合起来是会意字，"分"又是声符。

（3）省声符字。就是形声字的声符省略了偏旁。如"莹，玉色也，从玉，荧省声"，声符"荧"省略了"火"字。又如"赴，趋也，从走，仆省声"，声符是"仆"，省略了"亻"。

（4）省形符字。就是形声字的形符省略了偏旁。如"考，老也；从老省，丂声"。"考"是形声字，"老"是形符，省略了下半部的"匕"。

（5）多形字。形符有两个以上的形声字，简称"多形字"。如"碧，石之精美者，从玉、从石，白声"，"碧"的形符是"玉"和"石"。又如"宝（寶），珍也，从宀从玉从贝，缶声"，"宝（寶）"的形符是三个象形字组成的意符。

> **考试拓展**
>
> 现代新造的字，主要是继承传统的四种，但也有少数是创新的。列举如下：
>
> 合音合形造字法。即把两个字合成一个字，字义也合，读音则利用切音方法记录，即取前字的声母、后字的韵母（或近似韵母）和声调，如"甭"。
>
> 省形的合音合形造字法。音义的组合同第一种，只是字形各取其半，如"甤"。
>
> 省形造字法。在原有汉字字形的基础上省略笔画而成，如"乒乓、冇"等。

形声字形旁和声旁的两个问题：

（1）形旁和声旁的位置，大致可分为六类，其中"左形右声"的最多。

（2）形旁的作用和局限性 ⟶ 填空、判断等

①形旁的作用

形旁的主要作用是表示字的意义类属，帮助了解和区别字的意义，例如，用"扌（手）"表示同手的动作行为有关系，如"扑、扒"。这些字可以通过形旁了解并区别其意义类属。只有少数形声字跟形旁意义相同，如"爸、爹、船"等。适当运用汉字形体演变的知识，了解形旁在古时的形体和意义，有利于对字义的理解和辨析。

②形旁的局限性

首先，由于社会的发展，客观事物的变化，有些形旁的意义不好理解。如"篇、简"为什么从竹，"货、贷"为什么从贝，如果不了解古代曾在竹简上写字，曾用贝壳作货币，就不会懂得这些形旁的作用。

其次，由于字义的演变，假借字的存在，造成形旁也不好理解。如"颁、颗"为什么从页，"治、渐"为什么从水，如果不知道"颁"本是大头、"颗"本是小头，原义都同"页"的原义（头）有联系；如果不知道"治、渐"原义都是水名，那么，这些字的形旁也不好理解。

最后，由于字形变化或位置特殊，有的形旁不好辨认了，如"恭"从心共声，"心"变了形。

(3) 声旁的作用和局限性

①声旁的作用

声旁的主要作用是表示读音，大约有 1/4 的形声字声旁和整个字的读音完全相同，如"潢、璜""换、唤"等。有些形声字同声旁的读音不完全相同，但也有一定的规律，可以帮助区别形似字。如用"仑"充当声旁的字一般读 lun（抡、沦、轮、伦）。

学习普通话可以利用声旁类推法纠正发音。

②声旁的局限性

声旁的表音作用有很大的局限性。

首先，由于古今语音的演变等原因，大约有 3/4 的形声字的声旁同整个字的读音不完全相同。如用"寿"作声旁的"筹、铸、涛、祷"等没有一个跟声旁的读音全同。还有的声旁在不同的形声字中表示多种读音，很不容易掌握。如用"勺"充当声旁的字有"芍、灼、酌、妁、旳、豹、约、钓"等，读音各不相同。

其次，有的声旁不容易分辨出来，如"在"，从土才声；"布"，从巾父声。省声字更不好分辨，如"夜"，从夕亦省声。

最后，有些声旁现在不单用，一般人不知道它的读音，如"宅、温、谬"。

> **小贴士**
>
> 教材（上）P157 对形旁和声旁的作用与局限性的梳理，又体现了文科和理科书写思维的不同，编者爱用"首先、其次、有的、有些、另外、XX 更"等，就是不偏向于使用序号。我们在学习的时候可以适当加上序号，有助于我们识记。

解习题

思考和练习二

1. 为什么说汉字形体演变是朝着简化易写的方向发展的？

汉字的形体朝着简化易写的方向发展，主要表现在四个方面：

（1）从图画性的象形文字逐步变成不象形的书写符号，如"鱼、鸟"，古文字像鱼、鸟的样子，现在不像了。

（2）笔形从类似绘画式的线条逐步变成横、竖、撇、点、折的笔画。

（3）许多字的结构和笔画逐步简化，如"书"在小篆中是形声字，现在变成了草书楷化的独体字。

（4）甲骨文、金文都异体字繁多，小篆、隶书、楷书的异体字都减少了。

2. 现行汉字的楷书和行书在运用的场合和字形上有何区别？

现行汉字在国家发布的文件和书、报、刊物上一般运用楷书，因而楷书属于在正规、庄重的情况下运用的正规字体。而行书则是在日常书写中运用的字体，属于辅助性字体。二者的主要区别：楷书横平竖直，结体方正，严整拘谨；行书变断为连，变折为曲，字字分开，容易书写，介于楷书和草书之间。

3.~5. 略

思考和练习三

1. 什么是笔画？它有哪些类型？规范汉字笔画数目的最新文件是什么？

笔画是构成汉字字形的最小单位。现行汉字有五种基本笔画，即横、竖、撇、点、折。其中前四种是单一笔画，后一种是复合笔画。复合笔画又可以分成1折、2折、3折、4折四大类、25小类。确定汉字笔画数目的依据是国务院2013年公布的《通用规范汉字表》。

2. 汉字笔画的组合有哪些方式？举例说明。

笔画的组合方式有三种，即相离，如"三、川"；相接，如"人、刀"；相交，如"十、九"。

3. 具体说明下列各字是综合运用哪些笔画组合方式构成的。

鸣灼疗灿兮：相离、相接两种方式。

佳甸改冈：相离、相接、相交三种方式。

4. 什么是部件？它有哪些类型？部件的组合方式有哪些？

部件是笔画构成的具有组配汉字功能的构字单位。根据不同的标准，部件可以分成不同的类型。

（1）按照能否独立成字划分，分为成字部件和非成字部件。

（2）按照笔画多少划分，分为单笔部件和多笔部件。

（3）按照能否再切分为小的部件划分，分为基础部件（又叫单一部件、单纯部件、末级部件）和合成部件。

（4）按照部件切分出的先后层次划分，分为一层部件、二层部件、三层部件等。

部件的组合方式主要有五大类：

（1）左右组合：①左右结构：明许把粘保貌。

②左中右结构：粥辨街班掰。

（2）上下组合：①上下结构：岩笔类姜骂是。

②上中下结构：器葬曼哀禀。

（3）包围组合：①两面包围：a. 上左包围：厅庆病居房虎。

b. 上右包围：旬司氧式可。

c. 左下包围：远赶题建翘。

②三面包围：a. 上三包围：问凤凰同网向。

b. 下三包围：凶函幽山。

c. 左三包围：区医匠叵巨。

③四面包围：国围回困园囹。

（4）框架组合：巫坐乘噩爽。

（5）品字组合：晶森矗磊。

5. 什么是部首？举例具体说明。

部首是字书中各部领头的部件或笔画，具有字形归类的作用。大部分部首是合体字的一个多笔部件，如"指、持"的部首是"扌"，少数部首是一个笔画，如"九、久"的部首是"丿"（撇）。

6. 汉字笔顺的主要规则是什么？

汉字笔顺的主要规则：先横后竖，先撇后捺，从上到下，从左到右，先外后内，先外后内再封口，先中间后两边。

7. 规范汉字笔顺的最新文件是什么？具体说明下列汉字的笔顺：

插 叟 肃 医 再 及 迅 转 连 载 轰 辈 毙 鸦

为 凶 爽 必 脊 写 幽 老 长 门 忆 龙 妆

现代汉语通用笔顺的依据是国家语委、新闻出版署 1997 年发布的《现代汉语通用字笔顺规范》；国家语委 1999 年发布，2000 年实施的《GB13000.1 字符集汉字笔顺规范》收集了 20 902 个汉字的笔顺；2013 年国务院又公布了《通用规范汉字表》；由教育部、国家语委于 2020 年公布、2021 年实施的《通用规范汉字笔顺规范》则是最新的标准。（具体笔顺略）

8. 古代的"六书"是什么？

古代的"六书"指古人总结的古文字的六种造字法，一般指象形、指事、会意、形声、转注、假借。现在一般认为，前四种是造字法，后两种是用字法。

9. 什么是象形？什么是指事？它们有什么区别？

象形是用描绘事物形状的方法来造字。用这种方法造的字是象形字，如"日、月"。

指事就是用象征性符号或在象形字上加提示符号来表示字义的造字法。用这种方法造的字是指事字，如"寸、刃"。

象形和指事的区别：象形重在像原物之形，指事重在用抽象符号进行提示。有的象形字有附带部分，如"瓜"的瓜蔓，也像原物之形。指事字有一类是在象形字上加提示符号，如"刃"的一点，不像原物之形，只起到提示作用。

10. 什么是会意？它同象形、指事有什么区别？

用两个或两个以上部件合成一个字，把这些部件的意义合成新字的意义，这种造字法叫会意。用会意方法造的字，就是会意字，如"林、明"。

会意不同于象形、指事。用会意造字法造的字是合体字，如"尘、众"等；用象形、指事造字法造的字大部分是独体字，如象形字"日、月"，指事字"上、本"等。

> **考试拓展**
>
> 关于独体字与合体字：
>
> 独体字是指无法分离出两个或两个以上部件的汉字，如"手、干、田、丹"；有些字分解后是相离又是对称或平行的笔画，如"冫、彡"，这也应该看作独体字。独体字的绝对数量为 300 个左右，是现代汉字的构字基础。
>
> 合体字是由两个或两个以上部件组合而成的汉字，如"童、程、艳"。
>
> 象形字、指事字(一般)属于独体字；会意字、形声字通常属于合体字。
>
> ↳ 注意表述，不是绝对，象形字里也有合体字。

11. 什么是形声？它同象形、指事、会意有什么区别？

由表示字义类属的部件和表示字音的部件组成新字，这种造字法叫形声。用此方法造的字叫形声字。如"苜"，"艹"表示形旁，"目"表示声旁。形声和象形、指事的区别是，形声字是合体字，象形字、指事字则多为独体字；形声和会意的区别是，前者有形旁和声旁，而会意字一般是没有声旁的，只有少数兼表声。

12. 下列古文字各是用什么造字法造的？从现行汉字来看，哪些还能看出原来的造字法？

"虫、衣、水、爪、宀、贝"都是象形造字法；"见、囚"是会意造字法。

从现行汉字来看，"爪、囚"还能看出原来的造字法。

13. 下列用"丁"充当声旁的形声字，它们的字义同形旁有什么联系？试给每个字注音，看哪些字同声旁的读音不完全相同。

疔：dīng，疔疮。意义和病字头有关。

玎：dīng，玎玲，玉石撞击的声音。意义和左边的斜玉旁有关。

叮：dīng，叮咛、叮嘱。意义和口字旁有关。

仃：dīng，伶仃，孤独。意义和单人旁有关。

盯：dīng，集中视力看。意义和"目"有关。

钉：dīng，dìng，"钉子"与"钉钉子"，意义都同"金"有联系。

耵：dīng，耵聍，耳屎。意义同形旁"耳"相关。

酊：dīng，表一种药剂；dǐng，酩酊大醉。二者都和形旁"酉"有关。

靪：dīng，补鞋底。意义同形旁"革"有关。

顶：dǐng，头顶。意义和"页"有关。

订：dìng，订立。意义和言字旁有关。

饤：dìng，饾饤，陈设用的食品。意义和食字旁有关。

汀：tīng，水边平地。意义和"水"有关。

厅：tīng，客厅、餐厅。意义和厂字头有关。

亭：tíng，亭子。意义和形旁"高"有关。

灯：dēng，灯火。意义和"火"有关。

打：dǎ，打击。意义和"手"有关。

14. 分析下列各组同声旁异形旁的形声字，看它们的字义同形旁有什么联系：

（1）赌睹：前者和"贝"相关，后者和"目"相关。

(2) 瞠膛：前者和"目"相关，后者和"月（肉）"相关。

(3) 胳赂：前者和"月（肉）"相关，后者和"贝"相关。

(4) 渴谒喝：第一个和"氵"有关；第二个和"讠"有关；第三个和"口"有关。

(5) 溢谥隘：第一个和"氵"有关；第二个和"讠"有关；第三个和"阝"有关。

(6) 苔答：第一个和"艹"有关；第二个和"⺮"有关。

(7) 沾玷：第一个和"氵"有关；第二个和"𤣩（玉）"有关。

(8) 抠枢怄：第一个和"扌"有关；第二个和"木"有关；第三个和"忄"有关。

15. 分析下列各组同形旁异声旁的形声字，看它们的读音有什么差别：

(1) 锁销：前者和声旁同音；后者和声旁声、韵同，整字（销）只与多音字声旁（肖）的一个调相同。

(2) 狼狠：前者和声旁只有韵头不一样，其他皆同；后者和声旁的韵、调同，声不同。

(3) 钓钩：前者和声旁韵腹、韵尾同，其他不同；后者和声旁韵同，声、调不同。

(4) 徒徙：前者和声旁声、韵同，调不同；后者和声旁调同，声、韵不同。

(5) 叨叼：前者是多音字 dāo、tāo，两个读音都至少和声旁的韵、调相同；后者和声旁的声、韵、调皆同。

(6) 瘦瘐：前者和声旁声、韵同，调不同；后者和声旁韵同，声、调不同。

(7) 沁泌：前者和声旁韵同，声、调不同；后者是多音字 mì、bì，两个读音都至少和声旁的韵、调皆同。

(8) 货贷：前者和声旁声、调同，韵不同；后者和声旁声、韵、调全同。

16. 分析"滔韬蹈稻"和"焰陷谄馅"的读音，看它们跟声旁的读音有什么关系。

"滔韬蹈稻"的读音依次是"tāo""tāo""dǎo""dào"，"舀"读"yǎo"，所以它充当声母的字都有"ɑo"这个韵。

"焰陷谄馅"的读音依次是"yàn""xiàn""chǎn""xiàn"，"臽"读"xiàn"，所以它充当声母的字都有"ɑn"这个韵。

17. 现行汉字的造字法有哪几种？举例说明。

略

（一）选择题

1. 汉字属于（　　）。
   A. 表意文字　　　B. 表音文字　　　C. 音素文字　　　D. 音节文字

2. 汉字在历史上出现过的五种正式字体是（　　）。
   A. 甲骨文、小篆、大篆、隶书、楷书
   B. 甲骨文、金文、篆书、隶书、楷书
   C. 甲骨文、篆书、秦隶、汉隶、楷书
   D. 甲骨文、金文、篆书、行书、楷书

3. 通行于西周青铜器上的文字是（　　）。
   A. 甲骨文　　　B. 金文　　　C. 篆书　　　D. 隶书

4. 以籀文和石鼓文为典型代表的文字是（　　）。
   A. 小篆　　　B. 大篆　　　C. 金文　　　D. 隶书

5. 秦始皇统一六国后整理、推行的标准字体是（　　）。
   A. 秦隶　　　B. 金文　　　C. 大篆　　　D. 小篆

6. 被称作"从具备象形特点的古文字演变为不象形的今文字的转折点"的汉字形体是（　　）。
   A. 小篆　　　B. 大篆　　　C. 汉隶　　　D. 秦隶

7. 产生于唐代，变化多端，极难辨认的汉字形体是（　　）。
   A. 行书　　　B. 今草　　　C. 狂草　　　D. 章草

8. 以下说法不正确的是（　　）。
   A. 楷书兴于汉末，盛行于魏晋。
   B. 汉隶是在小篆的基础上演变来的，是汉代通行的字体。
   C. 汉字的形体主要是朝着简化易写的方向发展的。
   D. 草书和行书是辅助性字体。

9. 现行汉字手写体最常用的是（　　）。
   A. 楷书　　　B. 行书　　　C. 草书　　　D. 正书

10. 印刷体常用的几种变体是（　　）。
    A. 宋体　彩云体　楷体　黑体　　B. 宋体　仿宋体　楷体　黑体
    C. 宋体　魏碑体　楷体　黑体　　D. 宋体　仿宋体　楷体　真体

11. 汉字笔顺规范依据的是（　　）。
    A.《简化字总表》　　　　　　　B.《第一批异体字整理表》
    C.《现代汉语通用字表》　　　　D.《普通话异读词审音表》

12. 以下第一笔相同的一组汉字是（　　）。
    A. 怕　国　上　　B. 位　的　九　　C. 火　低　区　　D. 展　刀　为

13. 下列说法正确的是（　　）。
    A."车"的最后一笔是竖。　　　　B."与"的第一笔是折。
    C."凸"的第三笔是横。　　　　　D."义"的第一笔是撇。

14. 关于"及"与"丸",以下说法正确的是（　　）。
    A."及"是四画,"丸"是三画。　　B. 第一笔都是折。
    C. 最后一笔都是撇。　　D. 都是三画。
15. 下列笔画数相同的一组是（　　）。
    A. 女 廿 之　　B. 与 叉 马　　C. 也 丫 乃　　D. 山 门 忆
16. 下列第一笔是竖的字是（　　）。
    A. 击　　B. 青　　C. 北　　D. 怅
17. 下列第一笔是折的字是（　　）。
    A. 唇　　B. 贯　　C. 延　　D. 杂
18. 下列最后一笔是横的字是（　　）。
    A. 考　　B. 医　　C. 车　　D. 丹
19. 以下第三笔全是点的一组是（　　）。
    A. 忖 母 鸟　　B. 率 信 意　　C. 心 丧 商　　D. 边 音 恶
20. 下列描述中不正确的是（　　）。
    A. 笔顺是书写汉字时笔画的先后顺序。
    B."讯"的最后一笔是横。
    C."臼"的第三笔是横。
    D."皮"的第二笔是撇。
21. 属于用字法而不是造字法的是（　　）。
    A. 假借、转注　　B. 象形、指事　　C. 会意、形声　　D. 象形、会意
22. 用象征性符号或在象形字上加提示符号来表示字义的造字法是（　　）。
    A. 象形　　B. 指事　　C. 会意　　D. 形声
23. "娶"是（　　）。
    A. 指事字　　B. 亦声字　　C. 象形字　　D. 假借字
24. 以下全是象形字的一组是（　　）。
    A. 口 上 鱼 木　　B. 衣 本 车 瓜
    C. 月 舟 爪 刃　　D. 手 泉 雨 牛
25. 以下全是左形右声的一组字是（　　）。
    A. 梧 锡 都 战　　B. 调 值 切 隅
    C. 河 堆 谈 挑　　D. 攻 惜 肝 村
26. 下列关于形声造字法的描述,不正确的是（　　）。
    A. 形声是指由表示字义类属的部件和表示字音的部件组成新字的造字方法。
    B. 声旁表示形声字的读音,形声字声旁的读音与整个形声字的读音一致。
    C. 有的形声字有省形和省声的情况。
    D. 形旁的作用主要是表示字的意义类属,帮助了解和区别字的意义。

27. 下列关于造字法的描述，正确的是（　　）。

　　A. 形声字按形旁和声旁的部位看，右形左声的字最多。

　　B. "涉"和"河"是同一种造字法造出来的汉字。

　　C. 造字法主要有六种，即古人所谓的"六书"。

　　D. 异体会意字是由不同的字组成的，同体会意字是由相同的字组成的。

28. 以下全是指事字的一组是（　　）。

　　A. 刃 三 水　B. 甘 寸 上　　C. 下 末 鸟　　D. 目 本 朱

29. 以下全是会意字的一组是（　　）。

　　A. 忍 明 森　B. 取 盆 武　　C. 休 磊 从　　D. 未 囚 灶

30. 下列全是形声字的一组是（　　）。

　　A. 尖 裹 旱　B. 和 旗 阁　　C. 新 根 汆　　D. 教 梳 益

参考答案

1~5 ABBBD　　　　6~10 DCBBB　　　　11~15 CBADB

16~20 CBDCB　　　21~25 ABBDC　　　26~30 BDBCB

（二）判断题

1. 隶书是汉字的第一次规范化的字体。（　　）　*篆书才是*

2. 从字符的根本性质看，现代汉字仍然属于表意文字体系。（　　）

3. 在汉字字体演变过程中，新的字体的出现就意味着旧的字体的淘汰。（　　）

4. 汉字字形演变呈现简化趋势，演变过程中并不存在字形结构繁化的现象。（　　）

5. 每一个汉字都记录一个语素。（　　）

6. "甘"是合体字。（　　）

7. "回"是包围结构。（　　）

8. 偏旁和部件是从不同角度对汉字进行分析的，因而偏旁和部件并不完全对应。（　　）

9. 部件是小于偏旁的构字单位。（　　）

10. 现代汉字"胡"可分为"古、月"两个部件，又可分为"十、口、月"三个部件。（　　）

参考答案

1~5 × √ × × ×　　　　6~10 × √ √ × √

第三节　汉字的整理和标准化、使用规范汉字

学习提示： 这一节需要掌握简化汉字的方法和汉字标准化的含义，其他的了解即可，在历年考试中基本不会出现。分清主次、有的放矢，才能高效备考。

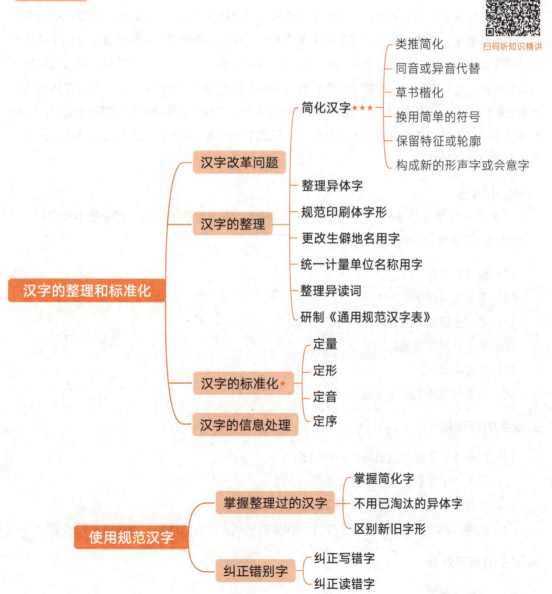

划重点

1. 汉字改革问题

文字改革包括文字制度的变革和文字内部的简化、整理两方面的内容。

20世纪50年代，文字改革的三项基本任务：简化汉字、推广普通话、制订和推行《汉语拼音方案》。

2. 汉字的整理

（1）汉字整理的最新成果是2013年国务院公布的《通用规范汉字表》。 ←可能出判断题，填空题不太可能。

（2）简化汉字：汉字的简化方法是千百年来特别是近百年来群众创造的，主要包括以下几种。①类推简化。简化一个繁体字或繁体字的部件，可以类推简化一系列繁体字。这种简化方法是最有效的方法。②同音或异音代替。在意义不混淆的条件下，用形体简单的同音或异音字代替繁体字。③草书楷化。把群众比较熟悉的草书字的笔形改用楷书的写法，就可以达到减少笔画的要求。④换用简单的符号。用一个笔画很简单的符号代替繁体字中特别繁难的部分。⑤保留特征或轮廓。把繁体字中繁难的部分删去，只留下表示这个字的特征或轮廓的部分。⑥构成新的形声字或会意字。

> **小贴士**
>
> 简化汉字部分是这一小节中最重要的知识点，每一类的简化例子都需要牢牢记住，考试时一般就考查教材上的例字！

（3）整理异体字。

（4）规范印刷体字形。

（5）更改生僻地名用字。

（6）统一计量单位名称用字。

（7）整理异读词。

（8）研制《通用规范汉字表》。

3. 汉字的标准化

（1）定量：规定现代汉语用字的数量。

（2）定形：规定现行汉字的标准字形。

（3）定音：确定现行汉字的规范字音。

（4）定序：确定现行汉字的规范字序。汉字的排列方法有义序法、音序法、形序法。 ←填空

4. 汉字的信息处理

（1）汉字信息输入。

(2) 汉字信息存储。

(3) 汉字信息加工。

(4) 汉字信息输出。 这一部分的理论主要是要求考生了解和认识，在考试中一般以语言文字题的形式出现，考查具体的应用。故下面提炼出了该部分的考点。

5. 掌握整理过的汉字

(1) 规范汉字：指国家有关部门发布的经过简化和整理的字表规定的现行汉字。与规范汉字相对的是不规范汉字，包括不符合国家发布的汉字整理的字表规定的汉字，以及写错或读错的错别字。 判断

(2) 整理异体字，遵循从俗、从简和书写方便三个原则。 填空、判断

6. 纠正错别字

(1) 错字，指写得不成字，规范字典查不到的字。

(2) 别字，又叫"白字"，指把甲字写成乙字。

(3) 读错字，指把字音念错。

错别字也可简称错字，因为写"别"的也是写错的，通常所说的写错字也包括写别字在内。

> **小贴士**
>
> 本章节的知识点考查看似全无章法，其实大多数涉及语言文字运用的考研试题，多多少少都能在教材（上）P179~198 的二维码（容易写错的字）、附录一（常见的别字）、附录二（容易读错的字）、附录三（常见的多音字）觅得踪迹，建议将二维码的内容导出打印，并结合教材正文里的示例和附录，时时温习、巩固。

思考和练习四

1. 怎样正确看待汉字的前途问题？

关于汉字的前途问题，周恩来总理于 1958 年在《当前文字改革的任务》的报告中指出，"这个问题我们现在还不忙作出结论。但是文字总是要变化的"。这段话今天看来仍然有指导意义。汉字的前途究竟如何，能不能实现拼音化，什么时候实现，怎样实现，那是将来的事，不属于当前文字改革的任务。这个问题非常复杂，要作出确切的结论，还需要在长期的实践中进行更多、更深入的科学研究。

2. 整理汉字包括哪些内容？

整理汉字包括简化笔画、精简字数和其他方面的整理。

3. 简化汉字采用了哪些方法？举例说明。

简化汉字主要采取以下六种方式：

(1) 类推简化，如"长（長）、怅（悵）"。

(2) 同音或异音代替，如"谷（穀）"。

(3) 草书楷化，如"书（書）"。

(4) 换用简单的符号，如"汉（漢）、鸡（雞）"。

(5) 保留特征或轮廓，如"声（聲）、飞（飛）"。

(6) 构成新的形声字或会意字，如"窜（竄）"。

4. 下列简化字是用什么方法简化的？

伞（傘）：保留轮廓。　　　　众（衆）：构成新的会意字。

窜（竄）：构成新的形声字。　飞（飛）：保留特征。

韦（韋）：草书楷化。　　　　卜（蔔）：异音代替。

龟（龜）：保留轮廓。　　　　风（風）：换用简单符号。

5. 什么是异体字？为什么要整理异体字？

异体字是在社会中并存并用的同音、同义而书写形式不同的字。在《第一批异体字整理表》公布前，二者在社会上并存并用，但只是音、义相同，字形不同。异体字的存在没有任何积极作用，只会增加人们的负担。在学习和应用中记住不同的异体字，会浪费时间和精力，在印刷、打字等工作中会浪费物质财富。故异体字必须整理。

6.~16. 略

思考和练习五

1. 举例说明什么是错别字，什么是不规范字。

错字，指写得不成字。别字，指把甲字写成乙字，如把"欣赏"写成"欣尝"。广义的错字也包括别字，因为别字也是错的。

不规范字，指写得不符合国家规定的规范写法的字。错别字都是不规范字。另，已简化的繁体字、已废除的异体字、已废除的旧印刷体、已废除的二简字等的随便运用，也属于使用不规范字。

2. 下列简化字和简化偏旁，哪些可充当偏旁类推？试举出例字来。

可作偏旁类推的简化字和简化偏旁：

备（備）：惫（憊）

队（隊）：坠（墜）

笔（筆）：滗（潷）

麦（麥）：麸（麩）

达（達）：挞（撻）

3. 写出"乾、夥、藉、瞭、徵"的简化字。请在字下加横线标出下列词中使用的简化字。

乾（干）：乾净、乾坤、乾隆

夥（伙）：夥伴、合夥、夥同、获益甚夥

藉（借）：藉口、凭藉、慰藉、狼藉

瞭（了）：瞭解、瞭望

徵（征）：徵兵、象徵、特徵、徵候、宫商角徵羽

4. 下面哪些字不是规范字？

偿、丽、场、临、丝、厢、争、换、绳、赊是规范字，其余的不是规范字。

5. 下列各组字中哪个是规范字。

凄、删、灾、嗽、烟、焰、韵、杰、劫是规范字。

6. 给下列各组字分别注音并组成词语。

戳（chuō）：戳穿；戮（lù）：杀戮。

洽（qià）：洽谈；恰（qià）：恰巧。

妨（fáng）：妨碍；防（fáng）：防御。

瞻（zhān）：瞻仰；赡（shàn）：赡养。

欧（ōu）：欧洲；殴（ōu）：殴打；呕（ǒu）：呕吐；讴（ōu）：讴歌；枢（shū）：枢纽。

蜡（là）：蜡烛；腊（là）：腊肉。

湍（tuān）：湍急；揣：(chuǎi) 揣摩，(chuāi) 揣手，(chuài) 挣揣；惴（zhuì）：惴惴不安。

桔：(jú) 桔子，(jié) 桔梗；秸（jiē）：麦秸。

梢（shāo）：树梢；稍：(shāo) 稍微，(shào) 稍息；捎（shāo）：捎带。

矩（jǔ）：矩形；距（jù）：距离。

骄（jiāo）：骄傲；矫（jiǎo）：矫正。

贡（gòng）：贡献；供：(gōng) 供应，(gòng) 口供。

赃（zāng）：赃物；脏：(zàng) 内脏，(zāng) 肮脏。

兢（jīng）：兢兢业业；竞（jìng）：竞争。

7. 用下列各组中的每个部件组成几个字。

略

8. 把下面词语中拼音所标示的汉字注出来。

标注如下：

惩前毖后　　无坚不摧　　为虎作伥
中流砥柱　　义愤填膺　　循规蹈矩
铤而走险　　一曝十寒　　前仆后继
委曲求全　　变本加厉　　记忆犹新
走投无路　　宁缺毋滥　　名副其实
入不敷出　　战略部署　　无耻谰言
刚愎自用　　贻笑大方　　按部就班
生活糜烂　　一枕黄粱　　杯盘狼藉
昂首阔步　　出类拔萃　　罄竹难书
灰心丧气

9. 改正下面词语中的别字、错字、不符合汉字整理字表的字，并加以说明。

(1) 改为"痊愈"。

(2) 改为"传染"。

(3) 改为"模糊"。

(4) 改为"宽阔"。

(5) 改为"无条件"。

(6) 改为"桥梁"。

(7) 改为"粉碎"。

(8) 改为"迫不及待"。

(9) 改为"情不自禁"。

(10) 改为"原形毕露"。

(11) 改为"披星戴月"。

(12) 改为"破釜沉舟"。

(13) 改为"负隅顽抗"。

(14) 改为"家具"。

(15) 改为"安排"。

(16) 改为"兢兢业业"。

10. 给下列加着重号的字注音。

bì	cáo	dāi	dì	dī
包庇	嘈杂	呆板	缔结	提防

bèng bù	zhì gù	jǔ jué	guì	jiā
蚌埠	桎梏	咀嚼	刽子手	雪茄

· 90

kè	jiào	huàn	jǔ	jīng
恪守	校对	豢养	沮丧	粳米

shēn	shè	cáo	miǎn	dòu
妊娠	慑服	蛴螬	分娩	句读

méng	sāo	niù	xié	miù
牛虻	缫丝	执拗	叶韵	荒谬

11. 给下列带着重号的形声字注音，并说明哪些形声字声旁表音是最准确的。

xié	mā	mǒ	mā	diàn
挟制	抹布	涂抹	抹桌子	玷污

jī	xián	kāi	pī	guǎng
畸形	涎水	揩油	坯	粗犷

这些字中，"坯"的声旁表音是最准确的。

12. 略

练习题

（一）选择题

1. 整理异体字的主要原则是（　　）。
   A. 从俗　　B. 从简　　C. 从俗从简　　D. 从古从正
2. 针对社会上并存并用的同音、同义而书写形式不同的词语，我们国家颁布了（　　）。
   A.《简化字总表》　　　　　　B.《第一批异体字整理表》
   C.《第一批异形词整理表》　　D.《印刷通用汉字字形表》
3. "登载"和"装载"两个词中"载"的读音分别是（　　）。
   A. zǎi 和 zài　　B. zài 和 zǎi　　C. 都读 zǎi　　D. 都读 zài
4. 下列属于一形多音多义的汉字是（　　）。
   A. 依　　B. 来　　C. 剥　　D. 乐
5. 下列成语中注音不正确或不符合规范的是（　　）。
   A. 宁（nìng）死不屈　　　　B. 窗明几（jǐ）净
   C. 自给（jǐ）自足　　　　　D. 卓（zhuó）有成效
6. "醜"简化为"丑"使用的简化方法是（　　）。
   A. 简化部件　　B. 草书楷化　　C. 同音代替　　D. 保留轮廓
7. 按《现代汉语常用字表》，现代汉字的常用字和次常用字共（　　）个。
   A. 7 000　　B. 6 000　　C. 3 500　　D. 2 500
8. "相形见绌"的"绌"应读作（　　）。
   A. zhuō　　B. chù　　C. cù　　D. chuò

9. 从形音义的关系上看,"朝"这个字属于(　　)。
   A. 一形多音一义   B. 一形多音多义
   C. 多形一音一义   D. 多形一音多义
10. 汉字的"四定"是指(　　)。
    A. 定量　定形　定符　定序   B. 定量　定形　定音　定序
    C. 定量　定形　定音　定法   D. 定名　定形　定音　定序
11. 下列说法不正确的是(　　)。
    A.《简化字总表》公布后我们就应该在任何场合下都使用简化字不使用繁体字。
    B.《第一批异体字整理表》于1955年公布。
    C.《普通话异读词审音表》发布于1985年。
    D.《中华人民共和国国家通用语言文字法》规定"推行规范汉字"。
12. 以下词语第一个音节本调读阳平的是(　　)。
    A. 碾米   B. 允许   C. 侮辱   D. 潜水
13. 按照《第一批异形词整理表》的标准,以下属于规范形体的词是(　　)。
    A. 思惟   B. 笔划   C. 份量   D. 参与
14. 以下书写正确的成语是(　　)。
    A. 再接再励   B. 汗流浃背   C. 穿流不息   D. 一愁莫展
15. 以下没有错别字的一组是(　　)。
    A. 为虎作伥　相形见拙   B. 中流抵柱　脍炙人口
    C. 提纲挈领　风雨如晦   D. 惮精竭虑　自暴自弃
16. 下列书写不正确的词语是(　　)。
    A. 冷不防   B. 一副对联   C. 气氛融和   D. 编纂字典
17. 下列书写有误的一组是(　　)。
    A. 订户　掺和   B. 斑驳　含糊   C. 疯颠　喝采   D. 嫁妆　简练
18. 以下相同的字读音相同的一组是(　　)。
    A. 埋葬　埋怨   B. 押解　解决   C. 背包　脊背   D. 答案　回答
19. 以下词语书写规范的一组是(　　)。
    A. 火伴　车箱   B. 推委　希奇   C. 胡涂　脚色   D. 狼藉　鲁莽
20. 下列说法中正确的是(　　)。
    A. "脂肪"的"脂"读上声。   B. "多么"的"多"读阳平。
    C. "祈求"的"祈"读阳平。   D. "憎恨"的"憎"读去声。

参考答案

1~5 CBADB　　　6~10 CCBBB　　　11~15 ADDBC　　　16~20 DCDDC

(二)判断题

1. 《普通话异读词审音表》审定"阿弥陀佛"中的"阿"为 ē。（ ）
2. 按照《简化字表》的要求,"藉口、狼藉"中的"藉"一律简化为"借"。（ ）
3. 简体字就是简化字。（ ）
4. 一个简化字形只对应一个繁体字形。（ ）
5. "干燥"的"干"的繁体字是"乾"。（ ）

参考答案

1~5 √×××√

第三章 词汇

第一节　词汇概说

 理框架

扫码听知识精讲

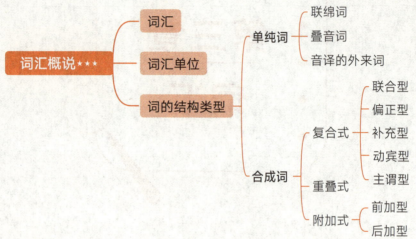

 划重点

1. 词汇

> 根据语言差异可如此划分，若根据领域划分则有政治词汇、经济词汇、法律词汇等。

词汇，又称为语汇，是一种语言里所有的（或特定范围内的）词和固定短语的总和，如英语词汇、汉语词汇，还可以指某一个人或作品所用的词和固定短语的总和。

> 教材上这一句没有黑体加粗，但逻辑上仍然是定义的一部分，不要遗漏。

词汇是众多词语的汇集，即词的集合体，词汇和词的关系是集体和个体的关系。词汇是语言的建筑材料，没有建筑材料就不能盖房子，没有词汇就不能造句子。

词汇反映着社会发展和语言发展的状况，也标志着人们对客观世界认识的广度和深度。就一种语言来说，它的词汇越丰富越发达，语言本身也就越丰富越发达，表现力也就越强。现代汉语是世界上最发达的语言之一。

> 汉语《大辞海》收词28万余条，英语的《牛津英语词典》收词30余万条。可以和汉语一较高下的只有英语。

2. 语素

> 词是最小的、有音有义的、能够独立运用的语言单位。
> 相比语素多一个"能够独立运用"。

（1）定义：语素是最小的有音又有义的语言单位。一般来说，意义分两种：一是表示事物、现象的意义叫词汇意义；二是表示语法作用的意义叫语法意义。既有词汇意义又有语法意义的语素叫实语素，只有语法意义没有词汇意义的语素叫虚语素。

（2）语素的音节：现代汉语的语素大多是单音节的，也有两个音节的，还有三个或三个以上音节的。双音节语素有一部分是从外民族语言借来的，三音节和三音节以上的语素大都是从外民族语言借来的。

（3）替代法：确定语素可以采用替代法，即用已知语素替代有待确定是不是语素的语言单位。

采用替代法要注意在替代中保持语素意义的基本一致。

> **考试拓展**
>
> 《通论》：有少数语素是由两个无意义的音节合成的，如"玻璃"，"玻"和"璃"只有语音形式，没有单独的语义，故都不是语素，只有"玻璃"整体才算一个语素。

(4) 语素的分类： *或分为单音节、双音节、多音节三类。*
①根据音节多少可以分为单音节语素和多音节语素。
②根据构词能力可以分为成词语素和不成词语素。能够独立成词的语素叫成词语素，成词语素大多也能够与其他语素组合成词。不能单独成词的语素叫不成词语素，其必须与别的语素组合成词。

不成词语素又可以分为两类：一类可以承担所组成的词的全部或部分基本意义，位置一般是自由的，叫作词根，如"民、伟、习"；另一类不成词语素只表示附加的意义，在词的结构中位置是固定的，叫作词缀，如"子、儿、们、头、老、性、者"。

③从语素的位置分，有定位语素和不定位语素。

> **小贴士**
>
> 下面这张图清晰直观地说明了语素的各种划分之间的关系。一定要记住。
>
>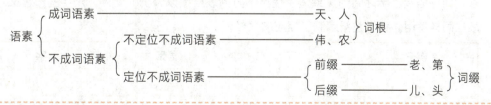

现代汉语里的语素，多数是由古代汉语的词演变来的。由于汉语的词逐渐由单音节向双音节发展，古代汉语的许多词（成词语素）在现代汉语中变成构词成分，成为不成词语素，如"祖、语、言"等，它们只是出现在一些文言格式和成语或其他熟语中，仍然被当作古代汉语的词使用。

> **考试拓展**
>
> 语素和汉字的关系：同一个汉字，音不同，意义不同，代表不一样的语素，如"快乐"的"乐"和"音乐"的"乐"；同一个汉字，音同，意义不同，代表不同的语素，如"老人"的"老"和"老来"的"老"；同一个汉字，在不同词语中，有的是语素，有的不是，如"色彩"的"色"和"色拉"的"色"。

3. 词

（1）定义：词是语言中最小的，能独立运用的有音有义的语言单位。词由语素构成，二者都是词汇单位，也是语法单位。

（2）区别语素和词的剩余法：<u>"独立运用"是指能够"单说"（单独成句）或"单用"（单独作句法成分或单独起语法作用，但是不能单独成句）</u>。

实词　　　　虚词

> **小贴士**
>
> 关于"独立运用"的这句话非常重要，不仅在词汇部分，在后面的语法部分，教材中各处细致的措辞都对应着这里的概念蕴涵。

（3）字、语素、词的联系与区别：

字	谁	喜	欢	巧	克	力	糖	7个字
语素	谁	喜	欢	巧克力			糖	5个语素
词	谁	喜欢		巧克力糖				3个词

> **考试拓展**
>
> 词、语素、字之间的关系适宜使用下方的表格加以分析，此外，汉字的形音义对应表也同样适用。我们重新编制了相应的表格：

例子	词	语素	字
谁	1	1	1
沙发	1	1	2
巧克力	1	1	3
喜欢	1	2	2
可乐糖	1	2	3
吃沙拉	2	2	3

（4）区别词和短语的扩展法：短语是由词和词按照一定的语义关系和语法规则构成的没有句调的语言单位。它和词一样，也表示一定的意义，也是造句成分，可以单用，多数能单说。短语和词最大的不同在于短语中间可以插入别的成分（即扩展），而词一般是不能分离的。

> 用"扩展法"（或插入法）区别词和短语，在语法章有更详细的论述。
> 措辞精当，因为还有一部分词是可以扩展的离合词。
> 全部的短语都可以单用，即充当句法成分，但仍有一部分不能单说，即不能单独成句，如"所"字短语等，详见语法章。

（5）离合词：如"理发""洗澡"等合起来算一个词，分开用时算两个，如"洗一次澡"。

考试拓展

离合词在现代汉语教材中一共出现过两次，一次在教材（上）P203，另一次在下册语法章第四节。离合词的数量是有限的，前人[1]搜罗整理了详尽的离合词表（4 066个），并对其中常用的1 738个作了解释。

总结——词的四种鉴定方法：

第一，单说法。依据能否单独回答问题来确定词，用于确定一个语素可否为词，很有效。但由于短语也可以单说，故此法不具有充分性。如：

甲：你爱不爱我？乙：爱！（确定"爱"是词）

甲：你选她还是选我？乙：选你！（"选你"是动宾短语，却不是词）

第二，成分法。依据能否充任六大句子成分来确定词，用于检测不能单说的语言单位是否为词，很有效。如：

我想骑行环游中国。（游，动词）

男厕所在哪里？（男，区别词）

第三，扩展法。依据插入别的语言成分后的语言单位是否合法来确定。合法，即为短语，不合法，即为词。例略。

第四，剩余法。使用过以上三种方法后，对仍不能确定的语言单位可使用此法。

4. 固定短语

（1）定义：固定短语是词和词的固定组合，一般不能任意增减、改换其中的成分。与之相对的叫临时短语，临时短语是词和词的临时组合。固定短语可分为专名（专有名称）和熟语两类。

> 又叫"短语"，不属于词汇而属于语法的研究范围。
> 其实根据书本的编排，可知教材认为固定短语还包括缩略语。

（2）专名：绝大多数是社会组织机构或企事业单位的名称。

（3）熟语：包括成语、惯用语、歇后语、谚语等。

---

[1] 杨庆蕙.现代汉语离合词用法词典 [M]. 北京：北京师范大学出版社，1995.

(4) 缩略语：一种经过压缩和省略的词语。具体又分为简称和数词略语。

> 缩略是出于语言经济性的需要。

简称：是较复杂的名称的简化形式，与全称相对而言。把全称凝缩成简称，大都是选取名称中有代表性的语素或词。

数词略语：为了使话语简短，使用数字对并列词语的语素或语义成分概括出来的略语叫数词略语。数词略语称说简便，也有可能取得词的资格。但是数词略语也容易使原来的具体内容落空，数字越大，内容架空的可能性也越大。

📌 考试拓展

专名[1]增加泛指义位即可以转化为一般词语，一般词语增加专指义位可转化为专名词语。

缩略语有以下几个特点[2]：现代汉语中的缩略语以双音节为主；缩略词的成分必须是原词中最主要的成分，能够表示原词语的意思，而且要一望即知；缩略语的构成方式一般要与原词语的相同；使用时，缩略语一般要有确定的语言环境，且通行地区一般也有限制。

5. 单纯词

词都是由一个或几个语素构成的，构词语素分两种，一种叫词根，指的是意义实在、在合成词内位置不固定的成词语素和不成词语素；另一种叫词缀，指的是意义不实在、在合成词内位置固定的不成词语素。

(1) 定义：由一个语素构成的词叫作单纯词。单音节的如"天、江"等；多音节的有联绵词、叠音词、音译的外来词、拟声词等。

> 单音节词要注意，作答的时候不要遗漏。

(2) 联绵词：指两个不同的音节连缀成一个语素，表示一个意义的词。

① 双声词：参差、仿佛、忐忑、伶俐。

> 弥漫、淋漓、澎湃、恍惚、踌躇、惆怅、琵琶、
> 倜傥、蹒跚、犹豫、仿佛、慷慨、拮据

② 叠韵词：彷徨、薜荔、窈窕、烂漫。

> 骆驼、汹涌、霹雳、蹉跎、蓓蕾、绸缪、玫瑰、
> 婆娑、灿烂、蜻蜓、逶迤、唠叨、怂恿、苍茫

③ 其他：鹦鹉、芙蓉、玛瑙、牡丹。

> 非双声叠韵的一类

---

[1] 胡中文．试析专名词语同一般词语的联系 [J]．汉语学习，1997（03）:25-28.

[2] 筱文．现代汉语词语的简缩 [J]．中国语文，1959（03）．

（3）叠音词：由不成语素的音节重叠构成，重叠后仍只是一个双音语素，是单语素词，不是词的形态变化。例如：猩猩、姥姥、饽饽、潺潺。

> 太太、奶奶、蝈蝈、蛐蛐、狒狒、靡靡、煌煌

（4）音译的外来词：葡萄、咖啡、的士、沙发、巧克力、汉堡包。

（5）拟声词：呼呼、哗啦啦、咚咚锵、稀里哗啦。

> 教材此处又是出现相同的特征，即罗列数项的最后总是用"也""另外"等表示。

> 📣 **小贴士**
>
> 　　还有双声兼叠韵的词，如"辗转 zhǎn zhuǎn""缱绻 qiǎn quǎn"。这里的韵不是严格意义上一模一样的，而是如教材（上）P54 语音章部分"押韵和韵辙"下方注释提到的"韵腹相近韵尾相同"，至于韵头更是不论。
>
> 　　以上多是双音节的单纯词，其实从举例中可以发现多音节的单纯词主要为两大类，音译词和拟声词。

6. 合成词

（1）定义：由两个或两个以上的语素构成的词叫作合成词。合成词有复合式、重叠式、附加式三种构词方式。 → 构词方式和造词方式不同。

（2）复合式：由两个或两个以上不相同的词根结合在一起构成。从词根和词根之间的关系来看，主要有以下五种类型[1]。

> 近来还有人认为有新的结构类型，如正偏式（灯管、云彩、饼干、银圆）、虚实式（因此、宁可）等。

①联合型。由两个意义相同、相近、相关或相反的词根并列组合而成，如"汇集、善良、寒冷"。

偏义词：两个词根组合成词后只有一个词根的意义在起作用，另一个词根的意义完全消失，如"国家、兄弟、质量、人物"。

> 📣 **小贴士**
>
> 　　教材（上）P207 下方的注释说明，在该体系的认识下，连动式的词语都被归入联合型。但要注意，在句式分析的时候，"连动"不叫"连动"，也不可写成"联合"，应该写成"连谓"。

> 整个词义以后一词根为主，前一词根为辅。

②偏正型。前一词根修饰、限制后一词根。如定中关系的"主流、气功、小说、热心"和

---

[1] 彭迎喜. 几种新拟设立的汉语复合词结构类型[J]. 清华大学学报（哲学社会科学版），1995（02）:34-36.

状中关系的"腾飞、笔直、火红、热销"等。

↳ 尤其是副词中的这类结构，如"马上、不论、刚巧、何必、十分、岂不、还是"等。

③补充型：后一词根补充说明前一词根。补充说明动作的结果，如"提高、说服、扩大、推广"；补充说明事物的单位，如"房间、稿件、枪支、花朵"等。

除了上述两种，《通论》还归纳出一类即前一词根与后一词根是动作与趋向的关系，如"进入、引进、得出、超出、支出、撤回、下去、死去、起来、滚开、奋起"等。

④动宾型：前一词根表示动作、行为，后一词根表示动作、行为所支配、关涉的事物。又叫支配式，如"司机、管家、动员、注意"等。

⑤主谓型：前一词根表示被陈述的事物，后一词根是陈述前一词根的。又叫陈述式，如"地震、日食、霜降、心酸"等。

(3) 重叠式：由相同的词根语素重叠构成，如"姐姐、哥哥、刚刚"。

(4) 附加式：由词根和词缀构成。此类词又叫派生词。词缀在词根前的叫前缀，有"老、第、小、阿"；在词根后的叫后缀，有"子、头、儿、性、者、化、于"。此外，还有由词根和一个叠音后缀组成的三音节合成词，如"红通通、绿油油、干巴巴、水汪汪"等。

↳ 《通论》称其为"叠音类后缀型"，包括"乎乎、溜溜、巴巴、丝丝、滋滋、烘烘、冲冲、油油、腾腾"等。

考试拓展

《通论》认为重叠式合成词还包括 AABB 式的，如"骂骂咧咧、哭哭啼啼、跌跌撞撞、磕磕撞撞、花花绿绿、密密麻麻"等。这一类词没有对应的 AB 型词，也没有因为重叠而增加语法上的意义，属于词法学的构词重叠。

词缀多是由词根因意义虚化而来，在形体上，有的和词根相同，须注意区别。

词缀"子、儿、头"是名词的标志（带"儿"的词有少数例外，如"火儿、玩儿、颠儿"等是动词），其他一般动词或形容词加上它们便转为名词。"性、者"也都是构成名词的词缀。"化"是构成动词的词缀。"在于、勇于、敢于"等都是动词，这时"于"也是构成动词的词缀。

多音节合成词的层次关系需要额外注意。

↳ 现实考试中这一部分几乎不考查。

小贴士

教材（上）P210~211 后面的两张表格很清楚地总结了相应的概念层次和关系。尤其是第一张，建议多加识记。P210 这张表里从右往左看需要特别注意的一点是，"复合式合成词 + 重叠式合成词 = 复合词"，与派生词相对，这在正文的行文中是没有显化的。

考试拓展

在大量产生的新词中，三语素合成词[1]日益增多。划清三语素合成词的层次十分必要，其关系到作为直接成分的语素意义和整个词的意义，也关系到词与非词的问题。三语素合成词中有相当一部分是科技用词或行业用词，专业性较强。从词性上看，三语素合成词绝大多数是名词，基本上不存在兼类现象；从词义上看，三语素合成词单义的多，多义的少。

解习题

思考和练习一

1. 试述词汇在语言中的地位。

词汇是语言中词和固定短语的集合，语言通过它表达意思、交流思想。因此，词汇在语言中占有重要的地位。词汇是语言的建筑材料，我们说的每句话都是运用词汇材料按照一定的语法规则组织起来的。只有建筑材料丰富才能建造高楼大厦，只有词汇丰富，才能满足人们语言交际中表达各种思想感情的需要。词汇越丰富，语言才能越发达，词汇量的多少是语言是否发达的主要标志。对于个人来说，掌握的词汇越多，越能在语言交际中运用自如。

2. "他学英语很用功，坚持每天记住15个词汇。"这句话有什么错误？为什么？

这句话的"词汇"用错了，应改成"词"。词汇是词和固定短语的集合体而不是个体，所以一般不和专用量词搭配，特别不能和表示个体的量词"个"搭配。这句话实际上是指记住了15个词。

3. 用"替代法"证明"驼绒"是两个语素，"骆驼"是一个语素。

"驼绒"中的"驼"和"绒"都可以被已知语素所代替，也可以与已知语素组合，如：
（1）驼绒　平绒　呢绒　鸭绒
（2）驼绒　驼峰　驼队　驼铃
（1）组说明"驼"可以被"平、呢、鸭"等语素替换，（2）组说明"绒"可以被"峰、队、铃"等语素替换，因此"驼""绒"是两个语素。"骆驼"中的"驼"不能被替换，也就是说"骆"不能和任何其他语素组合，它不具有语素的资格。由于语言中同一层次的单位才能组合，语素不能与非语素组合，所以在这里"驼"也不是语素，"骆驼"只能合起来算一个语素。

---

[1] 李赓钧.三语素合成词说略[J].中国语文，1992（02）.

4. 分别指出下列字中的成词语素（△）、不成词语素（×）和不能单独作语素的字（○），用三种符号在字下标出。

绩 柿 素 眉 蜻 狗 羊 鸭
× × △ × ○ △ △ ×

学 习 鹊 祝 闪 平 虎 狼
△ × ○ △ △ △ △ △

5. 划分出下文中的词（在词下画一横线，成语不画，单纯词不分析），如果是合成词，就注明它的构成方式。

伟大 的 天文学家 哥白尼 说："人 的 天职 在 勇于 探索 真理。"我 国 人民 历来 是 勇于
联合　　附加　　　　　　　　　偏正　附加 联合 偏正　　　联合 偏正　　　附加

探索，勇于 创造，勇于 革命 的。我们 一定 要 打 破 常规，披荆斩棘，开拓 我 国 科学
联合　附加 联合 附加 动宾　　附加 偏正　　　　偏正　　　　　　　联合　　　偏正

发展 的 道路。既 异想天开，又 实事求是，这 是 科学工作者 特有 的 风格，让 我们 在 无穷
联合　　联合　　　　　　　　　　　　　　　　附加　　　偏正　　　　　附加　　动宾

的 宇宙 长河 中 去 探索 无穷 的 真理 吧！"
　　联合 偏正　　　联合 动宾　　偏正

6. 指出下列的双声词、叠韵词、音译词。

仓促 灿烂 沙发 孑孓 恍惚 婆娑 仿佛
扑克 涤纶 秋千 踟蹰 拮据 婀娜 腼腆

双声词：仓促、孑孓、恍惚、秋千、仿佛、踟蹰、拮据。
叠韵词：灿烂、婆娑、婀娜、腼腆。
音译词：沙发、扑克、涤纶。

7. 指出下列复合式合成词的类型。

痛快　造假　房间　革命　照明　人民　飞快
偏正　动宾　中补　动宾　中补　联合　偏正

解剖　石林　开关　领袖　美好　雪白　工人
联合　偏正　联合　联合　联合　偏正　偏正

碰壁　戳穿　司令　丝毫　伟大　动静　无论
动宾　中补　动宾　联合　联合　联合　偏正

烧饼　粉饰　体验　衣服　联想　奶牛　牛奶
偏正　偏正　偏正　联合　偏正　偏正　偏正

104

功用　用功　霜降　民主　民生　立春　大寒
联合　动宾　主谓　主谓　偏正　动宾　偏正

8. 试举出 yī 音的五个同音语素，用每个语素各造三个合成词，同时注明其结构类型。

一　　一定（偏正）　一律（偏正）　统一（补充）
衣　　衣服（联合）　大衣（偏正）　衣领（偏正）
依　　依靠（联合）　依赖（联合）　依然（附加）
医　　医院（偏正）　医术（偏正）　医疗（联合）
揖　　揖让（联合）　作揖（动宾）　拜揖（联合）

9. 现代汉语里有一种"离合词"，合的时候是一个词，分的时候是两个词，不能任意类推。下面句子里加着重点的词中间也插进了其他成分，你认为对吗？

①为了完成全年计划，昨天厂里又动了一次员。
②老头儿注了几次射，才退烧。
③我向领导汇了一次报。

"动员、注射、汇报"都不是离合词，它们结合得很紧，中间不能插进其他成分。惯用形式是：
①又动员了一次。／又一次动员了。
②注射了几次。
③汇报了一次。

10. 试指出下面例句中生造的简称。

①有些泳术较佳的同学，从岸边游到艇上去。
②必须广泛发动群众，开展爱卫运动。

例①中的"泳术"、例②中的"爱卫"都是生造的简称。

简称是对人们经常使用的词语、较长的称谓进行简缩形成的，具有一定的习用性。"游泳技术"这样的短语缺乏习用性，不必简缩。"爱卫运动"也是如此，且这样的简化还容易产生误解，仅看字面很容易理解成"爱卫生运动"而非"爱国卫生运动"。

11. 略

（一）选择题

1. 以下说法有误的是（　　）。

　A. 在词的定义中，用能否"独立运用"来区分语素和词，用是不是"最小的"来区分词和短语。

B. 固定短语是词跟词的固定组合，一般不能任意增减、改换其中的词语。

C. 不定位语素和定位不成词语素叫词缀。

D. 能独立成词的语素叫成词语素，又叫自由语素。

2. 以下包含两个语素的是（　　）。

  A. 蝴蝶　　　　B. 客厅　　　　C. 电视机　　　　D. 酵母粉

3. 以下全是成词语素的一组是（　　）。

  A. 地　分　行　不　　　　B. 意　有　际　白

  C. 说　会　基　种　　　　D. 画　动　美　勉

4. "一把咖啡壶"中包含（　　）。

  A. 2个词，4个语素　　　　B. 3个词，4个语素

  C. 3个词，3个语素　　　　D. 2个词，3个语素

5. 以下全是词的一组是（　　）。

  A. 山峰　山间　B. 吃饭　吃香　C. 大米　大树　D. 黑板　黑市

6. 以下均属双声联绵词的是（　　）。

  A. 彷徨　参差　B. 芙蓉　伶俐　C. 崎岖　叮咛　D. 玲珑　忐忑

7. 以下均属补充型合成词的是（　　）。

  A. 气功　压缩　B. 扩大　忘记　C. 房间　说服　D. 雪亮　改进

8. 以下均为附加式合成词的一组是（　　）。

  A. 莲子　刷子　B. 帘子　桌子　C. 学子　椅子　D. 鱼子　孙子

9. 以下结构方式相同的一组词是（　　）。

  A. 用功　碰壁　照明　　　　B. 运动　解剖　丝毫

  C. 粉饰　树叶　美好　　　　D. 司机　革命　痛快

10. 下列描述正确的是（　　）。

  A. 由一个语素或一个音节构成的词叫单纯词。

  B. 由三个或三个以上语素构成的词，其内部可能不止一个层次。

  C. 汉语语素以双音节为基本形式。

  D. 合成词主要有复合式、附加式、重叠式和联绵式几种。

参考答案

  1~5CBABD　　　　6~10DCBBB

（二）分析题

请将下表填写完整

词条	音节数	字数	语素数	词数
靓				
爬山				
花儿				
白萝卜				
奥林匹克				
跨踏				
黄澄澄				
孬				
甭				

甭：已经被淘汰了，但是可作为分析材料。

参考答案

词条	音节数	字数	语素数	词数
靓	1	1	1	1
爬山	2	2	2	1
花儿	1	2	1	1
白萝卜	3	3	2	1
奥林匹克	4	4	1	1
跨踏	2	2	1	1
黄澄澄	3	3	2	1
孬	1	1	2	1
甭	2	1	1	1

对此，存在争议。

第二节 词义及其性质和构成、义项和义素

扫码听知识精讲

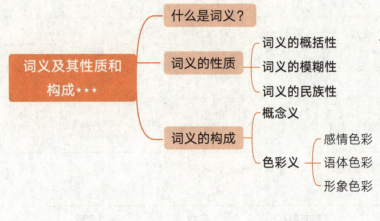

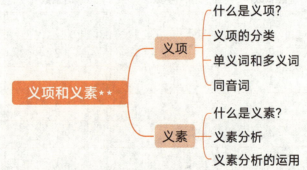

1. 词义

定义：词义是词的意义，即词的内容，包括词汇意义和语法意义。

> **考试拓展**
>
> 词义是什么[1]，性质如何，是语言学中一个最复杂、最困难、意见最有分歧的问题。

---

[1] 岑麒祥. 论词义的性质及其与概念的关系 [J]. 中国语文，1961（05）.

唯心主义把词义看作与思维相脱离、与客观现实相脱离，还有人认为词义就是词所代表的事物或现象，这两种看法都是错误的。词义应该是这些事物或现象在人们意识中的一定的反映。

2. 词义的性质

（1）词义的概括性

一般的词指的都是整类事物或现象。词义为了准确地反映这个词所表示的对象的范围，便须舍弃各种"改革"的具体的个别的特征，概括出对象的共同的、本质的特征，这就是词义的概括性。任何一个词的意义都具有概括性，专有名词也不例外，人名、地名也都是如此。

（2）词义的模糊性

词义具有精确性和模糊性，有些词是表义明确的，如专有名词，有些词则表义模糊。词义的模糊性指的是词义的界限有不确定性，它来源于词所指事物边界不清，是客观事物连续性的反映。

（3）词义的民族性

同类事物，在不同民族的语言里用什么词、用几个词来表示，可以不同，词义概括的对象范围也可以不同，它体现了词义的民族性。

词义不仅在理性意义上有民族性，在附加色彩上也可以显示出民族性。

考试拓展

《通论》：词义具有客观性、主观性、概括性和演变性。

客观性主要表现在两个方面：其一是反映对象的客观存在性；其二是词义形成的约定俗成性。主观性主要表现在两个方面：其一是使用主体的民族性；其二是词义理解的个体性。演变性指的是词义随着客观世界和主观世界的发展变化而变化，主要体现在：词义认识的深化、词义范围的变化、词义功能的转移、词义色彩的变化等。概括性同教材（上）P212 所指。

3. 词义的构成

词汇意义由概念义和色彩义构成。实词都有与概念相联系的核心意义，叫作概念义，此外还可能有附着在概念义上面的色彩义。

（1）概念义

词义中同表达概念有关的意义部分叫作概念义，又叫理性义或主要意义。词典对词目所作的解释主要是概念义。概念义的作用就在于给词所联系的事物划一个范围，凡是该词所指的事物都包括在内，凡不是该词所指的事物都不包括在内。

> **考试拓展**
>
> 词义和概念[1]，二者之间的关系有同有异。词义和概念都是人们对客观事物或现象的反映。概念必须存在于词义之中，它以词义的形式表示出来，离开了词义，概念就不可能存在。二者的区别：概念和词义属于两个不同的范畴。概念属于思维的范畴，是思维的形式之一，是全人类共同的，而词义是民族的。

(2) 色彩义

色彩义附属于概念义，又叫附属义，表达[2] 人或语境所赋予的特定感受。

色彩义表现的方式有三种：不需要其他词语的"自显式"；需要其他词语对比的"对显式"；在固定搭配中受感染而出现的"从显式"。

早期叫"表情色彩"，感情色彩有固定的，也有临时的。特别是关于人的品性、行为、思想感情等有关的形容词、动词、名词等，最容易具有不同程度的感情色彩，且这些词大多有称谓、描述等功能。

①感情色彩[3]：有些词表明说话人对有关事物的赞许、褒扬的感情，这就是词义中的褒义色彩，这样的词称作"褒义词"；有些词表明说话人对有关事物的厌恶、贬斥的感情，这就是词义中的贬义色彩，这样的词叫作"贬义词"。更多的词既没有褒义色彩，也没有贬义色彩，它们是中性词。有一些中性词在特定的语境中同其他词配合也会产生褒义或贬义[4]。

这叫"词义的感染"。

②语体色彩：又叫文体色彩，有些词语由于经常用在某种语体中，便带上了该语体所特有的色彩，如书面语色彩、口语色彩等。

③形象色彩：表示具体事物的词，往往给人一种形象感，这种形象感来自对该事物的形象的概括。

词语的形象色彩和客观色彩之间无必然的因果关联。词语有没有形象色彩是词语意义系统变化、发展、调节的结果，是由社会决定的。

> **考试拓展**
>
> 《通论》：词义包括客观概念义、主观色彩义、固定修辞义、时间空间义以及临时语境义。

---

[1] 石安石. 关于词义和概念 [J]. 中国语文，1961（08）.

[2] 周荐. 词语表达色彩的性质和显映方式 [C]//《词汇学新研究》编辑组. 词汇学新研究首届全国现代汉语词汇学术讨论会学集. 北京：语文出版社，1995:51—66.

[3] 徐志民. 关于词的感情色彩的几个问题 [J]. 语言教学与研究，1980（03）.

[4] 伍铁平. 词义的感染 [J]. 语文研究，1984（03）.

4. 义项

(1) 定义

义项是词的理性意义的分项说明。义项原是辞书中的术语，这里借用来表示相应的语义单位。词的义项多少，是从该词出现的语境中分析归纳出来的。如果该词在所有语境中只有一个意义，这个词便只有一个义项；如果有两个或两个以上意义，那么这个词便有多个义项。

一个词可以有几个义项，各个义项只出现在自己的语境中，但每个具体语境只有一个义项适用，别的义项不适用，故它们之间存在一种互补关系。

(2) 义项的分类

基本义：有的词有几个义项，几个义项之间的地位并不是平等的，其中最常用的意义叫作基本义。基本义是对转义而言的，并不一定都是词源学上说的词的原始意义，例如"兵"的原始义是"武器"，就现代汉语而言，基本义是"战士"。

转义：从基本义直接或间接地发展转化来的，叫作转义。词的转义主要是通过引申和比喻两种方法产生的。（有的专家认为还应该有一个借代义。）

引申义：在基本义的基础上经过推演发展而产生的意义是引申义，例如"深、跑"。

（引申义和比喻义的例子，有一个就记一个，在试卷上常考原例。）

> **考试拓展**
>
> 实词词义的引申一般都是遵循从具体到抽象、从个别到一般，如"跑"从具体的动作引申到"为某种事物具体奔走"。但其实还有一种是从抽象到具体，从一般到个别，如"礼"的意思从开始的"礼节"到后来的"礼物"。这两种路径[1]都标志着人类认识的扩大、深化和进步。

比喻义：借用一个词的基本义来比喻另一种事物，所产生并被固定下来的新的意义是比喻义。例如"帽子、近视、结晶"[2]（同上）

修辞上的比喻和词的比喻义的辨析：

比喻：临时打比方，如"困难是弹簧"就是把"困难"比作"弹簧"，"弹簧"这个词本身没有"困难"这个转义。

比喻义：虽然大都是通过修辞的比喻用法逐渐形成的，但是它已经成为词义中的一部分，人们在使用的时候几乎感觉不到它是一种比喻。

> **考试拓展**
>
> 有的人[3]认为像"吃香""蛇行"这类不是以直指的方式而是以比喻的方式曲折地反

---

[1] 高守纲. 试论词义引申的两种相反趋势 [J]. 天津师大学报，1984（05）:83-89.
[2] 蒋绍愚. 词义的发展和变化 [J]. 语文研究，1985（02）:7-12.
[3] 周荐. 比喻词语和词语的比喻义 [J]. 语言教学与研究，1993（04）:145-155.

映客观对象的词语,可称为比喻词语。比喻词语是词汇问题,词语的比喻义是语义问题,比喻词语的意义是与生俱来的,词语的比喻义则是后天产生的。

(3) 单义词和多义词

①单义词:只有一个义项的词叫单义词。其中有单纯词也有合成词。汉语中有一定数量的单义词。交际时,单义词不受语境的限制,也不会产生歧义。术语一般都是单义词,专有名词以及一部分常见事物的名称也是单义的。

②多义词:有两个或两个以上义项的词叫多义词。多义词的大量存在是词汇丰富的一种表现,它丰富了词的内容,扩大了词的应用范围,从某种意义上说比起增加新词更为经济。

多义词对语境有很强的依赖性,在一定的语境中只能有一个义项适用,如果在同一语境中可以适用两个或更多的义项,这个词就会产生歧义。

(4) 同音词

多义词是一词多义,几个意义之间有联系。同音词则是语音相同而意义之间并无联系的一组词,是多词同音现象,如"别"有三项意义,实即三个不同的"别"。这种同字同音词,词典上分列为三个字头。

异字同音词,则较易分辨,如"公事—公式—公示—攻势"。

5. 义素

(1) 定义

义素是构成词义的最小意义单位,是词的区别特征,又叫词的语义成分或语义特征。在义项分析揭示词义的时候,往往把它的属性排列出来,通过类属关系同别的非本类事物相区别,再根据某些特征同本类内部其他事物相区别。如:

灌木——[+ 矮小][+ 丛生][+ 木本][+ 植物]

乔木——[- 矮小][- 丛生][+ 木本][+ 植物]

方括号内的特征就是区别特征,"+"表示有此特征,"-"表示无此特征。同组中的共同特征叫共同义素,区别特征叫区别义素。

(2) 义素分析

义素分析大致有如下的一些步骤:

首先,要明确分析的对象。义素分析一般总是在一些相同的词(同一语义场)中进行,单个词也可以作义素分析,但是单个词的义素分析显示不出与其他词的关系以及分析的意义。

其次,根据所选定的词,进行词义间的比较,找出其共同特征与区别特征,即找出相应的义素。

最后,义素确定之后,还需要采取种种方法进行表达。一般要对义素进行概括分类,两项对立的义素可归并成一个,用"+""-"号进行区分,义素本身标以 [   ],如"男性"写成

"[+ 男性]","女性"就是"[- 男性]"。

义素不适于二分的,也可多分,分别用数字或其他系列符号表示。

(3) 义素分析的运用 →有人认为现代汉语的义素分析法并不适用于词,而应该适用于语素。
①义素分析可以帮助我们准确地掌握、解释、理解语义。
②义素分析可以突出地显示词义之间的异同和联系。
③通过义素来解释语义场较为方便。

义素分析内部有一套规则性的元语言,即 [ ] 里面所列的内容。常见的元语言术语如下:

[成年][施事][有生命][动物][具体][可数][人类][活着][雄性/男性][受事][单数][物质][时间][空间][固体][液体][气体][距离][方向][已婚][配偶][长辈][直系亲属][血亲][有翼][偶蹄][质][量][高][大][开始][停止][生育][褒义][书面] 等。

常用的符号如下:

+ 表示肯定　　- 表示否定　　/ 表示或者　　≈ 表示近似　　← 表示从属

《通论》表示,义素分析的步骤大致如下:掌握分析的元语言;确定语义场提取共同义素和区别义素;列出义位的结构式。

思考和练习二

1. 什么是词义?

词义是词的内容或词的意义。词义的作用在于指明词所表示的是何种事物。例如"改革"这个词的词义是:"把事物中旧的不合理的部分改成新的、能适应客观情况的。"这就是"改革"这个词所表示的行为,也就是该词的内容即词义。

2. 怎样理解词义的概括性?专有名词的词义也有概括性吗?

词义指明词所表示的为何种事物。有些表明整类事物,这时词义便是对该类事物的概括,词义概括了该类事物共同具有的特征。例如"候鸟"这个词表示随季节的改变而迁徙的鸟,概括了各种各样候鸟的特征,舍弃了燕子、野鸭、大雁等个别候鸟的具体特征。同样,"燕子"这个词也是有概括性的,它概括了各个燕子的共同特征,而舍弃了个别燕子的具体特征。不同的词都有概括性，随所指事物范围的不同，概括性也有大有小。

专有名词的词义也有概括性。"李白"的词义概括了各个时期的李白的共同特点（籍贯、出生时间、民族、基本体貌特征、父母等主要亲属……），"北京"的词义则概括了不同时期的北京共同具有的地理环境、社会变革、人文风貌的特征。这些特点或特征必须是该人该地各个时期共同具备的，所以也有概括性。

3. 什么叫作词义的模糊性？"书、画、浪、婴儿、钢"有没有模糊性？

词义的模糊性指的是词义的界限不清，它来源于词所指的事物边界不清。考察词义有没有模糊性主要看词所指的事物与相邻事物有无明确的界限。从这点看来，"书、画、浪、婴儿、钢"都有模糊性。

《现代汉语词典》解释"书"为"装订成册的著作"，然而，"书"同"著作"的界限就分不清楚，幼儿读物可以叫"书"，未必能叫"著作"；写一部著作叫"写书"，写出来后实际是手稿，但手稿不叫"书"，"装订成册"仍不叫"书"。另，装订成册的书总要有一定的页数，三四页、五六页的未必叫"书"，但究竟多少页才算书也是模糊的，儿童用书一般很薄，成人读物页数少的叫"小册子"，叫"书"就很勉强，叫"著作"就不合适。这里面还包括质量问题，但其间的界限就更不清楚了。"画"与非"画"之间的界限也是模糊的。

"浪"指"波浪"，"波"也指"波浪"，但"微波荡漾"不可说成"微浪荡漾"，"浪"比"波"大。但究竟多大为浪、多大为波也是模糊的。

《现代汉语词典》解释"婴儿"为"不满一岁的小孩儿"，《新华字典》解释为"才生下来的小孩儿"，二者相比差不了多少。但前者只是作者的主观规定，后者用的虽是模糊语言，但却更合乎语言实际情况。

"钢"也有模糊性。钢和铁的差别在于含碳量的多少与所含的其他金属、非金属元素的情况，以及由此决定的物理和机械性能的差别，但这也是一种递减或递增过程，界限也是模糊的。

4. 查查有关辞书，看看下列两组汉语、英语词在词义方面表现出什么异同。

桌子——table

雪——snow

现代汉语的"桌子"是一个单义词，指一种家具，泛指各种桌子：书桌、课桌、办公桌、餐桌、炕桌、八仙桌、圆桌等。英语的 table 情况要复杂得多。table 是一个多义词，它也表示桌子，但侧重于指餐桌之类（与 desk 构成同义词，后者侧重于指书桌、课桌、办公桌），还可以指平面、平地、平板；指食物、菜单；指表、清单、目录等；还可以作动词用，指放在桌上，展示、提议、列表等。

现代汉语的"雪"有两个联系不很紧密的义项：①雪花；②洗去、除去。英语中的 snow 作为名词，主要义项是雪，也可指雪状物（如白色粉末、白发等），作为动词指下雪，或指以雪覆盖，以巧言诱骗等。

可以看出，不同语言中即使有相对应的词，也往往只是个别义项相等，整个词所包含的各种转义有可能相差很远。

5. 汉语的姑妈、姨妈、伯母、婶母……能用同样的词称呼吗？英语行不行？试分析其中的原因。

汉语的姑妈、姨妈、伯母、婶母……不能用同一个词称呼，英语却可以只用一个 aunt 来称呼。

这主要是汉族与英吉利民族文化传统、家族结构不同的缘故。在长期的封建社会里，中国实行长子继承权和外戚有不同程度参与家政的权利的制度，因此，强调"男女有别，长幼有序"，强调父系与母系的区别以及其他血缘关系亲疏的区别。姑父、舅父、伯父、叔父在家族中的地位不同，他们的配偶姑妈、舅妈、伯母、婶母等地位也各自不同，所以应该分别称谓。英吉利民族却不同，大致在近代以来，他们的儿女都有继承权，与此相关，外甥（女）、侄儿（女）也可以有继承权，所以在他们看来，姑妈、姨妈、伯母、婶母处于同样的关系中，可用一个词 aunt 称呼；与此相关，姑父、姨父、伯父、叔父、舅父也都可以用一个词 uncle 称呼。这在汉族人看来，是会感到诧异的。

6. 理性义与色彩义有什么区别？

理性义又叫概念义，在指明词所表示的事物的范围时，理性义起主要作用，它是实词词义中不可缺少的主要部分，主要靠它表示相应的概念。

色彩义是在理性义的基础上附加的一些意义要素。色彩义往往是人们在用词交际过程中产生的，所以与使用者的感情，使用场合（语境）、使用者的形象感以及词的来源（来源于古代书面语、现代方言、某种社会集团等）有关，它们不是每个词所必须具备的因素。一个词可以没有色彩义，也可以有两种以上的色彩义，但不能没有理性义。

7. 指出下列各词的色彩义。

倒爷	哥们儿	葡萄胎	演奏	鸭绿江
调试	康复	搅和	轻蔑	癞皮狗
欺凌	发毛	蛤蟆镜	车流	出台
脑袋	疙瘩	囹圄	鸟瞰	狐狸精

（1）感情色彩：
①褒义：康复。
②贬义：倒爷、搅和、轻蔑、欺凌、癞皮狗、蛤蟆镜、狐狸精。
③中性的：哥们儿、葡萄胎、演奏、鸭绿江、调试、发毛、车流、出台、脑袋、疙瘩、囹圄、鸟瞰。

(2) 语体色彩：

①书面语：康复、轻蔑、欺凌、车流、囹圄、鸟瞰、演奏。

②口语：倒爷、哥们儿、搅和、癞皮狗、发毛、蛤蟆镜、脑袋、疙瘩。

(3) 形象色彩：葡萄胎、鸭绿江、癞皮狗、蛤蟆镜、车流、出台、鸟瞰、狐狸精。

(4) 术语、行业语色彩：葡萄胎、演奏、调试、康复、出台。

(5) 地域方言色彩：搅和。

(6) 时代色彩：囹圄（古语词）。

8. 固定短语也可能有各种色彩义，试指出下列各固定短语的色彩义。

龙腾虎跃　三长两短　唇红齿白

打游击　打牙祭　炒鱿鱼

举世瞩目　蝇营狗苟　马不停蹄

龙腾虎跃：褒义、形象。

三长两短：贬义、口语。

唇红齿白：褒义、形象。

打游击：中性、口语。

打牙祭：口语、方言。

炒鱿鱼：口语、方言、形象。

举世瞩目：褒义、书面语。

蝇营狗苟：贬义、书面语、形象。

马不停蹄：褒义、书面语、形象。

9. 下列带点的词的色彩义有无变化？

真是地方　什么东西

瞧那长相　有派头

硬了点儿　有点讲究

（批评）还尖锐　（批评）太尖锐

"地方、派头、讲究"由中性变成褒义。

"东西、长相"由中性变成贬义。

"硬了点儿"说明"硬"得超出了要求，含贬义。

"批评还尖锐"，认为"尖锐"得合适，应该尖锐，"尖锐"含褒义；"批评太尖锐"，认为"尖锐"得过火了，含贬义。

10. "强人"一词有什么语义色彩？为什么现代汉语中有"女强人"，没有"男强人"？

现代汉语中"强人"指才能出众、成就显赫的人，因此有褒义色彩。同时它又特指商业等领域中的杰出人物，并带有一定的行业色彩。但是在古代或近代汉语中"强人"的意思却是"强盗"，且绝大多数为男性，直到现在用"强人"指男性时依然容易跟"强盗"产生联想，而"女强人"则是一个新产生的词，不容易产生这种联想。

从现代汉语构词规律来看，指人的名词中指男性的多为无标记成分，习惯上不在前面加"男"，如不说"男警察""男市长""男作家"……所以也排斥说成"男强人"。

思考和练习三

1. 下列词中哪些是单义词？

懂 发 煤 瞟 溅 风 苗条 发火 雨 把 缎子 剥 杜绝 表 领导

单义词有：懂、煤、瞟、溅、风、苗条、发火、雨、缎子、剥、杜绝。

2. 下面例子中"花"的义项哪些应该合起来成为"花¹"的义项？哪些是"花²"的义项？应不应该还有一个"花³"？（注："花¹、花²、花³"是三个同字同音词。）

①种子植物的有性繁殖器官：掐了一朵花。

②供观赏的植物：买了一盆花。

③颜色错杂：这布太花了点儿。

④用掉：花了三元钱。

⑤姓：小李广花荣。

⑥模糊不清：眼睛花了。

属于同一个词的各个义项必须有意义上的联系——引申或比喻。根据这个标准，①②③⑥各义项应属同一个词"花¹"；④应属另一个词"花²"；⑤表示姓，应属"花³"。"花¹""花²""花³"虽然字形与读音都相同，但是三个不同的词。

3. 从多义词的产生到使用中多义性的排除，看义项同语境的关系。

一个词的义项是从该词出现的语境中分析概括出来的，如果一个义项就可以解释该词在所有语境中出现时的意义，这个词便只有一个义项，是单义词；如果必须用两个或两个以上义项才能解释该词在各种语境出现时的意义，这个词便有多个义项，是多义词。一个多义词虽然有几个义项，但在某一具体语境中只能有一个义项适用，而排除其他义项，否则便会产生歧义。多义词由多义变成单义依据的是语境。例如"这花容易活"里的"花"便适用于"观赏植物"这一个义项；"这衣服太花了，我不想穿"里的"花"便适用于上题③的义项。

因此，多义词的产生和使用中多义性的排除都依靠语境，语境在这里起决定作用。

4. 利用同音现象可以造成修辞格中的"双关"，试举三例加以说明。

①他真是"电线杆上绑鸡毛"——好大的掸（胆）子。

②我失骄杨君失柳，杨柳轻飏直上重霄九。

③天晴是"洋灰路",下雨是"水泥路"。

例①中的"掸子"同"胆子"同音,意思是说他"胆子大"。例②中的"杨柳",表面指杨花柳絮,实际指杨开慧、柳直荀两位烈士。例③中的"洋灰路"指的是同音的"扬灰路"(扬起灰尘的路),"水泥路"的意思是"又是水又是泥的路"。以上诸例都是通过同音关系把潜藏的真意透露出去。

5. "论"有下列义项,但是有的义项能作为词的意义,有的只能作为语素的意义,你能分辨吗?谈谈你分辨它们的标准,并探讨一下词典中有无区别的必要。

①分析和说明事理:议论｜就事论事｜要论起这件事来……
②分析和说明事理的话或文章:社论｜舆论。
③学说:唯物论。
④说,看待:相提并论｜不能一概而论。
⑤衡量;评定:论罪｜论功行赏。
⑥按照某种单位或类别说:论天计酬｜买鸡蛋论斤还是论个儿?
⑦姓。

作为词的义项,必须是能够单说或单用的,如题中例句所显示的,①④⑤⑥⑦各个义项都属这类。当然作为词的义项还可以作为语素的义项用于造词。②③两义项只是"论"作为语素构词时才有的,因此,只是"论"这个语素的义项。

分清词的义项和语素的义项与分清词和语素的意义是类似的。只有词的义项才能作为独立运用的词的内容参与造句,而属于不能成词的语素的义项则只起构词作用,所以应该分清,词典中最好能加以区别。

6. 同字同音词和一词多义,有时很难区分。试用下列各词分别造几个句子来说明哪些是同音词,哪些是多义词。

新生 杜鹃 疙瘩 苦

区分同字同音词和一词多义,主要看义项之间有无联系。

新生:
(1)新生事物是不可战胜的。(刚产生的或刚出现的)
(2)是党给予我新生。(新生命)
(3)中文系招了一百余名新生。(新入学的学生)

杜鹃:
(1)远处飞来了一只杜鹃。(鸟名)
(2)满山的杜鹃都绽开了新蕾。(花名)

疙瘩:
(1)脸上长满了疙瘩,挺难看。(皮肤上突起的硬结)

(2) 面粉受潮结成了疙瘩。(块状或球状物)
(3) 一天只吃了一小疙瘩馒头。(小块)

苦：
(1) 黄连虽苦但能治病。(一种与甜相反的味道)
(2) 生活苦一点，没什么，不能没了志气。(难受、痛苦)
(3) 这些年全仗她支撑门户，可真苦了她了。(使难受、使痛苦)

例(1)(2)的"新生"意义有联系，属于一个词，是一词中的两个义项。例(3)的"新生"是另一个词，与例(1)(2)的"新生"形成同字同音词。两个"杜鹃"意义间没有联系，各是一词，形成同字同音词。"疙瘩""苦"中的各例说明它们都具有两个以上互有联系的义项，是多义词。

7. 什么是义素？义素分析有什么用处？

义素是构成词义的最小意义单位，也就是词义的区别特征。义素分析随着语义学的兴起越来越受到人们的重视。义素分析可以帮助我们准确地掌握、解释、理解词义，可以突出地显示词义之间的异同及联系，可以突出词义聚合时的相同点和区别点，可以考察词义组合时的正误。义素分析便于形式化，有利于运用电子计算机处理语言信息。

8. 完成下面义素分析的矩阵图。(有某义素的用"＋"标记，没有的用"－")

词＼义素	交通工具	陆路	机动	用汽油	载人
自行车	＋	＋	－	－	－
卡车	＋	＋	＋	＋	－
公共汽车	＋	＋	＋	＋	＋
电车	＋	＋	＋	－	＋

9. 试就下面一组词进行义素分析。

伯伯　叔叔　姑姑

伯伯　　[+ 父系血亲][+ 长辈][+ 男性][+ 长于父]
叔叔　　[+ 父系血亲][+ 长辈][+ 男性][- 长于父]
姑姑　　[+ 父系血亲][+ 长辈][- 男性][± 长于父]

10. 能否把语言中所有词的词义都通过义素分析进行统一的说明？这样做有何利弊？

从理论上说，把一种语言中所有的词都通过义素分析进行统一的说明是有可能的。所有的词都可以进行义素分析，逐步累进，进行统一的说明似乎也不困难。但是实际操作时，统一说明带来的困难却难以克服。义素分析可以用来区别相关的词,一般情况下词的数目越多所需要的义素(区别特征)也越多,但是如果一连用十个以上的义素就会成为人们记忆的负担,其区别词义的鲜明度也会大大减弱。所以虽然有人把相当多的词(不是全部)分成数百个义类再进行义素分析,但效果并不理想。所以除应用于电子计算机的词库外,一般辞书并不这样做。

练习题

(一)选择题

1. 词义的性质主要有概括性、民族性和（　　）。
   A. 模糊性　　　B. 社会性　　　C. 丰富性　　　D. 发展性
2. 关于词的色彩义,说法有误的是（　　）。
   A. 词的理性意义是词义的主要部分,词的色彩义是词的附属意义。
   B. 词的色彩义是指词义中同表达概念有关的意义部分。
   C. 词的色彩义主要包括感情色彩、语体色彩、形象色彩等几方面。
   D. 有的词可能同时具有几种不同的色彩意义。
3. 以下均具有形象色彩的一组词是（　　）。
   A. 英雄　云海　喇叭花　　　　B. 垂柳　墨菊　布谷鸟
   C. 蛇行　诚挚　碰碰船　　　　D. 马匹　彩带　鹅卵石
4. 词的原始义是指词的（　　）。
   A. 引申义　　　B. 比喻义　　　C. 基本义　　　D. 本义
5. "这部著作是他十年心血的结晶"中的"结晶",用的是（　　）。
   A. 引申义　　　B. 借代义　　　C. 比喻义　　　D. 形容义
6. 下列关于多义词的说法,错误的是（　　）。
   A. 有两个或两个以上义项的词叫多义词。
   B. 多义词的几个义项之间不一定有密切的联系。
   C. 多义词的大量存在是词汇丰富的一种表现。
   D. 多义词对语境有很强的依赖性,在一定的语境中只能有一个义项适用。
7. "别了,我的母校"和"别去了"中的"别"是（　　）。
   A. 一词多义　　B. 词义的活用　　C. 词义的转移　　D. 同形同音词
8. 以下关于义素的说法,错误的是（　　）。
   A. 义素是构成词义的最小意义单位。
   B. 所有词都可以进行义素分析。
   C. 义素分析可以突出地显示出词义之间的异同及联系。
   D. 义素分析一般总是在同一语义场中进行。

9. "卡车"与"公交车"的区别义素是（　　）。
   A. 交通工具　　　B. 机动　　　　　C. 载人　　　　　D. 陆路
10. 以下属于单义词的一组是（　　）。
    A. 领导　疙瘩　B. 缎子　苗条　C. 近视　担子　D. 帽子　把戏
11. 现代汉语全部的复合词中，（　　）类型占优势。
    A. 状中型　　　B. 动宾型　　　　C. 主谓型　　　　D. 定中型
12. 现代汉语全部的复合词中，（　　）类型份额最小。
    A. 偏正型　　　B. 动宾型　　　　C. 主谓型　　　　D. 联合型
13. 汉语词缀类型中，（　　）最丰富。
    A. 前缀　　　　B. 中缀　　　　　C. 后缀　　　　　D. 类词缀
14. 下列词语中，（　　）的"子"是词缀。
    A. 游子　　　　B. 男子　　　　　C. 提子　　　　　D. 镜子
15. 汉语词缀类型中，（　　）类型的构词能力最弱。
    A. 前缀　　　　B. 中缀　　　　　C. 后缀　　　　　D. 类词缀

参考答案

1~5ABBDC　　　6~10BDBCB　　　11~15DCCDB

（二）判断题

1. 由两个或两个以上语素构成的词是复合词。（　　）
2. 词根都是不定位语素，词缀都是定位语素。（　　）
3. 词的内部结构和整个词的词性是一一对应的。（　　）
4. 汉语里典型词缀并不太丰富，存在较多的是"类词缀"。（　　）
5. 汉语词缀类型中，后缀及类后缀最为丰富，前缀及类前缀最少。（　　）

参考答案

1~5×√×√×

第三节　语义场及词义和语境的关系

扫码听知识精讲

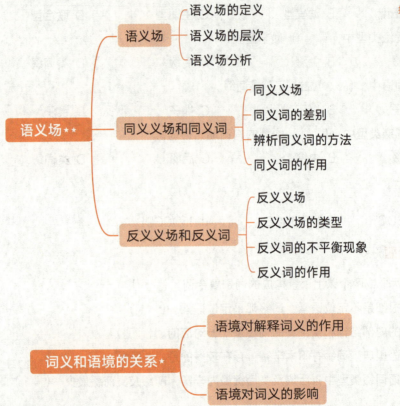

（一）语义场

1. 定义

语义场是语义的类聚，既有共同义素又有区别义素的一组词的相关语义聚合为一个语义场。

处于不同语义场中的词的意义会有所不同，这是受同一语义场中其他词的词义制约的结果。同一个词在不同的语义场中可以有种种词义上的差异。

2. 语义场的层次

语义场有不同的层次，上一层次中某个词的义素必然为下一层次的各词所具有，而下一层次又必然有自己一些特殊的义素。

> 《通论》：在属种关系中，指称属概念的词就是上位词，指称种概念的词就是下位词。上下位词具有相对性和层次性。

上位词必有下位词，下位词也可以有自己的下位词，对它的下位词来说它又成了上位词。如"人—工人—木工"。上一层次的称作"母场"，下一层次的称作"子场"。语义场的各项，也可以没有共同的上位词。例如"父亲—母亲""儿子—女儿"等就没有上位词。有些词可以兼属不同层次的语义场。例如"金"既属于金属语义场，又属于五行语义场。

3. 语义场分析

语义场由于各成员相互之间的关系不同，可以分出不同的种类。以下是几种主要的语义场：

（1）类属义场

类属义场的成员同属于一个较大的类，如"桌子—椅子—板凳"同属家具类。在汉语中类属义场所概括的事物，往往超过所列举的事物的总和，例如"桌椅板凳"实际可以代表一切家具。汉语中的类属义场的划分并不一定符合科学分类的要求。很多分类都只是根据人们的某种思想、习惯。

（2）顺序义场

顺序义场的各成员按照某种固定的顺序排列，例如"大学—中学—小学"。

有些顺序义场可以周而复始，叫作"循环义场"，例如"春—夏—秋—冬"四季。

（3）关系义场

关系义场一般由两个成员组成，二者处于某种关系的两端，互相对立、互相依靠。例如"老师—学生"便是因教育关系形成的语义场。方位、过程也可以作为一种关系，从而形成关系义场。这种关系义场的成员只有两项，没有中间项作为"左、右"的标准。

> 📢 **小贴士**
> 这里关系义场的表示方式稍显烦琐，其实不必强记，考试中基本没有出现过。

（二）同义义场和同义词

1. 同义义场

> 同义词并不一定是意义完全相同的词。同义词常是意义相近，甚至仅仅是在某种条件下意义相近的词。

意义相同或相近的词[1]的相关语义组成的语义场叫作同义义场，同义义场中的各个词叫作同义词。包括下列两类情况：

---

[1] 任铭善.同义词和词的多义性[J].语文学习，1957（04）.

第一类的词，每一组的意义都相同，在语言中通常可以换用。如"西红柿"和"番茄"，这类同义词称为<u>等义词</u>，在词汇里比较少，它们的存在大多有特定的历史原因和语用意义。

> 再如"米—公尺""青霉素—盘尼西林""妒忌—忌妒""互相—相互""夜宵—宵夜"等。

第二类的词，在意义和用法上都有细微差别，这类同义词意义并不完全相同，也有人称为近义词。它们在词汇中大量存在，对准确表达精密思想感情起着非常积极的作用。

考试拓展

同义词的本质[1]就是"一组词中各种词间的基本意义、核心意义相一致，而其补充的、次要的意义，附加的色彩有细微的差异"。

从义项上看，只要有一个重要义项相同的一组词即可称为同义词。如"骄傲"在"引以为荣"这个义项上可以同"自豪"处于同一同义义场，二者即可称为同义词。

考试拓展

多义词与其他的词，由于彼此的某个或某些意义相同或相近而成为同义词时，我们就叫它交叉同义词[2]。交叉同义词的同义关系不像单义词的同义关系那样固定，只有在具体的语言环境中才能确定。

2. 同义词的差别

同义词是指意义相同、相近的一组词。意义相近是指意义上大同小异，即义项中的主要义素是共同的，而在一些次要义素上有区别。例如"愉快—高兴"，主要义素相同，都是"[+ 舒畅]"，但次要意义在"[± 程度重]"上有区别。

（1）理性意义方面的差别
①意义的轻重，即"[± 程度重]"。
②范围的大小，即"[± 范围大]"。
③集体与个体不同，即"[± 集合]"。
④搭配对象不同。
（2）色彩方面的差别
①感情色彩不同，即"[± 褒义]"。

> 包括"褒义词、贬义词、中性词"三种。

---

[1] 张弓. 现代汉语同义词的几个问题 [J]. 河北大学学报（哲学社会科学版），1964（01）:47-71.
[2] 武占坤. 交叉同义词及其特点 [J]. 语文知识，1956（12）.

②语体色彩不同，即"[± 书面语]"。

> 《通论》：除了书面语和口语的差异，还可以分为方言和普通话（如"晓得—知道"）、音译词与意译词（如"镭射—激光"）、正式词与日常词（如"擅自—私下"）。

③地区色彩的区别。

> **小贴士**
>
> 教材上的色彩差别虽然只列出了感情和语体的差别，但在最后还提到了一个例子，体现了地区色彩的差别。这一点又体现了教材的编写特点，我们更要注意仔细阅读。另外，同义词的差别，其实也就是最常用的辨析方法，反而替换法使用得较少。

(3) 词性方面的差异

例如：

永久（形容词）——永远（副词）　　突然（形容词）——忽然（副词）
聪明（形容词）——智慧（名词）　　刚刚（副词）——刚才（名词）

一般地说，词性或句法功能不同的一组词，不能形成同义词。但是，当一个词具有几种不同的意义，并且分别属于不同词类（兼类）的时候，则可以在意义相同或相近而词性相近的条件下，分别同词类相同的词形成同义词。

> 类同上文的交叉同义词。

3. 辨析同义词的方法

辨析同义词最重要的方法是从语境中去考察，考察它们可能出现的上下文语境，设想替换的可能性。

替换的步骤：第一步要尽可能搜集含有所辨析的同义词的句子或短语；第二步便是互相替换；第三步则是对种种替换情况的分类及其概括说明，指出同义词的差别。

4. 同义词的作用

(1) 可以使语言的表达精确、严密。

(2) 可以使语体风格鲜明。

(3) 可以使文句生动活泼，富于变化。

(4) 可以使表达的语气委婉。

(5) 同义词连用，可以加强语势，使语意完足。

> **考试拓展**
>
> 现代汉语同义词的特点有四[1]：①丰富性（常用的同义词组在 2 300 组左右）；②同义词组的成员大多含有共同的语素；③同义词的语体色彩、形象色彩都存在一定的差异；

---

[1] 刘叔新. 略谈现代汉语同义词的特点 [J]. 汉语学习，1984（03）:26–35.

④单音词多和单音词搭配，双音词往往同双音词搭配。

（三）反义义场和反义词[1]

1. 反义义场

（1）定义：意义相反或相对的两个词的相关语义构成反义义场，这两个词互为反义词。例如"上—下"是反义义场，"上"是"下"的反义词，"下"是"上"的反义词。

（2）特点：

第一，反义词表现出来的意义上的矛盾，往往就是客观事物本身矛盾对立的反映。但有的反义词所反映的事物本身，孤立地看并不互相矛盾对立，只是人们在社会交际中常常把它们当作同一范畴中相互矛盾对立的事物看待，久而久之，表示这种事物的词成了习惯上的相对反义词。

第二，构成反义的两个词必须是属于同一意义范畴的。不同范畴的词就不能构成反义义场。因此，反义词既是互相对立的，又是互相联系的。

> 且反义词和同义词一样，都要求词性上必须一致。另，这里举的都是词和短语的例子，但有的学者认为单音节词与多音节词也可以构成反义义场，如"脏—干净""聪明—笨""难—容易"。

第三，反义词是就词与词的关系说的，不是就词与短语的关系说的。所以"好"和"不好"、"干净"和"不干净"等虽有反义关系，但都不构成反义义场，因为"不好""不干净"都是短语。

2. 反义义场的类型

（1）互补反义义场 → 也称为"绝对反义词"。

处于同一反义义场的两个词，二者中间不容许有非A非B的第三者存在。

（2）极性反义义场 → 也称为"相对反义词"。

处于这种语义场的两个词，中间还有其他意义存在的可能。

3. 反义词的不平衡现象 → 非常重要

反义义场中的词总是成对的，但是两个词之间的语义范围、使用频率并不相等，这样就形成反义词的不平衡现象。

第一，有些由形容词构成的反义词，两个词对"~不~"这个格式反应不一样。如"厚—薄"，一般提问题说"厚不厚"。例如问冰层，不知厚薄时一般问："冰层厚不厚？"回答可以是："厚，有三尺厚。"也可以是："薄，只有两寸。"只有在设想或担心其薄时才问："薄不薄？"

---

[1] 石安石，詹人凤. 反义词聚的共性、类别及不均衡性 [C]// 北京大学中文系《语言学论丛》编委会编；林焘主编. 语言学论丛第10辑. 北京：商务印书馆，1983:77-91.

回答时只能说"薄"或"不薄"。

第二，在"有多~？"这样的格式中，一般情况下说："有多厚？"只有在已知为薄时才说："有多薄？"

第三，在"有[数量]~"这样的格式中则只能用"厚"不能用"薄"，如"有三尺厚"，不能说"有两寸薄"，甚至已知为"薄"时也可以说："薄，只有两寸厚。"

可见，"厚"一方面是"薄"的对立面，另一方面又可以代表"薄"。与此类似的还有：

深—浅　　宽—窄　　好—坏　　长—短
远—近　　忙—闲　　美—丑　　重—轻

> **考试拓展**
>
> 反义词的不平衡现象还有很多体现：
>
> 第一，有反义词的词不是在任何意义上都有反义词，例如"谢"用于花朵时可与"开"形成反义，但其在表示"道谢、拒绝"时便无反义词。
>
> 第二，有的AB互为反义词，A的概念可以包含B。如"天（日）"可以包括"夜"，如"三天三夜"，这里的"天"只包括白天，"三天没睡了"这里的"天"就包括"夜晚"。
>
> 第三，互为反义词的单音反义词，分别加上一个相同的其他语素后，可能并不都能成词。如"高见—低见*""高龄—低龄*""高炉—低炉*""高帽—低帽*"。
>
> 第四，反义词的感情色彩往往呈现不平衡性的特点，即前贬后褒，或前褒后贬。

加"*"表示不可说，下同。

4. 反义词的作用

（1）运用反义词，可以揭示事物的矛盾，形成意思的鲜明对照和映衬，从而把事物的特点深刻地表现出来。

（2）多组反义词连用，可以起到加强语气、强调核心意思的作用。

（3）反义词可以构成对偶、映衬的句子，使语言更加深刻有力。

（4）由于反义词具有鲜明的对比作用，人们临时创造一个反义词可以使语言新颖而简练。

（5）反义词作为语素可以用来构成合成词。

（6）反义词还经常用来构成成语。

（7）反义词还可以和同义词拆散，交叉构成成语。

> **考试拓展**
>
> 《通论》：有时反义词对举构成的双音词意义并不是两个语素义的简单相加，而是以两个部分代替整体，如"多少、前后、横竖、是非、得失、旦夕、动静、冷暖、轻重、始终、沉浮、深浅、出入"。

（四）词义和语境的关系

1. 语境对解释词义的作用

（1）语境的定义：语境就是语言单位出现时的环境。一般分为语言语境和情景语境（又叫社会现实语境）。

（2）语境的分类：

语言语境指口语中的前言后语和书面语中的上下文。词、短语、句子等在语流中出现时，它前面或后面出现的其他语言单位都是该单位的语言语境。书面语中的"上下文"是一个宽泛的概念，在一段话或一篇文章中凡出现在某语言单位之前的词、语、句都是该语言单位的上文，出现在其后的都是下文。

情景语境指说话时牵涉的人或物、时间处所、社会环境以及说听双方的辅助性交际手段（包括表情、姿态、手势等非语言因素）。

2. 语境对词义的影响

（1）语境使词义单一化

词往往是多义的，但是在一定的语境中只使用一个义项。

（2）语境使词义具体化

词义有概括性，什么时候指整类，什么时候指个别成员，由语境决定。

（3）语境增加临时性意义

有些词出现在一定语境中的时候，词义中增加了一些新的义素，这些义素是由上下文临时赋予的。

（4）语境表现出词义的选择性

词语搭配即词语在怎样的语境中出现。词语搭配除语法方面的因素外，主要是词义能否互相组合。能在什么语境中出现或不能在什么语境中出现，表现了词义的选择性。

所谓搭配不当，就是说词出现在不能出现的某种语境中，或者说与某种义素或语义特征互相抵触。词语组合影响词义的选择，组合的词语越多，在它所形成的语境框架中可能出现的词就越少，反之越多。

思考和练习四

1. 下列两组词中，"老李"的"老"意思上有无差别？这些差别是从什么地方显示出来的？

（1）老李—大李—小李　　（2）老李—老张—老王

第（1）组中"老李"的"老"有岁数大的意思。"老李"与"大李""小李"处于同一聚合体之中,岁数大小是它们的区别性义素,"老李"必然要比"大李"与"小李"的岁数大。在第(2)组中,"老李"与"老张""老王"也同处一个聚合体中,但"老"在这里只是用在"姓"前,称呼一般的成年人的词缀,没有特别表示岁数大的意思。

两组中的"老"的区别是从聚合关系中显示出来的。

2. 试说明现代汉语颜色义场的层次性。

现代汉语的颜色义场,第一层次可分两个子场:红一黄一蓝;黑一白。两个子场合为五色。实际这两组各有自己的衍生色:红一橙一黄一绿一青一蓝一紫;黑一灰一白。

但在现代汉语的实际运用中,同一层次的各色也不是等价的,例如"橙"就很少独用,"青"介乎"绿""蓝"之间,除依附于具体事物如"青草""青竹"(绿)、"青天"(蓝)外,给人们的印象是不清楚的。

各种颜色还可以有自己的下位颜色词,如"红"就有"淡红、粉红、桃红、水红、鲜红、正红、大红、朱红、血红、枣红、深红"等。

3. 下列各词哪些可能属于同一义场,这些义场属于何类?

天	青天	地	地上	天上	天下
红	浅绿	深绿	大红	紫红	绿
大绿	河	水	溪	山	火
树木	海	树	森林		树林

天体:天、青天、地。
处所:地上、天上、天下。
水流:海、河、溪。
自然物质类:水、火。
地貌:山、河。
景观:山、水。
颜色:绿(大绿、深绿、浅绿);红(大红、紫红)。
木本植物:树、树木、森林、树林。
上述义场都属类属义场。

4. 什么是同义词?怎样辨析同义词?

意义相同或相近的词组成的语义场叫作同义义场,同义义场中的各个词叫作同义词。

辨析同义词最重要的方法是从语境中去考察,考察它们可能出现的上下文语境,设想互相替换的可能性。一般来说,可能替换的总是显示出同义词中相同的部分,不能替换的往往是差异所在。为此,首先要尽可能多地搜集包含有关同义词的句子或短语,然后进行归类,看看能用哪些义项进行解释。第二步便是互相替换,对种种替换情况进行分析、概括、说明,找出它们的差异可能在哪些方面。

5. 辨析下列各组同义词。

夸大——夸张　　持续——继续

鼓励——怂恿　　商量——商榷

周密——严密——精密

铲除——拔除——根除

（1）夸大、夸张——都表示"言过其实"的意思。但"夸大"含有故意不实事求是，把事情往大方面说的意思，是贬义词。而"夸张"通常指语言中的一种修辞格或创作中启发想象突出某些特征的一种表现手法，是中性词；"夸张"后面一般不带宾语。

（2）持续、继续——都有"延续不断"的意思。但"持续"含有整个过程一直没有中断的意思，而"继续"含有前后接起来的意思；"继续"能作名词用，表示跟某事有连续关系的另一件事。

（3）鼓励、怂恿——都有"鼓动、促使别人干什么"的意思，但感情色彩不同。"鼓励"是褒义词，"怂恿"是贬义词。

（4）商量、商榷——都有"交换意见"的意思，但语体风格色彩不同。"商量"多用于口语，"商榷"要庄重些，多用于书面语，指为了解决较大、较复杂的问题而交换意见。

（5）周密、严密、精密——都有"细密，没有漏洞"的意思，但它们的侧重点各不相同。"周密"是"考虑问题细致周到"的意思，"严密"是"结合得很紧，没有间隙"的意思，"精密"是"精致、准确度高"的意思。

（6）铲除、拔除、根除——都有"除掉某种有害的东西"的意思，但三者在语意轻重程度上不同。"铲除"还可能留着根，"拔除"不留根，语意重些。"根除"是"彻底除掉"的意思，语意更重、更有力。

6. 丰富的同义词的存在，对于交流思想、增强语言的表现力有很大的作用，试举例加以说明。

同义词、近义词能够更准确、更精密地表达人们的思想感情，增强语言的表现力，例如同是往外拿钱，用不同的动词能够准确地传达动作的不同形象，如：

①华大妈在枕头底下掏了半天，掏出一包洋钱，交给老栓……（鲁迅《药》）

②老栓慌忙摸出洋钱，抖抖的想交给他……（鲁迅《药》）

"掏"和"摸"在这里都是伸进手去取，但"掏"强调洋钱收藏之深，"摸"没有这一层意思；"掏"可以用眼看着，也可不看，"摸"则一定不用眼看。

7. 指出下列各词的反义词，并说明它们属于什么类型的反义词？

和善　分散　脆弱　冷落　低落　淡季　通俗　浑浊

积累　赞同　拘泥　丑恶　富裕　平坦　吝啬　节约

和善—凶恶【极性】

分散—集中【互补】

脆弱—坚强【极性】

冷落—热闹【极性】

低落—高涨【极性】

淡季—旺季【极性】

通俗—艰深【极性】

浑浊—清澈【极性】

积累—消耗（消费）【互补】

赞同—反对【极性】

拘泥—变通（灵活）【互补】

丑恶—美好【极性】

富裕—贫困【极性】

平坦—崎岖【极性】

吝啬　慷慨（大方）【极性】

节约—浪费【互补】

8. 什么叫作关系义场？试举例加以说明。

一般由两个成员组成，二者处于某种关系的两端，互相对立、互相依靠所形成的一种反义义场叫作关系义场。例如"进—出"，以某事物为准，由外至里为"进"，由里至外为"出"。

"进"和"出"互相依存，没有"进"也就没有"出"，没有"出"也无所谓"进"。

9. 什么是反义词的不平衡现象？试以"重—轻""团结—分裂"为例加以说明。一般说"王安忆是女作家"，却只说"梁晓声是作家"，形成"作家—女作家"的对立，这也是不平衡现象吗？

成对的两个反义词之间的语义范围、使用频率往往不相等，这就是反义词的不平衡现象。例如"重—轻"，一般提问题时间："重不重？"如"这杠铃重不重？"，回答可以是"重，180kg"，也可以是"轻，才120kg"。一般情况下不问"轻不轻？"，只有在已知为轻时或希望它为轻时，才问："这杠铃轻不轻？"回答只能是"轻，120kg"，不能说"重，180kg"，但可回答说"不轻，180kg"。陈述句只说"有180kg 重""有120kg 重"，不能说"有120kg 轻"。

"团结—分裂"也是如此。一般情况下（不知是否分裂）只问："他们团结吗？""他们团结的情况如何？""他们有多团结？"一般不问"他们分裂吗？"，只有在已知为分裂时，才问："他们分裂的情况如何？"

"作家—女作家"的对立也是不平衡的。"作家"可以特指男性作家,所以一般只说"梁晓声是作家",除非强调性别时,不说"梁晓声是男作家"。"作家"还可以兼指女作家。如果说:"来了一群作家。"其中可以有男作家也可以有女作家。如果说:"来了一群女作家。"其中便只能有女作家,不能包括男作家。当然,说"王安忆是作家"也是可以的。

10. 下边句子里都有用词不够妥当的地方,试指出来并加以改正,说明理由。

①他那双沾满红丝的眼睛说明他又熬了一个通宵。

"沾满"改为"布满"。"红丝"不是从外面附着在眼睛上的,不能用"沾满"。

②1936年10月19日,鲁迅先生——伟大的革命家、文学家的心脏跳动停顿了,但是他的声音,他的思想,却没有停顿。年轻一代接过他的笔,继续在革命的大道上前进。

"停顿"均改为"停止"。人死了,心脏不能再跳动起来了,不能用"停顿","停顿"含有可能再启动的意思。

③大家决心继续发挥艰苦朴素的作风,努力攻克困难,争夺更大的成就。

"发挥"改为"发扬","攻克"改为"克服","争夺"改为"争取"。这样一改,动词和宾语就搭配贴切了。它们各有自己习用的搭配对象。

④运动员踏着强健的脚步,举着五彩缤纷的旗帜,穿过了主席台。

"踏着"改为"迈着","强健"改为"矫健","脚步"改为"步伐"。这样才能更准确地描写出运动员入场的英姿,动词和宾语、定语和中心词也才能搭配。"穿过"改为"走过",因为事实上并不是从主席台穿过,而是从台前走过。

⑤大家对王同志的批评正确而尖刻。

"尖刻"改为"尖锐"。"尖刻"是贬义词,对同志的正确批评不能说是"尖刻"的。

⑥今年,市场上西瓜供应充沛。

"充沛"改为"充足"。这样一改,与"供应"就搭配贴切了。"充沛"除形容"雨水"外多形容"精力、热情"等,一般不作补语,具体事物多用"充足"。

⑦敌机驾驶员非常机警,往云端里一钻仓皇地逃走了。

"机警"是个褒义词,不能用来描写敌人,应改为"狡猾"或"胆怯"。

⑧每个学生都无例外地期望把自己的学习搞好。

"期望"改为"希望"。"希望"可以用于对人或对己,但"期望"只能用于对人,且"期望"一般用于上级(或长辈)对下级(或晚辈)。

⑨两国经过协商,已达成了协议,双方军队各自撤回自己的边疆。

"边疆"指靠近国界的领土,范围大,这里指靠近边界的地方,应改为"边境"。

⑩他总爱表现自己,不顾场所,大谈自己的见闻,惹得人们看不起他。

"场所"只指活动的处所,"场合"则表示时间、地点、气氛等综合情况,"不顾场所"应改为"不分场合"。

⑪边防战士虽然在天寒地冻的北国边陲，但仍日夜在国境线上巡视着。

"巡视"是到各处视察的意思，"巡逻"则是军事术语，表示巡查警戒的意思，"巡视"应改为"巡逻"。

⑫在我校评职称会上，有人故意大闹会场，说职称评得不公道，一下子把会场的程序打乱了。

"公道"指公正的道理，"不公道"着重指不合道理，"公平"着重指处理事情不偏不倚，不偏袒任何一方，这里的"公道"应改为"公平"。"程序"只指事情进行的先后顺序，"秩序"指有条理不混乱，会场本身无所谓程序，打乱的应是"秩序"。

⑬一位老农说，今年的早稻，经过精心培育，长势颇佳。

"精心培育""长势颇佳"这类话，书面语色彩很浓，不适用于口语，更不像目前我国老农说的话。应改为口语色彩的词语，如"经过细心侍弄，长得很好"之类。

11. 在报刊书籍中找出几个用词不当的例子，并说明理由。

略

思考和练习五

1. 什么是情景语境？什么是语言语境？两种语境在交际过程中相互之间有无影响？

情景语境指说话时牵涉到的人或物、时间处所、社会环境以及说听双方的辅助性交际手段（包括表情、姿态、手势等非语言因素）。

语言语境指一个语言单位在书面语中的上下文或口语中的前言后语。

两种语境在交际过程中相互之间都是有影响的。总的来说，情景语境越具体，上下文语境的作用就越小。反之，情景语境越一般化，上下文语境的作用越大，越需要多用词语对情景语境作详尽的介绍。日常会话、情景语境很具体，所用词语就很简练。小说的作者（说话人）与读者（听话人）不处在同一个具体情景语境中，就需要上下文语境来补偿，所以小说里总有情景语境的描写。

2. 下面词语中的"球"，哪些是指足球的？在后面的括号中填上"√"号。

角球（√）　　扣球（　）　　点球（√）　　抽球（　）

任意球（√）　三分球（　）　头球（√）

3. 有这么一段话：

哎哟，他妈的是你……来，叫爷爷看看！你小子行，洋服穿的像那么一回事，由后边看哪，你比洋人还更像洋人！老王掌柜，我夜观天象，紫微星发亮，不久必有真龙天子出现……

请你设想一下说话人生活的年代，说明他的性别、年龄、思想状态是怎样的。

从这段话可以看出，说话人属于旧社会地痞流氓一类人，虽已是成年人，但不是听话人的亲属，因为如果真是亲属中的长辈（"爷爷"），他不会对晚辈说出"他妈的是你……"之类的话来，同时性别为男性。生活在半殖民地半封建的旧社会，一方面称赞对方洋服穿得"比洋人还洋人"，崇洋心情溢于言表；另一方面又鼓吹封建迷信并捧出"真龙天子"，造谣惑众。说话人集洋奴买办封建余孽于一身，在半殖民地半封建社会中是颇有典型意义的。（引文出自老舍《茶馆》）

4. 下列短语中哪些词与词搭配是对的？哪些是错的？哪些是模棱两可的？你能不能归纳出"猛烈、激烈、剧烈"在词义方面的异同。

（对的后加√、错的后加×，模棱两可的不加符号。）

炮火猛烈√	炮火激烈	炮火剧烈×
进攻猛烈√	进攻激烈	进攻剧烈×
轰击猛烈√	轰击激烈×	轰击剧烈×
抨击猛烈√	抨击激烈√	抨击剧烈×
风势猛烈√	风势激烈×	风势剧烈
战斗猛烈	战斗激烈√	战斗剧烈×
运动猛烈×	运动激烈√	运动剧烈√
斗争猛烈	斗争激烈√	斗争剧烈×
反应猛烈×	反应激烈√	反应剧烈√
壮怀猛烈×	壮怀激烈√	壮怀剧烈×
疼痛猛烈×	疼痛激烈×	疼痛剧烈√
言辞猛烈×	言辞激烈√	言辞剧烈×
争论猛烈√	争论激烈√	争论剧烈×

从对比中（还可以考查它们作定语等时候的情况）可以看出，"猛烈"偏指外形的气势大、力量强，适用范围很广，但不用于人的思想感情活动；"激烈"用于人的思想感情活动，有时也可用来指外形的气势、力量；"剧烈"适用范围最小，仅用于身体的活动和感受。

> 📢 **小贴士**
> 对本题答案的进一步研究，可参看符淮青《现代汉语词汇》P133~135。

练习题

选择题

1. 下列关于语义场的描述错误的是（   ）。
   A. 语义场是通过不同词之间的对比，根据它们词义的共同特点或关系划分出来的类。
   B. 一个语义场中词的共同义素和区别义素都是相对的。
   C. 属于同一语义场中的各词实际上是词义组合关系的体现。
   D. 同一个词可以因其不同意思或关系形成不同的语义场。

2. 从语义场的类别来看，"父母"与"子女"属于（   ）。
   A. 关系义场   B. 类属义场   C. 顺序义场   D. 反义义场

3. 以下属于类属义场的是（   ）。
   A. 初赛 复赛   B. 老师 学生   C. 哥哥 弟弟   D. 桌子 椅子

4. 以下语义场类别相同的一组是（   ）。
   A. 春夏秋冬 锅碗瓢盆   B. 煎炒烹炸 起承转合
   C. 红黄蓝绿 纸墨笔砚   D. 一二三四 东西南北

5. 以下说法错误的是（   ）。
   A. 同义词分为等义词和近义词两小类。
   B. 一组同义词包含两个词，同义词是成对出现的。
   C. 同义词色彩意义方面的差别主要体现在感情色彩和语体色彩上。
   D. 一组同义词的理性意义是大同小异的。

6. "铲除、根除"作为一组同义词，其理性意义的主要差别是（   ）。
   A. 范围大小的不同   B. 程度轻重的不同
   C. 个体与集体的不同   D. 搭配对象的不同

7. "商量、商榷"作为一组同义词，其色彩意义的主要差别是（   ）。
   A. 形象色彩的不同   B. 语体色彩的不同
   C. 感情色彩的不同   D. 地域色彩的不同

8. 以下意义范围大小有区别的一组同义词是（   ）。
   A. 优良、优秀   B. 爱戴、爱护
   C. 边疆、边境   D. 鼓励、怂恿

9. 下列属于极性反义义场的一组是（   ）。
   A. 生、死   B. 黑、白   C. 曲、直   D. 公、私

10. 下列关于反义词的描述，不正确的是（   ）。
    A. 构成反义词的两个词必须是属于同一意义范畴的。
    B. 一组反义词的词性应当是相同的。

C. "干净"与"不干净"是一组反义词。

D. 反义词属于反义义场。

参考答案

1~5 AADCB   6~10 BBCBC

第四节 现代汉语词汇的组成与熟语

 理框架

扫码听知识精讲

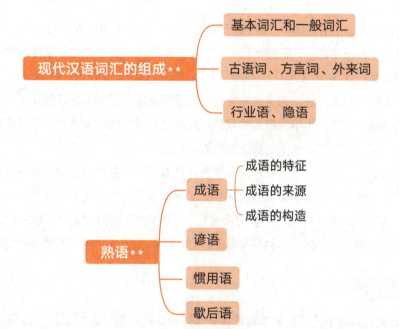

 划重点

1. 基本词汇 [1] → 汉语中对基本词汇的理解，主要来源于斯大林的基本词汇学说。

（1）定义：词汇中最主要的部分是基本词汇，它与语法一起构成语言的基础，是语言中那些使用频率高、生命力强、为全民所共同理解的基本词的总和，是构成新词的基础。例如[2]：

有关自然界事物的：天、地、风、云、水、火、雷、电等。　　汉语基本词汇的
有关生活与生产资料的：米、灯、菜、布、刀、笔、车、船等。　分类大同小异。
有关人体各部分的：心、头、手、脚、牙、血、嘴等。
有关亲属关系的：爷爷、奶奶、爸爸、妈妈、哥哥、弟弟等。

---

[1] 李向真. 关于汉语的基本词汇 [J]. 中国语文，1953（4）.
[2] 潘允中. 汉语基本词汇的形成及其发展 [J]. 中山大学学报（社会科学版），1959（Z1）:98–121.

(2) 特点：

①稳固性。基本词汇长久以来一直为不同的政治体制和社会服务，其所标志的事物和概念极为稳定。词汇具有稳固性并非一成不变，部分古代基本词就被现代汉语的新词取代；部分古代的单音节基本词复音化了，这是汉语词汇发展的一条内部规律[1]；有些单音节的基本词被后起的合成词取代；此外还产生了一些新的基本词。

②能产性。用基本词作为语素创造出来的新词最容易为人们所理解和接受，所以具备很强的构词能力。也有部分构词能力弱的基本词，例如你、我、谁、姓、没有。（你、我→称谓词／代词；谁→代词；姓→关系动词；没有→存现动词、副词）

③全民常用性。此性质是稳固性与能产性的前提。全民常用性是说它为全民族所共同理解，使用频率高，流行地域广，它的使用不受阶级、地域、行业、文化程度等条件的限制。

(3) 三种性质的关系：

基本词汇具有全民常用性，为全民族全体成员经常使用，因而不能轻易变动，自然就具有稳固性，人们也愿意用它作为构成新词的基础。稳固性和很强的构词能力，又促使它的全民常用性更为突出，使它在词汇系统中的重要地位更为巩固。

就现代汉语来讲，不能把有无能产性当作辨识基本词和非基本词的唯一条件。现代汉语词汇的双音化趋势，使得许多双音节的合成词进入了基本词汇，而双音节合成词的构词能力远不如单音节词（包括由根词转化成的单音节词根）。如果单纯强调构词能力，就会把许多双音节的基本词排除在基本词汇之外。（根词：指词汇里最原始、最单纯、最基本的词，是基本词汇的核心。）

> **考试拓展**
>
> 关于虚词究竟能不能归为基本词汇，是有过争议的。有学者[2]就认为虚词不能划入基本词汇。但教材（上）P241举例的最后一类，还是提到了虚词，因为虽然虚词构词能力差，但其全民性和稳固性毋庸置疑[3]。

2. 一般词汇

(1) 定义：语言中基本词汇以外的词汇是一般词汇。

(2) 特点：一般词汇没有基本词汇那样强的稳固性，却有很大的灵活性，经常变动。社会的急剧发展，在语言中首先反映在一般词汇上。

(3) 分类：现代汉语一般词汇包含古语词、方言词、外来词、行业语、隐语等。

(4) 基本词汇和一般词汇的关系：二者互相依存、互相渗透。基本词汇是构成新词的基

---

[1] 董秀芳. 词汇化——汉语双音词的衍生和发展 [M]. 北京：商务印书馆，2011:1-6.
[2] 林焘. 汉语基本词汇的几个问题 [J]. 中国语文，1954（7）.
[3] 赵振铎. 虚词不能归入基本词汇吗 [J]. 人文杂志，1959（03）:39-40+20.

础，不断给语言创造新词，充实、扩大一般词汇，使词汇日益丰富。

一般词汇中有的词，在语言发展过程中，又能逐渐地取得基本词的性质，转为基本词，从而使基本词汇不断扩大。基本词汇是在漫长的历史发展过程中逐渐积累和丰富起来的。这个过程，在一定意义上讲，就是一般词转化为基本词，再进入基本词汇的过程。

3. 古语词

（1）定义：古语词是现代汉语中仍使用的那部分古代汉语词语，是现代汉语词汇的组成部分。古语词来源于古代汉语，但与古代汉语的词不是一个概念，可以表达特殊的意义或感情色彩、语体色彩。

（2）分类：古语词包括一般所说的文言词和历史词。

①文言词：其所表示的事物和现象还存在于本民族现实生活中，在语言使用中常有浓重的书面语色彩，例如"底蕴、磅礴、如此"等。

②历史词：表示历史上的事物或现象的古语词，例如"宰相、太监、驸马"等。它们同文言词不同，在一般交际中不使用，在叙述历史事物或现象时才使用。部分历史词，在如今的国际交往中还使用，例如"皇帝、亲王、大臣、公主"等。

（3）表达作用：①使语言匀称、简洁；②表达庄重严肃的感情色彩；③表达讽刺、幽默等意义。

> **考试拓展**
>
> 古语词的特性[1]：带有"古"的色彩，词义基本保留着古义，多用于书面，少用或不用于口语；读音已由古音变为今音，意义也不完全同于古义。文言词和历史词最大的区别在于是否在日常生活中仍被使用。

4. 方言词

（1）定义：方言词是指普通话从各方言中吸取来的词，例如"名堂、把戏、垃圾、瘪三、二流子"等。这些方言词都表达了某种特殊的意义，所以被吸收了进来。

（2）功能：普通话为了丰富自己，表达一些本身没有的特殊意思时必须要使用方言词汇。其多数出现在文学作品里来渲染环境，刻画人物形象。

5. 外来词

（1）定义：外来词也叫借词，指的是从外族语言里借来的词。它是不同民族在交往过程中，把对方语言的词吸收到本族语言中来的结果，例如"法兰西、巴尔干、镑"等。

---

[1] 王勤. 略论现代汉语中的古语词 [J]. 湘潭大学学报（哲学社会科学版），1981（01）:94-97+87.

(2) 吸收方式：采用或交叉采用音译、意译、借形三种方法。

①音译：用汉语的同音字对译外语音节的纯粹音译法，每个字的原义与外来词不相干，从字面上看不出其表达的意义。

②意译：照外语词的意义用汉语表示相关语素的字来翻译的方法。用纯粹意译法构成的新词，一般不算外来的，因为它是根据外语词所反映的事物或词义，用汉语的语素按汉语的构词法造出来的。

③借用法：借用外文字母不作翻译的方法。

(3) 根据吸收方式和构造的分类： *（这里的分类大致为主流的看法。各版教材中可能对具体的词例归类不同，但基本都是这几种。）*

①音译。照着外语词的声音用汉语的同音字对译过来的，一般叫音译词。其中有纯音译的，如"休克（shock）、扑克（poker）"；有的是选用与外语词声音和意义相同或相似的汉字来翻译的[1]，如"苦力、逻辑"。 *（这叫"流俗词源"现象，即用谐音手段创造一个具有新的内部形式的汉语词，这种"循音赋义"的方法叫"流俗词源法"。）*

②半音译半意译或音意兼译。把一个外语词分成两半，一半音译，另一半意译，例如"romanticism（浪漫主义）、Marxism（马克思主义）"。 *（音译成分和别的语素一起构成新词，这叫"外来词译音成分的语素化现象"，再加"酒吧"中的"吧"，可以组成"氧吧、书吧、网吧、水吧"等。）* *（加的是语素，即整个算一个词。）*

③音译加汉语语素。把整个词音译之后，外加一个表示义类的汉语语素。例如"的士"去掉"士"，在前面分别加注汉语语素"面""货"，出现"面的""货的"[2]。"卡车"的"卡"是car（英语"货车"）的音译，"车"是后加上去的。又如"沙皇、芭蕾舞、香槟酒"等。

在音译词之后加上表示义类的汉语词也属于此类。 *（加的是词，即整个算一个短语。）* *（这种分类细碎，大致能说出一两种即可。）*

④借形。借形有两种，一种是字母式借形词，现在通称为字母词；还有一种是借用日语中的汉字词，汉语借回来不读日语读音而读汉字音，叫汉字式借形，如"景气、引渡、取缔、瓦斯、茶道、俳句"等。

> 🔖 **考试拓展**
>
> 现代汉语中借来的日语词[3]，以科技术语为多，但也有一部分一般用语。
>
> 汉语采用什么方式吸收外来词[4]，情况较为复杂，往往取决于词的性质、译者的看法、某时期的政治原因、社会风尚等。

---

[1] 张绍麒. 现代汉语外来词中流俗词源现象初探 [J]. 天津师范大学学报, 1987（02）:79-83.
[2] 周洪波. 外来词译音成分的语素化 [J]. 语言文字应用, 1995（04）:63-65.
[3] 王立达. 现代汉语中从日语借来的词汇 [J]. 中国语文, 1958（2）:5.
[4] 周定一. "音译词"和"意译词"的消长 [J]. 中国语文, 1962（10）.

6. 行业语

（1）定义：行业语是各种行业应用的专有词语。其中的术语对发展科学文化事业有十分重要的意义。

（2）特点：行业语受社会专业范围的限制，但不受地域的限制，同一行业的词语，不管在什么地方，意义都是一样的。吸收行业词语也是丰富普通话词汇的方式之一。某些行业语，特别是科学术语，在一定的条件下可以取得全民性，在专门意义之外又获得了一个一般的意义，从而成为普通话词汇，如"比重、水平、渗透、消化"等。

7. 隐语

（1）定义：隐语是个别社会集团或秘密组织内部人懂得并使用的特殊用语。

（2）构造方式：一般是用赋予现有普通词语以特殊含义的办法构成的。隐语的使用范围相当广泛，只要两个以上的人为了保守秘密，就可以约定一些隐语。不过，这种临时性的小范围的隐语，比起集团性、固定性的隐语来，涉及面窄，不成系统。有的隐语是用字谜办法创造的。

（3）有少数隐语失去了秘密性，变成了全民的共同语，如"洗手、挂花、挂彩、清一色"等。

> **考试拓展**
>
> 隐语[1]包括三种：行帮隐语、犯罪隐语、自编暗语。隐语的特点：秘密性、职业性、区域性、民族性。

8. 熟语

（1）定义：熟语是人们常用的定型化了的固定短语，是一种特殊的词汇单位。

（2）特点：熟语具有丰富的内容与精练的形式，大都源远流长，运用普遍，极富表现力，为人们所喜闻乐见。

（3）分类：成语、谚语、惯用语、歇后语。

> **考试拓展**
>
> 一连串数词或数词性词组或数词性术语组成的熟语，有人称之为"数词性熟语[2]"，如"二百五、二五眼、一五一十、三头六臂"等。这是从内容上把成语、谚语、惯用语、

---

[1] 王亮. 三种社会方言的识别 [J]. 中国人民警官大学学报（哲学社会科学版），1989（1）.
[2] 寿纪芳. 试谈数词性熟语 [J]. 浙江师范学院学报，1982（04）:97–103.

歇后语等其中含有数字的拿出来归为一类。

四种熟语的修辞特色[1]：

成语：言简意赅、形象生动、匀称和谐。

惯用语：精练明晰、新鲜活泼、含蓄幽默。

谚语：通俗易懂、具体形象、韵律协调。

歇后语：简洁明快、生动活泼、幽默讥讽。

汉语熟语的民族性[2]：数量无比丰富；语言凝练匀称；基本土生土长；倚重汉语典故等。

9. 成语

（1）定义：成语是一种相沿习用、含义丰富、具有书面语色彩的固定短语。如：

破釜沉舟　　四面楚歌　　大刀阔斧　　排山倒海　　异曲同工

（2）特征：

①意义整体性。成语在表意上与一般固定短语不同，它的意义往往并非其构成成分意义的简单相加，而是在其构成成分的意义的基础上进一步概括出来的整体意义。成语的实际含义具有整体性，是隐含于表面意义之后的，而表面意义则只是实际含义借以表现的手段。

②结构凝固性。成语的结构形式一般是定型的、凝固的。它的**构成成分**和**结构形式**都是固定的，不能任意变动词序或抽换、增减其中的成分。如"任重道远"，不能变更为"道远任重、任重路远"或"任重又道远"；"提纲挈领"，也不能变更为"提领挈纲、提纲举领"或"提纲带领"；等等。

③风格典雅性。成语通常来自古代文献典故，其语体风格庄重、典雅，与惯用语、歇后语通俗、平易的风格不同。

> 探究成语的出处很不容易，词典上给的出处，往往只能看作一个用例，是否是来源要加以推敲。

（3）<u>成语的来源</u>：①神话寓言；②历史故事；③诗文语句；④口头俗语。

"狼子野心、众志成城、千夫所指"等都来自古代俚语；"一干二净、三长两短、千方百计、指手画脚"等都来自后世口语。

> **小贴士**
>
> 哪些成语来源各是如何，尽可能识记，因为考试可能会出题。

---

[1] 杨敦贵. 熟语的修辞特点 [J]. 福建师范大学学报（哲学社会科学版），1988（3）:6.

[2] 武占坤，张莉. 论熟语的民族气质 [J]. 河北大学学报（哲学社会科学版），1991（4）:8.

在各种来源的成语中,有的是直接援用的,有的是经过改造[1]的。至于那些来源于神话寓言和历史故事的成语,则大多数是对其故事情节加以概括而成的。

> 还有很多成语来源于佛教。

> 在历代作家和群众的创作、模拟仿造、谚语转化、语义变迁等因素影响下,出现的意义相同或相近的成语可以称为"同义成语",如"目空一切""目中无人"。

（4）学习成语应该注意的问题:

成语作为一种特殊的固定短语,具有稳定性,但也不是一成不变的[2]。有的意义改变了,例如"明目张胆",古代用它来形容不畏权势,含褒义;到后来,用来指公开地、大胆地干坏事。也有的更换了构成成分,如"揠苗助长"现多改为"拔苗助长"。

（5）成语的构造:成语以"四字格"为基本格式,也有极少数非"四字格"的,如"莫须有、一言以蔽之、迅雷不及掩耳、牛头不对马嘴"等。

考试拓展

《通论》:少数成语的整体意是语素义直接相加,如"汗流浃背""面红耳赤";部分则是人为赋予的意义,如"高山流水""风声鹤唳";大多数为比喻义,如"悬崖勒马""对牛弹琴";等等。

10. 谚语

（1）定义:谚语是群众口语中通俗精练、含义深刻的固定语句。

（2）特点:揭示客观事理,富有教育意义,深为人们喜闻乐道,内容广泛丰富,种类繁多。

（3）作用:总结了人类生活中某方面的经验教训,可以增强语言的说服力和表现力,提高作品、话语的品位。

考试拓展

成语和谚语的区别:成语多用于书面语,谚语流传于口语;成语一般较为固定,谚语更灵活;成语南北一致,谚语地区性较强;成语多表客观现象等,谚语多表判断和推理;成语一般作句子成分,谚语可作句子;成语往往需要知道一定的典故背景,谚语比成语要更容易知晓其内涵。

11. 惯用语

> 惯用语的边界,长期以来存在争议。

（1）定义:惯用语是指人们口语中短小定型的习用的短语,大都是三字格的动宾短语,也有其他格式的。例如:

---

[1] 吴越.同义成语的来源与辨析[J].天津师范大学学报,1978（04）:69-72.
[2] 马国凡.成语的定型和规范化[J].中国语文,1958（10）.

动宾式：耍花招　走过场　打游击　敲边鼓　放空炮

偏正式：下马威　马后炮　半瓶醋　铁饭碗　墙头草

主谓式：天晓得　天照应

《通论》上有几个新的主谓式：鬼画符、一刀切、满堂红、窝里斗。（有的当作状中看待也可以）

（2）特点：简明生动，通俗有趣。

（3）学习惯用语要注意的问题：惯用语与成语有一定的相似性，但是，惯用语口语色彩浓，成语书面色彩浓；惯用语含义单纯，成语含义丰富。动宾结构的惯用语，其间可以依据表达的需要插入定语和补语。例如：

碰钉子——碰了个大钉子

有的惯用语，既不能改变它的构成成分，也不能加进别的成分，这种惯用语更像一个词，例如"巴不得""不管三七二十一"。

12. 歇后语

（1）定义：歇后语是由近似于谜面、谜底的前后两部分组成的带有隐语性质的口头固定短语。前一部分是比喻，即说出一个事物来打比方，像谜语里的"谜面"；后一部分像"谜底"，是真意所在。两部分之间必有间歇，间歇之后的部分常常不说出来[1]，让人猜想它的含义，所以叫歇后语。

古代才是真的歇后语，现代往往要全部说出来。故有人认为应该把歇后语更名为"引注语"。

（2）特点：幽默风趣。

（3）分类：歇后语可分为两类，一是喻意歇后语，二是谐音歇后语。

喻意歇后语，它的前一部分是一个比喻，后一部分是对前一部分的解释。有的解释部分的意义是它的字面上的意义，例如：

《通论》认为这类歇后语意义很显豁，是直指的，不属于比喻类的，单独拎了出来，如"黄鼠狼给鸡拜年——没安好心""老牛追兔子——有劲使不上"等。

大海里捞针——无处寻

洗脸盆里扎猛子——不知深浅

有的解释部分的意义是它的转义，例如：

大路上的电杆——靠边站（失去权力）

木头眼镜——看不透（不能彻底了解）

快刀切豆腐——两面光（两边讨好）

谐音歇后语，它的后一部分是借助音同或音近现象表达意思，这是一种"言在此而意在彼"、妙语双关的修辞现象。例如：

电线杆上绑鸡毛——好大的掸（胆）子

腊月里的萝卜——冻（动）了心

---

[1] 温端政. 引注语（歇后语）探讨（一）[J]. 晋阳学刊，1980（1）:8.

（4）功能：说话、写文章恰当地运用歇后语，可使语言生动活泼，饶有趣味，给读者留下鲜明深刻的印象，收到较好的表达效果。

> **考试拓展**
>
> 歇后语的历史[1]：先秦时期就已经产生，两汉三国时期逐渐增多，元明清则为大发展时期。

思考和练习六

1. 什么是基本词汇？它有哪些特点？

基本词汇是基本词的总和，它同语法一起构成语言的基础。它是语言中那些使用频率高、生命力强、为全民所共同理解的基本词的总和。

基本词汇有三个特点：

（1）稳固性。如"上、下、山、河、花、草、牛、羊、人、事"等，千百年来一直为不同政治体制、不同社会制度服务。

（2）能产性。基本词汇是构造新词的基础，新词大都是从基本词派生出来的。如以"水"这个基本词为基础，就产生了大量的词，如"水表、水泵、水碱、水库、水母、氨水、白水、泔水、缩水、墨水"等。

（3）全民常用性。使用频率高，流行地域广，不受地区、阶级、行业、文化程度等条件的限制，为全民所共同理解、共同运用。

2. 区分基本词汇和一般词汇有什么意义？

把基本词汇同一般词汇区分开来，一方面能正确地了解基本词汇在词汇系统中与一般词汇的关系和不同的地位，从而更好地了解语言词汇材料的稳固性和变动性；另一方面能正确地认识它们，掌握它们，以促进语言词汇的健康发展。

3. 什么是古语词？运用古语词有什么积极作用？

古语词是指来源于古代文言著作的那些文言词和历史词。恰当地运用古语词，在语言表达上有着积极的意义。

文言词不仅可以表达特殊的意义、特殊的感情色彩和语体色彩，而且可使语言简洁、匀

---

[1] 丁三省. 歇后语的产生和发展初探[J]. 信阳师范学院学报（哲学社会科学版），1986（3）:7.

称，甚至还可以巧妙地表达讽刺、幽默的意义，取得特殊的修辞效果。

历史词是表示历史上的事物或现象的古语词。在叙述历史事件、历史事物时，历史词是必须使用的，因为它不可能用别的词代替。

4. 外来词有几种类型？使用外来词应注意些什么问题？

外来词有四种类型：

（1）音译：如"可口可乐、沙发、幽默"。

（2）音意兼译：如"浪漫主义、新西兰"。

（3）音译加汉语语素：如"啤酒、芭蕾舞、沙皇"。

（4）借形：如"CT、WTO、B超"和"取缔、主观、间接"等。

使用外来词是交际的需要，而且对语言的丰富和表达能力的增强也有积极作用，但是不能滥用。使用外来词应注意以下几点：

（1）能用汉语固有词的，不要用外来词，以免滥用，影响语言的纯洁，如"打球"不要说"打波（ball）"。

（2）要注意外来词的汉字书写形式的规范，要用统一规范的译字，不要随意用音同或音近的字代替。不要把"果戈理"写成"郭哥里"，不要把"托拉斯"写成"拖拉思"等。

（3）能够用意译的，就不要用音译，如用"青霉素"，不用"盘尼西林"；用"联合收割机"，不用"康拜因"。若没有意译的，就用音译，如"迪斯科、卡拉OK"等。

5. 什么是方言词？运用方言词应注意些什么？

方言词是指产生、通行于方言区的语词。被普通话吸收进来的方言词是表示某种特殊意义，而普通话又没有相应的词可以代替的那些词，如"垃圾、二流子、别扭"等，普通话吸收这些词来丰富自己。

文学作品为了渲染环境、刻画人物性格，适当地使用一些尚未被吸收进普通话的方言词是完全可以的，但如果不适当地、过多地使用这样的方言词，势必影响读者对作品的理解。至于公文、科技著作，应不用或少用方言词。所使用的方言词，如估计读者可能不懂，应作必要的注释。

6. 什么是行业词语？试举出十个课堂教学用语。

行业语是指各行各业和科学技术上应用的词语。行业语也叫"专科词语"，例如课堂教学用语：教案、教鞭、教具、教材、课桌、讲台、预习、复习、试讲、教室等。

7. 什么是隐语？它在语言中有什么作用？

隐语是个别社会集团、秘密组织或团伙为了隐蔽本团体进行特殊活动而创造的只有内部人才懂的特殊用语。

隐语的特殊作用在于它的保密性。在作品中恰当地使用一些隐语对描写说明某些组织、团伙的特性是有帮助的，也会使读者觉得真实、生动，但必须对使用的隐语作出确切的解释，否则会影响表达的效果。

由于长期在一般语言交际中使用，有的隐语已失去了秘密性，成为普通话中的词，如"清一色、挂花、洗手"等。尽管词汇材料中被吸收的隐语很少，但它也能丰富语言词汇。

8. 方言词、行业词语同普通话词汇有什么关系？

方言词、行业语都属于汉语词汇，构词的语素和构成方式都与普通话词汇相同。

普通话不断从各方言中吸取有用的成分来丰富自己的词汇，如"名堂、把戏、尴尬、陌生、搞、晓得"等都已进入普通话词汇。

普通话词汇为提高表现力吸收了一些行业语，如"比例、平行、反射、折射、流产、解剖、主角、配角、上台、战线、进军、化身、衣钵"等，它们都已取得全民性，成为普通话词汇中的成员。吸收方言词、行业语是丰富普通话词汇的重要途径。

9. 北方方言词成为普通话词汇的成员有何条件？

北方方言词中表意新颖或表示某种特殊意义的，容易为普通话词汇所吸收，成为普通话词汇的成员，如"老财（财主，多指地主）、老油子（处世经验多而油滑的人）、哥儿们（弟兄们，或用于朋友间，带亲热的口气）、装蒜（装糊涂）"等。有的北方方言词表示北方地区的特有事物，也容易为普通话词汇所吸收，如"靳"。

10. 略

思考和练习七

1. 什么是成语、谚语、惯用语、歇后语？它们之间有什么不同？

成语是一种具有意义上的整体性、结构上的凝固性和风格上的庄重、典雅性的相沿习用的固定短语。谚语是群众口语中通俗精练、含义深刻的固定语句。惯用语是口语中短小定型的习用的短语。歇后语是由近似于谜面、谜底的前后两部分组成的带有隐语性质的口头固定短语。

成语是具有意义整体性、结构凝固性，且具有典雅、庄重书面语风格色彩的固定短语。谚语是人们生产生活实践的总结，语言富含哲理性。惯用语语言生动形象，简明易懂。而歇后语则带有幽默、活泼的口语色彩。

成语多为四字格，有言简意赅、含义丰富的特点；谚语既有单句形式的，也有双句形式的，双句形式的谚语，上下句之间存在因果关联或内在相似性；而惯用语简明生动、通俗有趣，口语色彩浓，大多为三字格，动宾结构，具有比喻义，经常借助形象的比喻来唤起人们的联想，语多转义；歇后语由前后两个部分组成。

成语结构形式固定，历史悠久，可活用，但不能任意创造。惯用语结构虽然定型，但也可拆散，在构成成分之间插入其他词使用。歇后语可以根据表义的需要临时取材创造。

2. 解释下列成语的意义。

叱咤风云——叱咤，吆喝。一声吆喝可以使风云变色，形容声势威力很大。

精雕细刻——精心细致地雕刻。比喻对艺术品的创作十分细致精微，也比喻办事细致。

居高临下——站在高处向下看。形容处于可控制全局的有利地位。

老马识途——老马能够认识道路。比喻有经验的人熟悉情况，容易把事情办好。

倩人捉刀——倩，请。请人代作文章。

危如累卵——危险得像高高地累起的蛋一样，顷刻之间就有倒塌打碎的可能。比喻情况极度危险。

落拓不羁——落拓，行为散漫；羁，束缚。形容行为散漫、不受拘束的样子。

披沙拣金——披，拨开。从含有金粒的沙子中选取金子。比喻细心挑选、去粗取精，也形容工作的繁难。

不刊之论——刊，削除。古时把字写在竹简上，有错误就削去。形容不能改动或不可磨灭的言论。

泰山北斗——泰山，古称东岳；北斗，北斗星。比喻德高望重或有卓越成就而被众人敬仰的人。

3. 使用成语应该注意哪些问题？

（1）必须准确地理解和掌握成语的实际意义，不要简单从字面上去理解。因为有些成语字面的意义只是成语的实际意义的基础，不是实际意义的全部。不了解成语的实际意义就可能用错。在使用同义成语时，要分清它们的细微差别，注意它们感情色彩的不同。

（2）必须正确地理解成语结构的凝固性，要沿用成语的原型，不能随意变换或更改它的构成成分。当然，为了特殊的交际目的，也允许灵活地运用成语，改变其中的某一部分，但必须表义准确、新鲜、活泼。

（3）必须读准成语的字音和写对字形，读错字音或写错字形，都会改变成语的意义或出现不规范的语言现象。

4. 改正下列成语中的错别字。

委屈（曲）求全

黄粮（梁）一梦

礼上（尚）往来

响扼（遏）行云

得泷（陇）望蜀

重蹈复（覆）辙

淹（湮）没无闻

濯（擢）发难数

5. 解释下列惯用语的意义。

背包袱——比喻承受着经济上的压力或精神上的负担。

安钉子——比喻暗地在对方内部安插下自己的人作内线。

绊脚石——比喻阻碍前进的人或事物。

翅膀硬——比喻原来依附于别人的人有了独立的意识和能力。

穿小鞋——比喻限制、刁难人。

定调子——比喻对说话、办事做一些规定和限制。

耳边风——比喻听过后不放在心上的话语（多指劝告、嘱咐）。

高帽子——比喻恭维的话。

6. 搜集喻意、谐音两类歇后语各十条，并加以解释。

喻意类：

（1）肉包子打狗——有去无回。比喻给人好处，得不到回报。

（2）铁公鸡——毛不拔。比喻吝啬。

（3）拄着拐棍走泥路——步步有点子。比喻办事的主意多。

（4）兔子尾巴——长不了。比喻事物不会长久。

（5）老鼠爬秤杆——自称自重。比喻自我吹嘘。

（6）芝麻开花——节节高。比喻不断提高。

（7）哑巴吃饺子——心中有数。比喻对事情心里清楚明白。

（8）小胡同赶骆驼——直来直去。比喻有什么就说什么，不绕弯子。

（9）擀面杖吹火——一窍不通。比喻一点不懂。

（10）黄鼠狼给鸡拜年——没安好心。比喻表面上给人一点"好处"，实际上隐藏祸心。

谐音类：

（1）窗户口吹喇叭——鸣（名）声在外。指在外边有名声。

（2）猪鼻子插大葱——装象（相）。指假装成某种样子。

（3）飞机上放爆竹——响（想）得高。指想得好。

（4）和尚打伞——无发（法）无天。指胆大妄为，置法律道德于不顾。

（5）打破砂锅——璺（问）到底。指追问明白了才肯罢休。

（6）电线杆上绑鸡毛——好大的掸（胆）子。指胆子大。

（7）荷花塘里着火——藕燃（偶然）。指不是必然的。

（8）孔夫子搬家——尽是书（输）。指失利。

（9）酱油泡秤砣——一盐（言）难进（尽）。指不是用一句话能说完的。

（10）外甥打灯笼——照舅（旧）。指原样未变。

7. 运用歇后语应该注意些什么？

歇后语带有俏皮的性质，说话、写文章时恰当地运用歇后语可以使语言生动活泼，饶有趣味，既可以确切生动地表达内容，又能给人以深刻的印象。但是对那些思想不健康的歇后语，除用来表现作品中低级下流的人物之外，是不宜使用的。即便是内容健康的歇后语，也不宜在某些庄严的场合中使用。

练习题

（一）选择题

1. 以下不属于基本词汇特点的是（　　）。
   A. 稳固性　　　B. 能产性　　　C. 变通性　　　D. 全民常用性
2. 关于外来词，以下说法不正确的是（　　）。
   A. 外来词是从外民族语言里借来的词。
   B. 引进外族词常用的方法主要是音译、音译加意译和借形。
   C. "巧克力、香槟酒、芭蕾舞"都是音译外来词。
   D. "BP机、WTO"都是字母式的借形词。
3. 以下全为外来词的一组是（　　）。
   A. 休克、苏打、啤酒　　　　B. 名堂、把戏、尴尬
   C. 洗手、挂花、挂彩　　　　D. 底蕴、磅礴、而已
4. 以下属于行业语的一组是（　　）。
   A. 苦力、巴士、幽默　　　　B. 垃圾、别扭、忽悠
   C. 武士、丞相、王妃　　　　D. 血型、理疗、脱水
5. 以下不属于成语特点的是（　　）。
   A. 意义具有整体性　　　　　B. 结构凝固
   C. 风格典雅　　　　　　　　D. 幽默性强
6. 以下全属于动宾结构成语的一组是（　　）。
   A. 光明磊落、古今中外　　　B. 世外桃源、后起之秀
   C. 顾全大局、墨守成规　　　D. 毛遂自荐、衣冠楚楚
7. 关于惯用语，下列说法错误的是（　　）。
   A. 惯用语大多含贬义。　　　B. 惯用语多为三字形式。
   C. 惯用语书面语色彩较浓。　D. 惯用语多为动宾结构。

8. 以下属于喻意歇后语的是（　　）。

　　A. 上鞋不用锥子——针（真）好

　　B. 洗脸盆里扎猛子——不知深浅

　　C. 孔夫子搬家——尽是书（输）

　　D. 腊月里的萝卜——冻（动）了心

9. 以下不属于成语的是（　　）。

　　A. 玉不琢，不成器　　　　B. 兔子尾巴长不了

　　C. 巧妇难为无米之炊　　　D. 己所不欲，勿施于人

10. 以下惯用语不是动宾结构的一组是（　　）。

　　A. 耍花招、走过场　　　　B. 马后炮、铁饭碗

　　C. 钻空子、炒鱿鱼　　　　D. 吹牛皮、泼冷水

参考答案

　　1~5 CCADD　　　　6~10 CCBBB

（二）判断题

1. 古语词在现代汉语中已不再使用。（　　）
2. 历史古语词所指称的对象在现实生活中依然存在。（　　）
3. 新出现的词语都是新造词，新造词都是新出现的词语。（　　）
4. 改革开放以后，许多粤语方言词进入现代汉语词汇中。（　　）
5. "卡片、足球、3D、蜜月"这组词都是外来词。（　　）
6. 惯用语的结构是以三字格为代表的。（　　）
7. 熟语的文化特征比一般的"词"强烈。（　　）
8. 惯用语既具有表述性，又具有描述性。（　　）
9. "大家赞不绝口这场京剧。"这个句子中熟语的使用是很恰当的。（　　）
10. 歇后语的前后两部分是谜底和谜面的关系。（　　）

参考答案

　　1~5 ×××√×　　　　6~10 √√×××

第五节 词汇的发展变化和词汇的规范化

 理框架

扫码听知识精讲

```
                                          ┌─ 新词的产生
              ┌─ 词汇的发展变化★★ ─┼─ 旧词的退隐和复出
词汇的发展变化  │                       └─ 词义的演变
和词汇的规范化 │
              └─ 词汇的规范化
```

 划重点

1. 新词的产生 针对此处，教材并未按次序罗列，且未指明所言的是"产生的原因"，但我们在看书的时候要知道行文背后的逻辑。

（1）原因

第一，人们需要认识、指称新事物，以满足交际的需要，于是产生了新词。

第二，社会的发展变化提高了人们的认识能力，人们对已知的事物加深了认识，发现了前人所未知的新特点，为了记录和指称这些新认识，也要创造新词，如"火箭、卫星、电视机、计算机"等。

第三，由于词的双音化发展趋势的要求，现代汉语中的单音节词或多音节短语也在交际中取得了新的双音节形式，也为语言增加了新词，如"乘—乘坐"。

（2）新词产生的基础

语言固有的构词材料和构词方式，是产生新词的语言基础，如"电脑、电扇、电影、电笔、电疗"都是用旧有的构词材料（电、脑、扇、影、笔、疗），按偏正关系组织起来的。

（3）产生的新词情况

新中国成立以来，社会各方面飞速发展，特别是改革开放以来，经济、文化生活空前活跃，新词成倍增加。其中绝大多数是双音节词，占新词总量的70%以上，也有不少三音节词。

（4）新词的来源

新词的来源是多方面的，近30年来产生于科技方面的新词所占的比例较大，如"同步、透明度、滑坡、量化"等。

2. 旧词的退隐和复出

一些标志旧事物、旧观念的词语，有的逐渐在语言中消失了，有的逐渐缩小了使用范围，例如"丫环、童养媳"等。

有的旧词词义增多了，这是人们利用旧词指称新事物、新认识的缘故。

3. 词义的演变 〔这是本书最为重要的知识点。〕

词义演变的途径，有以下几种：

（1）词义的扩大。指扩大词所概括的对象范围。例如："收获"，由专指"农业的收成"扩大到指称"一切行为的所得"，如"学习的收获、参观的收获"。此外还有"健康""堡垒""搁浅"。

〔"低调、绿色、收获、健康、堡垒、搁浅"等教材上所列举的例子要非常清楚地记得是属于词义的扩大，这些都是在考试中经常出现的内容。〕

（2）词义的缩小。指缩小词所概括的对象的范围。例如："批判"，原义含有评论优点、指出错误两个方面。现在只剩下"分析、批驳错误"一个方面。此外还有"为了""勾当"。

〔同上，"批判、为了、勾当"也需记住。〕

（3）词义的转移。指表示甲类对象的词转用指称与之有关的乙类对象。例如："行李"，原义指两国往来的使者，现在转移指出门时所带的提包、箱子等。此外还有"检讨""爱人"。

此外，还有词的感情色彩的转移，褒义转为贬义或贬义转为褒义，或转移为原义的反面，如称小孩子为"小鬼"表示亲昵。

4. 词汇的规范化

〔《通论》提出的两个方面则不同：一是调整词汇系统存在的不规范现象，比如异形词、异读词；二是调整词汇使用中存在的不规范现象，比如生造词、误用词等。〕

词汇规范化工作有两方面的重点：一是维护词语的既有规范；二是对普通话从方言词、古语词或其他语言新吸取进来的成分进行规范。

维护词语的既有规范，简单来说，就是避免用错已有词语或生造词语。规范吸收的词语应该考虑掌握以下三个主要原则：一是必要性；二是普遍性；三是明确性。

（1）异形词、异序词的规范

①异形词是指现代汉语的书面语中两个或两个以上并存并用的音同、义同而书写形式不同的词语。

〔理性意义、色彩意义和语法意义完全相同。〕
〔声、韵、调完全相同。〕

异形词在词汇的使用中没有任何积极意义。且其长期困扰着现代汉语书面语的使用和规范，影响书面语准确高效的表达。比如同一篇文章，一会儿用"惟一"，一会儿用"唯一"；同一份报纸，"身分"和"身份"交替出现。

〔此处是彻底否定。但在版本校勘、一本多版等文献研究领域，可帮助我们判定年代、方言区归属等问题。〕

现代汉语中异形词的出现有一个历史发展过程，涉及形、音、义等多个方面。整理异形词必须全面考虑、统筹兼顾。主要依据通用性、理据性、系统性三项原则对异形词进行取舍。

> **考试拓展**
>
> 异形词取舍的三个原则:
>
> 第一,通用性原则。根据科学的词频统计和社会调查,选取公众目前普遍使用的词形作为推荐词形。
>
> 第二,理据性原则。某些异形词目前较少使用,或词频无显著性差异,难以依据通用性原则确定取舍,则从词语发展的理据性角度推荐一种较为合理的词形,以便于理解词义和使用。
>
> 第三,系统性原则。词汇内部有较强的系统性,在整理异形词时要考虑同语素系列词用字的一致性。
>
> 以上三个原则只是异形词取舍的三个主要侧重点,具体到每组词还需要综合考虑决定取舍。

②异序词是语素相同、次序相反、意义相同的一组词。例如:

A. 蔬菜—菜蔬　　介绍—绍介　　健康—康健

B. 讲演—演讲　　力气—气力　　山河—河山

A 组的异序词经过交际活动实践考验,前者已被认可通用,后者则被否定淘汰,退出了现代汉语的适用范围。B 组的异序词在现代汉语交际生活中仍并行使用,但这类异序词的存在是词汇中的累赘,也是词汇规范化的对象。

(2) 维护现有词语使用的规范

(3) 对吸收的方言词、外来词、古语词、生造词的规范

①方言词的规范。

②外来词的规范:不要滥用外来词;统一外来词的汉字书写形式;吸收外族概念,应尽量采用意译方式。

③古语词的规范。

④生造词的规范:生造词是指为了标新立异,不遵循造词规律而任意拼凑语素造出来的词义含糊不清的词语。生造词既没有指称新事物、新概念,也没有表达社会变革和社会心理的特殊效果。生造词的形成方式主要包括任意简缩、随意破词、随便拼凑等。

如"教质(教学质量)""容包(容貌颜色)""生救(生产自救)""体惦(体贴惦记)"。

如"清倘(清教徒)""宏广(宏远广博)""惨凄(悲惨凄凉)"。

如"荒唐(荒天下之大唐)""后悔(后了一次悔)"。

> **小贴士**
>
> 词汇规范这一知识点在历次的考试中均属于边缘性知识,除了词义的变化部分,其他了解即可。

另外，教材（上）P270 的附录二中介绍了几种释义方法，而《通论》在相关章节更补充了逻辑定义释义法、互训反训释义法、描写比喻释义法、补充论元释义法、附加信息释义法等，感兴趣的读者可以参看。

解习题

思考和练习八

1. 词汇的发展变化表现在哪些方面？其原因是什么？

词汇的发展变化主要表现在以下四个方面：

（1）不断地产生新词。

（2）一些旧词逐渐缩小了使用范围；一些旧词退出了日常交际的舞台，逐渐消失；一些旧词又获得了新的意义；一些退出交际舞台的词又重新启用。

（3）词的意义不断发生变化。

（4）许多词的声音形式也在变化。

词汇发展变化的根本原因是社会的不断发展与进步，以及人类实践领域的不断扩大和认识观念的变化。新事物的出现、人们新认识的形成，都要求有词来指称它们，于是新词就随之产生了。随着一些旧事物、旧观念等的消失，标志它们的词语也逐渐退出交际舞台。随着人们认识的加深，一些旧词用于指称新认识、新事物，因而许多词的意义转移了、深化了，义项增多了。随着社会的发展和人们观念的改变，一些旧词又被起用了。

2. 词义发展变化有哪几种原因？其发展变化的途径有哪几种？

词义发展变化的原因有下列三种：

（1）词所标志的事物、现象本身发生了变化，从而引起了词义的变化。例如"车"，从指"两轮中贯以轴，轴上承舆以任载"的以马为动力的陆上交通运输工具，发展到指"以电、汽油等为动力"的电车、火车、汽车等。"车"的基本义指"陆上的交通运输工具"，虽没有变化，但内涵丰富很多。

（2）由于科学技术的进步，人们对事物认识的提高，引起了词义的深化。例如"云"，《说文解字》说是"山川气"，科学的说法是"在空中悬浮的由水滴、冰晶聚集形成的物体"（《现代汉语词典》）。

（3）人们循着事物之间的相似性、相关点，把词用来指与原义有某种联系的新事物、新认识，从而引起了词义项的增加或减少。例如"铁流"，由"流动的铁水"去指称"战斗力强的队伍"；"皮毛"，由"带毛的兽皮的总称"去指称"表面的知识"。

词义变化的途径有下列三种：

(1) 扩大原词所概括的对象范围，即词义扩大。如："残年"，由指称"一年将尽的时候"扩大到指"人的晚年"；"老巢"，由指"鸟的老窝"扩大到指"匪徒、团伙盘踞的地方"。

(2) 缩小原词所概括的对象范围，即词义缩小。如："小说"，由指"街谈巷议之类的异闻、琐记等"，缩小到指"文学作品的一种体裁"；"报复"原指报答恩和怨（《三国志·蜀·法正传》："一餐之德，睚眦之怨，无不报复"），现缩小为"报怨"，对批评自己或损害自己利益的人进行反击。

(3) 把表示甲类对象的词转用于指称与之有关的乙类对象，即词义转移。如："布告"，原为动词，是宣布、公告之意（《史记·吕太后纪》："事已布告诸侯"），现转移指机关团体张贴出来通告大众的文件，是公文的一种；"明目张胆"，由"无所畏避"的褒义，转移为"公开大胆地做坏事"的贬义。

3. 解释下列各词，指出它们的意义是怎样变化的。

本钱　走狗　讲究　空气　推销　贩卖
市场　运动　温床　背景　幼稚　上身

(1)"本钱"：①用来营利、生息的钱财；②比喻可以凭借的资历、能力等条件——用比喻的方法扩大词所指对象的范围。

(2)"走狗"：①猎狗；②受人豢养的助人作恶的爪牙——用比喻的方法扩大词所指对象的范围。

(3)"讲究"：①讲求、重视；②精美（由于讲求、重视而使之出现的好结果）；③（~儿）值得注意或推敲的内容（如"有讲究儿"）——用引申的方法扩大词所指对象的范围。

(4)"空气"：①构成地球周围大气的气体；②一定环境中给人某种强烈感觉的气氛——用比喻的方法扩大词所指对象的范围。

(5)"推销"：①推广货物的销路；②推广自己的主张使别人同意，含贬义——用引申的方法扩大词所指对象的范围。

(6)"贩卖"：①商人买进货物再卖出以获取利润；②把别人的主张或见解拿来"卖"，以获取好处，含贬义——用引申的方法扩大词所指对象的范围。

(7)"市场"：①商品交易的场所；②兜售某种主张、见解的场所，含贬义——用引申的方法扩大词所指对象的范围。

(8)"运动"：①转动运行；②物体的位置不断变化的现象；③宇宙间所发生的一切变化过程；④政治、文化、生产等方面有组织、有目的而声势较大的群众性活动——用引申的方法扩大词所指对象的范围。

(9)"温床"：①冬季或早春培育蔬菜、花卉等幼苗的苗床；②比喻对坏人、坏事、坏思想有利的环境，含贬义——用比喻的方法扩大词所指对象的范围。

(10)"背景"：①舞台上或电影里的布景；②图画、摄影里衬托主体事物的景物；③对人物、事件起作用的历史情况或现实环境——用比喻的方法扩大词所指对象的范围。

(11)"幼稚"：①年纪小；②形容头脑简单或缺乏经验——用引申的方法扩大词所指对象的范围。

(12)"上身"：①身体的上半部分；②儿化后，作上衣解——用引申的方法扩大词所指对象的范围。

以上12个词的词义变化都属于词义扩大的变化。

4. 下列三组译名应选用什么词为好，为什么？

disco　的士高　迪斯科　的士够格　的士格
dacron　的确凉　的确良　涤确良　达可纶　大可纶　的良　确良
laser　雷射　镭射　莱塞　莱泽　睐泽　激光　激光器

disco用"迪斯科"为好，因已通行。

dacron用"的确良"为好，因为既译音，又表意，有"确实好"的意思。其他的译名都不能表示"好"的意思。如果译成"的确凉"，有"确实凉爽"的意思，但实际并非如此。

laser用"激光"为好，是由激光器发射的受激发而射出的光，这是意译。吸收外来词的原则是尽量采用意译。"雷射、镭射"均不好理解。

5. 什么是异形词？下列每组异形词中应选哪一个为规范的词，请用横线标出。

异形词是指社会上并存、并用的同音、同义而书写形式不同的词语。

(1) 谋划—谋画
(2) 模胡—模糊
(3) 鲁莽—卤莽
(4) 倒楣—倒霉
(5) 掺杂—搀杂
(6) 订货—定货

6. 你怎样看待汉语中的字母词？

略

7. 下面例句中哪个是生造词语？为什么？试改正。

①在国庆的文艺晚会上，各种颜色的灯光把会场布饰得非常壮丽。
②这一下出国留学的宿望算是砸锅了。

"布饰"是个生造词，不好理解，大约是"布置、装饰"两词的紧缩。说"灯光""装饰"会场还勉强可以，但说"灯光""布置"会场就不行了。通常"灯光"的动词是"照耀"，应把"布饰"改为"照耀"。

"壮丽"虽不是生造词，但也用得不太恰当，可改为"美丽、华丽"或"绚丽"。

"宿望"是个生造词。现代汉语中有现成的"宿愿"，而没有"宿望"，构词领域里不能随意替换语素。

8. 请搜集十个用词不合规范的句子，并加以改正。

（1）他一点也不尊重学校的纪律。——"尊重"一般应用于"人"，"纪律"前应该用"遵守"。"尊重"应改为"遵守"。

（2）单有敢于实践的决心还不够，还必须有严密的科学态度。——"严密"是"周到，没有疏漏"的意思，形容"科学态度"应该用"严谨"，"严谨"是"严格谨慎"的意思。"严密"应改为"严谨"。

（3）他俩虽是破镜重圆，但亲朋贺友们还是要当新事来办。——"贺友"是生造的词，应改为"好友"。"亲朋好友"是习用的熟语。

（4）人民群众有运用民主的权力。——"权力"应改为"权利"。"权力"和"权利"是两个不同的概念，"权力"指政治上的强制力量和职责范围内的支配力量；"权利"指公民或法人依法行使的权利和享受的利益，跟"义务"相对。

（5）短促的休息之后，会议继续进行。——"短促"应改为"短暂"。因为"短促"表示的时间比"短暂"要短，有"瞬间""转眼间"的意思。会议中间的休息时间，一般不会这么短。

（6）群众一致反应说："王老师是我们的贴心人。"——"反应"应改为"反映"。两个词的意义不同，用法也不同。"反应"指事物引起的意见、态度或行动，如"群众对政府的新措施反应很好"；"反映"指把客观情况和意见告诉上级或别人。

（7）在施工中困难一个接着一个，工作非常辣手。——"辣手"应改为"棘手"。"辣手"不是"扎手、难办"的意思，而是"毒辣的手段"或"手段毒辣"的意思。

（8）时事的发展是迅速的，我们必须努力学习，否则，就会落后。——"时事"应改为"时势"。两个词意义不同，所指也不同。"时事"指最近发生的国内外大事；"时势"指某一时期的客观形势。

（9）这篇小说体裁很好，但结构、语言上都有些毛病。——"体裁"应改为"题材"。"题材"指作品中具体描写的生活事件或生活现象，即作品的内容；"体裁"指作品的样式，小说就是文学作品的体裁之一。这句话是就内容说的，应当用"题材"。

（10）展览会工作人员应该注意防备贵重的展品免遭盗窃。——句中"防备……免遭盗窃"把原意说反了。应把"免遭"改为"遭到"。

练习题

选择题

1. 下列不属于词汇发展变化的主要表现的是（　　）。
   A. 新词的产生　　　　　　　　B. 书写形体的改变
   C. 旧词的逐渐消失和变化　　　D. 词义的演变

2. "收获"本指"农业的收成"，现指"一切行为的所得"，这是（　　）。
   A. 词义的转移　　B. 词义的缩小　　C. 义项的增加　　D. 词义的扩大

3. 以下不属于词义演变基本途径的是（　　）。
   A. 词义的扩大　　B. 词义的缩小　　C. 词义的转移　　D. 词义的退化

4. 以下属于词义的转移的是（　　）。
   A. "勾当"，原指"办事和事情"，现指"事情"。
   B. "灌输"，原指"把流水引到需要水的地方"，现指"输送（思想、知识等）"。
   C. "健康"，原指"人体生理机能正常，没有缺陷或疾病"，现指"事物情况正常，没有缺陷"。
   D. "妻子"，原指"妻子和孩子"，现指"妻子"。

5. 以下词义的演变途径与其他不同的一项是（　　）。
   A. "套话"，原指"文章、书信中按陈套写的词句"，现指"套用现成的结论或格式而没有实际内容的话"。
   B. "检讨"，原指"讨论研究"，现指"严格地自我批判"。
   C. "为了"，原含有原因和目的两个方面的内容，现只表示目的。
   D. "爱人"，原指"恋爱中的女性一方"，现指"夫妻的任一方"。

6. 以下不属于词汇规范三项原则的是（　　）。
   A. 必要性　　　B. 普遍性　　　C. 能产性　　　D. 明确性

7. 以下关于普通话词汇规范的说法，不正确的是（　　）。
   A. 普通话词汇的规范应以北方话为基础。
   B. 可以适当吸收外来词和古语词以丰富普通话词汇。
   C. 普通话词汇的规范应以北京话为基础。
   D. 普通话词汇也可吸收各地方言中的有益成分。

8. 以下关于外来词规范的说法，不正确的是（　　）。
   A. 不要滥用外来词。　　　　　　B. 应统一外来词的汉字书写形式。
   C. 吸收外来词，应尽量采用意译方式。　D. 吸收外来词，应尽量采用音译方式。

9. 以下外来词，更规范的一组是（　　）。
   A. 康拜因　梵哑铃　　　　　　B. 布拉吉　士敏土
   C. 戈里基　维他命　　　　　　D. 高尔基　维生素

10. 以下句子中词语使用规范的是（　　）。

　　A. 昨天小组会上,大家对小王进行了批评,没料到他竟衔泣起来。

　　B. 希望这第三个战役,有个好的滥觞,健康地向前发展。

　　C. 叶圣陶老人须眉皓白,满头霜雪,而精神矍铄。

　　D. 在国庆文艺晚会上,各种颜色的灯光把会场布饰得非常壮丽。

参考答案

1~5 BDDBC　　　　6~10 CCDDC

第四章 语法

第一节 语法概说

 理框架

扫码听知识精讲

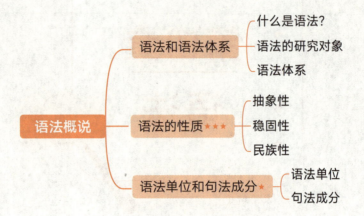

 划重点

1. 什么是语法？

（1）基本含义：语法是<u>语言三要素之一</u>，是语言单位的结构规律，专指组成词、短语、句子等有意义的语言单位的规则。

→ 语言三要素：语音—物质外壳、词汇—建筑材料、语法—组合法则。

（2）术语含义：一个指语法规律，即客观存在的语法事实；另一个指语法学，即语法学者对客观语法事实的说明，带有主观性。

2. 语法的研究对象 → 注意，这只是一个学派的看法，下文会有详细介绍。

<u>西方传统语法学把语法分为词法和句法两个部分</u>。词法学研究词的分类、词的构成（构词法）和形态变化（构形法），句法学研究句子中的句法结构（短语）和句子的分类。略谈语义、语用。

近三十年来，我国语法学者越来越注重句法、语义、语用[1]三个平面的综合研究。句法方面包括传统语法的句法及词法；语义方面研究隐藏在句法结构里的语义成分、语义指向、语义特征等；语用方面研究说话的语境和句子的语调、语气、口气以及句法结构的变化等。

---

[1] 参见：教材（下）P108 注释

> **考试拓展**
>
> 在20世纪80年代之前，我国语法研究的主要路径是传统语法与结构主义语法，前者重意义、轻结构，后者重结构、轻意义。20世纪80年代后，语法研究的指导思想大致有两条：三个平面相结合；动态与静态相结合。
>
> 一般认为胡裕树、张斌、范晓等人的"三个平面"，与邢福义的"小三角"和朱德熙的"结构、语义、表达"大同小异，异名同指。此处对应教材（下）P108的注释。

3. 语法体系

语法体系有两个含义：一个指语法系统，即客观存在的语法事实、语法规律的系统；另一个指语法学说的系统，是语法学者根据自己的观点在研究、解释语法事实时所用的分析方法、分类术语等的系统。一个民族语言的语法系统是唯一的，语法体系不唯一。

4. 构词法与构形法

构词法：研究词的构成（结构规律），主要研究怎样由语素构成不同的词（详细参见词汇章节），例如加"子""头"。但都是普遍性差、使用面窄的语法手段。

构形法：研究词的形态变化，隶属于语法学中的词法研究。研究同一个词汇意义的词，因为语法意义的不同而具有不同的语法形式及其与语法意义的关系。例如重叠式。

> **考试拓展**
>
> 教材提构词法与构形法，《通论》词汇章提"构词法与造词法"。

5. 语法的性质

（1）抽象性。语法是从众多具体的语法单位里抽象出其中共同的组合方式、类型及如何表达语义的规则，是抽象出来的公式，舍弃了个别的、具体的内容。例如汉语里的"看、说、学习"可以说成"看看、说说、学习学习"，从中抽象出一条词的变化规律：有些动词可以重叠表示少量或者短时。〔批注：有条件的，尽可能都要跟一个例子。〕

（2）稳固性。因为语法是一个由各种抽象规则交织组成的联系紧密的系统，所以语法的变化比语音、词汇要缓慢许多。例如，汉语把语序和虚词当作重要的语法手段，古今如此。〔批注：变化速度是词汇＞语音＞语法。〕

（3）民族性。每种语言都有明显的民族特点。不同语言的语法有同有异，既有共性也有个性。例如俄语用词形变化表示词的句法功能，语序就比较自由；而汉语里的词没有表示句法功能的形态变化，词在句子里充当什么成分，主要靠语序来表示。研究汉语语法，不能拿别的语法来硬套汉语的语法。〔批注：观念的转变是从20世纪80年代前后开始的，吕叔湘、朱德熙、陆俭明等前辈大声疾呼。〕

6. 语法单位

> 注意是语法单位，不是语言单位。

语法单位主要有四级：语素、词、短语、句子。它们都是语言中的音义结合体。

> 即有音又有义，或者叫"音义兼备"。

（1）语素是语言中最小的音义结合体，有的可以单独成词，有的可以组成合成词。语素是结构单位。

> 即词汇章提及的成词语素、不成词语素等。

（2）词是**最小的**能够**独立运用**的语言单位，是组织短语和句子的备用单位。部分词加上句调可以单独成句。

> 是指单独充当句法成分或单独表示语法意义。

> 虚词都不能单独成句；只看大类的话，实词几乎都可以单独成句。

（3）短语是由词组成的、没有句调的语言单位，是造句的备用单位。大多数短语加上句调可以成为句子。

> 一般不可以成句的有：中心语是谓词性的偏正短语（教材[下]P46~47）；"所"字短语；比况短语；加词性短语（教材[下]P52）；等等。

（4）(句子)是具有一个句调、能够表达一个相对完整的意思的语言单位，句子前后有隔离性停顿。

> 从语法的角度说，句子是最大的单位；从表达的角度说，句子是最小的单位。即我们说话时，最基本的单位是句子。

> 📢 **小贴士**

关于语法章节的学习，有四本书是不得不看的：朱德熙的《语法讲义》《语法答问》；吕叔湘的《汉语语法分析问题》（以下简称《分析》）；陆俭明的《现代汉语语法研究教程》（以下简称《研究教程》）。这四本书中，《语法讲义》的体例与教材类似，《语法答问》与《分析》是对一些重难点有跳脱出来的解答，《研究教程》则提到了诸多语法研究方法。

> "现代汉语语法八大家"之一。

另有两本工具书：吕叔湘的《现代汉语八百词》，刘月华、潘文娱、故韦华的《实用现代汉语语法》。前者在词性判定与辨析上给了具体而翔实的例证，是吕叔湘晚年的力作；后者则可呼应教材，对各部分的阐释详尽许多（但仍存在不少作者的一家之言），可适当采纳。

7. 句法成分

（1）句法成分是句法结构的组成成分。句法结构是由若干词按照语法规律组成的。主语、谓语等是句法成分，二者之间是陈述关系。句法成分又是凭句法关系来定名的。

（2）每一个句法成分都是与另一个相互配对、共存共现的（独立语除外），可以省略其中一个，但所省的成分必须在上下文中出现或隐含在(语境)中。

> 包括语言语境、情景语境（教材[上]P238）。

（3）现代汉语共有 8 种一般句法成分，分别是主语、谓语、动语、宾语、定语、状语、中心语、补语，外加一个特殊的独立语。

(4) 另有 5 种基本句法关系，分别是陈述、支配或涉及、修饰限制、补充说明、联合等。

8. 关于框式图解与层次分析

层次分析法就是框式图解，我们一般都叫层次分析。

"成分符号减半法"就是"框架核心分析法"，理论上来说，这是目前较为合适的句子分析方法之一，但尚未推行开来。

> **考试拓展**
>
> 这一部分对层次分析的介绍显得较为单薄，更多可参见教材（下）P56~57 的"短语分析小结"与 P83~85 的"句法分析例解"。
>
> "语法概说"这一节是教材中为数不多的涉及汉语语法史的地方。教材的编著者为了降低学习难度与门槛，有意识地模糊了各种学说的出处、学者的姓名、论调的来历等。但在《通论》中，其编著者特意加入了相关介绍，究其原因主要是编著理念不同。

解习题

思考和练习一

1. 语法学里的词法和句法各研究些什么？

词法以**词**为研究对象，研究词的内部结构、词的形态变化和词的语法分类。例如语素构成词的类型有哪几种，词形变化的方式及其表示的意义有哪些，词能分多少类，每类词以至每个词有哪些功能或用法，等等。句法以**短语和句子**为研究对象，研究语句结构的类型和规则。例如短语、句子的结构层次如何，每层次中各组成成分之间有什么关系，形成什么类型，表示什么意义，句子有什么语用条件，等等。

（批注：构词、构形、词类、结构类型、功能类型）

2. 什么是语法体系？对语法学体系的分歧应采取什么态度？

语法体系的内涵有二：其一，语法结构成分的组合规则和关系是客观的、唯一的；其二，在语法学界，不同学术背景与流派的语法学家的认识相异，提倡与采用的析句方法和术语也相异，对同一语法现象分析的结果和解释，出现分歧是必然的，由此形成的不同语法体系或称为语法学体系，是主观的，不是唯一的。

不同的语法学体系都是工具，是帮助人们认识、研究、运用各种语法结构的，它们之间没有优劣、高下的分别，只有在处理语言事实时的适合与不适合。作为学生，要博采众长，细心观察，将它与语言材料相对照，采用更适宜、更符合事实的说法。不能先入为主、褒此贬彼，因学说的主观分歧而否定学习知识与规律的需要。语法学体系的分歧，是由人类的认识规律决定的，不可避免。只有权衡钻研、取长补短，才有可能逐步减少分歧。

3. 举例说明语法的抽象性和稳固性。

语法的抽象性指语法不注重词、短语和句子的具体内涵，只注重其各自的、相互之间的语法意义、语法形式和规则。例如"春天、江水、牡丹、月亮、夜晚、诗歌"，它们的词汇意义相异，但语法形式和意义有共同点，即有常作主语、宾语、定语的功能，能单独受数量短语修饰，都有事物意义。再如"蓝蓝的海水、美丽的心愿、奔跑的马群、飞机的时速、一缕阳光"，这些短语的具体意义不同，但是语法不管这些，只注意它们皆为具有修饰关系的偏正结构，是定语性质不同的定中短语。

语法具有稳固性，即意为诸多语法规则经历千百年不变，旧的语法规则的消隐和新的语法规则的产生都是比较缓慢的。例如汉语表达语法意义的主要手段是语序和虚词，从古到今都如此；主谓结构中主语和谓语是前后直接组合，中间没有其他语法成分来连接，这也是古今一致的。在上古汉语中，名词可以作谓语，在现代汉语中，名词一般不能直接作谓语了[1]，这就是缓慢的变化。

4. 为什么说研究语法要注意民族特点？

不同民族的语言之间，是差异与共性并存的。如果只强调共性，就会忽视某种语言自身的特点与个性，就无法深入地了解、研究、运用这一语种的语法结构规律。例如汉语的连谓句是特色句式，在分析研究的时候，就不能仅满足于简单的句子结构分析，还要明确构成连谓句的条件、连谓的成分特点、连谓的先后顺序等。诸如此类，方可学好现代汉语语法。

5. 谈谈四级语法单位的关系。

四级语法单位分别是语素、词、短语、句子。前三者均为无句调的备用造句单位，句子是有句调的运用单位。最小的是语素，有的语素可以直接成词，有的需要组合后方可成词。词可以组成短语，部分加上句调后可以直接成为句子。短语可以组成更大的短语，部分加上句调后可以组成更大的句子。

> 🔊 **小贴士**
>
> 《自学参考》中给大家附了一张更加直观的图，如下：
>
>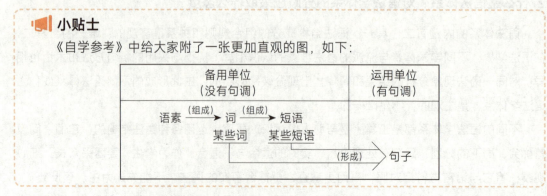

---

[1] 参见：教材（下）P88 "名词谓语句"

6. 举例说明一般的句法成分是如何配对的。

略

7. 分析下列短语的句法成分。

① 奥运奖牌长了中国人的志气

② 浩瀚太空首次出现中国人的身影

③ 新时期的改革开放成就了中国的崛起

练习题

（一）选择题

1. 下列各项哪个属于语法单位？（　　）
   A. 音素　　　　B. 语素　　　　C. 义素　　　　D. 语篇
2. 语法单位中最小的一级是（　　）。
   A. 词　　　　　B. 短语　　　　C. 句子　　　　D. 语素
3. 下列哪种结构类型不是词与短语共有的？（　　）
   A. 联合式　　　B. 偏正式　　　C. 主谓式　　　D. 重叠式
4. 语言中可以表示语法关系、改变语法意义的手段有（　　）。（多选）
   A. 形态变化　　B. 词序变化　　C. 虚词运用　　D. 词语重叠
5. 下列属于"语序变化"这一语法手段的有（　　）。（多选）
   A. 他知道—知道他
   B. 要紧—紧要
   C. 你慢点走——慢点走，你
   D. 中国崛起—中国的崛起

参考答案

1.B　2.D　3.D　4.ABCD　5.AC

（二）判断题

1. 汉语词类充当的句法成分是固定不变的。（　　）
2. "你慢点走"与"慢点走，你"的基本语义和结构关系都没有变化，所以语序的变换是无意义的。（　　）
3. 词语和句子的组合不是任意的，要受到语法的制约。（　　）
4. 重叠是汉语中表达语法意义的一种语法手段。（　　）
5. 中国第一部体系完整的语法书是1898年马建忠的《马氏文通》。（　　）

参考答案

1~5 ×× √√√

（三）主观题

1. 汉语语法最根本的总特点是什么？四个主要特点是什么？

> 语法手段：语序、虚词、重叠、语调等，这些是比较重要、常见的语法手段。

> 之前的表述是"缺乏形态变化"，后学界思想得到转变，更加立足汉语自身，变为"不依赖形态变化"。

汉语语法最根本的总特点：不依赖严格意义的形态变化，而借助语序、虚词等其他语法手段表示语法关系与语法意义。第一，我们要用朴素的眼光来看汉语语法，尽力排除印欧语的影响。第二，将形态变化和语序、虚词等都看作地位平等的语法手段。第三，高度发达的语言的语法，在语法手段的取舍上势必会各取所需，多倾向于一种手段，就会少采用另一种手段，语法手段之间无高下、优劣，只是特点不同使然。

四个主要特点：语序的变化对语法结构和语法意义起着重大影响；虚词的使用对语法结构和语法意义有重要作用；词类与句法成分之间不存在简单的一一对应关系；词、短语、句子，三者的结构基本一致。

2. 请以"不怕辣""辣不怕""怕不辣"为例，说说汉语语序变化的特点。

语序是汉语句法结构主要的表达手段之一，相同的词语、短语变化顺序后，意思也就发生了变化。

"不怕辣"是状动宾结构，"不"作为状语，语义指向否定对象"怕辣"；"辣不怕"通过节律断句后，既可以是中补结构（意思是吃了很多辣椒还不害怕），也可以是主谓结构（"辣"作为受事主语句）；"怕不辣"是动宾结构，意思是越辣越好。

3. 汉语常常使用重叠手段，请分别以名词、动词、形容词重叠为例，看看有何特点。

（1）名词重叠：教材（下）P9指出"一般不能用重叠式表示某种共同的语法意义"；但重叠后作主语时可表周遍性，如"人人爱我，我爱人人"。

教材（下）P13指出，部分两个反义或近义单音名词联合重叠格式（XXYY）表繁多，如"瓶瓶罐罐""前前后后"。

（2）动词重叠：教材（下）P10~11指出，有些动作行为动词可以重叠，表示短促动作的动量小、时量短或尝试、轻松等意义，限于表示可持续的动作动词。单音动词重叠是AA式，如"想想"，AA式重叠后常加"看"，表示尝试，使语气缓和；双音动词是ABAB式，如"研究研究"；动宾式合成词是AAB式，如"吃吃饭"。

教材（下）P13指出，部分两个反义或近义单音动词联合重叠格式（XXYY）表繁多，如"抄抄写写""打打闹闹""来来往往"。

（3）形容词重叠：教材（下）P13指出，有些性质形容词可以重叠，即以形态变化表示性状程度的加深或适中，重叠后不能前加副词"很"，因为重叠就表示程度加深了。

①单音节重叠：AA、AA（的）、AA（儿），如"早早"。

②双音节重叠：AABB、AABB（的）、AABB（儿），如"清清楚楚"。

③贬义的"A里AB式"，如"小里小气"。

④单音性质形容词加叠音词缀或其他词缀，也不能加"很"，如"红彤彤""黑咕隆咚"。

状态形容词本身已表示特定状态和程度，且程度较深，不加"很"或重叠。但可重复使用，表强调，是修辞的反复格，不算构形重叠。

第二节 词类（上）（下）

学习提示：词类部分可能是语法章篇幅最大、内容最多的一节，十分重要，是后面句法分析的基础，考生务必小心、细心、耐心！

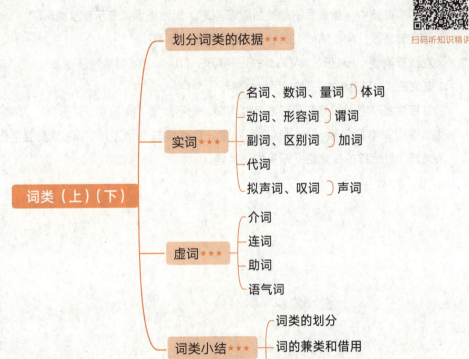

扫码听知识精讲

（一）划分词类的依据

（1）定义：词类是词的语法性质的分类。

（2）目的：划分词类的目的在于说明语句的结构规律和各类词的用法。

（3）依据：分类的依据是词的**语法功能、形态和意义**三方面。**汉语里，语法功能是主要依据，形态和意义是参考依据。三者合称为词性。**

(4) 词的语法功能表现在两个方面：一是主要指实词在语句里充当句法成分的能力，即词的职位。二是指词与词的组合能力。有两种表现：①实词与另一些实词的组合能力；②虚词有依附实词表示语法意义的能力。

(5) 词的形态分两种：①构形形态，例如重叠，"研究"重叠为"研究研究"；②构词形态，例如加词缀，动词"凿"加词缀"子"就构成"凿子"，成了名词。

(6) 词的意义主要指语法上同类词的概括意义或意义类别，如名词表示人或事物的名称。

(7) 分类标准的运用要分清主要和次要。汉语中语法功能是主要的，但是功能标准的使用，也需要分清主要和次要、经常和非经常。我们根据一个词的主要的、经常的语法功能来划分词类。

(8) 同一类词，还可继续向下划分出二级小类，各个小类之间也是有差异的。不同大类的词，也有共性，所以能归并为更大的词类，如谓词、体词、加词等。

(9) 实词：**能够单独充当句法成分，意义实在（既有词汇意义又有语法意义）**。汉语中实词有名词、动词、形容词、区别词、数词、量词、代词、副词、叹词、拟声词十类。

虚词：**不能充当句法成分，只有语法意义**。汉语中虚词有连词、介词、助词、语气词四类。

> 🎓 **考试拓展**
>
> 　　教材中关于词类的划分标准和表述，主要取法于王力[1]，但也兼顾各方家的看法之长。
>
> 　　在形态、意义与功能中，形态标准是最简单、明显、可靠的，但在汉语中缺乏普遍性与强制性，只能作为辅助标准。

---

[1] 王力. 关于汉语有无词类的问题 [J]. 北京大学学报（人文科学版），1955（2）.

(二) 实词 → 因其可以充当句法成分，所以又叫"成分词"。

> 📖 **考试拓展**

六种主流汉语教材词类划分对照表：

词类\教材	实词								虚词				特殊分类		备注
教材 10+4	名	动	形容	区别	数量	代	副	拟声	叹	介	连	助	语气		
《通论》 10+4	名	动	形容	区别	数量	代	副	拟声	叹	介	连	助	语气		
《北大本》 8+7	名	动	形容	区别	数量	代	副		感叹	介	连	助	语气	状态词	
《张斌本》 8+4+2	名	动	形容	区别	数量	代	副	象声	叹	介	连	助	语气		将象声词、叹词合称为拟音词，与实词、虚词并列
《钱本》 5+9	名	动	形容	区别	数量		代	副		叹	介	连	助	趋向词 / 能愿词	
《胡本》 8+6	名	动	形容	区别	数量	代	副	象声	叹	介	连	助	语气		

注：实词用橙色加粗字表示，虚词用黑色加粗字表示。

1. 名词

（1）基本定义：名词表示人、事物或时地的名称。

（2）分类：专有名词、普通名词（个体名词、集合名词、抽象名词、物质名词）、时间名词、处所名词、方位名词。 → 又叫"一般名词"

> 📖 **考试拓展**
>
> 专有名词一般不受量词短语修饰；只用"种、类、点、些"或动量词短语修饰的是抽象名词；只用集合量词、不定量词或不用量词修饰的是集合名词；补充一些时间名词：这会儿、过去、以前、九三年、宋朝、星期、月[1]、今年。

---

[1] 参见：教材（下）P74"星期、月"

(3) 语法特征：

① 经常放在动词前后分别作主语、宾语，例如"牛吃草"；多数能作定语和带定语，例如"（柳树）叶子"。一般不能作补语。

② 一般能受名量短语修饰，一般不受副词修饰。如能说"一个人"，不能说"不人"。

③ 一般不能用重叠表示语法意义。"妈妈""星星"等是构词的语素重叠，不是构形的形态变化。

> 简答：名词的语法特征有哪些？
> 语法特征中要注意"经常、多数、一般"等词。
> 除亲属称谓词以外的重叠式合成词只有少数几个，如"娃娃、星星、宝宝"等。
> "妈妈、星星"等重叠词的后一音节轻声。

考试拓展

部分时间名词，如"星期、月"可以作补语，详见教材（下）P74"数量补语"。另，名词一般不作状语，但时间名词可作句首状语（如"昨天我获奖了"），处所名词也可作状语（如"我们码头见"），普通名词表示动作、方式、手段时，也可作状语，详见教材（下）P70"状语的构成材料"。名词作谓语详见教材（下）P88"名词谓语句"。

副词修饰名词（或名词性成分）的特殊情况[1]：① 对举或连说时，如"人不人，鬼不鬼"（见教材［下］P9）；② 程度副词修饰名词（语义中有描述性成分的），如"很男人，很淑女"；③ 时间副词修饰带有顺序义的名词，如"已经秋天了""才排长""刚南京"；④ 范围副词修饰或限制人或事物的范围，如"光书就有5箱"（见教材［下］P19）。

> 顺序为：春、夏、秋、冬。
> 顺序为：班、排、连、营、团等。
> 特殊情况下，如火车从北京到广州，那么路上的每一个站点就具备了顺序义。

(4) 常用在介词后，组成介词短语，例如"[用事实]讲话""[被人]发现"。

> 普通话中名词分单数、复数，但在其他语言中（如古英语、俄语、梵语），还存在"双数"这样一个概念。
> 对应例子"朋友们"
> 对应例子"你们"

(5) 汉语名词单、复数同形。部分指人名词（和代词）在表示复数时，可加后缀"们"，如"朋友们""你们"。加"们"之后不能再受数量短语修饰。"们"还具有表示"定指"的语用意义，一般不作宾语。

> 因为"们"已表示数量，再加短语，就冗余了。

(6) 方位名词及其语法特征：

① 定义：方位词表示方向、位置。少数方位词可表时间。

② 分类：根据音节可分为单音节和双音节。单音节方位词有"上、下、前、后、左、右、东、西、南、北、里、内、外、中、间、旁"等；双音节方位词在单音节方位前加"之、以"。

> 教材列出13个。
> 《通论》补充了一个词"中"。
> 《胡版》补充了两个词"间、旁"。

---

[1] 张谊生. 现代汉语副词研究 [M]. 北京：商务印书馆, 2014.

③语法特征：a. 单音方位词一般不能单用，除非对举或连用时，如"上有天堂，下有苏杭""里外不是人"。b. 常后附于名词，构成方位短语使用。c. 方位词是黏着、定位、封闭的[1]。

很多不能单用的成分，对举使用时，都可以了，这是因为嵌合进了一个韵文的格式中，与一般行文时的要求不一样。

> **考试拓展**
>
> 除时间名词可以表时间外，时间副词（曾经、刚、正在）、一般名词（时间、时候、功夫）、数量结构（半天、两年）等都可以表时间。

> **小贴士**
>
> 语法章具体每部分知识点的介绍，主要顺序是"定义、分类、特点、举例"。这也是一般名词解释的逻辑顺序，举例时，一般举两个及以上，若有例外可特别说明。
>
> 语法特征的罗列顺序一般是能够充当哪些句法成分、可以受哪些成分修饰、和什么成分共现、如何否定、能否重叠等。其实就是《现代汉语八百词》中对每一个词的辨析顺序。
>
> 能够充当哪些句法成分，一般按照"主、谓、宾、定、状、补"的顺序往下捋。
>
> 教材中的例子不是乱举的，是根据上面的说法，对应着给出的。

2. 动词

（1）定义：表示动作、行为、心理活动或存现等。

对于名词、动词、形容词、副词等范围大、常用的词类的掌握，需要达到能够准确判定其二级小类的程度。

（2）分类：动作动词；心理活动动词；存在、变化、消失动词；判断动词；能愿动词；趋向动词；形式动词；关系动词。

没有实在的语义，只是一个形式。

> **考试拓展**
>
> 这里是从意义的角度对动词进行分类的；还可以从宾语的角度进行划分[2]，分为"及物动词""不及物动词"等；另还可从语义角度划分为"（非）自主动词""（非）持续动词"等。

从语义角度划分动词，在藏缅语学界是常见的，马庆株的《自主动词与非自主动词》一文开汉语学界的风气之先。

---

[1] 张斌主编；陈昌来等编写. 新编现代汉语 [M]. 上海：复旦大学出版社，2002:290.
[2] 参见：教材（下）P65

(3) 语法特征

①多数能作动语带宾语，能作谓语或谓语中心，例如"他来了"。 [当是"主要作"]

②动词能够受副词"不"修饰，只有少数表心理活动的动词和一些能愿动词前能够加程度副词，例如能说"很怕他"。 [多数也可用"没（没有）"修饰]

> 📌 **考试拓展**
>
> 能愿动词常作状语；少数表示方式、手段、状态的动词也可作状语，如"摸索前进"（教材[下]P70）；少数单音节动词[1]可以充当结果补语，如"走、跑、动、倒、翻、病、疯、见、死、懂、成、完、通、透"；趋向动词作趋向补语。

③能构成"V不V"式并带宾语表示提问，如"看不看书"。 [或"V没V"]

④动词多数可以后带"着、了、过"等表示动态。

⑤有些动作行为动词可以重叠，表示短促动作的动量小、时量短或尝试、轻松等意义，限于表示可持续的动作动词。 [非持续动词则表示次数少，如"敲了敲"。]

单音动词重叠是AA式，如"想想"[第二个音节轻声]，AA式后常加"看"[见教材（下）P30"尝试助词"]，表示尝试，使语气缓和；双音动词重叠是ABAB式，如"研究研究"；动宾合成词的重叠式是AAB式，如"吃吃饭"。 [第二、第四个音节轻声]

> 📌 **考试拓展**
>
> 单音动词重叠的格式还有"V一V""V了V""V来V去"等。教材（下）P13 提到的 XXYY 格式还繁多，如"抄抄写写""打打闹闹"。
>
> 若动词是非持续性的，但却是可反复发生的，则重叠表示次数少，如"跺了跺脚"。

(4) 特殊动词

①**判断动词"是"**，表示判断与肯定，常居于谓语中心的位置，不能加补语和动态助词"着、了、过"，也没有动词重叠式，可以有"V不V"并列提问式。"是"字句中"是"可表多种意义关系：a.表示事物等于或属于什么；b.表示事物的特征、质料、情况[即谓词性宾语]；c.表示事物的存在[见教材（下）P97存现句]。

副词"是"后接谓语动词、形容词，表示肯定，需要重读，不能省略，意思是"的确、确实"，如"今天是很冷"。

---

[1] 朱德熙.语法讲义[M].北京：商务印书馆，1982:126.

当"是"不重读时，可以省略，只表示一般肯定。这种"是"与句末语气词"的"配合构成"是……的"格式，同"他是个卖粽子的"里的"是……的"格式和词性都不同。

> 加"我（是）问问，没有别的意思"。

📝 考试拓展

副词"是"除了后接体词性、谓词性的成分，还可由副词、介词短语、小句等充当宾语，分别如"他是故意的""我第一次见他是在南京""我这么做是因为我喜欢她"等。

②能愿动词：又叫助动词，能用在动词语、形容词语前，表示客观的可能性、必要性、人的主观意愿，有评议作用。依此可分为三类：表可能、表必要、表意愿。在句中常作状语。

> 别称要特别注意！
> 补充一个"得 dé"，如"教室里不得抽烟"。
> 补充一个"得 děi"
> 补充几个：情愿、乐意、想。

与一般副词不同：a. 它有"V 不 V""不 V 不"式；b. 可作谓语或谓语中心。
与一般动词不同：a. 不可后接名词；b. 不能重叠；c. 不能加动态助词；d. 不加数量补语。

> 即只可接谓词性宾语

📢 小贴士

教材编者考查动词语法特点的标准：作什么句法成分—能否单独作谓语中心—是否及物（能否带宾语）—带什么宾语（体词性的or谓词性的）—能否重叠—能否加动态助词—是否有"V 不 V"格式—能否带补语—带什么补语……

③趋向动词：表示移动的趋向，有单音的、有双音的。常附在动词、形容词后面，作趋向补语。可单独作谓语或谓语中心。

> 《通论》称为单纯与复合，一个意思。

📝 考试拓展

部分趋向动词已经虚化[1]。我们说趋向动词虚化主要是看其有无衍生出状态义，所谓状态义大致上等于"情貌"，即与"着、了、过"同类的成分，例："起来"表示"开始义"，如"唱起来"；"下去"表示"继续义"，如"闹下去"[2]。

> 大概在元明时期产生。
> 大概在 18 世纪中后期产生。

3. 形容词

> 《北大本》将状态形容词单列为"状态词"，所以认为一共有 15 类词。

（1）意义与种类：形容词表示形状、性质和状态等，可分为性质形容词与状态形容词。

---

[1] 邵敬敏主编. 现代汉语通论（上）（第 3 版）[M]. 上海：上海教育出版社，2016:10.
[2] 王力. 汉语语法史 [M]. 北京：商务印书馆，1989:121-122.

> **考试拓展**
>
> 朱德熙[1]凭借语言单位的外部形式，将现代汉语形容词分为简单形式和复杂形式两类；又从语法功能出发，指出简单形式为性质形容词，复杂形式为状态形容词。

（2）性质形容词与状态形容词的区别：性质形容词单纯表示性质；状态形容词表示的性质有量的成分，即表示程度加深，有较浓的主观评价的意味，是一种生动形式所体现的状态。

（3）形容词的语法特征： *(语法特征总是先考查作各种成分的能力。)*

①作定语：大多数形容词可以直接修饰名词。②作谓语、谓语中心：性质形容词单独作谓语是有条件的[2]，状态形容词作谓语则比较自由。③作状语：少数性质形容词可以直接修饰动词作状语，如"快走"；大多数需要重叠或者加助词"地"后才能作状语，如"慢慢说""高高地翘起来"。④作补语：一部分形容词也能作补语，如"看清楚"。⑤不带宾语，但部分性质形容词兼属动词时，能带宾语，有致使义，叫"使动词"，如"端正态度""纯洁队伍"等。

(主要是结果、情态、可能、程度补语。程度补语中的"慌、透、死、坏、多"都是形容词。)

> **考试拓展**
>
> 作状语的主要是状态形容词[3]，"状语不止由副词充当，还可由……形容词（特别是表状态的形容词）充当"。其实不光是作状语、谓语时，作定语时也是状态形容词更自由[4]。
>
> 补充一个特例，形容词"真"修饰动词、形容词作状语时，加的是"的"，不是"地"。

⑥性质形容词大都能受程度副词修饰。而性质形容词的重叠式与状态形容词，或者因为是表情态的，或者因为本身有某些程度意义，不能再受程度副词修饰。

⑦有些性质形容词可以重叠，即以形态变化表示性状程度的加深或适中，重叠后不再前加副词"很"，因为重叠就表示程度加深了。 *(准确来说是形态变化中的"构形"。)*

　　a. 单音节重叠：AA、AA（的）、AA（儿），如"早早"。
　　b. 双音节重叠：AABB、AABB（的）、AABB（儿），如"清清楚楚"。
　　c. 贬义的"A里AB式"，如"小里小气"。
　　d. 单音性质形容词加叠音词缀或其他词缀，也不能加"很"，如"红彤彤""黑咕隆咚"。

⑧状态形容词的反复：状态形容词本身已表示特定状态和程度，且程度较深，不加"很"或重叠。但可重复使用，表强调，是修辞的反复格，如"火红火红（的）"，不算构形重叠。

(一定要原来是偏正式的状态形容词才可变成ABAB式。)

---

[1] 朱德熙. 现代汉语形容词研究 [J]. 语言研究，1956（1）.
[2] 参见：教材（下）P62
[3] 参见：教材（下）P70
[4] 朱德熙. 语法讲义 [M]. 北京：商务印书馆，1982:74-76.

两个反义或近义的单音形容词（高高低低、大大小小）、部分名词（瓶瓶罐罐、前前后后）、动词（打打闹闹、来来往往）、区别词（男男女女）重叠联合构成的 AABB 格式，是句法结构中的固定格式，表繁多。

注意：名词与谓词、动词与形容词的区别，教材（下）P13 的表格很直观。

> 📢 **小贴士**
>
> ⑥⑦两条已经很清楚地说明了一点，即重叠具备一种语法功能——对程度、性状的强调。而这与添加程度副词起到的作用相似，故二者选择其一即可，否则语义冗余。
>
> 再结合教材（下）P13 下方注释①，又解释了构形形态的含义，即一个词变换形态后，词汇意义不变（因此不能另立词条），语法意义有所变化。

> 📎 **考试拓展**
>
> 教材（下）P13 的**表格中提到的"指称"与"陈述"**的概念最早出自朱德熙[1]，但后人有发展。
>
> 形容词的单音节重叠式、双音节重叠式、A 里 AB 式等各种形式在《现代汉语八百词》P716~736 的附表里有相对细致的罗列，诸君可移步。

4. 区别词

（1）区别词的意义

区别词表示人和事物的属性或区别性特征，有区分事物的分类作用。

区别词往往是成对或成组的。例如"男：女，雌：雄，单：双，金：银，西式：中式，阴性：阳性，民用：军用，国有：私有，大型：中型，小型：微型，有期：无期"等。

> 📎 **考试拓展**
>
> 根据作谓语的差异，形容词分为谓语形容词、非谓形容词[2]，后者即区别词。

（2）区别词的语法特征

①能直接修饰名词和名词短语，作定语；多数能带"的"形成"的"字短语。②不能单独作主语、谓语、宾语，组成联合短语或成双对比后可以作主、谓、宾，例如"公私不分"。③不能前加"不"，否定时前加"非"，例如"非正式会谈"。

往往单个词项不具备的功能，成双、对比、对举后即可，例如上文提及的副词修饰名词"人不人，鬼不鬼"；此处的区别词；动词、形容词单独作谓语等，都是如此！

---

[1] 朱德熙. 自指和转指——汉语名词化标记"的、者、所、之"的语法功能和语义功能 [J]. 方言，1983（01）:16-31.

[2] 吕叔湘，饶长溶. 试论非谓形容词 [J]. 中国语文，1981（1-6）. 徐建华. 汉语非谓形容词的几个特点 [J]. 汉语学习，1987（04）:6-7. 李宇明. 非谓形容词的词类地位 [J]. 中国语文，1996（01）:1-9.

形容词与区别词的差异： *(教材中类似这样直白地对两个概念加以区分的地方不在少数，每处都很重要！)*

形容词：可作定语、谓语、补语、状语；可加"不""很"。

区别词：只作定语（不能单独作谓语）；不可加"不"。

5. 数词[1]

数词不是考查的重点，了解即可。

（1）数词的意义与种类

数词表示数目或次序。分为基数词和序数词。基数词分为系数词（零或〇、一至九）与位数词（十、百、千、万、亿），二者可以组成复合数词。汉语计数是十进制。

> **考试拓展**
>
> 《通论》认为系数词还有一个"两"。"两"表"二"的含义，从汉代[2]起就有了。

基数词可组成表倍数、小数、分数、概数的短语。**数目减少用分数表示，不用倍数。**

概数表示法：①概数助词"来、多、把、左右、上下"放在数词或数量短语后面；②相邻两个基数词连用；③"好些""若干"直接加在名词或量词前。

两个数字之间不用顿号。

序数词表示次序前后，一般是在基数词前加前缀"第"或"初"组成，有时可用"甲乙丙丁""子丑寅卯"等表示序数。 *大约从晋代起，开始作序数词头。*

（2）数词的语法特征

①数词通常要和量词组合成数量短语，才能作句法成分。一般不和名词直接组合，现代汉语里保留的"数+名"说法，是古代汉语语法的遗留。②数量短语通常作定语、状语、补语。③"俩、仨"是口语中的合音数量词，意义和功能等于数量短语，后不再加"个"。④倍数只表增加；分数既表增加又表减少。

数量短语作主语，参见教材（下）P60"名词性主语"；作谓语，参见教材（下）P88"名词谓语句"的例⑯~⑱；作宾语，参见教材（下）P64"宾语的构成材料"例①。

6. 量词

又叫"类别词"或"单位词"

（1）量词的意义和种类

量词表示计算单位。可分为名量词和动量词两大类，前者表人和事物的计算单位，如"一个人"；后者表动作次数和发生的时间总量，如"看三次"。另有复合量词，如"10人次"。

---

[1] 朱德熙. 语法讲义 [M]. 北京：商务印书馆，1982:46–51.
[2] 王力. 汉语语法史 [M]. 北京：商务印书馆，1989:20–21.

考试拓展

因为"个"最常用，所以叫通用量词；另，关于量词"个"的用法，作以下总结[1]：

①作量词；②放在并列的数词前组成宾语，表示概数（"等个两三天"）；③放在形容词前组成补语，表示程度高（"玩个痛快"）；④放在动词的否定式前组成补语，表示不停（"笑个没完"）。另有一类量词指称不定量的事物，如"些""点"。

> 或认为是使补语变成宾语，状态变成指称。

小贴士[2]

根据前加数量短语还是数词，可区分时量补语的成分：

前加数量短语，是时间名词的有：月、星期、钟头。

前加数词，是量词的有：分、分钟、秒、点、夜、周、岁、旬、年、天。

兼属时间名词与量词的有：星期、礼拜、小时。

（2）量词的语法特征[3]

①量词位于数词、名词之间。与数词组成数量短语，作定语、状语或补语、宾语等，如"(一个) 人、[一把] 拉住、看〈一次〉、看一本"。

②**单音量词**大都可以重叠，重叠后能单独充当定语（表"每一"）、状语（表"逐一"）、主语（表"每一"）、谓语（表"多"），不能作补语、宾语。例如"条条大路通北京"（作定语，表示"每一"）。

数量短语也可重叠，变成"一A一A"或"一AA"。重叠后作定语，表数量多；作状语表"逐一"、作主语表"每一"。

小贴士

教材的论述与举例结合得非常紧密。

数量短语重叠后的语法意义基本与单音量词重叠后的相同。

(体词)：数词、量词、名词、人称代词。体词语（名词语）：数词、名量词、名词、代名词、名词性短语。

> 从语法功能角度归类　　从词性角度归类

> "一"的省略大量出现，应当是在宋元以后。

③量词有时单独作句法成分，例如"馒头论个"。（省略数词的情况，限于"一"[4]）

---

[1] 朱德熙. 语法讲义 [M]. 北京：商务印书馆，1982:49.

[2] 参见：教材（下）P74"数量补语"

[3] 陆俭明. 现代汉语中数量词的作用 [C]// 中国语文杂志社编. 语法研究和探索 4. 北京：北京大学出版社，1988: 172–186.

[4] 王力. 汉语史稿 [M]. 北京：科学出版社，1957:241.

④量词与名词的组合，各方言中有各自的习惯。

数量短语、指量短语统称量词短语。

层次分析中涉及指量短语的，在教材（下）P57"短语分析举例"的二维码中！

> **考试拓展**
>
> 北京话"一座桥"，西安话"一个桥"，苏州话"一顶桥"，南昌话"一度桥"，福州话"一条桥"，厦门话"一践桥"等是语言的表象，名词与量词相互搭配有更深层次的原理[1]。

7. 副词

（1）定义：副词限制、修饰动词、形容词性词语，表示程度、范围、时间等意义。

（2）分类：副词有8种，可以表示程度（很、最、极）、范围（总、共、只）、时间和频率（已、就、再）、处所（四处、随处）、肯定和否定（必须、没有）、方式和情态（悄悄、暗暗）、语气（难道、岂、竟然）、关联（便、也、又、却、再、就）。

> **小贴士**
>
> 对副词的掌握，要求做到能大致分辨某词是不是副词，属于哪一小类即可。尤其是关联副词，高频出现且个数较少，教材中提到的6个"便、也、又、却、再、就"加上补充的4个"更、只、倒、越"，一共10个需要记忆。
>
> "副词是个大杂烩"[2]，是因为其内部二级分类众多，且各家分类情况相异。我们学习时不用执着小类名称，抓住语法特点是真。

> **考试拓展**
>
> 张谊生《现代汉语副词研究》（2014）是研究、学习副词时不得不看的，"副 + 名"结构、副词重叠、副词作补语等知识均有涉及，另对现代汉语里副词的罗列也是最全的书之一。

同一小类的副词，语义和用法不一定都相同，有的差别还相当大。例如"都"一般是总括前面的词语，如"他们都来了"；只有在疑问句中才限制后面的，如"老王刚才都说了些什么？"。"只"表示限制后面的词语范围，如"我只吃了一个苹果"。再如"不、没有、别"都表示否定，但"不"否定动作或性状的将要发生（未然），"没有"否定已经发生（已然），"别"表示禁止或劝阻。

同一个词形，也有可能属于不同的小类。例如"就"的各种含义。

---

[1] 邵敬敏.量词的语义分析及其与名词的双向选择[J].中国语文，1993（3）.
[2] 吕叔湘.汉语语法分析问题[M].北京：商务印书馆，1979:42.

小贴士

近几年的高校题目中出现了不少考查同一词形、不同含义的题目，请留意！另外，涉及语义指向的题目一般都是改错题！

考试拓展

"都"与"只"虽然都是范围副词，但前者又叫概括性范围副词，后者又叫唯一性范围副词，在语义指向[1]上前者是前指性的（还有"全、全都、统统、通通、均、皆、尽、一律、一概"等），后者是后指性的（还有"光、仅仅、仅、唯独、单单、共、一共、总共、统共"等）。

（3）语法特征：

> 这里的"大都""几乎""近半"是经过翔实地词类—功能统计的结果。

① 作状语：副词大都能作状语，几乎都能修饰动词，近半能修饰形容词[2]。

② 作补语：程度副词"很、极"还可以作补语，如"好极了"。

③ 一些副词可用来修饰名词，如"就、仅、几乎"等，表示限制人或事物的范围。例如"只这几家商店开始营业"。

> 即"副+名"结构

考试拓展

准确来说，"这些副词修饰的并非名词本身，而是对名词所表示的事物或现象从数量上加以限制[3]"。另，有的学者[4]否定了几类之前被认为是副词修饰名词的搭配：①"非常事件"；②"恰好五个人"；③"幸亏荐头面子大"；④"最前面"；⑤"人不人，鬼不鬼"。而提出几类真正的副名搭配。

> 形容词，与副词"非常"是同音词。
> 修饰的是主谓短语。
> 修饰的是方位词，是特殊的名词小类。
> 修饰的是数量词组。
> 固定搭配，不具备类推性。

"才、就、好、仅、大概、已经、不过、将近、恰好"等词可以修饰数量短语。这种副词用来表明说话人对数量的一种看法，这种句子所叙述的事情都已经成为事实。

单音副词一般不加"地"，少数需要加"地"作状语，如"那汉子猛地伸出手臂"；部分双音副词是否加"地"比较自由。

---

[1] 陆俭明.现代汉语语法研究教程[M].北京：北京大学出版社，2003:146-164.
[2] 郭锐.现代汉语词类研究[M].北京：商务印书馆，2002:230-232.
[3] 张谊生.副名结构新探[J].徐州师范学院学报，1990（03）:114-120.
[4] 张谊生.现代汉语副词研究[M].北京：商务印书馆，2014:153-179.

④副词一般不能单说，只有"不、没有、也许、有点儿、当然、马上、何必、刚好、刚刚、的确"等在省略句中可以单说，例如"喝水不？""不。"

"单说"指单独成句（包括单句与复句里的分句）；
"单用"指单独作句法成分。

⑤部分副词能兼有关联作用。有单用的，有成对使用的，例如"又说又笑"。

参见教材（下）P142"紧缩句"，"紧缩句中关联词语大都是起关联作用的副词"。

"没有（没）"既是副词又是动词。否定人物或事情的存在时是动词，作谓语中心，如"他没（有）书"。否定动作或性状的存在时是副词，作状语，如"他没来"。

即后面是动词　　　即后面接形容词

> 📢 **小贴士**
>
> 这段话非常重要，它解决了在作层次分析时一个非常重要的问题，且对历史上看法各异的"没（有）"的词性给出了编者自己的论断。
>
> 回想"是"也具有判断动词与肯定副词两种用法。

分辨一："白、老、净、怪"修饰名词时是形容词，修饰动词、形容词时是副词。虽然都是同一个字，但语义、语法性质都不同，二者意义上已经失去联系，**是同音词，不是形容词兼副词。**

关于同音词与兼类，留待下文展开。

分辨二：作状语的副词与作状语的形容词。能作谓语、谓语中心、定语、状语、补语的是形容词，否则是副词。例如"一概"是副词，"突然"是形容词。

类似的例子还有"偶然、仔细、确实、勉强"等。

分辨三：时间副词与时间名词。都可作状语，又都表时间，但时间名词可作主语、宾语，还可前加介词组成介词短语作状语，如"[从今天]起"，这些特点副词都不具备。

> 📍 **考试拓展**
>
> 时间副词可分为两大类：A类表时态、时制，如"曾、曾经、已、已经、暂、暂且、即、即将、一向、历来、从来、向来、刚、刚刚"等；B类表频率、重复，如"常、常常、经常、时常、渐、渐渐、逐渐、偶尔、再、再三、一再、重新"等。容易和时间名词发生混淆的是A类表时态的副词。[1]

> 📢 **小贴士**
>
> 编者在教材此处特别指明需要分辨的三对概念，请同学们务必注意！教材余下正文中还有不少辨析，重要性皆同此处，至于加☆部分的辨析，如"词类的误用"，一般了解即可。

---

[1] 张谊生. 现代汉语虚词 [M]. 上海：华东师范大学出版社，2000:61–62.

8. 代词

(1) 定义：代词能起代替和指示作用。它跟所代替、所指示的语言单位的语法功能大致相当，就是说，所代替的词语能作什么句法成分，代词就作什么成分。

> 代词不是根据句法功能划分的，而是根据表达功能里的"指称"与"代替"划分的。

(2) 分类：按句法功能可分为代名词、代谓词、代数词、代副词；按意义可分为人称代词、疑问代词、指示代词。

> 教材（下）P21的表格很重要！

(3) 代词的语法特征：

①人称代词分第一、第二、第三人称代词与其他代词。

分辨："我们"与"咱们"用法有别。

"咱们"是包括式用法，用于口语，包括说话人与听话人双方；"我们"与"咱们"同时出现时，"我们"只包括说话人一方的群体，排除听话人一方，称为排除式用法。谈话、文章里只有"我们"时，则既可以是排除式，又可以是包括式。

> "咱"用于第一人称，始于宋代。

"我们"有时指"我"，是一种委婉谦虚的表达方式。

> 第一人称"我"的出现很早，先秦就有了。

第二人称代词"你、你们"指听话人一方。敬称用"您"，书面语中可以出现"您们"的用法，口语中一般用"您几位"。

> 作为"尔"的音变，"你"最晚出现于唐。

> **考试拓展**
>
> 对排除式与包括式的发现，源自王力，在其《中国现代语法》《汉语史稿》等多部著作中均有提及。

第三人称代词"他、他们"指对话双方以外第三方，书面上指男性用"他"，女性用"她"。

> 作第三人称用，在六朝有零星用例，普遍应用在唐宋。

> 一般认为表复数的词尾"们"起源于宋。

> 还可以指令人喜爱或尊敬的事物，如"祖国、党"等。

> "她"这个字原来是"姐"的异体，是古代蜀人对母亲的称呼，1920年刘半农借此字形赋予了其指女性第三人称的含义。

一些人称代词如"你、我"有时不确指哪一个人而用于虚指，例如"大家你看看我，我看看你"。其他代词见教材（下）P21的表格。

> **考试拓展**
>
> "他"也可用于虚指,用在动词与数量词之间,作为虚指宾语,如"睡他个三天三夜"。关于"实指—虚指"这一对概念,会在疑问代词的非疑问用法部分加以解释。
>
> 口语中"我、你、他、我们、你们、他们"作宾语时一般轻声[1]。

> **小贴士**
>
> 代词的一般用法属于基础知识,不是考查的重点,了解后增广见闻即可。其他代词包括反身代词"自己"、总称代词"大家"、他称代词"人家"等,教材虽然没有告知具体的专业名称,但其实都涉及了。

反身代词"自己、自个儿"用来复指前面的名词或代词;也可以泛指任何一个,如"自己的事情自己做"。

"别人、人家"是与"自己"相对的,泛指对话双方以外的人。"人家"有时具体指第三个人,有时也指说话人自己。

"大家"指一定范围内所有的人,如"大家的事大家做",也常常用于复指,如"你们大家都发言嘛"。

("这"在唐代出现;"那"在六朝出现,唐宋广泛应用。)

(补充两个指示代词:"其他"是旁指,"一切"是统指。)

②指示代名词用来指代人,也用来指事物。"这"为近指,"那"为远指。有时"这""那"对举着使用,指代众多的人或事物,是虚指用法,即不确指任何事物,如"咱不图这,不图那"。

(产生于先秦)

"每、各、某、另"等指示代词意义相异,"每、各"是分指,指全体中的任何一个个体,"每"侧重于个体相同的一面,"各"侧重于不同的一面。"某"是不定指,"另"是旁指,二者都指不确定的人或事物。

> **小贴士**
>
> 人称代词、指示代词、疑问代词都有虚指用法。

(唐代产生,其合音形式是"甚"。)
(先秦就有,六朝后可以表反问。)
(之前写作"那"时,有疑问、无疑问都产生自汉末。)
(问处所与反问皆可,元曲里出现。)

③疑问代名词(谁、什么、哪[儿]、哪里)主要用于有疑而问(询问)或无疑而问(反问、设问)。疑问代词"哪"和指示代词"那"以前都写作"那",前者表疑问,不确指,后者的所指是确定的。

(大致在五四运动以前)

---

[1] 朱德熙.语法讲义[M].北京:商务印书馆,1982:82.

疑问代名词可不表疑问，引申为**任指**与**虚指**两种用法。

一是任指，表示任何人、任何事物、任何地方、任何时候。表任指的代词后常出现"都、也"等副词，表**周遍性**。

二是虚指，指代不能肯定的人、事物、地方，包括不知道、说不出或不想说出的。

"什么"也可以用来表示列举未尽的意思，用在并列的多项名词短语后面时加"的"。疑问代词代谓词用"怎、怎么、怎么样"，代数词用"几、多"，代副词用"多、多么"。

> 除了表列举，还可表否定，例如"什么老字号，越老越不值钱"。
> 产生于五代前后
> 产生于明清
> 合在一起成为"几多"，六朝时出现。

> **考试拓展**
>
> 表周遍性时，疑问代词必须重读。表虚指时，疑问代词轻读。
>
> 同一句话中，同样的疑问代词前后重复使用，也表示周遍性，如"谁爱去谁去""你爱唱什么唱什么"。《张斌本》中把这种情况归结为疑问代词的第三种非疑问用法，了解即可。

9. 拟声词

（1）定义：拟声词是模拟声音的词，又叫"象声词"，例如"叮当、哗啦、轰隆隆、噼里啪啦"。拟声词描摹声音时，给人一种如闻其声的音响效果。它有修辞作用，能使语言具体、形象，给人以如临其境的感受。拟声词经常在口语和文学作品里使用。

（2）语法特征：拟声词可以作状语、定语、谓语、补语、独立语等，也可单独成句。

> **考试拓展**
>
> 拟声词的分类标准不一[1]。从形式上分：定型的与非定型的；从音节数量分：单、双、三、四音节；从构成方式分：单纯的、合成的；从意义上分：普通拟声词、动物鸣叫与特殊拟声、吆喝动物声等。
>
> > 打呵欠的"阿气"   赶鸡鸭的"哦嗒哦嗒"，逗小狗的"唏唏唏"
> > 呼噜呼噜、哗啦哗啦   喵喵喵、咩咩咩
>
> 自然界的声音远多于口语中的拟声词，口语中的又多于书面语中的，所以同一个拟声词能模拟多种声音，同一个声音能用多个拟声词模拟。

10. 叹词

（1）定义：叹词是表示感叹和呼唤、应答的词，例如"唉、啊、喂、嗯"等。

---

[1] 孟琮.北京话的拟声词 [J].语法研究和探索，1983（1）.

(2) 语法特征：

①叹词常用作**感叹语**（独立成分），如"咦，她怎么不跟我说一声呢！"从它能作句法成分（独立语）和独立成句看，它同只依附实词表示语法意义的虚词不同，但它一般不与实词发生结构关系。②叹词可单独成句，如"鸡叫了？""嗯。"（**叹词句**，独立成句）

> 📣 **小贴士**
>
> 叹词与拟声词的写法与意义都很不固定，是非常特殊的实词，且要注意由叹词、拟声词逐级向上在不同语法层面的名称，二者的辨析在教材（下）P79~80。

词类	句法成分	句子
拟声词	插入语（拟声语）	拟声词句
叹词	插入语（感叹语）	叹词句

> ✏️ **考试拓展**
>
> 叹词活用后可以作谓语、定语，重叠后也可以作状语。如"昨天我在路上走，有人'嗨'我"（作谓语中心）；"他吃完嘴巴一抹，发出'啧啧'的赞叹声"（作定语）；"小田头一抬，哈哈笑起来"（作状语）。

（三）**虚词**
→ 因为不可以充当句法成分，所以又叫"非成分词"。

1. 虚词的特点

（1）依附于实词或语句，表示语法意义；（2）不能单独成句；（3）不能单独作句法成分；（4）不能重叠。

> ✏️ **考试拓展**
>
> 补充几个虚词的对立特点[1]：①封闭的（数量基本固定）；②信息含量小；③定位的、黏着的；④出现频率高。

2. **介词** → 现代汉语中没有争议的、典型的、常用的介词有100个左右。介词多是从动词虚化而来，又叫"副动词""准动词"等。

（1）定义：

→ 主要包括体词性与谓词性。加词性的比较少见，如"从慢性到急性，他的病进展太快"。

介词，依附在**实词**或**短语**前面共同构成"介词短语"，主要用于修饰、补充谓词性词语。介词常常充当语义成分（**格**）的标记，标明跟动作、性状有关的**时间、处所、方向、方式、方**

---

[1] 赵元任，吕叔湘．汉语口语语法 [M]．北京：商务印书馆，1979．

法、依据、原因、目的、施事、受事、关涉对象等。例如"自、从、在、于、依照、因为、被、给、让、对于"等。

> 甲骨文中就有

> **考试拓展**
>
> 有的学者认为"在、向、于、到、给、自"在向附缀过渡，语义越来越虚化，结构上与先行的单音节动词越发紧密。但是教材的看法仍然是将其看作独立的介词，例如"送〈到车站〉"（教材[下]P27例⑧），"来〈自遥远的边疆〉"（教材[下]P51）。

(2) 语法特征： → 或者说是"主要"
①介词短语常作状语，少数可以作补语和定语，例如，[在阅览室]看书；发源〈于青海〉；（关于嫦娥奔月）的传说。

→ 介词短语作主语与宾语的特殊情况见下一节"介词短语"部分。

②在动词谓语句里，可用特定的介词标明**动词与名词**之间或**动作与事物**之间的种种**语义关系或格关系**。例如，我[按要求][在晚上][用车子][把行李][给他]送〈到车站〉。

> **考试拓展**
>
> 语义较虚、使用频率较高的介词往往可以省略，如关涉、时间、处所等，例如"（对于）女方的要求，我无能为力""（当）天黑的时候，我才走了"；语义较实、使用频率较低的很少省略，如与事（替、为）、比较（"比"字句）、处置（"把"字句）。

→ 加括号表示可省略。

→ 虚化具有"渐进性、复杂性"。

③介词大都是由及物动词虚化而来的。有的完全虚化，如"从、被、对于"等；但不少介词还处于过渡状态，如"他比我干劲大"（介词），"他和我比干劲"（动词）。介词与动词的区别，只能在具体的语境中看，"是否单独作谓语或谓语中心，是否能加动态助词，是否能重叠"，如果能则为动词，反之，是介词。

> **考试拓展**
>
> 补充两条动词与介词的区别：①是否可以带补语；②动词后的宾语可以外移、删除、转换，介词不行。如"我写好了信"→"信，我写好了"；"我从北门走"→"北门，我从走"*。

→ "被"字句中，也可以不说宾语，例如"他被表扬了"，这是特殊情况。

3. 连词 → 连词与介词早期曾归于一类，王力称为"联结词"，吕叔湘称为"关系词"。

定义：连词起连接作用，连接**词、短语、分句和句子**等，表示并列、选择、递进、转折、条件、因果等关系。例如：

→ 详见本书"复句"部分

(1) 和、同、跟、与、及、或（主要连接词、短语）。 →宋代及以后才出现。

(2) 而、并、而且、并且、或者（连接词语或分句）。 →上古就有 →甲骨文中就有 →补充：还是、由于、因为、只有、不管、无论。

(3) 不但、不仅、虽然、但是、然而、如果、与其、因为、所以。

"跟"有北方口语色彩，"同"有南方口语色彩，"与、及、以及"有书面语色彩，它们主要用来连接名词性词语。"和"也可以连接双音节谓词性词语，共同作多种句法成分。

连词"和"与介词"和"的区别：

(1) 连词"和"连接的两个词是联合关系，可以互换位置而句子的基本意思不变；(2) 介词"和"前面可以出现状语，连词"和"不行；(3) 连词"和"有时可以略去，介词"和"不行。

> **考试拓展**
>
> 汉语中的介词大多是从其他词语发展而来，存在兼类不可避免。连词的大致来历：动词→介词→连词（大多数都是如此）；形容词→介词→连词（如"和、同"）；副词→连词（如"然、但"）；词组→连词（如"虽然、所以"）；等等。
>
> 连词"虽然"在18世纪前后出现。 连词"所以"大致在晋代出现。

4. **助词** →"助词"出自唐代柳宗元的《复杜温夫书》（《柳河东集》），其最早提出了这一专门的语法术语，但被划归为虚词的小类，属马建忠之功劳。

(1) 定义：助词的作用是附着在**实词、短语或句子**后面表示结构关系或动态等语法意义。

> **考试拓展**
>
> 助词数量严格封闭，总数仅40余个。
>
> 诸版教材中几乎都未直接给出助词定义，补充《张斌本》定义："助词是附着在实词、短语、句子上黏着、定位的表示一定附加意义的虚词。"

(2) 分类：

结构助词：的¹、地、得、之、者。

→或叫"时态助词"

动态助词：着、了、过。

尝试助词：看。

→或叫"时制助词"

时间助词：的²、来着。

概数助词：来、把、多、左右、上下。 → 又叫"表数助词"

比况助词：似的、一样。 → 还有"一般""般""样"

其他助词：所、给、连。

助词必须附着在别的词语的前面或后面，凡是后附的（的、着、似的）都读轻声，前附的（所、给、连）不读轻声。

> **考试拓展**
>
> 补充两类助词：
>
> 《张斌本》《胡版》《通论》等皆设置列举助词
>
> ①列举助词：等、等等、云、云云、的³、什么的、之类、一类。其语法功能有二：其一表示"列举未尽"，如"北京大学、清华大学、中山大学等十所高校"；其二表示对列举的总计（或叫煞尾），如"北京大学、清华大学、中山大学等三所高校"。
>
> （现代汉语多见） （近代汉语多见：如"盐巴、酱油一样没买，苹果、香蕉的买了一大堆"。）
>
> 《张斌本》《胡版》《通论》等皆设置此类，但教材处理为词缀。
>
> ②表数助词：第、初（"初"限于搭配"一"至"十"）、老²，不归为词缀的理由：
> a. 严格意义的词缀是附在语素前后参与构词的，这些则是附在单词前后用于构形的；
> b. 这些不读轻声，而词缀往往读轻声，如"阿""老¹""子"等。了解即可，备考依教材。
>
> → 表次序，如"老四"。
> → 老鼠、老虎、老师

(3) 结构助词（的、地、得）：

①定义：主要表示附加成分和中心语之间的结构关系。

②语法特征：助词"de"习惯上写成三个字，在定语后面写成"的"，在状语后面写成"地"，在补语前面写成"得"。

→ "习惯上写成三个字"是在1956年《暂拟汉语教学语法系统》中得到确立并推广开来、成为一般规范的。补语作"得"一般无争议，但"的"与"地"的分合历来争议不休。

如"春雨来后，田里的麦苗'唰'地一下变得青绿青绿的"。

→ 语气词"的"。

> **考试拓展**
>
> → "是"为2.1%，"了"为1%。
>
> "的"字是现代汉语虚词之冠，使用频率高达6%~7%，其功能之多，影响范围之大，

无出其右，搞清楚"的"字能解决现代汉语语法的众多问题[1]。赵元任、吕叔湘、朱德熙等都倾注大量心力研究"的"字与"的"字结构。*其毕生研究的主干与精华都围绕"的"字展开。*

> **小贴士**
>
> 教材（下）P13 的性质形容词重叠式不管单音的还是双音的，后面都加"的"（长长的、高高兴兴的），就是受到朱德熙先生反复强调状态形容词后面加"的"的影响。
>
> *性质形容词重叠在不少人看来就是状态形容词，这里不必纠结。*
>
> 现在我们教学语法中对"de"的区分甚为清晰，依据教材即可。

在书面语中有时仍会沿用古代汉语的结构助词"之"，其具有文言色彩。有时多个"的"字结构连用，可起到分清结构的作用。

"的"还可以用来组成"的"字短语（详见教材[下]P51），如"吃的、红色的"。"的"字短语在句中意义具体，离开句子则概括性较大。"吃的"既可以指动作的施事者，即吃东西的人，也可以指动作的承受者，即吃的东西。因此，如果所说的人或事物具有泛指性，往往会用"的"字短语来代替。

> **考试拓展**
>
> 结构助词"的"的用法多样，作一个小总结[2]：
> ① 连接定语与中心语，是定语的语法标志。
> ② 构成"的"字短语。
> ③ 表示角色、职位的归属，如"你的霸王，我的虞姬""今天我的东，谁也别抢"。
> （*《通论》中认为是"准定语"。* *我当请客的人。* *你演霸王，我演虞姬。* *插在准双宾语中。*）
> ④ 表达一种特殊的领属关系，如"敲我的竹杠""开他的玩笑""拆我的台"。
> ⑤ 用在相同的动词中间，表"有的"，如"日寇死的死，降的降"。
>
> 结构助词"的"与"地"的转换。当带"地"的状中短语前出现形式动词与介词的时候，需要变为带"的"的定中短语，如"我们热烈地讨论了这个计划"→"我们对这个计划进行了热烈的讨论"。

"者"字可以组成"者"字短语，如"获得一等奖者"，具有书面语色彩，相当于口语中的"的"字短语，是名词性的，一样分析即可。

---

[1] 完权.说"的"和"的"字结构[M].上海：学林出版社，2018:1-6.
[2] 刘月华，潘文娱，赵淑华.实用现代汉语语法（第3版）[M].北京：商务印书馆，2019:354-358.

"作者""读者"中的"者"是名词性语素,不是助词。

(4) 动态助词(着、了、过):

①定义:动态指的是动作或性状在变化过程中的情况,表明处在哪一点或哪一段上。动态,不是表示事件发生的时间。它可以表示事件在过去、现在或者将来的动态。动态又叫"体"或"情貌"。

> 强调"体"与"时"不一样。

> 源自王力《中国现代语法》(1943)。

考试拓展

> 南京大学2021年考题与此有关。

实词完成虚化的一般标志有三:①功能上"自由"→"黏着";②语义上词汇义逐渐消解,语法义逐渐增强;③读音上声调脱失读轻声,主要元音也逐渐央化或弱化。

②语法特征:

> 即进行体与持续体。

"着"[1]用在动词、形容词后面,表示**动作在进行**或**状态在持续**。例如"门开着""灯亮着"。

> "着"隋唐时期完成虚化,成为体标记。

小贴士

加在动词后,既可表动作的进行("说着"),也可表状态的持续("睡着睡着");加在形容词后只表状态的持续("灯亮着")。教材(下)P29的论说不甚明确,但在对例子的解说中也是如此认为的。

"了"用在动词、形容词后面,表示动作或性状的**实现**,即已经成为事实。动作或性状的发生跟时间没有必然联系。所以"了"的应用和"着"一样也不受时间限制。如"瞎猫碰着了死老鼠"。

> 只有"过"受限制,需要是在过去。

"过"用在动词、形容词后面,表示**曾经**发生这样的动作或者**曾经**具有这样的性状。如"他提起过大海"。

> 教材此处反复强调"曾经",就是为了和"着""了"不受时间限制的特点形成对比。

> 从动词"看(观察义)"虚化而来,产生于魏晋六朝。

(5) 尝试助词(看)[2]:

> 有人也归于时态助词中。

助词"看"**念轻声**,用在**重叠动词**或**动词短语**后面**表示尝试**。动词常用重叠式或者后面带动量、时量补语。例如"试试看""说说看""动动脑筋看""再想想看""叫一声看""先做几天看"。

考试拓展

用在动词重叠后是协助表尝试义,因为动词重叠本身已经可以表短时、尝试义了,

---

[1] 蒋绍愚. 动态助词"着"的形成过程 [J]. 周口师范学院学报, 2006(01):113-117.
[2] 吴福祥. 尝试态助词"看"的历史考察 [J]. 语言研究, 1995(02):161-166.

"看"可以起到强化的作用。用在短语后单独表尝试义，含义清楚，是名副其实的尝试助词。

> 又叫"时制助词"。"时制"涉及过去、现在、将来等具体的时间。

(6) 时间助词（的、来着）：

① "的"插在动宾短语中间，**表示过去发生的**事情，如"我昨天进的城"。

> 念得快的时候就成了"来"　　近过去

② "来着"用在句末，一般**表示不久前发生过的**事情，如"昨天上午你干什么来着？"

③ "的"和"来着"都限于表示过去的事，只是"的"偏重于强调动作的时间、处所、方式、施事等，如"我前天进的城（=我是前天进的城）"。而"来着"偏重于肯定动作行为，如"我七点钟吃早饭来着"，只是肯定"吃早饭"这动作。

考试拓展

"来着"一般用于陈述句与疑问句。"不久前"即"近过去"，但多久算近、多久算远没有客观理据，只要说话人认为是近的即可。

(7) 概数助词：

"把、来、多、左右、上下"用在数词或量词短语后表示概数。

> 从来源看，"似的"或许最初写作"是的"，由动词"是"加语气词"的"而来，亦或许是受到北方阿尔泰语（尤其是蒙古语）的影响，属于语言的渗透。

(8) 比况助词（似的、一样）：

> 助词"一样""一般"都是从形容词"一样""一般"虚化而来。

> 还可表推测，如"好像知道他的心事似的"。

语法特征：附着在名词性、动词性、形容词性词语后面，表示比喻。如"苹果似的脸儿""泥菩萨似的坐着一动也不动"。比况短语经常跟动词"好像"配合使用。例如"车过鸭绿江，好像飞一样"。

> 关系动词

(9) 其他助词（所、给、连）：

> 《通论》：表示动词的受事。
> 笔者按语：其实还可表示与事、工具等，此处不表。

"所"是书面语沿用下来的助词，用在**及物动词**前面，组成名词性短语。例如"所见"指称看到的人或事，"所闻"指称听到的事情。它也经常和"为"配合使用，组成"为……所"格式表被动。例如"已为实践所证明"。

> 后面的这种用法不是"所"字短语。

小贴士

"所+V"整体指代人或事物，具有指称性，所以是名词性短语，而名词的表达作用就在于指称。且又因为名词的语法功能主要是作主语、宾语，所以"所"字短语也主要作主语、宾语。

> 参见教材（下）P13

> "名词—指称"与"谓词—称述"这两对关系非常重要，在教材中多次出现。教材（下）P62指出，"数量短语既属名词性短语，又带有谓词性；既具有指称性，又有述谓性"。请务必将教材内容前后联系起来理解。

"给"紧靠在动词前面，表示被动态，是个口语色彩较浓的助词，如：

"雨伞被我妹妹给拿走了。" → 句子表被动；有介词"被、叫、让"；施事出现。

"房间都给收拾好了。" → 句子表被动；无介词"被、叫、让"，由"给"表"被"等；施事不出现。

"房间我都给收拾好了。" → 句子表主动；无介词"把"，由"给"表"替"的意思，受事一般不出现，或在前面出现。

"我把房间都给收拾好了。" → 句子表主动；有介词"把"，受事一般要出现。

→ 表被动的"给"首次出现是在清代的《儿女英雄传》中。

有无"给"主要在于语体色彩与语体风格，带有"给"字的口语色彩更明显，情态更自然活泼。

这种"给"[1]既可以用于主动句，也可以用于被动句，都能够删去而不影响句子的基本意思。

→ "连"字有助词、介词、副词三种用法，后两种如"苹果连皮吃才好""他一路上连寄了8张明信片"。

助词"连"用在名词性、动词性、形容词性词语前面，与"也、还、都"相呼应，组成"连……也（都）……"格式，表示隐含比较。例如"连三岁的孩子也懂这个道理。"

→ "连"字不读重音，后面的焦点要读重音。

← "连"字句使用频率较低，教材在单句部分未单独列出，此处是唯一一处提及。

这种"连"字可以删去而不影响句子的基本意思。"连"字后的名词语可能是施事，也可能是受事，需依靠上下文来判断。

← 教材特意划分出助词"连"，而不是像其他语法书一样全归于介词、副词，就在于这种用法的"连"往往可以删去而不影响句意，只是减弱了语气。

考试拓展

"连"字句中强调的对象范围很大：句法功能上，名词性词语、动词性词语、形容词性词语、主谓短语、数量短语、"的"字短语等皆可；语义类别上，施事、受事、与事、时间、工具、处所等皆可。 连一次都没去过 连最简单的都忘了

连父母劝也没用

---

[1] 李炜. 加强处置/被动语势的助词"给"[J]. 语言教学与研究，2004（1）:55-61.

5. 语气词

（手写批注：古人统称为"辞""语助辞"等，产生和发展是在春秋之后。）

（1）定义：语气词的作用在于表示语气，主要用在**句子的末尾**，也可以用在**句中主语、状**语的后面有停顿的地方，它本身念轻声。

（手写批注：也包括复句中的分句末尾。）

> 💡 **小贴士**
>
> （手写批注：再补充第五种：叹词，并且这些手段中，最重要的是语气词。）
>
> 教材（下）P31下方的注释非常重要。"句中表达语气的手段有四种：①语气词；②语调；③副词，'难道、多'等；④句法格式，如 V 不 V 式、'是……，还是……'等。"
>
> （手写批注：准确来说是语气副词。）
>
> 教材中若无特别指明，提到句子一般指的是单句，但我们也要想想，复句适不适用某一语法规则呢？

（2）分类

陈述语气：的、了、吧、呢、啊、嘛、呗、罢了（而已）、也罢、也好、啦。

疑问语气：吗（么）、呢、吧、啊。

祈使语气：吧、了、啊。

感叹语气：啊。

（3）语法特征

①附着在**全句后面**或**句中词语**的后面有停顿的地方。

> 📙 **考试拓展**
>
> 句末语气词常见，各教材论述较多，但对句中语气词都一笔带过。句中语气词一般接在以下几类成分后[1]：①主语；②话题；③连词、介词、副词或其他关联短语等。句中语气词本质上是说话人划分重要信息与次要信息的心理过程的外在表征，句中语气词前面的是次要的，后面的才是重要的。

②语气词常常跟句调一起共同表达语气，有的语气词可以表达多种语气，如"啊"。反之，有的语气可以用多个语气词表达，内部有细微的区别，如陈述语气。

③有些语气词有成句的作用。

（手写批注：句子中一些成分能帮助句子"站住"。）

> 📙 **考试拓展**
>
> 短语独立成句必须具备一定的句法结构条件。而"完句成分[2]"便是一个不依赖语

---

[1] 方梅. 北京话句中语气词的功能研究 [J]. 中国语文，1994（02）:129-138.
[2] 贺阳. 汉语完句成分试探 [J]. 语言教学与研究，1994（04）:26-38.

境的句子通常必须具有的结构成分，它具有完句功能，是句法结构上的成句条件。汉语句子中的常见完句成分除语调、语气词"了""着呢"等之外，还有否定、情态、时体、意愿等多种形式。

④有时还会用来造成一定的格式。如"找哇找哇"表反复；"胖啦瘦的""爹呀妈的"表列举。

> 📢 **小贴士**
> 语法特征①与②并列给出，③④条则在教材（下）P34倒数第一、第二段，中间隔了这么远，这又一次提醒我们此教材的行文特点，以及学习时务必要耐心细致！

（4）普通话六个基本语气词 → 教材（下）P32 的列表很清楚，值得反复翻看

连用的两三个语气词并非直接组合，而是处在句子结构的不同层次上。

语气词连用时，后一个语气词如果是元音开头的，通常是两个语气词融合成一个音节，写成一个字。例如，"了"+"啊"="啦"；"了"+"哟"="喽"；"吧"+"欸"="呗"；"嚯"+"啊"="嘛"。语气词"啊"是元音开头的，特别容易受到前一音节的影响而产生变读，这是语音同化的结果。反映到书面上，就可能改变字形。

（5）同形的语气词"的"与结构助词"的"

语气词"的"可以单独附着于句尾，有时还会跟有加重肯定语气的"是"配合着用，这就容易与结构助词"的"混淆。例如： → 这种情况下的"的"一般接在陈述句后，表达的效果则为加强肯定语气。

"他是卖菜的。"（结构助词"的"后面可加"人"）

"那样说是可以的。"（语气词"的"后面不能加名词）

辨别的方法有三：①看在"的"后面能否添上相应的名词，"是"后为"的"字短语，可以添加，此句式为"是"字句，不能添加的为语气词"的"；②删去"是""的"后，若句意发生变化，则"的"为结构助词，否则就是语气词；③改为否定句来加以检验，若否定词加在"是"前，则"的"是结构助词，若加在"是"后，则"的"为语气词。

> 📢 **小贴士**
>
> | "的"字属性 | 结构助词 | 语气词 |
> | --- | --- | --- |
> | 例句： | 他是卖菜的。 | 那样说是可以的。 |
> | 方法一： | → 他是卖菜的（人）。 | — |
> | 方法二： | → 他（是）卖菜（的）。 | → 那样说（是）可以（的）。 |
> | 方法三： | → 他（不）是卖菜的。 | → 那样说是（不）可以的。 |

(6) 同形的语气词"了"与助词"了"。虚词"了"有两个,"了¹"是动态助词,"了²"是语气词。例如:

"他掌握了¹三门外语了²。"

有时"了¹""了²"在句末连用,根据同音删略[1]的原则,删掉一个,剩下一个,兼有语气词和动态助词两种作用,例如"自行车他骑走了⁽¹⁺²⁾""枫树的叶子红了⁽¹⁺²⁾"。

> 动作实现 + 事态变化　　　　　　　　　　性状实现 + 事态变化

📣 考试拓展

很多语言都要求尽量避免在同一个词或句子的相邻位置出现同音成分。避免的手法有插入法、变音法、同音删略等。汉语中同音删略的例子很多,如"我问他他明天去不去"→"我问他明天去不去";"我现在在广州"→"我现在广州";等等。

(7) 语气词的成句作用

大多数的实词和短语加上语调就能成为句子。但是,有时候还要求加上语气词才可以独立成句,否则站不住。例如,"他已经做完作业——他已经做完作业了""秋天了""又中秋了""花开了"。

📣 小贴士

"秋天了""又中秋了"与"花开了"分别是名词谓语句与动词单独充当谓语的句子,分别见教材(下)P88与P61。P61在对动词单独作谓语的4条限制条件中指明"常常需要加上一定的语气词或动态助词",而前者虽未指明,但说"实际上应该看成动词谓语句……属于特殊句型",则也符合上述条件。教材语法部分的理论自洽性、完整性、严谨性于此可见一斑。

(四)词类小结

1. 词类的划分

> 在实词开头一节我们作了表格,梳理了主要教材的分法。

汉语词类的划分至今仍有分歧,各家分类的数目和名称不全一样。

分歧的原因**首先**在于各家依据的分类标准不同,**其次**是汉语的词本身没有**形态依据或词类标记**。划分词类的主要依据是**功能**,而汉语主要实词的功能不是单一的,即词类和句法成分之间没有一对一的对应关系。

> 绪论部分提到的汉语语法特点之一,教材此处的连线图来自朱德熙《语法答问》(1985)。

汉语中名词、动词、形容词是多功能的,名词、动词、形容词各能充当五种成分,每种句法成分可由名词、动词、形容词充当,这就是多对多的关系,而非一对一的关系。因此汉语词功能的分析要分清主次。

> 一类词的语法功能往往"对内缺乏普遍性,对外缺乏专有性"。例如形容词,于内,并非都能重叠;于外,作定语也非其专属性质。

---

[1] 司富珍. 汉语的几种同音删略现象 [J]. 语言教学与研究,2005(02):56-62.

主要功能、次要功能、少数或个别词有此功能需要加以区分。

> **小贴士**
> 在教材句法成分一节中对能够充任某一句法功能的词类、短语等需要特别加以注意，一些个别的、零星的用法最好能够记住典型用例。

研究词类和其他语法现象都要辨别清楚哪些是一般规律，哪些是有条件的或特殊的规律，哪些是个别现象。不能拿特殊的或个别的来否定一般的，也不能把它们等同起来，看作同样重要。 否则就看不清语法规律，词类和其他语法单位也就不好划分了。

> **小贴士**
> 这段话不仅仅在讲词类，各位有志于继续做语言学研究的同学在之后的学习中会慢慢领会其中奥义。教材中不少地方都能看出背后编者的良苦用心与谆谆善诱。

2. 词的兼类和借用

（1）兼类

①定义：词的兼类是某个词**经常具备**两类或几类词的主要语法功能。即**在甲场合（位次）里有甲类词的功能，在乙场合里有乙类词的功能，不是说在同一场合（位次）里有甲乙两类词的功能。**

②特点：兼类词一定要**读音相同、词义有联系。** 例如，"这件事很麻烦（形容词），不想麻烦（动词）你了"。失去了联系或意义无关的词不是兼类词。如"打"：打门（动）、打今天起（介）（是同形同音词）。
〔北方官话里的特色起始介词，兴起于宋代。〕

→ 形、音、义三者之间的关系在文字章里有专门的整理。
这里形、音皆同，但意义无关，所以不是兼类词。

意义相关而读音不同只是字形相同的词，也不是兼类词。如"水凉（liáng）了""凉（liàng）了一杯水"。

常见的兼类词的情况：兼动名、兼名形、兼形动、兼形名动、兼区副的等。

> **考试拓展**
> 之前的篇幅里涉及兼类的有：教材（下）P12 认为"高、直、花"是动兼形；P20 认为"白、老、净、怪"不是兼类词；此外还有动词与介词兼类（P27）、连词与介词兼类（P28）、动词与副词兼类（P20"没有〔没〕"）等。

（2）借用 → 借用不属于兼类，所以不改变原来的词性。
甲类词**临时**借用作乙类词，叫作"借用"。借用分两种：一种是无修辞作用的借用；另一种是有修辞作用的借用，又叫作活用。

> **考试拓展**
>
> 活用的要求有二：①句法功能的转变是临时的；②不同功能之间的意义具有内在联系。更多活用的例子，如"这一切等等，确是十分堂·吉诃德的了""这家伙比强盗还强盗""孩子在战场上光荣了""像他这样的，不运动运动他还了得？""我'五好青年'都四好了，剩下一好还不能好一下？"等。
>
> 与兼类、借用（活用）、同音同形三者相关的还有多义词。多义词指的是一个词具有两个或多个义项。多义词也有两个要求：①不同义项的句法功能大致相同；②各个义项密切相关。例如"这口井很深""这本书很深"。

3. 词类的误用 *

> **小贴士**
>
> 对于略讲的词类的误用部分，大多数高校都碍于课时留给同学们自己阅读。而对考研的我们来说，这一部分实际是很多病句辨析的出题来源，需要加以警惕，切莫跳过！

思考和练习二

1. 讲语法、分析句子的结构不使用词类名称行不行？试举出例句说明划分词类的可能性和必要性。

为了认识、分析、解释、说明语句里的语法结构。有必要使用一套公认的术语来对结构中的不同用法的词加以称说，冠之以一个概括的类别。这样不仅使用方便，而且概念的覆盖面也会更大。

词类是客观存在的，不同的词语法功能与特点都相异，这就是词类划分的可能性。例如"盲人摸象"，"盲人"与"象"都可以经常作主宾语，而"摸"不行；"摸"可以受副词"不"修饰，还有"V不V"的格式，"盲人""象"就不行。

必要性则体现在各种句子大都由句子逐层组成，不划分词类，就无法以点带面，规律性地阐释背后的机制，也不便于指出错误。例如"我们都笑话"，这里面的"笑话"后必须要带一个宾语，因为它是二价动词。

2. 汉语划分词类的标准是什么？

汉语划分词类的标准是词性。词性又分为词的语法功能、形态、意义。这三者中，功能为主，形态和意义为次。

词的语法功能：一是指实词在语句里充当句法成分的能力，即词的职位；二是指词与词的组合能力。

形态：能不能重叠，什么样的重叠，重叠后表示什么意义。

意义：主要指语法上同类词的概括意义或意义类别。

3. 将下面句子的词划分开，然后列一个实词简表，把其中的实词分别填进实词列表中。

（1）春分／刚刚／过去，清明／即将／到来。……这／是／科学／的／春天！让／我们／张开／双／臂，热烈／地／拥抱／这／个／春天／吧！

（2）你们／在／想要／攀登／科学／顶峰／之前，务必／把／科学／的／初步／知识／研究／透彻，还／没有／充分／领会／前面／的／东西／时，就／绝／不／要／动手／搞／以后／的／事情。

（3）秋天／的／后半夜，月亮／下去／了，太阳／还／没有／出，只／剩下／一／片／乌蓝／的／天，除了／夜游／的／东西，什么／都／睡／着／了。

名词	春分、清明、科学、春天、臂、顶峰、之前、知识、前面、东西、时、以后、事情、秋天、后半夜、月亮、太阳、天
动词	过去、到来、是、让、拥抱、想要、张开、攀登、研究、领会、要、动手、搞、下去、出、剩下、夜游、睡、着
形容词	热烈、透彻、充分、乌蓝、初步
数词	一
量词	双、个、片
副词	刚刚、即将、务必、还、没有、就、绝、不、只、都
代词	这、我们、你们、什么

4. 将下列各词分别归类。

热爱（动）、可爱（形）、答案（名）、答应（动）、战争（名）、作战（动）、非常（副、区）、平常（名、形）、青年（名）、年轻（形）、坚决（形）、决心（名、动）。

5. "爱、恨、希望"等是动词，经常受程度副词修饰；"笔直、雪亮、红彤彤、绿油油"等是形容词，却不能受程度副词修饰。为什么说前者是动词，后者是形容词？

一般动词确实不受程度副词的修饰，但"爱、恨、希望"等心理活动类动词有程度的深浅，所以可以受程度副词修饰。我们将其归入动词，主要是因为它们的语法功能更接近动词的典型特征，如能作谓语中心、能带宾语等。

一般形容词可以受程度副词修饰，但是"笔直、雪亮、红彤彤、绿油油"等不受程度副词修饰，因为这些词本身含有程度深的意思。我们将其归为形容词，也是因为它们的语法功能更接近形容词，如作定语、谓语，不能带宾语。

6. 举例说明"我们"与"咱们"、"你"与"您"、"那"与"哪"用法上有什么不同。

"我们"既可以是包括式，也可以是排除式，如"老李，我们是多少年的交情了，这点小事"（包括式）；"麦老师，你别送了，我们自己走回去吧"（排除式）。

"咱们"只是包括式，如"咱们快点吧，火车快到了"。

"你"与"您"都是第二人称代词。"你"是一般称呼，无尊敬色彩，如"你去哪儿啊？"。"您"是敬称，表示尊敬，如"您快请坐"。

"那"是指示代词，表示远指，如"那是教室"。"哪"是疑问代词，表示疑问，如"你在哪？"；表示虚指，如"哪天有空，我们去你家玩"；表示任指，如"他哪哪都好，就是太追求完美"。

7. 有人使用"他（她）们、怹（tān）"，这种用法规范吗？

不规范。"他（她）们"的使用，是为了概括两种性别，但后来汉语"他们"并不表示性别，既可以只表示男性，也可以同时涵盖男女。因此不必写成"他（她）们"。"怹"是北京方言中第三人称单数"他"的敬称，并未进入普通话，所以使用并不规范。

8. 略

9. 西瓜摊上写着"5斤以上每斤9角，5斤以下每斤1元"。顾客称了一个5斤的，只给4元5角，小贩硬要顾客给5元。为何出现纠纷，谁对？

略

> 面对这种解释性的问题，能自圆其说，言之有理即可。

10. 你如何看待"副+名"的组合？如"副+一般名词"的"很学生""很男人"，"副+抽象名词"的"很青春、特现代"，"副+专有名词"的"很雷锋、很中国"。请说明理由。

这类名词有一个共同特点，即在此类名词的语义中，都包含一种描述性的语义特征。例如"学生"就有"青春、单纯、社会经验不足"等语义特征，"雷锋"就有"乐于助人"的语义特征。

思考和练习三

1. 划分汉语实词、虚词的依据是什么？

划分依据是词的语法功能、形态、意义，主要是语法功能。能够单独充当句法成分，有词汇意义、语法意义的是实词，不能充当句法成分，只有语法意义的是虚词。

2. 题目略

介词：给、从、对。

连词：和。

结构助词：的（8）、地（2）、得（2）。

动态助词：着（2）、了（沾满了）。

语气词：的（碧蓝碧蓝的）、了（……去了、……鲜艳了）、啦。

3. 下面各组句子里加着重号的词在词性上、作用上有没有不同？为什么？

①这个人不会过日子。动词，作动语。

②我去过上海。动态助词，表示曾经的经历。

③情况会一天天好起来的。语气词，表示陈述语气。

④他是一个修房子的。结构助词，组成"的"字短语。

⑤他近来很容易闹脾气了。语气词，表示陈述语气。

⑥不必客气，我的确吃过了。语气词兼动态助词，既表示动作完成，又表陈述语气，肯定已经实现。

4. 在下面句子里的空格处填上适当的结构助词，并说明理由。

①地　②地　③得　④的　⑤地

定中中间为"的"、状中中间为"地"、中补之间为"得"。

5. 下面两组里结构相似的句子意思是否相同？

（这其实是语义指向的问题）

不相同。

甲①表示现在已经离开北京，不在北京住了。甲②表示现在仍在北京。乙③表示没有同别人说过。乙④表示没有说过别的问题。

6. "我跟他去过"有多个意义，请分别加上适当的词将不同的意思都固定下来，并说明各个意思中"跟"的词性。

连词：我跟他都去过。

介词：我昨晚跟他去过。

动词：我跟着他去过。

7. 改正下列句中实词方面的错误，并说明理由。

①"见闻"误用为动词，改为"见到"。

②两个否定词导致语义相反，删去最后一个"不"字。

③不能用倍数表示数量的减少，改为"减少一半"。

④"高度"是名词，误用为"形容词"，改为"更高层面的深刻意义"。

⑤"智慧"不能与"漂亮"并用，不能受副词"又"修饰，应改为"聪明"。

⑥把动词误用为名词,改"使用"为"用法"。

⑦后一个"包装"受程度副词修饰,且无宾语,是把动词误用为形容词,改为"只注重"即可,让"包装"作谓宾动词"注重"的宾语。

⑧"明亮"是形容词,不能带宾语,这是误用为动词。改为"透出明亮的灯光,像不疲惫的眼"。

⑨"提高了"是指净增数,不包括底数。"提高到"指的是增加后的总数。改"了"为"到"。

⑩代词"他"指代不明,可择一修改。

⑪量词"幢"适配"楼",量词"座"配"山",改"幢"为"座"。

⑫"理想"是名词,不能带宾语,此处误用为动词,改为"幻想"即可。

8. 改正下列句子中虚词方面的错误,并说明理由。

①删去"的",使"12.5%"成为超过的量。

②将"对于"移到句首。这是主客颠倒的问题。

③"在……上"中的内容应当是名词性短语。改"上"为"方面",或在"生活"后加"……的问题"。

④种概念与类概念相并列,应改"和"为"等",或在"许多"前加上"其他"二字。

⑤"和"表加合性并列,"或"表选择性并列,应改"和"为"或"。

⑥改"地"为"的",定中短语作宾语。

⑦讲述一般道理时,通常不使用过去时态,所以删去"了"。

⑧"了"表示已经实现,"正在"表示"进行",语义矛盾,要么删去"了",要么改"正在"为"已经"。

(一)选择题

1. "金、银、无偿、公立、业余、超级"这些词属于(   )。

    A. 区别词　　　B. 形容词　　　C. 名词　　　D. 副词

2. "你知道这件事情却偏偏不说"中的"偏偏"是(   )。

    A. 形容词　　　B. 助动词　　　C. 副词　　　D. 区别词

3. 下列属于动介兼类词的是(   )。

    A. 在、对、比　B. 以、于、除了　C. 按、自、自从　D. 至于、关于、对于

4. "这种事情他从来都不管的"中"从来"和"都"的词性分别是(   )。

    A. 副词、动词　B. 副词、形容词　C. 形容词、副词　D. 副词、副词

5. 下列各组词中，两个词都是及物动词的是（ ）。
   A. 吃、呕吐   B. 打、转弯   C. 取得、可以   D. 停止、流动

参考答案

1~5 ACADC

（二）判断题

1. 汉语无论是形态标志还是形态变化都比较少，所以划分词类不需要考虑形态变化这一标准。（ ）

2. 有的代词相当于名词，比如"谁、我、你、他、这、那"，所以代词的语法功能和名词一样。（ ）

3. 一些常用副词的语义相当复杂，可能兼具实词和虚词的某些特点。（ ）

《通论》：功能词包括"数词、量词、代词、区别词、副词、叹词、拟声词"，主体词包括"名词、动词、形容词"。

4. 功能词包括名词、动词、形容词三类。（ ）

5. "金、银、铜、铁、锡"都是名词。（ ）

此二者是区别词。

参考答案

1~5 ×× √ ××

（三）主观题

> **小贴士**
>
> 在语法版块涉及的考研真题，主要有三种类型：
>
> 第一类是对书本知识的简单复述，对于这类题目只要按照正确作答主观题的格式与步骤，将知识复述出来即可，我们不再展开。
>
> 第二类是需要根据书本知识，对题目所给的材料加以简单地分析与运用，题目难度属于中等，出现频率较高，我们会详细解答。
>
> 第三类是具有发散性思维，对教材内外的知识点掌握要求最高的一种，主要出现在头部院校的初试与复试题中，频率较低，我们给出主要作答思路。
>
> 语法章之后的练习题我们也按此规则作答，以下是三种题型的展示与相应解析。

第一类（不再展开，请同学们自行翻阅教材相关章节）：

1. 请说说名词的语法特征。（广东外语外贸大学；2020）

2. 举例说明动词可以充当哪些句法成分。（湖南师范大学；2020）（10分）

3. 举例说明汉语副词的语法特点。（华中师范大学；2021）（10分）

4. 简述词类划分的依据。(吉林大学；2020)(20分)

5. 简述能愿动词的定义和语法特征。(兰州大学；2019)

6. 请说明副词的语法功能，并举例说明副词常见的四种语义类别。(中山大学；2019)

7. 什么是区别词，并说明其语法特征。(陕西师范大学；2020)

8. 形容词重叠的语法意义与具体形式。(山东师范大学；2021)(7分)

9. 举例说明汉语语法的抽象性与稳固性。(郑州大学；2020)

10. 简述汉语的"助动词"。(暨南大学；2018)

第二类：

1. 请简要说明疑问代词"什么"在下列句子中的用法。(北京语言大学；2020)(7分)

（1）你去买什么了？

（2）我什么也没买。

（3）他性格好什么，坏极了。

（4）我想买点什么。

（5）我们能干什么就干点什么吧。

（6）我出去就买了些水果什么的。

（7）什么鸡鸭鱼肉，他都不爱吃。

(1) 疑问代词的疑问用法。

(2) 疑问代词的非疑问用法（表任指）。

(3) 疑问代词的非疑问用法（表虚指）。

(4) 疑问代词的非疑问用法（表虚指）。

(5) 疑问代词的非疑问用法（表虚指）。

(6) 疑问代词的非疑问用法（表列举未尽）。

(7) 疑问代词的非疑问用法（表任指）。

2. 下面的词分别是何类型的重叠？简要说明这些重叠的语法意义。(北京语言大学；2020)(15分)

（1）通红通红 （2）蝈蝈 （3）世世代代 （4）代代（相传）（5）人人 （6）个个

（7）漂漂亮亮 （8）整整齐齐 （9）叔叔 （10）考虑考虑 （11）看看

(1) 状态形容词反复使用，表强调。

(2) 不成词语素重叠，是单纯词的一种构词手段。

(3) 量词的 XXYY 联合重叠形式，表繁多。

(4) 量词重叠，表逐一，按次序。

(5) 名词重叠，表周遍，每一。

(6) 量词重叠，表周遍、每一。

(7) 性质形容词重叠，表程度加深。

(8) 性质形容词重叠，表程度加深。

(9) 词根语素重叠，是合成词的一种构词方式。

(10) 动词重叠，表尝试、轻松、动量短、时量小等。

(11) 动词重叠，表尝试、轻松、动量短、时量小等。

3. "开心""关心"各自的词性是什么？判断的标准是什么？（北京语言大学；2019）（7分）

"开心"是形容词，"关心"是动词。

判断词性的标准一般有三：形态、意义、语法功能。其中语法功能是最主要的。

区分形容词与动词可从能否带宾语、能否受"很"修饰、重叠方式和意义、概括意义等方面着眼。

"开心"不可带宾语，"关心"可以。"开心"前可加"很"，"关心"虽然也可以前加"很"，但其属于心理活动动词。"开心"的重叠方式是"开开心心"，"关心"的重叠方式是"关心关心"。"开心"表一种性质和状态，"关心"表一种活动。

4. 分析句子"我看了电影""我看过电影""我正在看着电影"。（吉林大学；2018）

这三个句子最主要的区别是动态助词选用的不同。

"了"用在动词"看"后表示动作的实现，已经成为事实。

"过"用在动词"看"后表示曾经发生这样的动作或者曾经具有这样的性状。

"着"用在动词"看"后表示动作正在进行。

5. "你为什么不去"和"你为什么没去面试"有何异同？请分析。（山东大学；2021）

同："不"和"没"都是否定。

异：第一，这里的"没"表示否定动作或状态已经发生，一般限于指过去和现在，不能指将来。"不"则可指过去，也可指将来。第二，"没"是客观叙述的否定，"不"是主观意愿的否定。

6. 解释并归纳下面句子中"就"的义项和用法，并说明其词性。（首都师范大学；2020）

（1）我一会儿就回来。

（2）其他人都来了，就小王没来。

（3）请你就这个问题发表意见。

（4）就高不就低。

（5）不去，我就不去！

（6）就着灯光看书。

（7）你一到学校就给我打电话啊！

（8）你就亲自去请，他也不会来。

（9）就因为你的大意，让我们输掉了这场比赛。

（10）饺子就酒，越喝越有。

（1）副词，表示在很短的时间内。

（2）副词，仅仅，只。

（3）介词，表示动作对象或话题的范围。

（4）动词，靠近。

（5）（9）副词，表示加强肯定。

（6）介词，表示借着当前的便利。

（7）副词，表示前后事情紧接着。

（8）连词，表假设的让步。

（10）动词，表示二者搭着喝或吃。

7. "活了二十年""死了二十年""放了二十年"三个句子中的数量短语作什么成分？所表示的语法意义是什么？[1]（西南大学；2018）

"二十年"都是作补语，但语法意义不同。

"活了二十年"："二十年"指的是"活"这个行为动作持续的时间。

"死了二十年"："二十年"指明"死"这一行为动作实现后到说话为止时经历的时间。

"放了二十年"："二十年"既可指"放"这个行为动作持续的时间，也可以指这一行为动作实现后到说话为止时经历的时间，还可以指明行为动作造成的"事物存在状态所持续的时间"。

8. 请说明下列句子中"怎么"的意义和用法。（首都师范大学；2021）

（1）你怎么了？

（2）这屋子怎么这么黑？

（3）他们夸自己的产品怎么怎么好。

（4）这个东西怎么都修不好。

（1）代谓词，询问状况。

（2）疑问代词的疑问用法，问原因。

（3）疑问代词的非疑问用法，表虚指。

（4）疑问代词的非疑问用法，表任指。

---

[1] 陆俭明.现代汉语语法研究教程[M].北京：北京大学出版社，2003:113–115. 马庆株.时量宾语和动词的类[J].中国语文，1981（2）.

第三类：

1. 请结合古汉语与现代汉语的实例，对汉语中实词语法化为虚词的过程进行讨论与总结。（南京大学；2021）

> 📢 **小贴士**
> 　　实词语法化为虚词是一类非常重要的语言现象。汉语学界之前称之为"虚化""脱实向虚"等，引进语法化的概念后得到了大的发展，获得了大量研究成果。吴福祥、沈家煊是汉语语法化的大家，建议阅读《语法化研究综观》《汉语语法化的几个类型学特征》等文。这一概念并未在教材中出现，了解即可。

2. 近年来，网络语言中出现了很多新奇的句子，例如"强帖，签个名先""难过死了都""我都急哭了快""有事短我""不要忘了伊妹儿我"等。请分析例句中的不规则现象及其存在的原因。（西南大学；2018）　　　→ 活用

> 📢 **小贴士**
> 　　现象：前三句是状语后置，第四句是词类活用与使用简称，第五句是词类活用。
> 　　原因：快节奏的生活促使人们期待在有限的话语使用中尽快传递信息，故有意将话语的焦点提前呈现，将状语后置。而使用新用法、新词语的原因主要在于年轻人求新求变的语言使用习惯，以及层出不穷的新事物的诞生。

第三节　短语

 理框架

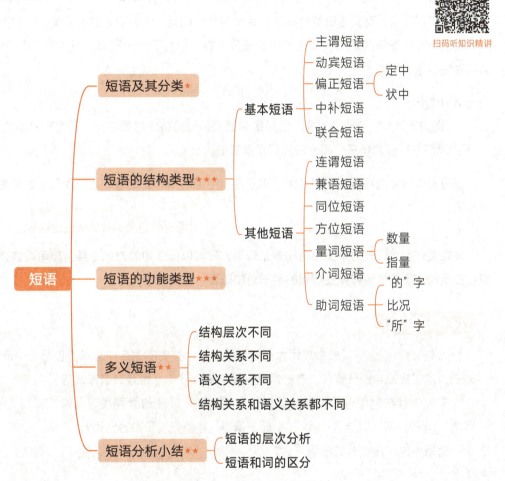

扫码听知识精讲

 划重点

1. 短语及其分类

（1）定义：短语是由语法上能够搭配的词组合起来的没有句调的语言单位，又叫词组。它是大于词而又不成句的语法单位。简单短语可以充当复杂短语的句法成分，短语加上句调可以成为句子。

准确来说是大部分短语，少部分短语不能单说。

> 📝 **考试拓展**
>
> 《通论》中对短语的定义是"由两个或两个以上单词构成的句法结构单位叫短语，是在语义上能逐层贯通、结构上逐层搭配起来的没有句调的一组词"。

<u>词组成短语的语法手段是**语序和虚词**</u>。语序是词语排列的前后顺序。直接组合的靠语序，非直接组合的靠虚词。

虚词我们了解较多，而汉语的语序其实也受到许多因素制约。

（2）分类：一种是结构类，这是向内看的分类，主要看构成短语的词与词之间的结构关系，分出主谓短语、动宾短语等结构类；另一种是功能类，这是向外看的分类，依据其进入更大的短语里担任职务的能力，即充当句法成分的能力相当于哪一类词，可以分出名词性短语、谓词性短语等功能类。

> 📢 **小贴士**
>
> "向内看结构，向外看功能"这是研究语法单位的指导思想之一。不光短语如此，先前的词汇与后面的句子，都是按此贯彻落实的。

按短语构成要素是否凝固来分类，可分为<u>固定短语</u>和非固定短语，在词汇一章举例谈过固定短语。

见教材（上）P204"固定短语"，固定短语是词与词的固定组合。

按意义分类，可分为单义短语和多义短语。还可以按成句能力来分类，==加句调独立成句的叫自由短语，不能加句调独立成句的叫不自由短语（黏着短语）==。

> 📝 **考试拓展**
>
> 吕叔湘[1]指出，"汉语中虚词大都是黏着形式，实词多是自由形式，也有不少是黏着形式，除了虚词与部分实词，有些短语甚至句子（分句）也是黏着形式的"。
>
> 实词中存在黏着形式，如动词里的形式动词、某些动介兼类词（如"往"）、"当作、作为""等于、同""切合""包含""引起、取得"等都归属于黏着动词[2]。
>
> 短语中也存在黏着的短语[3]。

2. 短语的结构类型

（1）主谓短语

定义：由有<u>陈述</u>关系的两个成分组成，前面被陈述部分是主语，表示要说的是谁或什么；后面陈述的部分是谓语，说明主语怎么样或是什么。陈述关系用<u>语序</u>而不用虚词表示。

---

[1] 吕叔湘. 说"自由"和"黏着"[J]. 中国语文，1962（1）：1-6.
[2] 尹世超. 试论黏着动词[C]// 尹世超. 汉语语法修辞论集. 北京：中国社会科学出版社，2002:1-18.
[3] 侯学超. 说词组的自由与黏着[J]. 语文研究，1987（02）：1-9.

> **小贴士**
> 　　请务必注意教材中给的例子，语言学研究中的例子都不是随意给的，背后都有编者的思考。例如主谓短语的例子中，充当谓语的有名、动、形三种，其实就是名词谓语句、动词谓语句与形容词谓语句，涵盖面很广。

　　（2）动宾短语

　　定义：由有**支配、涉及**关系的两个成分组成，前面起支配作用的部分是动语，表示动作行为；后面被动作支配的部分是宾语，表示做什么、是什么。支配关系用**语序**而不用虚词表示。

> **小贴士**
> 　　动宾短语的宾语，可以充当的成分有很多，体词性的宾语很多，需要注意的是谓词性的宾语，如"接受批评""喜欢清静"，参见教材（下）P64"谓词性宾语"。

> **考试拓展**
> 　　动语主要由及物动词充当，并可根据带宾语的情况分为体宾动词、谓宾动词（见教材[下]P65~66）等。但其实在我们日常生活的口语中，为了追求语言的经济性与省力，往往会出现如"飞南京""跑材料"等不及物动词带宾语的情况[1]，这是少数。

　　（3）偏正短语

　　定义：由有修饰关系的两部分组成，修饰部分在前面，叫修饰语，被修饰部分在后面，叫中心语。

定语是形容词、名词、数量短语时不一定用，但具体情况更复杂，详见下节定语后"的"的隐现规律。

　　分类：①定中短语。由定语和名词性中心语组成，其间的修饰关系有时用"的"作定语的标记。还有一种特殊的定中短语，属于名词性短语，如"中国的崛起""这本书的出版"，充当这种短语的中心语一般是**双音节的谓词性词语**，修饰语常常是名词或形容词，其间一般有助词"的"。**它独立成句的能力很差，只能作主语、宾语。**

　　②状中短语。由状语和动词、形容词性中心语组成，其间的修饰关系有时用"地"作状语的标记。

当副词以及时间、处所名词充当状语时，一般不用"地"，详见下节状语后"地"的隐现规律。

> **小贴士**
> 　　请注意教材此处的举例，充当状语的成分非常多样，可作为下一节状语部分的有益补充。教材（下）P47下方的注释①非常重要，是教材语法体系内对能愿短语的结构关

---

[1] 郭继懋.试谈"飞上海"等不及物动词带宾语现象[J].中国语文，1999（05）:337-346.

系的界定。这里与教材（下）P11"能愿动词……它们在句子里常作状语"、教材（下）P70"状语……还可以由动词（能愿动词）……充当"两处的表述是一致的。

（4）中补短语

定义：由有补充关系的两个成分组成，前面被补充部分是中心语，由谓词充当；后面补充部分是补语，也由谓词充当，起述说的作用，能回答"怎么样"的问题。有的补语前头有助词"得"作标志。 *参见教材（下）P74，时量补语是名词性成分。*

（5）联合短语

定义：由语法地位平等的两项或几项组成，其间是联合关系，可细分为并列、递进、选择等关系。有时用"和、并、或"等连词表示，也有前后各项词性不同的联合短语，如"勤快、和气、不怕苦"（形·形·动词短语）。

📢 小贴士

关于教材（下）P47下方的注释②，有人认为"来不来、好不好"是正反重叠短语，教材认为是正反联合短语，所以在后续的层次分析时务必按照此原则进行划分。另，"飞呀飞呀""很多很多""你瞧你瞧""你你你"教材认为不是重叠短语或联合短语，而是修辞的反复格，也需要注意。

🚩 考试拓展

联合短语可以是词和词联合、短语和短语联合、词和短语联合，但不论是何种形式，必须是语法形式相同或相近的。且只有当其中为并列关系时才可以省去其中的连词。

为了判断五大基本短语，可以使用插入法和提问法来测试。教材（下）P48的《五种基本短语表》，着重识记语法关系、整体性质与可以插入的词。

（6）连谓短语 *→《通论》："连谓词组表示连续的几个动作，所有的动作都是由一个主体发出，且动作往往具有前后的顺序性。"*

定义：由多项谓词性词语连用，谓词性词语之间没有语音停顿，没有上述五种基本结构关系，也不用任何关联词语。 *关于连谓短语，教材（下）P94连谓句部分介绍得更详细。*

（7）兼语短语

定义：由前一动语的宾语兼作后一谓语的主语，即动宾短语的宾语和主谓短语的主语套叠，合二为一，形成有宾语兼主语双重身份的一个"兼语"。直接包含兼语的短语叫兼语短语。

详见教材（下）P94兼语句部分

（8）同位短语 *→注意此处举的例子的各种形式，名词、代词等体词性成分居多。*

定义：多由两项组成，前项和后项的词语不同，所指是同一事物。前项后项共作一个成分，因前后语法地位相同，故名同位短语；又因前后项有互相说明的**复指关系**，故又叫**复指短语**。

> **考试拓展**
>
> 去掉同位短语中的一项，句子结构关系一般不受影响，仍然成立，意义也基本不变。
> 同位短语的类型有更细的划分，可分为以下几类：
> ①通名＋专名：孙中山先生、首都北京。
> ②别称＋本称：文学之都南京、羊城广州。
> ③含有数量短语：粤港澳三地、江浙沪三省市。
> ④含有人称代词：我们大家、他们夫妇。
> ⑤含有指示代词："美丽"这个词、"摔跤"这种运动。

同位短语中松散的形式里可以出现语音停顿和标点。

同位短语和联合短语的辨析：①同位短语的前后项是异名同物，联合短语的前后项是异名异物；②同位短语中间不能插入虚词，联合短语可以；③同位短语是名词性的，联合短语有名词性和其他词性的。

（教材举例"北京、上海等大城市"中的"等"是列举助词，但其位置不是中立于前后项，而是依附于前项，所以与此处表述并不冲突。）

（9）方位短语[1]

定义：由方位词直接附在名词性或谓词性词语后面组成，主要表示处所、范围或时间，具有**名词性**。（详见教材（下）P10名词一节位词）

语法特征：①由"东、西、南、北、左、右"组成的方位短语只表示处所，例如"铁道北"；其余的既可以表示处所、范围，也可以表示时间，例如"一米以内、一年以内"。

②方位短语也常常同介词一起组成介词短语，例如"在树上"。

③方位词"上、里"等在一些方位短语里已经没有什么方位义，例如"田野上、田野里"表同一意义。甚至不一定用于处所义，例如"组织上会考虑的"。

④方位词"上、中、里、下"用来表范围时，常常是说明某一方面或某一界限，这时常和介词组成介词短语。例如"在政策的保护下"。

> **小贴士**
>
> 总结：方位词一般表处所、时间、范围义，"上、中、下"则还可表方面、过程、条件义等。
> （"……上"意思是"在……方面"；"……中"意思是"在……过程中"；"……下"意思是"在……条件下"）

表示处所的方位短语与定中短语的辨析，可以用能否插入"的"字来鉴定。方位短语不可插入，定中短语可以插入。

---

[1] 金昌吉. 方位词的语法功能及其语义分析 [J]. 内蒙古民族师院学报（哲学社会科学版），1994（03）：22-26.

(10) 量词短语 → 注意举例，其中数量短语充当的成分分别为定、状、补、主、谓、宾。

定义：由数词或指示代词加上量词组成。

分类：①数量短语，由数词加量词组成，如"两个人"；②指量短语，由指示代词、疑问代词加（数）量词组成，如"这件好""哪件衣服"。 → 《通论》将含有疑问代词的称为"疑量短语"，鉴于疑问代词与指示代词是平行的，所以单立一类可能更合适。

(11) 介词短语 → 是加词性短语，见教材（下）P53。

①定义：由介词附着在名词等词语前面组成。介词短语常修饰谓词，用来标明动作的工具、方式、时间、处所、因果、施事、受事、对象等多种语义成分或语义格。

→ 介词短语作句首状语的条件或者理由，见教材（下）P71。

②主要作状语。如"[用大碗] 盛汤""[比前几年] 好得多"。

③少数作补语。如"来〈自遥远的边疆〉""生〈于1936年〉"。

④还有一些能作定语。如"(关于嫦娥奔月)的神话""(对曹操)的评价""(朝东)的侧门"。
　　　　　　　　　　　　　↑表关涉　　　　　↑表关涉　　　↑表方位

> **考试拓展**
>
> 关于介词短语作定语[1]，16世纪以前属于使用概率极低的萌芽期，随着白话文运动与外语对汉语影响的加深，此类用法才在20世纪初大量出现。
>
> 现代汉语中共四类介词短语可以作定语，除了上述"表关涉""表方位"的，还有"表时间"（如"在新学年的打算"）"表原因、目的"（如"为了解决问题的各种政策"）的。

(12) 助词短语

定义：由助词附着在词语上组成，包括"的"字短语、比况短语和"所"字短语等。

①"的"字短语。

a. 定义：由助词"的"附着在**实词**或**短语**后面组成，指称人或事物。

> **考试拓展**
>
> 绝大多数的实词和短语都可以加"的"构成"的"字短语。
>
> 这里讲的是**实词与短语后面**，虚词自然不行。而"语素+的"，要么不合格（如"丽的""习的"），要么组合后成了一个词（如"怎的、似的、别的"）；"句子+的"，这个"的"多为语气词，如"我肯定写得完的"；若不后附，而是在短语中间，那就是动宾短语中间的时间助词，如"前天进的城"。

b. 性质：属于名词性短语。

---

[1] 王珏. 介词短语作定语四论[J]. 华东师范大学学报（哲学社会科学版），1999（04）：96-103.

c. 功能：能作主语、宾语。例如：

大的要照顾小的。（形·的）（作主语、宾语）

他听到的是海潮的声音。（短语·的）（作主语）

"海潮的"不是"的"字短语，因为其不是整体**指称**人或事物。

> **小贴士**
>
> 名词性短语之所以具有指称性，就在于其整体性质与名词相似，而名词的表达作用在教材（下）P13 的表格中早有说明——指称！（不得不感叹教材语法章的编写，理论完足。）

表述很严谨，是因为编者不认同有的人提出的"'的'字短语是一种省略式"的说法。

"的"字短语可以前加介词组成介词短语，例如"说的[比唱的]还好听"。"的"字短语有时后面可以添加相应的名词，这就成了偏正短语。不过意义会有较大的变化，由概括性较强的指称意义变成了具体意义，而且有的也不能添加相应的中心语[1]，如"人和车都是铁打的"。

更多例句如"他年轻力壮，所差的是眼睛不好"。

> **考试拓展**
>
> 可以补足后面名词的"的"字短语叫省略式，不可或难以补出的叫隐含式（如"当妈的要做个榜样""人们感受到的是春天"）。二者实质是相通的，都是"的"字短语指称某种事物或现象，其越具体、明确则越易补出，越抽象、含糊则越难补出，这实际是"的"字短语在大量、高频的语言使用中逐渐抽象化、模糊化的过程。不止"的"字短语，语言成分的"由实向虚"是类型学上的一个共性，语法、词汇、语音皆有所表现。
>
> "的"字短语的性质：概括性、形象性、随意性（尤其是称呼职业：教书的、跑腿的）。

②比况短语。

由比况助词"似的、一样、（一）般"附在**名词等词语**后面组成，表示比喻，有时也表示推测，有多种句法功能，可以作定语、状语、补语，属形容词性短语。例如"（暴风雨般的）掌声""（大山一般的）体魄"。

用来比喻的成分以名词为常，动词、形容词较少。这种短语因为主要是用来描写类似点，前面很容易用上**动词"像、好像"**等词，**引进比喻的对象**或**表推测**。例如"[好像火一样]灼热（表比喻）"。

---

[1] 朱德熙.语法讲义[M].北京：商务印书馆，1982:220.

> **考试拓展**
>
> 前面比喻的成分中名词性成分最常见，动词性词语（"唱歌似的""丢了魂似的"）和主谓短语（"雷鸣一般""箭出弦似的"）还算常见，形容词最少。此外，疑问代词也可，如"他考研上岸了，乐得什么似的"。
>
> "一样""一般"可以接在谓词性与体词性成分后，"般""样"只能跟在名词性成分后。这是附着范围的不同。

③"所"字短语。

由助词"所"加在动词前面组成，指称动作所支配或关涉的对象。例如"所想、所需要、所认识"。

（支配 → 即动作的受事；关涉 → 即动作的与事）

> **小贴士**
>
> 教材中明确指出受事和与事的例子极少，如教材（下）P96"双宾句"部分给的例句"我（施事）给（动作）他（与事）苹果（受事）"，更多的都是作与事宾语或间接宾语来介绍。

> **考试拓展**
>
> 汉语句子中的一些特色介词往往能够帮助我们辨别后面的与事成分，这些介词就叫作"与事介词"，如"给、替、跟、与、和、同、向、对"等。汉语与事范畴[1]中主要包括三类关系：受益（"我给小妹送了一个盲盒"）、相与（"我要和你商量一下"）、指涉（"真一个子儿也不向咱们要"）。

"所答非所问"（作主语、宾语）、"各尽其所"（作宾语）都是文言成分。在口语句子里一般要借助"的"字组成"的"字短语，例如"所引用的只是一些文献资料"；或者借助"的"字修饰名词组成偏正短语，如"所起的作用很大"。（请务必注意这些词语，意指前后都是知识点！）

> **小贴士**
>
> （参见教材（下）P57 二维码"短语分析举例"中所给的实例。）
>
> 这里其实是在告诉我们在层次分析中处理"所……的"时的先后顺序，要先画出"的"字结构，再画出"所"字结构。

许多"所"字短语仍旧要利用"的"字来组成"的"字短语，才有可能单说，如不能说"所陈述"，但可说"所陈述的"。

"所"字短语都是名词性短语。

---

[1] 李炜，石佩璇. 北京话与事介词"给""跟"的语法化及汉语与事系统[J]. 语言研究，2015，35（01）：45-54.

3. 短语的功能类型

短语的功能：一方面是作句法成分，所有的短语都能充当一个更大的短语里的组成成分；另一方面是成句，大部分短语加上句调后能独立成句，少部分不可以。

短语的功能是凭它相当于哪类词的功能决定的。功能相当于名词的叫名词性短语，相应的还有动词性短语和形容词性短语。

教材总结的《短语的结构类和功能类关系表》，非常重要！

> **小贴士**
>
> 教材（下）P52《短语的结构类和功能类关系表》罗列的短语类型少了比况短语与"所"字短语，请自行补充，分别归属于形容词性短语和名词性短语。另，教材此页下方注释里的用例符号标错了，应该是"[把车]开走""（朝南）的房子"。

4. 多义短语

（1）定义：只有一个意义的短语叫单义短语，不止一个意义的短语叫多义短语。

（2）形成原因：语言结构有限而意义无穷，用有限的结构表达无穷的意义不能不产生一个语言结构表达多种意义的现象。词、句子和短语都有多义现象，短语不像句子那样有语境，所以多义短语比多义句更多。

（3）观察多义短语的角度：语法层次、语法结构关系、语义关系等。

①结构层次不同。→ 朱德熙率先使用结构主义语法的理论，成功地分化了这一类结构层次不同的歧义现象。

②结构关系不同。

③语义关系不同。→ "鸡不吃了"是赵元任所举的著名例子。

④结构关系和语义关系都不同。→ "咬死了猎人的狗"是朱德熙在《句法结构》（1962）中使用的著名用例。

> **考试拓展**
>
> 多义与歧义现在多等同观之，但严格来说还是有差别的。多义指"某种语言形式含有两种或两种以上的意义"；歧义指"某种语言形式在特定的语言环境中，人们对它实际上可以有不只一种解释"。多义是语义层面的，歧义是语用层面的[1]。

上面都是书面上的短语，有些在口语里，因有**轻重音**和**停顿**的不同，可以化解多义，有些在**上下文语境**中可以消除多义，即由多义变成单义。有时候，语境不能消除歧义，就容易使人

---

[1] 邵敬敏，任芝锳，李家树.汉语语法专题研究[M].桂林：广西师范大学出版社，2003:194-207.

产生误解，就书面上说：一是适当**增加实词**，像把"厂长的问题"说成"厂长提出的问题"；二是**增加虚词或改变结构**，像"演好戏"说成"把戏演好"。

5. 短语分析小结

（1）短语的层次分析

> "层次"的概念非常重要，指的是一些句法单位在组合时所反映出来的不同的先后顺序与语义关系。

本节分析短语或句法结构，使用层次分析法，它来源于国外结构主义语法学派的"直接组成成分分析法"。

> "Immediate Constitute Analysis"，简称 ICA。叫"直接成分分析法"是因为要逐层找出每一层语言结构的直接组成成分。

> 层次分析讲求成双配对发生结构关系。

分析时尽量切分出两个直接组成成分，即一分为二，所以又叫"二分法"。遇到不能二分的**兼语短语、连谓短语和多项的联合短语**，就只能多分。

这种分析法最能反映短语内部的组合层次，因而我国把这种析句方法称为"层次分析法"。这种分析法内容有二，一是切分，二是定性。

切分的条件有三[1]：

> 或称为三大原则：结构原则、功能原则、意义原则。

第一，从结构上看，切分出的配对成分必须是个语法单位（即语言中允许有的，如词、短语、短语的等价物、短语的省略形式）。

> 不考虑配对成分之间的语义关系。

第二，从功能上看，切分出的配对成分必须有**语法关系**，或者习惯上能组合、搭配。

> 📌 **考试拓展**
>
> 这里强调的是直接组成成分之间的语法关系（即句法关系），非直接组成成分之间可以无语法关系，但可以有超越句法规则制约的语义关系，例如"我们家新养了只柯基"，这句话里的"我们"与"柯基"之间存在语义上的领属关系，"养"和"柯基"之间存在动作与受事的关系。
>
> > 名词与名词之间的语义关系，句式小节会有拓展。
> > 动词与名词之间的语义关系，同上。

第三，从意义上看，切分出的配对成分每个都有意义，加起来也有意义，而且符合整体的原意。

简单地说，**切分出的必须是能搭配（有语法关系）而又符合原意的语法单位。**

> 📢 **小贴士**
>
> 以下是在处理层次分析时，非常重要的三条操作性规定：
> ① 教材一般使用从大到小的切分式。
> ② 遇到"状动宾"结构时，选取"先状后宾"，即先切分出状语，再切分出宾语。

---

[1] 龚千炎. 析句法 [M]. 北京：人民教育出版社，1990:35-44.

③要注意，有的结构体的两个组成成分之间有黏合剂（虚词里的结构助词或连词），起黏合作用，不算在某一句法成分之内。"的、地、得"与"和"只是定语、状语、补语和联合结构的标记，不算是句法成分，也不能和前面的词语合成一个成分。例如"的"字短语里的"的"、介词短语里的介词不能排斥在句法成分之外。

教材（下）P57 二维码里的分析实例良多，所使用的这种加框、切分后再标成分的图解名称叫"层次法框式图解"，我们作层次分析一般都使用此种格式。

层次分析法的框式图解法比较形象、细致，但所占用的篇幅较多、费时间，且若句子长度超过一行，就无法画了。

请务必认真领会分析要领！！！

🔨 考试拓展

层次分析法是目前析句方法里最基本、有效的方法之一。我国最先使用层次分析法的是丁声树[1]等。下一节"句法成分"中还会介绍"句子成分分析法"等其他方法。

层次分析在国内学术研究上会划分至虚词，但在教学语法领域，认为虚词不是成分词，一律不分析，只分析到实词为止。例如"他好吗"，先去除语气与语调等超语段成分，再去除语气词"吗"，只分析"他"与"好"之间的主谓关系。

（2）短语和词的区分

短语和词是两个重要的不同层次的语言单位。汉语的合成词中，有一些既像词又像短语，处于中间状态，需要谨慎地加以分辨。

> *这其实是插入法，最早由王力在《中国现代语法》（1943）中提出用以区分词与词组。*

我们可用"扩展法"区别短语和词的界限。所谓扩展，就是把可疑单位拆开，插一个或几个词，造成一个较复杂的短语形式。扩展后说来能成话的，原单位就是短语，否则就是词。

> *其实就是上文提及的《五种基本短语表》里的"中间常插入的词"。*

教材（下）P58 所附《短语和词测试表》中的测试剂是帮助我们辨认短语类型的标记。

> *两种例外　参见教材（上）P203*

要注意，离合词合起来算一个词，扩展后算两个词，这种词不宜使用扩展法。还有"美什么丽"也不是扩展法，它是在词内插入"什么"用来提问，表示对该概念的否定或不同意。

---

[1] 丁声树，吕叔湘，李荣等. 现代汉语语法讲话 [M]. 北京：商务印书馆，1961:16-17.

考试拓展

汉语语法研究中常会使用替换法与扩展法[1]：替换有超量替换与差量替换；扩展（expansion），一般是指一个句法结构由简单变为复杂，复杂后的结构叫"扩展式"。扩展实质上有三种类型：①更迭性扩展；②组合性扩展；③插入性扩展。教材中提到的是插入性扩展。

解习题

思考和练习四

1. 合成词和短语的结构类型基本相同，只有少数不同。试将相同的类型一一对比列举，每类举三例。其中举一个两层的合成词和一个两层的短语，说明它们的相同点。

	词			短语		
主谓	地震	日食	霜降	鲁迅绍兴人	你看	葡萄很甜
动宾	司机	掌门	站岗	看书	看云	看你
偏正（定中）	主流	气功	冰箱	狡猾的狐狸	美好的回忆	难得的经历
偏正（状中）	彻查	游击	腾飞	非常甜蜜	很兴奋	不去
中补	提高	说服	推翻	吃得完	香得很	想得厉害
联合	国家	睡觉	善良	知道不知道	来不来	又大又圆

2. 试举例说明汉语组成短语的语法手段。

汉语组成短语的语法手段是语序和虚词。有一些短语只靠语序组成，如主谓、动宾短语；有一些短语既靠语序，也靠虚词，如偏正短语的"的"与"地"，部分中补短语的"得"等。

3. 指出《不老歌》中三字短语的结构类和功能类。

起得早、睡得好——中补、动词性

七分饱——偏正、形容词性

常跑跑——偏正、动词性

多笑笑——偏正、动词性

莫烦恼——偏正、形容词性

天天忙、永不老——偏正、形容词性

---

[1] 陆俭明.现代汉语语法研究教程[M].北京：北京大学出版社，2019:203–209.

4. 指出下面句子中作定语的短语的结构类和功能类。

攀登高峰——动宾、动词性

金色秋天——偏正、名词性

友谊园里——方位短语、名词性

理想王国——偏正、名词性

获得甜果——动宾、动词性

秉公办事——偏正、动词性

健康长寿——联合、形容词性

身体内部——偏正、名词性

时代洪流——偏正、名词性

前进路上——方位短语、名词性

走向深渊——中补、动词性

5. 用从大到小和从小到大的层次分析法分析每个短语的层次和结构关系，并指出下列短语的结构类型。

① 矿山建设者的摇篮

矿山建设者的摇篮

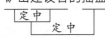

② 不能磨灭的深刻印象

不能磨灭的深刻印象

③ 写出更多更好的作品

写出更多更好的作品

④ 分析研究一下材料

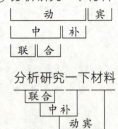

分析研究一下材料

> 📢 **小贴士**
> 教材的教学参考中有说"数量短语""方位短语""介词短语""助词短语"一般不分析，但是在考场中，我们还是要分析的。

⑤ 谁是最可爱的人

谁是最可爱的人

⑥ 做一个有理想有作为的青年

做一个有理想有作为的青年

⑦ 一种新式的炊具电磁炉

一种新式的炊具电磁炉

⑧ 划分词类的一个目的是讲述词的用法

划分词类的一个目的是讲述词的用法

⑨ 浓浓的长长的眉毛和一双不大不小的眼睛

浓浓的长长的眉毛和一双不大不小的眼睛

6. 下列短语都是多义短语，试分析它们内部结构层次和结构关系的不同。

① 他的哥哥和妹妹的三位朋友

他的哥哥和妹妹的三位朋友

② 热爱人民的军队

定	中
动宾	

热爱人民的军队

动	宾
	定中

③ 三个报社的记者和编辑

三个报社的记者和编辑
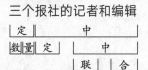

④ 看打乒乓球的小学生

看打乒乓球的小学生

⑤ 对售货员的意见

对售货员的意见

⑥ 照顾孩子的妈妈

照顾孩子的妈妈

⑦ 反对用人唯亲的程××

反对用人唯亲的程××
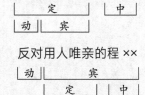

⑧ 讨厌酗酒和赌博的女人

讨厌酗酒和赌博的女人

（一）选择题

1. "鸟笼子里"属于什么短语？（　　）
   A. 方位短语　　B. 偏正短语　　C. 比况短语　　D. 主谓短语
2. 下列属于动宾短语的是（　　）。
   A. 打扫了两个小时　　B. 浪费了一天
   C. 等了一年　　D. 下了一夜
3. "开会之前"属于（　　）。
   A. 偏正短语　　B. 方位短语　　C. 主谓短语　　D. 比况短语
4. 下列属于动词性短语的是（　　）。
   A. 进大学之后　　B. 漂亮得多　　C. 学习目的　　D. 一遍一遍地计算
5. 下列属于比况短语的是（　　）。
   A. 暴风雨般的掌声　　B. 像鲜花
   C. 有功劳似的　　D. 像小鸟一样飞来
6. "卓越的科学家竺可桢"是（　　）。
   A. 偏正短语　　B. 同位短语　　C. 联合短语　　D. 主谓短语
7. 以下不属于量词短语的是（　　）。
   A. 一斤　　B. 那本　　C. 三次　　D. 这件事
8. 下列属于"的"字短语的是（　　）。
   A. 喜欢新的　　B. 修自行车的　　C. 他会来的　　D. 是我的
9. 下列短语中属于形容词性偏正短语的是（　　）。
   A. 商人的精明　　B. 打扫干净　　C. 特别厚道　　D. 慢慢地走
10. 下列属于兼语短语的是（　　）。
    A. 有能力把工作干好　　B. 嫌这块肉肥
    C. 希望你能来一趟　　D. 大家选他当班长

参考答案

1~5 ABBDC　　6~10 BDBCB

（二）主观题

1. 分析下面的歧义句，并说明歧义产生的原因。（北京大学；2019）（15分）

   （1）还是买一件好。

   （2）一边两个人。

（3）他喜欢上了。

（4）校长和书记分别接见了家长和学生代表。

（5）照片放大了。

（1）由于重音不同导致的歧义。第一种，重音在"一件"上，意思是不要买太多，只买一件即可；第二种，重音在"买"上，意思是不要走开，还是买一件吧。

（2）由于词语"一边"的含义造成的歧义。第一种意思是左右两边都是两个人；第二种意思是只有一边是两个人，另一边几个人未知。

（3）由于重音不同导致的歧义。第一种，重音在"他"，强调是"他"，不是别人；第二种，重音在"喜欢"，强调他的态度发生了变化，之前可能是不喜欢，现在喜欢了；第三种，重音在"上"，"上"的宾语可能很多样，比如上场比赛等，之前可能畏惧上场，现在主动参赛了。

（4）语义指向不明导致的歧义。问题在"分别"，第一种是校长见家长，书记见学生代表；第二种是校长和书记一起，先见了家长，之后见了学生代表。

（5）由于词语"放大"的含义造成的歧义。第一种是单纯的阐明照片由小变大，范围和程度刚刚好；第二种是强调"大"，意为"放大放过了头，太大了"。

2. 层次分析法。（北京大学；2020）（15分）

（1）十除以二等于五。

十除以二等于五。

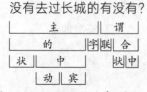

（2）没有去过长城的有没有？

没有去过长城的有没有？

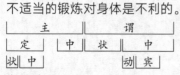

（3）不适当的锻炼对身体是不利的。

不适当的锻炼对身体是不利的。

（4）帮助我的朋友。

① 帮助我的朋友。

② 帮助我的朋友。

　　|　定　|　中　|
　|动|宾|

3. 层次分析：思维敏捷的小王向我提出了问题。（北京师范大学；2020）

思维敏捷的小王向我提出了问题。

4. 层次分析：我也想过过过儿的生活。（北京语言大学；2019）（6分）

我也想过过过儿的生活。

5. 层次分析。（广东外语外贸大学；2018）

（1）十岁的汤姆在广州学习了二个月的汉语。

十岁的汤姆在广州学习了三个月的汉语。

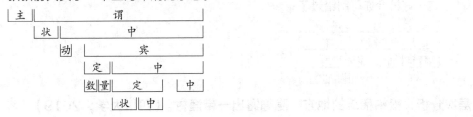

（2）叔叔前天买了一本上海印刷的杂志。

叔叔前天买了一本上海印刷的杂志。

6. 层次分析：他们组织没事干的人去干没人干的事。

7. 层次分析：卖肉的又和买肉的打起来了。（吉林大学；2020）（10分）

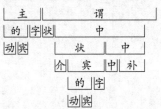

8. 层次分析。（兰州大学；2020）

（1）去北京查资料很有必要。

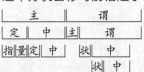

（2）这个好机会你可别错过了。

这个好机会你可别错过了。

9. 层次分析：松柏稀疏的地方，隐隐露出一带渔村。（四川大学；2019）

10. 层次分析歧义句：关心我们的总理。（山东大学；2021）（5分）

① 关心我们的总理。

② 关心我们的总理。

11. 层次分析歧义：求过他姐姐的学生。（西北大学；2018）

① 求过他姐姐的学生。

② 求过他姐姐的学生。

第四节　句法成分

学习提示： 教材一共分三次讲解"句法成分"，第一次是在语法概说，大致介绍名称与定义以及在析句时的符号；第二次是在上一节的短语部分，讲解使用它们配对时的结构关系；第三次是在本节，详细展开论述。

扫码听知识精讲

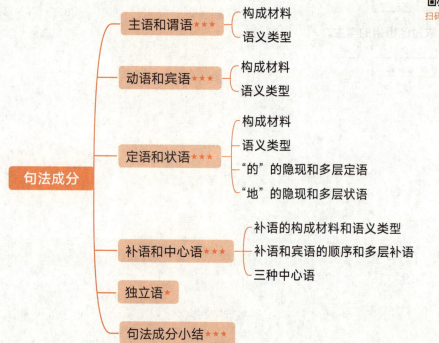

划重点

1. **主语** → 是一个源自印欧语系语言传统语法的概念。而现代语言学里，主语按照句法、语义、语用三个平面，可以依次分为语法主语、逻辑主语、心理主语。我们一般说的主语都是指语法主语。

（1）名词性主语

名词性主语由**名词性词语**充当，包括名词、数词、名词性的代词（即代名词）和名词性短语，多表示人或事物。主语作为被陈述的对象，在句首能回答"谁"或"什么"等问题。

> **小贴士**
>
> 教材（下）P60 所罗列的例句中充当主语的成分非常多样，不光有词类一节提到的体词性的（名词、数词、代名词），还有短语小节按功能划分出来的名词性短语（主谓短语、偏正短语、联合短语、同位短语、量词短语、方位短语、"的"字短语、"所"字短语）。

如果谓语以带宾动词为核心，确认主语时要考虑动词前的名词性词语是不是必有成分，是不是施事、受事。当句首表示时间和处所的词语作为陈述的对象时，即是作主语；当动词前还有表施事、受事的名词语作陈述对象时，时间和处所词语就成为状语。

(2) 谓词性主语

谓词性主语由谓词性词语充当，包括动词、形容词、谓词性的代词、动词性短语、形容词性短语。这是以动作、性状或事情作陈述的对象。

名词性主语后面的谓语在词性上不受限制，只要语义能搭配，可以由各种谓词语充当。谓词性主语后面的谓语要受到限制，它总是由非动作性谓词（含判断动词、形容词等）充当。

> *此话题是分析句子的术语，和"你讨论的话题是什么"中的"话题"不一样。前者叫"句子话题"，后者叫"话语话题"。我们只谈句子话题。"话题"这个术语，来自美国结构主义语言学家霍凯特。*

主语和话题，前者是句法概念，后者是语用概念。 *也即"句子谈论的相关对象"*

话题是谈话的出发点、关注点，常指明一句话中的已知信息。话题与"说明"配对共存，一前一后，"说明"是对话题的陈述，指明一句话中的重点信息。**话题又叫"主题"**，说明又叫"述题"。

话题与主语相似而并不等同。主要是在句中占据的位置不同，话题出现在句首，可以由时间、处所状语充当，更多的是由主语充当，这时二者重合，说明也就与谓语重合。语用方面，话题往往带有强调的口气。

> **小贴士**
>
> 这段话在语言学上涉及一个非常重要的题目，即汉语里的"主语和话题之辨"，应试角度只需要做到理解即可。

> **考试拓展**
>
> 世界语言在重视主语与话题方面有所差别，可以分为主语突出型（如英语）、话题突出型（如汉语）、话题主语都突出型（如日语）、话题主语都不突出型（如他加禄语）四种。
>
> 汉语里话题的构成成分丰富多样，与其他语言里的话题一般是 (NP) 不同，汉语里谓 *名词性短语*

词性成分作话题非常自由，受限制很小，这是汉语话题的一个突出特点。汉语中公认的话题标记主要是话题之后出现的语气词（啊、呢、吗、嚜、吧）。

汉语里主语和话题的判别特征[1]：

即句中语气词

主语	话题
①可以加焦点标记"是"	①不能加焦点标记"是"
②可以用疑问代词提问	②不能用疑问代词提问
③所在结构可以用于句子和从句	③只能用于句子层面
④行为动作的施事或者性质状态的主体	④指示有定的事物

（3）主语的语义类型

主语可粗分为施事、受事和中性三大类。

①主语表示发出动作、行为的主体，叫施事主语。这种主谓句的语义结构是"施事＋动作"，这里的施事是广义的，句子是施事主语句，也叫主动句。

②主语表示承受动作、行为的客体，也就是动作、行为所涉及的对象，叫受事主语。这种主谓句的语义结构是"受事＋动作"。这里的受事是广义的，含义较宽泛，只要从意义上看可以认为是动作、行为所针对的对象，包括动作的承受者和涉及对象，都是受事。句子是受事主语句[2]，但只有其中一小类叫被动句。*详见"被"字句。*

③主语表示非施事、非受事的人或事物，叫中性主语，又叫非施受主语。这类例子值得注意，其中的谓语或谓语中心有时用及物动词，有时用不及物动词，后面一定有宾语，主宾之间在语义上有**领属关系**。不能删去宾语而只用主语，否则句子不能成立或改变了原意。

> **考试拓展**
>
> 之前认为动作涉及的对象叫"与事"，所以分出了一个与事主语，例如"这个学生我教过他数学"。教材早期的版本也这么认为，现在最新的教材认为都属于受事主语句。

除此之外，主语还有多种语义内容，可以表动作结果，如"楼盖好了"；表工具，如"钝刀割肉"；表原因，如"外伤容易感染"；表处所，如"汤里放点紫菜"。这些小义类也一律归入中性主语大类里。由此推广开来，谓语中心不用动作动词，而用形容词、名词、数量短语和非动作动词"是""有"等，其主语也属于中性主语。

存在、变化、消失动词
判断动词

---

[1] 石毓智. 汉语的主语与话题之辨 [J]. 语言研究，2001（02）:82–91.
[2] 龚千炎. 现代汉语里的受事主语句 [J]. 复印报刊资料（语言文字学），1980（09）.

> **小贴士**
>
> 教材（下）P60 的例句⑪~⑯，分别对应谓语是形容词、名词、数量短语等，教材举例的精当于此可见，力争在举例部分涵盖涉及的每一类。

2. 谓语

（1）谓语的构成材料

谓语通常由谓词性词语充当，在一定条件下也可由名词性词语充当。谓语的作用是对主语进行叙述、描写和判断，能回答主语"怎么样"或"是什么"等问题。

> 见教材（下）P88 "名词谓语句"
>
> 王力把句子分为描写句、叙述句、判断句。
>
> 吕叔湘在1985年"句型和动词学术讨论会"开幕式上的发言中指出："动词是句子的中心、核心、重心，别的成分都跟它挂钩，被它吸住。"核心就是能决定全句性质的词语。

用作谓语中心的动词、形容词等通常是句法结构和语义解释的核心，它和前面的主语、状语和后面的补语、宾语都可以发生语法、语义联系，抽出它，句子就散架了。

因此，认准谓语中心以及它与前后各成分的结构关系、语义关系是十分重要的。

动词性词语经常作谓语。动词**一般不**单独充当谓语，动词单独作谓语常常要在前面或后面带上别的成分（修饰补充或动态语气等），并有以下条件：①用在对话里，如"你看"；②用在复句的分句里，特别是在先行句和后续句里，如"你来，我就走"；③用在对比、排比句里，如"架不住，一个人干，八个人拆"；④常常要加上一定的语气词或动态助词，如"春天来了"。

> 请牢记这四项条件

> **考试拓展**
>
> 动词单独作谓语的句子有的叫"光杆动词句"，是吕叔湘[1]率先号召学界研究的。光杆动词句分狭义、广义两种。狭义的[2]是指"没有任何附加成分的动词"；广义的是指包括状语、补语以及一些附加的虚词。显然教材此处的看法介于二者之间，即可以附加语气词和动态助词，但不能加状语、补语。

> 形容词单独作谓语的条件和动词单独作谓语的条件类似，也要记忆。

形容词性词语也经常作谓语。形容词单独作谓语，也受一定的条件限制：①对话中的提问句和回答句，如"哪儿凉快？"②用在复句的分句里，主要是对比句或先行句、后续句里，如"道远，你慢点走"。③有时在句末要有语气词，如"我累了"。

---

[1] 吕叔湘. 漫谈语法研究 [J]. 中国语文，1978（01）.
[2] 张豫峰. 光杆动词句的考察 [J]. 汉语学习，1996（03）:52-56.

> 🔖 **考试拓展**
>
> 　　性质形容词单独作谓语含有比较或对照的意思，因此往往是两件事对比着说，如"人美，心还善""北京干燥，广州潮湿"。当语言环境能够提供对比的意义时，这一类格式才能单独出现，如"哪本好？""这本好。"状态形容词充任谓语的句子，没有比较、对照的意思，因此可以单独出现，如"风冷飕飕的""价钱挺便宜"。

也即提问句、回答句

　　主谓短语作谓语是汉语特色的一大类型。详见"主谓谓语句"。
　　名词性词语作谓语比较少见，有一定的条件限制。详见"名词谓语句"。
　　数量短语既属于名词性短语，又带有谓词性；既具有指称性，又有述谓性，后者如"他的体温三十七度""祖国万岁"。

一个陈述句的语义结构，一般是由一个指称成分和一个述谓成分构成的。"述谓"在语法学中也习惯简称为"陈述"。

> 🔖 **考试拓展**
>
> 　　指称、陈述都是表述功能，由朱德熙提出，后郭锐[1]又提出另外三种：修饰、辅助、感叹。
> 　　丁声树等[2]将汉语里的句子分为动词谓语句、形容词谓语句、名词谓语句、主谓谓语句，并将数量短语作谓语归属于名词谓语句之下。这一看法对后续涵盖面甚广的几本现代汉语教材有较大影响。传统教学语法大都作如是观。

（2）谓语的语义类型
谓语的语义类型可以分为三大类：
　　第一类着重于叙述，叙述主语所做的或与主语有关的一件事，主要由动词性词语充当，表示主语"做什么"或"怎么样"，叫叙述句。　*叙述、描写、判断是根据单句的表达功能分出来的类。*
　　第二类着重于描写，即描写主语的性状，主要由形容词性词语（包括形容词性的主谓短语）充当，表示主语"什么样"，叫描写句。
　　第三类着重于判断说明，即说明主语的类属或情况，表示主语"是什么"，叫判断句。
　　由"是""有""像"等非动作动词组成的谓语只是用来判断说明主语的情况，只是作出解释、肯定具有、表示比喻，等等，而非叙述一个活动、一件事情。

---

[1] 郭锐.论表述功能的类型及相关问题[C]//北京大学中国语言学研究中心《语言学论丛》编委会编.语言学论丛第19辑，北京：商务印书馆，1997:253-271.
[2] 丁声树，吕叔湘，李荣等.现代汉语语法讲话[M].北京：商务印书馆，1961:18-28.

3. 动语

> 动语很好判定，所以不是掌握的重难点。

动语和宾语是共现、共存的两个成分，有宾语就有动语，无宾语就无动语。动语又叫述语，由动词性词语构成。

> 共同出现
> 因彼此互相依赖而存在

动语可以由单个动词充当，更常见的是由动词带上补语或动态助词构成。动语通常是及物动词，在存现句中可以是不及物动词。有时某些不及物动词必须带上补语后共同带宾语，因为这里的宾语只和补语发生某种语义联系，如"他走肿了脚"。

形容词不能带宾语，但是兼属动词的词就能带宾语。

> 类似的表述见教材（下）P12

4. 宾语

（1）宾语的构成材料

> 名词与名词性词语的主要功能就是作主语和宾语。

宾语可分为名词性宾语和谓词性宾语。名词性宾语俯拾即是。

谓词性词语充当宾语有一定的条件，只能出现在能带谓词性词语的动语后面。

📢 考试拓展

汉语中能带谓词性宾语的动语（即谓宾动词）不多，基本上可以列举。除教材（下）P65 提到的三种谓宾动词之外，再补充一些，如"以为、企图、希望、指望、盼望、同意、觉得、感到、知道、记得、记住、忘记、喜欢、赞成、提议、答应、告诉、表示、表明、相信、证明、承认、反对、提倡、避免、标志、是、等、怕、愁、说、看、听说、等待"。

📖 小贴士

教材（下）P61 的例句"苦变甜"中的"甜"是形容词，属谓词宾语，则"变"也符合这里的描述，是可以带谓宾的动词。类似这样在教材例句里寻找符合条件的词，就像在寻宝。

（2）宾语的语义类型

宾语和动语的语义关系很复杂，可粗略分为三种：

①受事宾语。表示动作、行为直接支配、涉及的人或事物，包括动作的承受者和动作的对象。

②施事宾语。表示动作、行为的发出者、主动者，可以是人或自然界的事物。施事宾语比受事宾语少见，多用于少数特定句型中。例如"来了一位客人""天上飘着白云""一锅饭吃十个人"。

③中性宾语。表示施事、受事以外的宾语，即非施非受宾语。可分为结果、处所、时间、工具、方式、原因、目的、类别、存在宾语等。

小贴士

我们上面补充了名词与名词之间的语义关系。这里宾语的类型其实是动词和名词之间的语义关系。

考试拓展

《通论》指出名词性词语经常担任的语义角色很多，其中有一些是教材没有的，补充如下：与事宾语指动作行为的间接承受者，可用介词"给"引进，如"她送给我一封信"。材料宾语指动作行为所使用的材料，也可用介词"用"引进，如"他在用水浇菜"。对象宾语指动作的对象，也可用介词"对"（向）引进，如"对同学们表示感谢"。致使宾语：指动作行为使动的对象，也可用介词"使"引进，如"要使大运河变得更美"。

> 与工具宾语相似但不同[1]
> 教材将此类归入受事宾语。

宾语是动词分类的主要依据。根据带宾语的情况可把动词分为及物动词和不及物动词。这是就表示动作行为的动词来进行的分类。能带受事宾语的动词叫及物动词；不能带受事宾语的动词叫不及物动词，如"休息、游行"和"来、去"。

> 分类依据来自王力
> 不及物动词可以带处所宾语，典型的如"来、去、进、出、上、下"。

及物动词又可按照所带宾语的性质来分类：只能带名词性宾语的动词叫名宾动词，只能带谓词性宾语的动词叫谓宾动词，能带名宾又能带谓宾的动词叫名谓宾动词。

小贴士

教材（下）P65~66 对名宾动词、谓宾动词等的介绍非常细致，甚至显得繁复，分出这么多情况往往在应试中缺乏实践意义，且也几乎不可能熟记每一个动词的分类。所以重点是学会分类的方法，掌握了之后就可以用各种测试手段判定一个动词的情况。

> 参见教材（下）P46

真谓宾动词与准谓宾动词的区别在于能不能带以谓词为中心的定中短语，即在偏正短语里提到的一类特殊的情况，如"别人的精明""分析的精确"等。"不能带"的是真谓宾动词，"只能带"的是准谓宾。这里再补充几个准谓宾，如"难于、忙于、善于、受到"。

后面名谓宾动词的小分类也是照此类推，只不过是在谓宾动词的分类基础之上加了一个都能带名词的条件而已。

5. 定语

（1）定语的构成材料

实词和短语大都可以作定语。

---

[1] 谭景春. 材料宾语和工具宾语[J]. 汉语学习，1995（06）.

(2) 定语的语义类型

从定语的表义作用看，可以分为**限制性定语**和**描写性定语**两大类。

限制性定语一般能回答"哪一种或哪一类的、多少、何时何地"等问题。限制性定语是对中心语所指的事物范围加以限制，使中心语事物在其性质、特征上能与同类事物区别开来。它的作用主要是给事物分类，使语言增加准确性、严密性。这种定语越多，中心语所指的人或事物的范围就越小。一般来说，名词性词语、动词性词语和区别词作定语多是限制性的，表示人或事物的领有者、时间、处所、环境、范围、用途、质料、数量、性质、属性、来源，等等。

描写性定语一般能回答"什么样的"问题。描写性定语多数在语义上对中心语事物加以描写或形容，它的作用主要是描绘人或事物的性质、状态，突出其中本来就有的某一特性，使语言增加形象性、生动性。描写性定语多由状态形容词和性质形容词的重叠式、拟声词等充当。

有些描写性定语也有限制作用，在描写状态的同时也起限制范围的作用。

> **考试拓展**

朱德熙[1]研究定语时分出了限制性与描写性这一对概念，现在主流意见都持此说。但国外语言学中限制性往往与非限制性相对，例如英语中的非限制性定语从句。

最新调查研究证明[2]，就现代汉语而言，判定一个定语是限制性的还是描写性的，主要与根本的因素是否是人的认知因素有关。

在限制性定语中，有一类是表同一性的。如"（为谁服务）的问题是一个原则问题"。同一性定语和中心语之间是同一关系，所指内容一致。如果把其间的结构助词"的"换成"这个"，整个偏正短语就转化为同位短语。

多数描写性定语和所有限制性定语的语义指向是"顺行指向"，即指向后面的中心语；少数描写性定语的语义指向是"逆行指向"，即指向中心语前面的人，而不指向中心语。

这种逆行指向的定中短语有少数不能独立表义，如"饱饭"不能单说，只有在特定的语境中位于宾语中心才能成话，换了位置则不可。出现定语逆行指向的语用原因是追求语言经济和特殊表达的需要。

---

[1] 朱德熙. 现代汉语形容词研究 [J]. 语言研究，1956（01）.
[2] 贺阳. 定语的限制性和描写性及其认知基础 [J]. 世界汉语教学，2013，27（02）:147-155.

> **小贴士**
> 教材中的定、状、补语都有语义指向的说明,需要加以注意。对比起来看会更清楚!

(3) 定语和助词"的"——"的"的隐现规则

教材以下的分类都是针对可加可不加的情况说的。

定语与中心语的组合,有的必须加"的",有的不能加,有的可加可不加。加不加"的"涉及定语的词类,也可能涉及定语或中心语的前后音节的多少以及语义关系。

即考查的三个切入口

> **考试拓展**
> 哪些定中短语必须加、哪些不能加,教材没说,此处补充之。
> ①必须加"的":
> 主谓短语作名词的定语:桂花飘香的季节→桂花飘香季节 *
> 连谓短语作名词的定语:出去打电话的人→出去打电话人 *
> 兼语短语作名词的定语:请他来的目的→请他来目的 *
> 介词短语作名词的定语:关于语言学的讲座→关于语言学讲座 *
> ②不能加"的":
> 指量短语作名词的定语:那本书→那本的书 *

下面从词类角度叙述:
①形容词作定语。 *其实在讨论时是先按词类划分,再按音节数量划分的。*

单音节形容词作定语,通常不加"的",例如"红花、绿叶"。如果用"的",就有强调描写的作用,例如"新的课本"。

增强了前面定语的修饰性

性质形容词的重叠形式、状态形容词,还包括各种形容词性的短语。

双音节形容词作定语,常常加上"的",特别是用描写状态的词,例如"晴朗的天、干净的水、优良的传统"。加或不加,有时也取决于上下文音节的协调与否。

有时为了避免"的"用得太多,在不发生歧义的情况下,"的"可以不加。

②名词作定语。

名词有时可以直接修饰中心语,例如"玻璃器具、语法论著",这是把定中短语用作一种名称。不然就必须加"的",如"明天的课、脸上的表情"。

一些单音节名词作定语必须加"的",例如"人的性格、水的深度"。双音节名词作定语而中心语是单音节的,也常常加"的",例如"黄河的水、大海的风、北极的冰"。

加或不加,一般看音节的协调与否,例如"洪湖水,浪打浪",其中的"洪湖水"就不再加"的"。

有时候加不加"的"影响定语的性质和意思。加"的"表领属,不加表性质、属性。

定语表领属	定语表性质、属性
（中国）的朋友很多	他有一个（中国）朋友
她是（英雄）的母亲	她有个（英雄）母亲

> **考试拓展**
>
> 　　不光是名词作定语如此，形容词、动词、人称代词等作定语，加"的"往往都更强调定语的修饰、区别作用，不加则会使定中短语结构紧密，更像一个事物的称谓[1]。如"鸡脚—鸡的脚、飞鸟—飞着的鸟、我爸爸—我的爸爸"。
>
> 　　有些名词作定语不表示领属，而表示人的职业或事物的原料、属性、来源，属于描写性定语。它与中心语的联系紧密，甚至不能用"的"，带有一定的熟语性。
>
> 　　另，方位词作定语，后面一般用"的"，例如"外面的小狗"[2]。方位短语作定语，一般也要用"的"，如"荷叶上的水珠"。名词修饰方位词，中间一般不用"的"，如"南图前面是大行宫"。

③人称代词作定语。

人称代词作定语表示领属者，一般要加"的"，例如"你的书""我的朋友"。如果用在句子或者一个更大的组合里，有时也可以不用"的"，如"我朋友的亲戚"。

中心语是国家、集团、机关、亲属的名称，有时候也可以不加"的"，如"你们学校、他弟弟"。

（双音亲属称谓在口语里其实也不用，如"我舅舅""他姐姐""你妹妹"等。）

单音亲属称谓，不用加"的"，例如"他爹、我哥"。

如果人称代词后面紧接着指示代词或表示时间、处所的定语，一般也不用加"的"，例如"我这衣服""他上学期的成绩""你在上海的亲属"。

（在口语中，表示疑问或反问时，人称代词后也可以不用"的"，如"我书包呢？""你手机不是拿在手里吗？"）

④动词作定语。

动词作定语有两种情况：一种是直接修饰中心语，组成一种名称。例如"活鱼、死狗、剩饭、烤肉、炒肉丝、烧茄子、感谢信、压缩饼干、注射器材、创作计划、使用情况"。其中单音动词作定语，中心语用具体名词，如"烤肉"；双音动词作定语，无此限制，中心语可以是具体的，也可以是抽象的，如"使用情况"。这种结构，有一些从语义关系上看前后两部分很难构成动宾关系，即使可能构成动宾关系，也不加"的"加以刻意区分，例如"学习文件、参考文献"。

（这都是经常使用的双音动词修饰双音名词的组合。）

---

[1] 完权．说"的"和"的"字结构[M]．上海：学林出版社，2018:21–36.
[2] 刘月华，潘文娱等．实用现代汉语语法[M]．北京：外语教学与研究出版社，1983:475–483.

另一种情况一般要加"的"，甚至必须加，例如"写的字、编的草帽、积累的经验、飘扬的雪花"。这才是主要的情况，即动词、动词性短语作定语一般要用"的"。

⑤短语作定语。

短语作定语，一般要加"的"，例如"非常新颖的设计（偏正短语）、有抱负的青年（动宾短语）、质量好的产品（主谓短语）、对这本书的意见（介宾短语）、荷叶上的水珠（方位短语）"。没有重叠成分的量词短语后面不加"的"。加"一个人"。反之，重叠的量词短语可加可不加，如"一筐一筐（的）桃子""一阵阵（的）歌声"，加了描写性更强。若无数词，只有量词重叠作定语，也不加，如"座座青山"。

> **考试拓展**
>
> 再补充其他类型的短语作定语一般要加"的"的例子：看完的书（中补短语）、又甜又香的哈密瓜（联合短语）、他自己的事情（同位短语）、暴风雨般的掌声（比况短语）。用"似的"时不加，如"黑夜里远处玄铁似的青山"。
>
> 当数量短语或数词、量词作限制性定语时，后面不加"的"，如"《山海情》是一部恋爱剧""两手把着方向盘""托你捎个信"。作描写性定语时，要加"的"，如"我买了条三斤的石斑鱼"。

（4）多层定语

定中短语加上定语就形成多层定语。以下两种复杂短语不是多层定语，是由偏正短语或联合短语充当的一层定语。如"（我的同学的父亲）的朋友""（红的黄的白的）菊花"。

> **小贴士**
>
> 教材（下）P69下方的注释非常重要，它呼应了层次分析（教材[下]P57）部分对虚词的界定，即不属于定语的一部分也不属于中心语，但又解释了联合短语作定语时最后一个"的"字怎么划分。这种编者跳出来阐释操作或做法的语句很重要！

多层定语的排列次序比较复杂，从最外层算起，一般次序如下：

①表领属关系的词语。（表示"谁的？"）

②表时间、处所的词语。（表示"何时？何地？"）

③量词短语或指示代词。（表示"多少？"）

④动词性词语和主谓短语。（表示"怎样的？"）

⑤形容词性词语。（表示"什么样的？"）

⑥表示质料、属性或范围的名词、动词。（表示"什么？"）

> **小贴士**
>
> 建议牢记教材中这个大而全的例句——"我们学校/80年代/两位/有三十年教龄的/优秀/语文教师"。

多层定语的次序总是按逻辑关系来排列，与核心名词关系越密切的定语就越靠近核心名词。但是有一些词语也有灵活性，最灵活的是量词短语。

使用多层定语要注意避免歧义，如"两个朋友送的花瓶"，这就要求要用移位（移位法）或更换量词（替换法）的方法来消除歧义。

> **考试拓展**
>
> 数量短语的位置非常灵活，但遵循以下规律时较少出现歧义：限制性定语 + 数量词语 + 描写性定语。如"照片里（青藏高原上）的（两三片）（透明）的白云轻飘飘地游动着"。
>
> 多项定语与定语本身为一个复杂的定语不同。前者是每个定语都分别与中心语有修饰与被修饰的关系，各个定语之间无此关系；后者是一层套一层的领属关系，如教材例句"（我的同学的父亲）的朋友"，再如"（信封右角邮票上）的图案很好看"。

6. 状语

（1）状语的构成材料

副词、时间名词、动词（能愿动词）、形容词（特别是表示状态的形容词）、介词短语、量词短语和其他一些短语也可以作状语。例如"上午来了、拼命地跑、应该做、认真考虑、从头到尾看了、一遍一遍地说、像姐妹一样亲热"等。

可以直接作状语的一般名词、动词是少数，**限于能用来表示动作方式手段、状态的词**，例如"电话购票""摸索前进"等。

动词常常组成短语作状语，如"一动不动地蹲着"。

> **考试拓展**
>
> 状态形容词或性质形容词的重叠式等，意在体现状态，与描写性状语的特点相契合，所以可以充当状语。经过定量研究，绝大多数性质形容词都不能作状语[1]，只有很少一部分能直接作状语。状态形容词一般也要加"地"后才可以作状语。因此从整体上来看，不宜将作状语视作现代汉语形容词的主要功能之一。

> **小贴士**
>
> 什么成分能作什么句法成分，什么句法成分能由什么成分充当，都需要将词类与句

---

[1] 贺阳. 性质形容词作状语情况的考察 [J]. 语文研究，1996（01）.

法成分一项一项排查，再次建议自己制作一份"词类—短语与句法成分"的表格，自己动动手，画完之后，各种关系必定了然于胸。

(2) 状语的语义类型

状语的语义类别可粗分为**限制性**和**描写性**两类。

限制性状语用来表示时间、处所、程度、否定、方式、手段、目的、范围、对象、数量、语气等。

- 时间 → 时间名词，如"今天、上午"；时间副词，如"已经、从来"；介词短语，如"从……起""在……""当……""于……"。
- 处所 → 处所名词，如"左边、地上"；介词短语，如"沿着……""朝/向/往……"。
- 程度 → 程度副词
- 否定 → 否定副词，如"不、没有"。
- 方式 → 方式、情态副词
- 范围 → 范围副词、数量短语、范围副词
- 语气 → 语气副词，如"索性、幸亏"。
- 等 → 还有用关联副词表关联

描写性状语是**从性质和状态方面对动作情状加以描写或形容**。在语法结构上也是修饰谓词性成分。在语义指向上**有些是描写动作状态**，指向谓词性成分，**有些是描写动作者的情态**，指向名词性成分，就是说**语法结构关系和语义关系不都是一致的**。例如：小李[很高兴]地对我说。(小李很高兴，小李对我说。)

> **考试拓展**
>
> 描写性状语中描写动作的，主要由形容词("快""高""彻底""仔细""热烈""积极"等)、情态副词("一直""断然""特地""互相"等)、一部分名词短语("快步""大声"等)、动词短语("不停""不住"等)、量词短语("一把""一趟一趟"等)等充当。描写性状语中描写动作者的，主要由形容词(如"激动""兴奋""幸福")、动词或动词短语(如"怀疑""犹豫""摇摇晃晃""又蹦又跳")、主谓短语(如"脸色阴沉""目光炯炯")等充当。两种描写性状语是有区别的。

(3) 状语的位置

状语一般放在主语后面，一些表示时间、处所、范围、情态、条件、关涉对象或者语气的状语有时也可以出现在主语前面。由"关于"组成的介词短语作状语，只能出现在句首。放在主语前的状语叫句首状语，修饰主谓短语或几个分句。→ 还有"至于……"，此二者都是限制性的。

↗ 教材例句分别对应，但还少了"关涉对象"的例句。教材(下)P85第二题的例句(8)"几乎大多数历史事件和历史人物，史学界的评价还莫衷一是"符合条件。

> **考试拓展**
>
> 只能出现在句首的状语主要是限制性的"关于""至于"等介宾短语。描写性的状语

绝大多数只能位于主语后，只有极个别的可位于主语前，如"像只小鹿似的，小田在林子里一会儿跑到东，一会儿跑到西"。

> 既能前置又能后置的状语，主要是限制性的。　　四个状语居前的理由

那些可以有两种位置的状语，放在句首时常常有一些特别的作用。或者是**强调状语**；或者是**照顾上下文的连接**；或者**状语较长、较多，放在句首可以使主语和谓语中心靠近，使句子结构紧凑，便于理解句意**；或者**放在句首修饰几个分句**，这样既照顾了结构，避免用语重复，也照顾了表意。

📢 小贴士

教材中对语法规则的阐述较多，但对规则背后的动因、理由涉及较少。看到这种解释规律与现象的语句时，要多留心、多玩味。规则是表象，内在机制更为重要。例如定语与状语中，一般情况下为什么都是限制性的在前，描写性的在后？"因为人们认知的顺序总是先限定事物的范围再加以描写"，这是对机制的解释。

（4）状语和助词"地"

助词"地"是状语的书面标志。状语后面加不加"地"的情况很复杂。

单音节副词作状语，一般不加，有些双音节副词加不加"地"均可，例如"非常热 / 非常地热"。

单音节形容词作状语比较少，也大都不能加"地"，如"快跑、慢走"；多音节形容词有相当一部分加不加都可以，例如"热烈讨论 / 热烈地讨论""痛痛快快喝一杯 / 痛痛快快地喝一杯"。也有少数不能加，例如"不努力学习，肯定要落后"里的"肯定"。还有少数必须加，例如"轻巧地划着小船"。

代词、表示时间或处所的名词、能愿动词、方位短语、介词短语作状语，都不加"地"字。那些可加可不加的，加上，往往有强调意味，意在突出状语。

（5）多层状语

状中短语整体加上状语，就形成多层状语。如"昨天在休息室里都热情地同他交谈"。分析状语顺序也像分析多层定语一样，左边的状语修饰右边的中心语，即以左统右。

多层状语的排列次序不太固定，有时候位置不同，意思就不一样，例如"都不去 / 不都去"意思不同，"很不好 / 不很好"也不一样。多层状语的语序问题比较复杂，哪种在前，哪种在后，取决于谓语内部的逻辑关系和表意的需要。大致的次序：条件、时间、处所、语气、范围、否定、程度、情态、对象。

①表示时间的名词（限制性状语）。

②表示处所的介词短语（限制性状语）。

③表示范围的副词（限制性状语）。

④表示情态的形容词（描写性状语）。

⑤表示对象的介词短语（限制性状语）。

7. 补语

（1）补语的构成材料

补语可以用来说明动作、行为的结果、趋向、数量、时间、处所、可能性或者说明性状的程度和人、物的状态。 ← 教材（下）P75的《补语总表》很清楚，建议以此表为纲，加强记忆。

（2）补语的语义类型

"走、跑、动、倒、见、懂、成、完、穿、住、翻、垮、醒、脱、死、丢、活"等。

①结果补语。表示动作、行为导致的结果。常由形容词充当，少数用动词和动词短语。结果补语前面不用助词"得"，如"这个字写〈错〉了"。

结果补语的语义指向可以指向谓语中心语，可以指向主语或宾语，还可以同时指向两个成分。使用分解法可以将语义指向看得更清楚。

> 📢 **小贴士**
>
> 这里使用语义分解或变换形式的原因是，从广义上来说，结果补语是表因果关系的使成式，它们构成的句子从语义上说都可以分成两个表述，即动词与补语可以分别与某个名词性成分构成语义关系。

有时补语的语义指向并不指向主语、宾语和谓语动词，而指向泛指的或在上下文中出现的人或物，如"甲队打胜了乙队"与"甲队打败了乙队"[1]。虽然两句补语意义相反但句意相同，关键就在于补语语义指向不同。 ← 多义词与同音词的存在是语言符号的简易结构。

汉语的中补结构是汉语结构凝练这一特点的表现。

②情态补语。表示由于动作、性状而呈现出来的情态。中心语和补语中间常用助词"得"。如"那阵雨来得〈猛〉，去得〈快〉"。补语前有时用"个""得个"，例如"雨下个不停"。用"得"字的补语在一定的语境里可以省去，例如"把你美得！"这种句子表示的是或许有无须或无法形容的意味，让对话者自己体会。

情态补语的作用有两种：==有的用作描写，用状态形容词或谓词性短语；有的用作评价，只用性质形容词。==这两种补语的语义分别表示施事、受事或动作的某种状态。

> ✏ **考试拓展**
>
> 性质形容词与状态形容词构成的情态补语，在语法功能上有差异：
> 后者可受时间副词修饰，前者不可以。如"马上擦得亮亮的""马上擦得亮*"。

---

[1] 吕叔湘.说"胜"和"败"[C]// 吕叔湘.汉语语法论文续集.沈阳：辽宁教育出版社，1987:489–498. 另，"赢"与"输"也是类似的。这两个例子是解释语义指向领域的重要而有名的例句。

后者可以与"把""被""给"等介词连用，前者不可以，如"把玻璃擦得亮亮的""把玻璃擦得亮*"。

后者可以作状语，前者不可以，如"擦得亮亮地放着""擦得亮放着*"。

③趋向补语。表示事物随动作而移动的方向，都用趋向动词充当。如"站〈起来〉就走"。动态助词"了"一般加在补语后、宾语前，如"远处传〈来〉了脚步声"；加在补语前，这时句子无宾语，如"挨了〈过来〉"。

趋向动词"起来""下去""下来""上""下"，有时有引申义，如"笑起来"的"起来"表示开始，"笑下去"的"下去"表示继续。这种用法的趋向动词仍作趋向补语，但带有虚化的倾向。

④数量补语。数量补语包括动量补语和时量补语。

动量补语：由表动量的量词短语充当，用来表示动作发生的次数，如"看了几遍"。

时量补语：a. 用<u>表时间的量词和加数词组成的数量短语</u>充当（秒、分钟、天），如"住了三天"。b. 用"**数量名**"短语充当，如"等了一个钟头"。c. 表示动作持续的时间（时量），或表示动作实现以后所经历的整段时间（时段），如"成立了五年了"。

> **小贴士**
>
> 辨别表时间的量词与时间名词的方法是看其中能否插入别的量词，如"一个小时、一个时辰、一个礼拜、一个星期、一个月"等，其中的"小时、时辰、礼拜、星期、月"为时间名词；"一秒、一分钟、一天、一周、一年"，其中都不能插入"个"，则都为时间量词。

⑤时地补语（介词短语补语）。多用介词短语来表示动作发生的时间和处所，包括表示动作的终止地点。如"这事就出〈在1949年〉、走〈向海边〉、死〈在何方〉"。

> **小贴士**
>
> 有的学者认为像"走向海边"这样的结构可以分析为动词"走向"加宾语"海边"这样的动宾结构。但教材中还是将其看作动补短语，这一点需要注意。如果你的目标院校推荐的版本不是《黄廖本》的话，请以你的目标院校教材为准。

⑥可能补语。这种补语由动词、形容词充当。可能补语有两种：一种是用"得"或"不得"充当，表示有无可能进行，如"这东西晒〈得〉晒〈不得〉？"另一种是在结果补语或趋向补语和中心语之间插进"得/不"（轻声），表示动作的结果、趋向可能不可能实现，例如"拿得〈出来〉、拿〈不出来〉"。

可能结果补语和情态补语肯定式形式相同。判定方法是"扩展法"：补语前能加状语（很）的是情态补语，不能加的是可能补语。

> **小贴士**
>
> 说实话，教材（下）P75上面的图表并不好记，但还是请尽可能识记，因为试卷中确实会出现这样的辨析，这就是标准答案，写上就能得分。

⑦程度补语。程度补语很少，限于用"极、很"（程度副词）和虚义的"死、透、慌、坏、多"（形容词）等表示达到极点或很高程度，也可以用量词短语"一些、一点"表示很轻的程度。中心语主要是性质形容词，也可以是某些能前加"很"的动词。程度补语本身没有否定形式，如"心里痛快〈极〉了"。

> **考试拓展**
>
> 现代汉语里普遍的看法是可以充当程度补语的副词只有"极"与"很"，但张谊生[1]考察后认为还有不少程度副词有此功能。第一类是大多数情况下充当状语，但在有些时候可以充当补语的程度副词，如"很、极、甚、尽、煞、至、多、远、非常、异常、万分、绝顶、无比、过分"（称之为"可补副词"）；第二类是只能够充当补语的副词，如"坏、绝伦、透顶"（称之为"唯补副词"）等。

（3）补语和宾语的辨认

分辨动词后的成分是宾语还是补语，主要看标记、关系和词性。（这里辨别的三种方式非常全面，请务必牢记。）

看标记：有"得"和可以插入"得"的是补语。

看关系：可用提问法，看动词后的词语能回答什么，能回答"V什么？"的是宾语，能回答"V得〈怎么样〉"的是补语。

看词性：宾语可由名词性和谓词性的成分充当，以名词性为主。补语一般限于由谓词性成分充当，例外就是表时间（时段）的名词性成分。当出现名词性成分时，可以用"把"字提宾法判断，能将"把"字提到动词前的是宾语，否则是补语，如"等了三个小时"（动补）与"浪费了三个小时"（动宾）。

动词后是量词短语的话，有动量词的是补语，有名量词的是宾语，如"看了三次"与"看了三本"。

（4）补语和宾语的顺序及多层补语

补语和宾语可以在动词后共现，它们排列的顺序有四种：（这只是补语和宾语的语序的一个大致总结，每一种的使用条件、结构对动词的选择非常复杂。）

①动＋补＋宾：打破砂锅、走出教室。

②动＋宾＋补：去昆明两次、回家去。

---

[1] 张谊生. 现代汉语副词研究 [M]. 北京：商务印书馆，2014:139–156.

③动 + 补 + 宾 + 补：拿出书来（双层补语）。

④动 + 宾 + 补 + 宾：给他三次钱（双层宾语）。

动词后的宾语、补语可以有两个，即上面的双层宾语和双层补语。带双层宾语的句子，可参看双宾句。

带双层补语的句子比较多，补语可以是结果补语、趋向补语、数量补语（含动量补语、时量补语）。如：

①结果 + 动量：叫醒三次、走散半年。

②趋向 + 动量：踏上一脚、看上两眼。

③趋向 + 趋向：拿出书来、露出笑容来、跑回老家去。

8. 中心语

（1）定义：中心语是偏正（定中、状中）短语、中补短语里的中心成分。有的中心语是短语。最后一层中心语即中心词可叫"中心"，如主语中心是指主语里的中心词。

（2）分类：中心语根据同它配对的成分性质的不同可分三种，即定语中心语、状语中心语和补语中心语。

①定语中心语。定语中心语指与定语配对的中心语，由**名词性词语**和**谓词性词语**充当，如"（学术界）的（主要）注意力""（经济）的振兴"。

> 参见教材（下）P46"特殊的定中短语"。"定 + 的 + ×"这个结构在前文的拓展中已经有较为详细的说明，包括其中的×词性归属等。

动词或动词短语进入"定 + 的 + ×"这个名词性框架中获得指称性，即名词性，成为借用名词或短语。 正如"两船人"中的"船"，是名词，进入"数 + × + 名"这个框架的量词位置中，临时获得计量功能，成为借用量词[1]。"振兴、开发、堕落下去"本是动词、动词短语，它们被放进定名框架里，又处于主语中心或宾语中心这些名词常驻的位置，也就成为定语中心语。

②状语中心语。状语中心语指与状语配对的中心语，通常由谓词性词语充当，例如"他〔已经〕来了"。

名词谓语句里，状语中心语可以由名词充当，如"现在已经深秋了""屋子里就我们俩""台湾海峡狭窄处才135千米"。

> **小贴士**
> 名词谓语句中的这种情况即为词类小节中的"副名"组合。

③补语中心语。补语中心语指与补语配对的中心语，由动词、形容词或谓词性短语充当，如"装修得〈很好看〉"。

---

[1] 朱德熙. 语法讲义 [M]. 北京：商务印书馆，1982:51.

9. 独立语

独立语独立于八种配对成分之外，是句子的特殊成分。所谓独立和特殊，在于它身在句内又与句内的其他成分不发生结构关系，无配对的成分。它和句内的语气词、语调等被称为"零碎"。独立语是由于语用或表达的需要出现在句内的，在表意上有其特定的重要作用，根据其作用大致可分为四种：插入语、称呼语、感叹语、拟声语。

> 不影响句型的划分

> **考试拓展**
>
> 教材叫独立语，还有的教材叫独立成分（《张斌本》《胡版》《通论》）。

> **小贴士**
>
> 对独立语的考查主要在于名词解释、填空中的分类，具体到每一小类的作用几乎是不考的，学习时量力而行即可。

①插入语：使句子表意严密化，补足句意，包括说话者对话语的态度，或引起听话者的注意。如"毫无疑问，这次上岸的肯定有我"。

> 《通论》把这类成分叫提示成分。

②称呼语：用来呼唤对方，引起注意，如"春天，你在哪里？"

③感叹语：用叹词表示感情的呼声，如惊讶、感慨、喜怒哀乐等感情和应对等，如"啊，多么令人兴奋的景象啊！"

④拟声语：由拟声词构成，模拟事物的声音，给人以真实感，以加强表达效果，如"砰，砰，门外响起了敲门声"。

要区分感叹语、拟声语和叹词句、拟声词句的不同，也就是区分独立语和独立句的不同。独立句在结构上是独立的，但在语义、语用上与前后语句是有联系的。

> **小贴士**
>
> | 词/类 | 句法成分 | 句子类型 |
> |---|---|---|
> | 拟声词——拟声语（独立语）——拟声词句（独立句） |
> | 叹　词——感叹语（独立语）——叹词句（独立句） |

10. 句法成分小结

（1）句子成分与句法成分

主语、谓语、宾语、定语、状语、补语原来称为六大**句子成分**，后来改称为**句法成分**。因为在句子成分分析法流行的初期，学界认为句子是由词构成的，即"用词造句"，句子成分是用词充当的，短语不能充当。

自20世纪80年代以来，直接组成成分分析法流行，其分出的直接成分是短语和短语，

> 即层次分析法

短语又分出短语，最后分出一个个的词。这样一来，短语（和词一样）也能充当句子成分。研究还发现，除了独词句，分析句内的词类系列或句法结构实际就是分析短语，句子大都是由短语加语调形成的。

> 最早提出独词句概念的是刘复的《中国文法通论》。

至此短语的地位大大提高。分析短语得出的六大成分与分析句子得出的六大成分都是一样的，一套东西不应该叫两个名字。另，句子里有句法结构，短语也有句法结构，把句法结构的组成成分名为句法成分，就可以用这一个术语代替或不使用句子成分和短语成分两个术语了。

考试拓展

独词句[1]是以结构为标准分出的一类句子，这类句子一词成句，与话语中其他部分不发生结构上的联系，但自身能够表达完整的意思，是一种非常特殊的语言现象。

（2）怎样辨认句法成分？

①透彻理解五种基本短语内部的五种语法结构关系。要认识句法成分的配对性，即成分配成分（语配语），不是语对词。

②记住六大成分能回答什么问题。

> 主语、宾语、状语、补语。
> 没有定语，因为定语是修饰名词的向核成分。

③记住汉语各句法成分的位次，尤其是围绕核心动词的四种向核成分，即主语、状语在谓语动词前，宾语、补语在谓语动词后。

④记住各配对成分常由哪类词语充当。

小贴士

教材语法部分的一个小特点就是确认某个成分时常使用提问法。

教材（下）P81的行星核位图是以普通的动词谓语句为例的。

谈到向核成分，必须要提到的是教材编者黄伯荣倡导的框架核心分析法[2]。框架核心分析法是既讲核心又讲层次，既讲框架又讲位次的一种析句法，简称"核心法"。它能把不同层次的句子成分放在同一线性框架平面上，便于显示句型框架，所以又可叫句型核心分析法。但是在教材中并没有对此种分析法大讲特讲，且在应试层面并未有相应的体现，对于"核心"，我们只要能准确找到核心词，顺利画出层次分析即可。

> 关于此处的析句法，感兴趣者可移步教材的配套延伸读物"教学语法丛书"中的《析句法》。

（3）怎样辨认不同析句法及其句法成分的差异？

早期成分分析法的代表作是黎锦熙的《新著国语文法》（1924）。它认为一个句子成分必须由一个实词充当，短语不能以整体充当句子成分。分析方式是黎氏图解法。

中期成分分析法的代表作是《暂拟汉语教学语法系统》（1956）。分析原则有继承有变革。分析方式为加线符号法。

---

[1] 黄弋桓.现代汉语独词句研究综观[J].沈阳师范大学学报（社会科学版），2016，40（04）:124-128.

[2] 黄伯荣.框架核心分析法[J].汉语学习，1999（06）:6-8.

后期成分分析法以《现代汉语》（第一版）（1979、1980）为代表。原则主要有二：①名词性偏正短语不能作主语、宾语；②动词性短语不能充当谓语。但这两种短语和其他各种短语都可充当其他成分。

层次分析法的特点是任何短语和实词都可以作一定的句法成分。

→ 关于层次分析法的介绍见上文

> **考试拓展**
>
> 句子成分分析法又叫作中心词分析法。具体的操作步骤：①先用两根竖线将句子分为主语与谓语两大块。②在主语部分找出主语的中心语及其修饰的定语；在谓语部分找出谓语中心语及其修饰的状语。③找出谓语中心词及其后面的宾语和补语。④继续找出宾语中的定语。⑤标明一些特殊的成分（独立语、兼语、连谓等）。

（4）句法分析例解

> 小贴士
>
> 目前试卷中出现的成分分析法，一般是使用本书主张的后期成分分析法来分析句子。
>
> 句子成分分析法与层次分析法是比较基础的两种，其他的析句法（语义分析、变换分析、语用分析）会零星出现，按自己的能力掌握即可，"基础题不丢分、中间题少丢分、难题多拿分"是应试胜利之法。
>
> 例解这一部分主要是例句，但是有两点需要注意：
> ①层次分析法与成分分析法中的"连谓""兼语"有各自不同的划分方法。
> ②对于教材（下）P85 最后一句提到的"核心分析法"，不用过多在意，大致情况见教材（下）P81 的行星绕位图。

解习题

思考和练习五

1. 了解各种句法成分的构成条件。（从教材里归纳并加以补充，注意指出每个成分经常用什么词语充当，有什么条件限制。）

（1）什么词语可以充当主语、宾语？什么词语可以充当谓语？
（2）什么词语可以充当定语、状语、补语？三者各修饰或补充什么成分？
（3）主谓短语和联合短语能或不能充当哪些句法成分？试说明并举例。

> **考试拓展**
>
> 以下的表格基本可以解答成分与单位之间的对应关系：

语法单位		句法成分	主语	谓语	动语	宾语	定语	状语	补语	独立语
词		名词	春天到了	明天春节		完成任务	农民的孩子	明天来		
		动词	看看好不好	您坐	烤火	他善于思考	烤鱼	能来	放跑了罪犯。跳上车	
		形容词	勤俭是一种美德	太阳红	红着脸	我感到满意	红太阳	快走。积极学习	看清楚	
		区别词					西式服装			
		副词						全来了	好得很	
		代词	我爱你			你爱我	他的朋友	这样来的		
		数词	九是三的三倍	他十五岁			七车间	一一回答		
		量词	个个都来了			馒头论个	我想有个家	阵阵飘来		
		叹词								咦，他走了
		拟声词		冰箱不时嗡一下			当当的声音	窗外啪地响了一声	他早睡得呼呼的了	噗、噗两口气就吹灭了
短语	名词性短语	主谓短语	鲁迅绍兴人是常识	他们两人一间		我们都知道鲁迅绍兴人	我去的城市		他摔得满身烂泥	
		偏正短语	狐狸的狡猾难以预料	我南京人		我喜欢聪明的狐狸	灰布大衣			
		联合短语	他和她都没来	她长眉毛、大眼睛		我认识他和她	落叶、青草和泥土的气味			
		同位短语	他自己一个人	她首长夫人		他就想着他自己	我们大家的意见			
		数量短语	一个也行	我一个，他两个		我拿一个	五十多岁的人	一个一个出来	住了三天	
		方位短语	大门外蹲着两条狗			我放桌子上	天亮之前的旷野	三天前他来过		
		"的"字短语	卖菜的来了	他卖菜的		我就是教书的				
		"所"字短语	所答非所问			各尽所能	所说的一切			

续表

语法单位 \ 句法成分			主语	谓语	动语	宾语	定语	状语	补语	独立语
短语	谓词性短语	动词性短语								
		主谓短语	他不参加也好	这件事你办得了吗？		我料定你会走的	我们应该做的事情		他看得头痛犯了	
		动宾短语	看书要安静点	他是学生	送他礼物	他主张加以改革	做人的道理	扯着嗓子地喊	他气得跺脚	
		偏正短语	不回请是不礼貌的	我们马上休息		这个问题值得研究	新选的厂长	大把地花钱	他气得大骂	
		中补短语	看完就下楼	他听不清楚	他涨红了脸	我认为写得很好	看完的书		他气得站起来	
		联合短语	看不看都一样	你记得住记不住	你看不看电影？	我还不知道去不去呢	站着、坐着、蹲着的人	大喊大叫大蹦大跳地闹着	钱花的值得不值得？	
		连谓短语	走去看看再下定论	你进来坐坐吧	他想来想去想不出好主意	告诉老王快回去藏起来	打电话请医生的人		他气得摔门出去	
		兼语短语	请你看电影是我的荣幸	他请我吃饭		他企图逼我离开此地	催他去开会的电话		他气得逼她离开	
	形容词性短语	主谓短语	作风泼辣是他的长处	我头痛		我知道你聪明	规模巨大的工程	语调温柔地说	他气得脸红	
		偏正短语	太随便也不好	葡萄非常甜		他觉得很好	非常崇高的理想	很神秘地笑了	他笑得很神秘	
		中补短语	学得认真是应该的	爱情甜得很	这可累坏你了		亮一点的灯光		他气得写错了	
		联合短语	公正廉洁是公务员行为的准则	哈密瓜又香又甜		我感到亲切又快活	庄严美丽的建筑	她轻盈活泼地跳起来	她讲得眉飞色舞	
		比况短语		他木头似的			暴风雨一样的掌声	傻子似的笑了	他笑得傻子似的	
	加词性短语	偏正短语						大规模搬迁		
		介词短语					朝南的房子	把车开走。往外走	他走向海边	

2. 指出下面句子的主语和谓语，并说明用哪种结构类、功能类的词语充当。

①提高整个中华民族的科学文化水平，‖是亿万人民群众的切身事业。（结构类：动宾‖动宾；功能类：动词性短语‖动词性短语）

②现状和习惯‖往往束缚人的头脑。(结构类：联合‖偏正；功能类：名词性短语‖动词性短语)

③一年‖三百六十五天。(结构类：量词短语‖量词短语；功能类：名词性短语‖名词性短语)

④康熙皇帝‖对当时西方传教士所带来的一切欧洲学术，几乎都产生兴趣。(结构类：同位‖偏正；功能类：名词性短语‖动词性短语)

⑤当年红军二方面军长征渡金沙江时总指挥贺龙写的一封信‖已经在云南丽江纳西族自治县被发现。(结构类：偏正‖偏正；功能类：名词性短语‖动词性短语)

⑥越王勾践‖独自坐在石室里。(结构类：同位‖偏正；功能类：名词性短语‖动词性短语)

⑦用历史著作《三国志》去对比文学著作《三国演义》，‖未尝不是有益的事。(结构类：偏正‖偏正；功能类：动词性短语‖动词性短语)

⑧几乎大多数历史事件和历史人物，‖史学界的评价还莫衷一是。(结构类：偏正‖主谓；功能类：名词性短语‖谓词性短语，这里的"莫衷一是"，其词性为动词性还是形容词性不好定夺，故写作"谓词性短语")

⑨中国实行改革开放的 40 年‖是中国现代史上最好的 40 年。(结构类：偏正‖动宾；功能类：名词性短语‖动词性短语)

3. 指出下面句子的宾语和补语。

①无宾语　　　　　　　　　　　　　补语：下来；气都喘不过来

②宾语：我的心坎里　　　　　　　　补语：到

③宾语：极其重要的意义　　　　　　无补语

④宾语：古代东方学术精神和希腊科学精神的深刻差别　　补语：出

⑤宾语：一个苹果　　　　　　　　　补语：下；来

⑥宾语：他的同学　　　　　　　　　补语：到

⑦宾语：昨天还是威风凛凛的大门　　补语：进

⑧宾语：下午三点多钟了　　　　　　无补语

⑨无宾语　　　　　　　　　　　　　补语：一下

⑩宾语：五十人　　　　　　　　　　无补语

⑪宾语：病　　　　　　　　　　　　补语：几天

⑫宾语：你的福气　　　　　　　　　补语：上

4. 试指出第 3 题的宾语所属的语义类别。

①无宾语；②处所宾语；③中性宾语，表存在事物；④中性宾语，表动作结果；⑤施事宾语；⑥受事宾语，表动作对象；⑦中性宾语，表处所；⑧中性宾语，表时间；⑨无宾语；⑩施事宾语；⑪受事宾语，表动作对象；⑫中性宾语，表类别。

5. 试指出第 3 题的补语所属的语义类别。

①趋向补语、情态补语；②趋向补语；③无补语；④趋向补语；⑤趋向补语；⑥结果补语；⑦趋向补语；⑧无补语；⑨数量补语；⑩无补语；⑪数量补语；⑫可能补语。

6. 指出下面句子的定语、状语是用什么词语充当的（短语指出结构类）。

①他拿来（一件）（崭新）的（白色）（府绸）衬衫。（量词短语·形容词·名词·名词）

②国家保护（公民）的（合法收入、储蓄、房屋和其他生活资料）的所有权。（名词·联合短语）

③（我们）的国家进入了（新）的（历史）时期。（代词·形容词·名词）

④这是（一件）（刚买来）的（呢子）大衣。（量词短语·偏正短语·名词）

⑤他[用胳膊][轻轻]地触着我，眼睛[却][仍然][在][兴奋]地望着外面。（介词短语·形容词·副词·副词·副词·形容词）

⑥宏儿听得这话，[便]来招水生，水生[却][松松爽爽][同他][一路]出去。（副词·副词·形容词·介词短语·副词）

7. 定语是说明性质、领属、数量等的，试指出下面句子里每个定语所表示的语义类别以及是描写性的还是限制性的。

①（我们）的祖国多么壮丽！（事物的领有者/限制性）

②（昨天）的报纸有（个）（好）消息。（时间·数量·性状/限制性·限制性·限制性）

③（西湖）的风景非常美。（处所/限制性）

④前面是（一片）（绿油油）的田野。（数量·性状/限制性兼描写性）

⑤他是（一个）（勇敢）的人。（数量·性状/描写性）

⑥（四个）战士都来了。（数量/限制性）

⑦（铜）茶壶放在桌子上了。（质料/限制性）

⑧（那件）衣服已经晒干了。（指量/限制性）

8. 下面句子里的状语，哪些既可以放在主语后，又可以移到主语前？哪些只适宜于放在主语前？哪些不能放在主语前？

①最好放在句首，因为状语较长。

②"早在十六七世纪之交"可以移后，"已经"不行。

③为了句子的结构紧凑，不建议移后。

④都不可以移动。

⑤不能，意思会发生变化。

⑥可以移到主语前，加强语气。

⑦不可以,因为比喻结构要求如此格式。

⑧表时间,可移位。

⑨"不妨"与"对他"可以用在主语前,"直"表示动作方式,只适宜用在动词前,不适宜用在主语前。

⑩表时间,可以移位。

9. 指出下面句子里的独立语表示的意义,并指出结构上是哪一类的词或短语。

①感叹语,表惊讶、突兀,叹词。

②插入语,用于举例,动宾短语。

③插入语,引起注意,主谓短语。

④插入语,表推测,中补短语。

⑤插入语,表肯定或强调,偏正短语。

⑥插入语,表推测,动宾短语。

⑦称呼语,引起注意,名词。

⑧插入语,表示引用的话语来源,动词。

10. 用层次分析法和成分分析法分析下面句子的句法成分和语义成分。

①他迅速地从球场东头跑到西头。

他 ‖ [迅速]地 [从球场东头] 跑〈到〉西头。

②从球场东头跑到西头的学生很多。

(从球场东头跑到西头)的学生 ‖ [很] 多。

③小丽用棍子把虫子拨到水里。

小丽 [用棍子][把虫子] 拨〈到〉水里。

练习题

（一）填空题

1. "啊，你这么高了！"中的"啊"是独立语中的（   ）。
2. "我圆圆地画了一个圈"中的状语指向的是（   ）。
3. "他喜欢游泳"中的"喜欢"是（   ）。
4. 从语义上看，主语可以分为（   ）、受事主语、中性主语等。
5. 独立语包括以下四个小类：插入语、称呼语、（   ）、拟声语。

参考答案

1. 感叹语　2. 宾语"圈"　3. 动词　4. 施事主语　5. 感叹语

（二）选择题

1. 下列句子中的宾语是主谓短语的是（   ）。
   A. 四老爷讨厌她是寡妇。　　　　B. 你们知道他是谁？
   C. 你瞧，这是什么？　　　　　　D. 我请教他一个问题。
2. 下列短语属于偏正短语作定语的是（   ）。
   A. 我儿子的同学　　　　　　　　B. 一位新来的同事
   C. 一种新式玩具　　　　　　　　D. 前天刚买的一本新书
3. 下列哪一组动词只能带谓词性宾语？（   ）
   A. 懂得、成为、打击、排除　　　B. 关爱、喜欢、知道、讨论
   C. 予以、禁止、感到、严加　　　D. 赞成、研究、了解、反对
4. 以下哪项动词后的数量词是补语？（   ）
   A. 看了前两章　B. 看了一本　　C. 看了两页　　D. 看了三遍
5. "卖了一车煤"和"卖了一趟煤"，其中的短语关系分别是（   ）。
   A. 动补、动宾　B. 动补、动补　C. 动宾、动补　D. 动宾、动宾

参考答案

1~5 BACDC

（三）主观题

1. 请说明这两组句子在汉语中是否合法。如果不合法，说明了什么语法规则？（华东师范大学；2020）

　　A. 他拿出一个钱包来。——他拿出来一个钱包。

B. 他走出教室来。——他走出来教室。

A 组合法；B 组的后一项"他走出来教室"不合法。

语法规则：多项补语与宾语共现时，处所宾语要在趋向补语中间。

2. 动词和宾语的语义关系是什么？宾语可以分为几类？（中央民族大学；2018）（10分）

（本题是知识复述题）

宾语和动词的语义关系是支配或涉及关系。语义类型很复杂，可将宾语粗分为三种：

（1）受事宾语。表示动作、行为直接支配、涉及的人或事物，包括动作的承受者和动作的对象。

（2）施事宾语。表示动作、行为的发出者、主动者，可以是人或自然界的事物。施事宾语少见，多用于少数特定句型中。例如"来了一位客人"。

（3）中性宾语。表示施事、受事以外的宾语，即非施非受宾语。可分为结果、处所、时间、工具、方式、原因、目的、类别、存在宾语等。

3. 请举例说明补语的语义类型，并简要说明宾语与补语的区别。（湖南师范大学；2020）（20分）

（本题是知识复述题）

补语的语义类型：

（1）结果补语，如"字写错了"。

（2）情态补语，如"阵雨来得猛，去得急"。

（3）趋向补语，如"跳上车子"。

（4）数量补语，如"看了一眼"。

（5）时地补语，如"这件事发生在 2019 年"。

（6）可能补语，如"这东西晒得晒不得"。

（7）程度补语，如"心里痛快极了"。

宾语和补语的区别主要是看标记、关系和词性。

看标记：有"得"和可以插入"得"的是补语。

看关系：可用提问法，看动词后的词语能回答什么，能回答"V 什么？"的是宾语，能回答"V 得〈怎么样〉"的是补语。

看词性：宾语可由名词性和谓词性的成分充当，以名词性为主。补语一般限于由谓词性成分充当，例外是表时间（时段）的名词性成分。当出现名词性成分时，可以用"把"字提宾法判断，能将"把"字提到动词前的是宾语，否则是补语。如"等了三个小时"与"浪费了三个小时"。

（"等了三个小时"——动补；"浪费了三个小时"——动宾）

动词后是量词短语的话，有动量词的是补语，有名量词的是宾语。如"看了三次"与"看了三本"。

4. 谈谈动词作谓语的条件。(广东外语外贸大学；2018)

(本题是知识复述题)

动词<u>一般不</u>单独充当谓语，动词单独作谓语常常要在前面或后面带上别的成分(修饰补充或动态语气等)，并满足以下条件：①用在对话里，如"你看"；②用在复句的分句里，特别是在先行句和后续句里，如"你来，我就走"；③用在对比、排比句里，如"架不住，一个人干，八个人拆"；④常常要加上一定的语气词或动态助词，如"春天来了"。

5. 成分分析：帅得帅帅的帅帅帅帅地点了一个帅帅的赞。(北京语言大学；2020)(5分)

(帅得帅帅的) <u>帅帅</u> ‖[帅帅地]点了(一个)(帅帅的)赞。

6. 说明中心词分析法的优势和劣势。(湖南师范大学；2018)(10分)

句子成分分析法又叫作中心词分析法。具体的操作步骤：①先用两根竖线将句子分为主语与谓语两大块。②在主语部分找出主语的中心语及其修饰的定语；在谓语部分找出谓语的中心语及其修饰的状语。③找出谓语中心词及其后面的宾语和补语。④继续找出宾语中的定语。⑤标明一些特殊的成分(独立语、兼语、连谓等)。

句子成分分析法与层次分析法相比较的优势：①方法简便，易于操作；②有利于归纳句型；③有利于修改病句。

句子成分分析法与层次分析法相比较的劣势：①缺乏"层次"观念；②缺乏"关系"观念；③不是"语对语"，而是"语对词"。

第五节　单句

学习提示：本节内容较多，难度在语法章里排前三（词类、句法成分、单句），其中常用句式又是重中之重，请务必重视！

另，为了最本质地还原教材内容的精妙，我们尽可能兼顾精简性与丰富性的平衡。

扫码听知识精讲

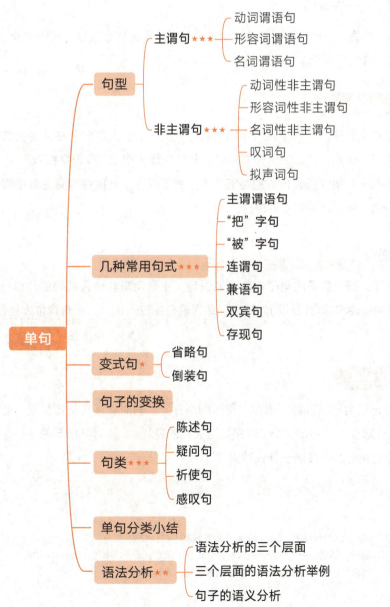

划重点

（一）单句 → 还是按照名词解释的四步骤来：定义、分类、特点、举例。

定义：根据内部结构的不同，句子可分为单句和复句。单句是由短语或词充当的、有特定的语调、能独立表达一个相对完整的意思的语言单位。

→ 教材（下）P87 注释强调的是句调和句子首尾的停顿，但教材（上）P104~107 的语调包括重音、句调、停顿。

→ 更经常加以辨析的是句型和句式。

分类：单句可以根据不同的标准来划分句型和句类。句型是句子的结构类，即根据句法成分的配置格局分出来的类。句类是句子的语气类，即根据全句语气语调分出来的类。

（二）句型[1]——主谓句

由主语、谓语两个成分构成的单句叫主谓句。从谓语核心看，它可以分成动词谓语句、形容词谓语句、名词谓语句。

> 📝 **考试拓展**
>
> 句子和主谓短语是两个完全不同的概念，虽然书面上的句子往往是主谓形式的，但口语中的句子却常常是非主谓形式的[2]。赵元任最先提出"零句是根本"，零句即不必主谓齐全的句子，是汉语最核心的特征之一。关于汉语中到底有没有主谓结构，或者说汉语的大语法究竟是什么，尚待探讨。

1. 动词谓语句

→ 动词性词语的范围非常广。

动词性词语充当谓语的句子叫动词谓语句，主要用来叙述人或物的动作行为、发展变化等，因而又叫叙述句。它以动词为核心，动词前有主位、状位，后有宾位、补位。如"他上街买菜"。

→ 句连教材（下）P81 的行星核位图

> 📝 **考试拓展**
>
> 之前已经提到了叙述、描写、判断的划分[3]。其对叙述句的定义是"用来叙述一个事件者"；对描写句的定义是"用来描写人物的德性者"；对判断句的定义是"用来断定主语所指的是什么，或属于什么种类者"。

---

[1] 李临定.现代汉语句型[M].北京：商务印书馆，2011:421–428.
[2] 沈家煊.超越主谓结构——对言语法和对言格式[M].北京：商务印书馆，2019:80–316.
[3] 王力.中国现代语法[M].北京：北京联合出版公司，2019:44–57.

2. 形容词谓语句

形容词性词语充当谓语的句子叫形容词谓语句，主要用来描写人或物的形状、性质、特征等，所以又叫描写句。它以形容词为核心，形容词的前面有主位、状位，后面有补位。例如，"她的脸红通通的"。

> **小贴士**
>
> 动词谓语句和形容词谓语句的教材例句部分，虽然没有跳出来说明各种结构关系的小类，但其实也都作了展示。
>
> 动词谓语句根据谓语结构，可以分为以下几类：
>
> ①光杆动词：卖牛杂的阿婆跑了。
>
> ②动宾短语作谓语：我吃牛杂。
>
> ③中补短语作谓语：牛杂卖光了。
>
> ④连谓短语作谓语：我去广州吃牛杂。
>
> ⑤兼语短语作谓语：领导派我买牛杂。
>
> ⑥主谓短语作谓语：牛杂我吃光了。
>
> 形容词谓语句也可以根据谓语结构分为以下几类：
>
> ①形容词单独作谓语：叉烧包便宜。
>
> ②形容词+补语整体作谓语：茶楼的叉烧包便宜得很。

3. 名词谓语句

名词性词语充当谓语的句子叫名词谓语句，主要用来判断或说明事物的种类、数量、时间、性质、特点、用途，等等。它以名词为核心，名词前有主位、状位，例如，"明天星期三"。

名词性词语一般是不能作谓语的，只有在以下四种条件下才能充当谓语：

（1）只能是肯定句，不能是否定句；（2）只能是短句，不能是长句；（3）一般只能是口语句式，不能是书面语句式；（4）限于说明时间、天气、籍贯、年龄、容貌、数量等的口语短语。

> **小贴士**
>
> 这四个条件请务必记住，可以将其概括为"肯、短、口、属"。名词谓语句根据谓语结构可以分为以下四类：
>
> ①名词与名词短语作谓语：今天周六；大妹子广东人。
>
> ②数量短语作谓语：一次三分钟。
>
> ③定中短语作谓语：这人好大的架子。
>
> ④"的"字短语作谓语：小童新来的。

从其表示否定时必须加动词来看，实际上应该看作动词谓语句的变体或者省略形式。名词谓语句是特殊句型，这种名词性谓语句的谓语中心名词语进入主谓框架的谓语位置上都有表述性。

> **考试拓展**
>
> 在体词谓语句中，体词性成分之所以能占据谓词性成分的句法位置，充当句中的谓语，是与其所具有的某些范畴性语义成分有关的。体词性成分的主要表达功能是指称，但在某种范畴性语义特征的作用下，在一定的句法位置中，可以出现功能游移现象，因而具有陈述功能。这些语义特征有顺序义（如"他三岁了"）、状态义（"他大眼睛"）、性质义（"他笨蛋一个"）、领有义（"他三个女儿"）等[1]。

（三）句型——非主谓句

分不出主语和谓语的单句叫非主谓句。它由主谓短语以外的短语或单词加句调构成。可以分为动词性非主谓句、形容词性非主谓句、名词性非主谓句、叹词句、拟声词句。

（1）动词性非主谓句：由**动词语**加语调构成，如"集合！""出太阳了。"这种句子通常用来说明自然现象、生活情况、祈望，有的是口号。还有一些兼语句也是非主谓句。例如"有个小村子叫王家庄｜让农业产值翻两番"。*这一句非常重要，它补充了"有"字开头的兼语句的句型归属。*

（2）形容词性非主谓句：由**形容词或形容词性短语**构成，如"对！""好！"

（3）名词性非主谓句：由**名词或定中短语**构成，如"多么真挚的感情啊！"（表示赞叹）

辨析：省略了主语成分的省略句和名词性非主谓句。

这种非主谓句不需要特定的语言环境就能表达完整而明确的意思。而省略句则是在特定语境（含上下文）中可以明确补出省略了的成分的句子。如"蛇！"是尖叫，如果指着蛇问小孩这是什么，小孩说"这是蛇"，这就不是非主谓句，而是"这是蛇"主谓句的省略。在"夏天了"这个"名词＋了"的框架里，能进入这个框架的名词必须有顺序义或时间推移义。例如"春天、夏天、秋天、冬天"能循环反复，就是有顺序义。 *即前几节我们讲过的副名结构中的一种情况。*

（4）叹词句：由叹词构成，如"啊！"

（5）拟声词句：由拟声词构成，如"轰！"

（四）几种常用句式

> **小贴士**
>
> 请务必注意教材（下）P90下方的注释，其实就是对句型和句式的一个非常简明扼要的辨析，即"句型和句式都是根据结构分出的类名。句型是根据全句特点分出的上位类名，句式是根据句子的局部特点分出的下位类名"。

---

[1] 项开喜. 体词谓语句的功能透视[J]. 汉语学习, 2001（01）: 13–17.

1. 主谓谓语句

定义：主谓短语充当谓语的句子叫主谓谓语句。

分类：观察这类句子，可以从全句的主语（称为大主语）和主谓短语里的主语（称为小主语）是施事还是受事以及其间的关系等方面来看，大体有下面五种：

第一，大主语是受事，小主语是施事，全句的语义关系：受事‖施事—动作。例如：

（1）这件事‖大家都赞成。

（2）任何困难‖他都能克服。

（3）一口水‖他都不喝。[1]

大主语可以说原来是谓语里的一个成分，由于表达的需要，移位到句首当主语。

> **考试拓展**
>
> 这种大主语主要是受事最为常见，有时也可以是与事或工具等[2]。如：
>
> 这裤子我还没上拉链呢。（与事）
>
> 这杯子我装水。（工具）

第二，大主语是施事，小主语是受事，全句的语义关系：施事‖受事—动作。例如：

（4）你这人，‖锤把都没摸过。

（5）他‖什么酒都尝过。

（6）他‖任何困难都能克服。

（7）他‖一口水都不喝。

（8）我‖暖水瓶也灌了，（书桌也整理好了）。[3]

这种句子的受事有时有周遍性（指所说没有例外），有时表列举的事物，如例（8）。有周遍性的受事，可能前面有任指性词语，后面有"都"或"也"相呼应，有往大里夸张的意味，如例（5）（6）；或者用"一"和"不、没有"相呼应，有往小里夸张的意味，如例（7）。前面第一种句子的受事也可能有周遍性，如例（2）（3）。

---

[1] 陆俭明.周遍性主语句及其他[J].中国语文，1986（03）.
[2] 吴继光.工具成分和主谓谓语句[J].汉语学习，1996（03）:20-23.
[3] 陆俭明."施—受—动"主谓谓语句"功能－认知"探究[J].中国语文，2020（04）:387-394+510.

> **小贴士**
> 第一种句子和第二种句子有的能互换，但不一定都能互换，如例（1）不能换为第二种格式，例（6）则可以换为第一种格式。

> **考试拓展**
> 教材与《通论》对主谓谓语句的分类不同，这一类即是分歧之一。教材的这一类对应于通论的"周遍性主谓谓语句"，但教材认为这一类中并不都是表周遍的，还有表列举的，如例（8）。 *教材对语料的搜集和分析更细致一些。*

第三，大主语和小主语有广义的领属关系。例如： *即"领属性主谓谓语句"*

（9）他 ‖ 一向态度和蔼。

（10）她 ‖ 眼睛熬得通红。

（11）中秋那天，‖ 天气特别好。

这种句子的小谓语，有一些可以与大主语和小主语同时发生语义联系，如果不用小主语，句子也能成立，如例（9）；有一些同大主语没有直接的语义联系，如果删去小主语，句子就不能成立，如例（10）（11）。

第四，谓语里有复指大主语的复指成分。例如：

（12）一个边防军人，‖ 他时刻准备着为边关奉献一切。

第五，大主语前暗含一个介词"对、对于、关于"等。大主语如果加上介词，就变成句首状语了。例如： *即"关涉性主谓谓语句"*

（13）这类事 ‖ 中国人的经验太多了。

> **考试拓展**
> 这种加介词变状语，不加就成了大主语的主谓谓语句，在语法学界尚有争议[1]。有的人认为即便删去了介词，这个所谓的"大主语"还是应当作为句首状语分析。

以上主谓谓语句里的小谓语是动词语或形容词语，其实还有用名词语的，这多见于口语短句，只有肯定形式，可以随语境而出现省略了的动词。 *还是符合名词性成分充当谓语的条件的，即"肯、短、口、属"。*

主谓谓语句是凭谓语的结构定的结构类名。因为它是汉语里很有特点的一类句型，而且这种句子的类型越来越多，使用频率也越来越高，放在一起谈便于了解它的特点。若照功能分类，即按小谓语的词性来分类，它应归入主谓句。小谓语是动词的，归动词谓语句；小谓语是

---

[1] 李敏."大主语隐含介词的主谓谓语句"再分析[J]. 语言教学与研究，1996（03）:82-93.

形容词的，归形容词谓语句；小谓语是名词的，归名词谓语句。

2. "把"字句

> 现代汉语研究史上，最先关注"把"字句的是黎锦熙的《新著国语文法》(1924)，其提出了"把"字提宾说。

定义："把"字句是指在谓语中心词前面用介词"把"或"将"[1]组成介词短语作状语的一种主谓句，意义上多数表示对事物加以处置。

> 这叫处置标记。

"把"字句又叫处置式[2]。所谓处置，是指谓语中的动词所表示的动作对"把"字引出的受事施加影响，使它产生某种结果，发生某种变化，或处于某种状态[3]。例如"狼把羊咬死了"一句里，"咬"的结果是"死了"。又如"狼把羊咬了"一句里，用"了"表示事态发生了变化。

📝 考试拓展

"把"的作用是选择并凸显说话者特别关注的某个对象。整句话的语法意义表示由于某种动作或原因的影响而产生某种结果或某种状态。

"把"字句的宾语，语义上是受事的最多，但还有可能是工具[4]，如"吃糖把牙吃坏了"；处所，"他把地面铺上了瓷砖"；直接影响对象，如"唱歌把电唱光了"；间接影响对象，如"他老乱跑，把爸爸跑火了"；施事，"怎么把个小偷跑了"。

用介词"把"介引的词语，不宜理解分析为动词的宾语提前或"前置宾语"。因为有很多"介引成分"在一定的句子格式里不能移到动词后面[5]。

> 这其实是"把"字句的动后限制问题，即动词后紧接着一些成分，不容许词插在中间。

"把"字句有四个特点：

①动词前后总有别的成分，动词一般不能单独出现，尤其不能单独出现单音节动词。通常后面有补语[6]、宾语、动态助词，至少也要用动词的重叠式。例如"把书放在桌子上、把地种上庄稼、把茶喝了、把信带着、把情况谈谈"。或者是动词前面有状语，例如"别把脏水到处泼"。但是如果动词是动补型双音节词，就可以单独出现，例如"不要把直线延长"。韵文中可以不受上述限制，如可以说"把家还"之类。

📣 小贴士

这里其实罗列的是"把"字句的结构类型，除重叠外，大体有四种：

---

[1] 梅祖麟. 唐宋处置式的来源 [J]. 中国语文，1990（03）."把"或"将"的处置式最早于五六世纪开始出现。

[2] 王力. 中国现代语法 [M]. 北京：商务印书馆，1944:87-92. 其首次提出"把"字处置说。

[3] 宋玉柱. 关于"把"字句的两个问题 [J]. 语文研究，1981（02）:39-43. 这其实已经减弱了处置的主观意味性，从"处置"滑向了"致使"。

[4] 马真. "把"字句补议 [C]// 陆俭明，马真. 现代汉语虚词散论 [M]. 北京：语文出版社，1999:204-213.

[5] 张敏. "动后限制"的区域推移及其实质 [C]//"中国语言的比较与类型学研究国际研讨会"论文. 香港：香港科技大学，2010.

[6] 吕叔湘. "把"字用法的研究 [C]// 吕叔湘. 吕叔湘全集第二卷（汉语语法论文集）[M]. 沈阳：辽宁教育出版社，2002:169-191.

> ①谓语动词带宾语：把地种上庄稼。
> ②谓语动词带补语：把书放〈在桌子上〉。
> ③谓语动词带状语：别把脏水[到处]泼。
> ④谓语动词带动态助词"着、了"：把茶喝了、把信带着。

<u>从信息论的角度出发</u>　　　　　　　　　　　　　"这、那"的功能是表示定指。

②"把"的宾语一般说<u>在意念上是有定的、已知的人或事物，因此前面常带上"这、那"</u>一类修饰语，例如"把书拿来、把那支铅笔带上"。说"把书拿来"时，这"书"是确定的某一本书或某些书。如果用无定的、泛指的词语，常是泛说一般的道理，例如"不能把真理看成谬误、把一天当作两天用"。<u>此时没有限定词语，但至少在说话人看来是已知的。</u>

★ 考试拓展

"一般"是有定的，也即还是有宾语是无定的"把"字句。无定式"把"字句[1]在近代汉语的晚期呈现兴盛之势，而在现代汉语中，无定式"把"字句也是存在的。

没有处置性的动词还有一些，诸如"大马把我跌了下来""把这姑娘羞得脸上白一块红一块""偏又把凤丫头病了""怎么忽然把个晴雯姐姐也没了？"

③谓语动词一般都有处置性，就是动词对受事要有积极影响。因此，不及物动词、能愿动词、判断动词、趋向动词和"有、没有"等不能用来作谓语动词。没有处置性的动词比较少见，例如"一出门槛，便把慰问对象忘个一干二净""只把目录看了一遍"。

这些动词不能带结果补语或宾语，又缺乏动作性，因此不能用来构成"把"字句。

④"把"字短语和动词之间一般不能加能愿动词、否定词，这些词只能置于"把"字前。例如不能说"他把青春愿意献给家乡的建设""我们把困难敢踩在脚下""我把衣服没有弄坏""为什么把这消息不告诉他"。不过熟语性句子有例外，例如"怎能把人不当人呢"。

即动词是宾语达到补语所表示的结果之手段或原因。　　还有"把这不当回事儿"。

有时候，"把"的介引成分与动词没有多少语义上的联系，<u>而是与动补短语有联系，整个短语用来说明使介引成分怎么样</u>，例如"把眼睛哭肿了""我的故事把在座的朋友都讲哭了"。

介词"把"还有"让、使"意义，用它构成的句子没有处置义，而有致使义，例如"怎么把罪犯跑了""怎么把奶奶病了"，这些句子里"把"字的宾语不是受事，而是施事。这种不属于表处置的"把"字句。

还有一类，宾语是"V"的受事还是施事不能确定，此时宾语多是人或动物的身体的一部分，如"把眼睛睁大""把头扭过去"。

---

[1] 陶红印，张伯江.无定式把字句在近、现代汉语中的地位问题及其理论意义[J].中国语文，2000（05）:433-446+479-480.

> **考试拓展**
>
> 这种不表示处置，而表示致使的，宾语是施事的"把"字句，其动词多是不如意的不及物动词，如"跑""病""疯""死"等；表状态的动词或形容词，如"把我急得要死""就把你怕成那样？""真把老太太乐坏了""你可把妹妹想死了"。

> **小贴士**
>
> "把"字句的内容看起来虽多，但按照"定义、特点、分类、举例"的一般名词解释的答题顺序即可拿下分数。

3. "被"字句

（汉语中的被动句，包含很多形式，其中最早的是春秋时期出现的"为"字句和"见"字句，表被动的"被"字句，大约在唐代出现。）

定义："被"字句是指在谓语中心词前面，用介词"被（给、叫、让）"引出施事或单用"被"的表示被动的主谓句[1]。它是受事主语句的一种。例如：

（详见本章"句法成分"一节的"主语"部分。）

（"被"字的主要作用是表示被动意义，并且引进的宾语往往是动作的施事或原因，而主语则是动作的受事。）

（1）树叶被风吹跑了。
（2）我被那诚恳的言辞打动了。
（3）衣服给雨浇湿了。
（4）地上的水叫太阳晒干了。
（5）一夜之间，许多座百米以上的沙丘让风搬到十公里之外。

> **考试拓展**
>
> 《通论》中的定义：由介词"被"和它的宾语充当状语的句子叫"被"字句。狭义的被动句即指的是"被"字句（包括"叫、让、给"），广义的被动句还包括无标记被动等。
>
> "被"字前后的语义关系可能并非"受事＋被＋施事"这样简单，前人[2]已有详细的描写。

还有一种"被"字句，"被"字直接附于动词前，这是古汉语用法的延续。例如：

（6）他的心灵第一次被震撼了，被人的力量震撼了。

在书面语里，还有"被……所"的格式，口语里有"让（叫）……给"的格式。例如：

（7）一切困难都将被全国人民所战胜。
（8）他让人家给撵走了。

---

[1] 王力. 中国现代语法 [M]. 北京：商务印书馆，1944:384. 其首次系统研究汉语被动句，提出"被动式"。
[2] 吕文华. "被"字句中的几组语义关系 [J]. 世界汉语教学，1990（02）:91-97.

例（7）(8)中的"所""给"是助词，"给"还可用于"把"字句（主动句），如"我把杯子给打碎了一个"。

> 《通论》更明确地认为这里的"给"是表示被动义的结构助词。

"被"字句原先一般是表示不如意、不希望[1]的事情。近几十年来，它在书面语里的使用范围扩大了，表如意的事有时也用"被"，例如"被表扬、被选为小组长"。

> 还有表中性的，如"他被调走了"。

📌 考试拓展

王力[2]认为主要是在五四运动之后，汉语受到西洋文法的影响而有此变化。后人又逐渐[3]将此时间上推到《红楼梦》，乃至10世纪[4]。

另，相比于表达不如意，表达中性或如意的情况时，这类"被"字句会受到更多的上下文限制[5]。

如同"把"字句一样，"被"字句也有自己的构成和应用条件：

> 加动态助词"着、了、过"，如"敌人被我们消灭了"。

①动词一般是有处置性的，与"把"字句里的动词差不多。动词后面多有补语或别的成分。如果只用一个双音动词，前面就要有能愿动词、时间词语等状语，例如"自行车叫我弟弟骑〈走〉了""辽南大地都被依山的太阳涂〈上〉了一层金光""小鸡被黄鼠狼叼〈去〉了一只""他被人家搀着，一步一步走〈上〉山来""这句话[可能]被人误解"。

📌 考试拓展

> "像、姓、属于、等于、意味着"等

综合来看，不能进入"被"字句的动词有不及物动词、助动词、形式动词，此外还有关系动词、判断动词、存现动词、部分心理认知动词、非动作性的及物动词等。

> "是" "有、没有"等　"懂得、怕、生怕、后悔、小心、妄想"等
> "敢于、用于、从事、懒得、免得、乐得、乐于、生于、适合、符合、备有、依从、遭受"等

> "我把《三国》给了小王。""《三国》被我给了小王。"

"把"字句与"被"字句后的动词都可以再带宾语，如给予动词、称说动词、置放动词等。

> "民众把他称为英雄。""他被民众称为英雄。"
> "孩子们把绘本放在柜子上。""绘本被孩子们放在柜子上。"

---

[1] 王力. 中国现代语法 [M]. 北京：商务印书馆，1944:93–96.
[2] 王力. 汉语史稿 [M]. 北京：科学出版社，1957:417–434.
[3] 梁东汉. 现代汉语的被动式 [J]. 内蒙古大学学报（哲学社会科学版），1960（02）:16.
[4] 邢福义. 承赐型"被"字句 [J]. 语言研究，2004（01）:1–11.
[5] 祖人植. "被"字句表义特性分析 [J]. 汉语学习，1997（03）:47–51.

②主语所表示的受事必须是有定的。如果没有特定的语境,就不能说"一本书被他撕破了";如果"一本书"前加上"这、那"成为有定的,就可以说了。

> **考试拓展**
>
> 这里的有定,是交际双方共知的,或说话人认为双方都知道的。有的需要加指示代词"这、那"修饰,如"这一屉小笼包被我吃了";有的有其他的修饰语,如"刚做的鸭血粉丝汤被他碰洒了";有的是专有名称,如"袁隆平被授予了共和国勋章";有的是周遍性事物,如"所有的学生都被安置好了"。

③能愿动词和表否定、时间等的副词只能置于"被"字前。例如"丑恶的现象[应该]被消灭""他[没有]被困难吓倒""这件事[已经]被人传出去了""他[大概]被朋友留下吃午饭了"。

说"被"字句的主语表示受事,正如说"把"字句里的介引成分表受事一样,都是就最常见的情况说的,其中也有表间接受事的。例如"他家被黄鼠狼叼走了两只小鸡",丢了鸡也是他家的遭遇。

> 加"教室里被搞得乌烟瘴气""她被人家剪了辫子"。

> **考试拓展**
>
> "被"字句的主语,有时并非严格意义上的受事,还可以是施事,如"他被大蒜吃得满嘴臭气";材料,如"那块布被他给做成了一套西装";工具,如"绳子被他们给捆箱子上了"。

近年来,"被"字句也产生了一些新用法。

4. 连谓句

> 连谓句在汉语中的历史非常悠久,先秦上古汉语中便存在,现在的动补结构、"把"字句其实都是从连谓句发展而来的。

连谓句是由连谓短语充当谓语或独立成句的句子。连谓句里的前后谓词语有以下的语义关系。例如:

> 连谓短语独立成句即动词性非主谓句的一种,如"马上开车来见我"。

> 教材中的体词和谓词、体词语和谓词语、名词语和名词性短语等称法时常出现。参阅教材(下)P13-18词类一节,大致可作如下整理:
> 体词:数词、量词、名词、人称代词。
> 谓词:动词、形容词、代谓词。
> 体词语 = 名词语 = 名词性的词语 = 体词 + 体词短语。
> 由此可知:
> 谓词语 = 谓词性的词语 = 谓词 + 谓词短语。
> 其实质就是某个名称下面是只有词类,还是既有词类又有短语。

(1)摸着石头过河。(表先后发生的动作)

(2)领导表扬先进树榜样。(前后表方式和目的关系)

(3)他低着头沉思往事。(前一动作表方式)

（4）他俩站着不动。（从正反两方面说明一件事） → 再如"他站着一句话也不说"。

（5）这件事想起来心烦。（后一性状表前一动作的结果）
→ 这个例句和其他的不一样，因为主语是受事！

（6）他看书看累了。（前后两件事表因果关系）

例（5）中的第二个谓词是形容词，其他例句都是两个动词。也可以连用几个谓词，例如"他‖骑车：上市场：买菜去了"。例（6）是重复同一动词，一个带宾语，一个带补语，动作没有先后之分。

特点1：连谓句内部的几个谓词不管语义关系如何，排列顺序大都是遵循时间先后[1]，即先出现的动作在前。

考试拓展

谓词或谓词性词语连用也不一定是连谓短语或连谓句，如果没有上述语义关系，则还有可能是"边吃边谈"（联合短语）、"爬起来"（中补短语）、"同意去"（动宾短语）、"拼命挣扎"（状中短语）。

连谓句的作用在于使句子简洁、精练、经济、连贯。

特点2：第一个谓词除用"来、去"和以此组成的词外，往往不用单个动词，一般要带上宾语、补语等成分，后一谓词没有这种限制。

小贴士

连谓符号（：）在教材（下）P84有提及。

这段话帮我们解决了经常会遇到的，如"来上学""去读书"这样的连谓句的层次分析划分。

连谓可以有两项，也可以有多项，但不管有几项，都处在同一层次上，这与兼语句不同，兼语句层次分析时要往下"落"一层。

特点3：这些谓词都可以分别与同一个施事发生语义关系，即都是同一施事的几个动作。

考试拓展

句子里的语义关系一般要看主谓之间、谓语内部、修饰语与中心语等。我们说连谓句的语义，一般看的都是各项谓词之间。但其实主语和连谓短语之间的语义关系未必都是一样的，如例（5），主语就不是施事，而是受事，再如"论文已经写好寄给编辑了"。

---

[1] 戴浩一,黄河.时间顺序和汉语的语序[J].国外语言学,1988（01）:10–20.

> 另有极少数,主语可能是一个动词的施事,又是另一动词的受事,如"他参加抗洪抢险累死了"。

例句中多数是动词或动词短语连用,因而又名"连动句",有时,后面可连用一个形容词或形容词短语,如例(5),因此我们把连动句改称为连谓句。

5. 兼语句

> 兼语句、兼语式又叫递系式,其来源可追溯到上古时期。

兼语句是由兼语短语充当谓语或独立成句的句子。根据兼语前一动词的语义,兼语句大致可以分为以下四种:

> 参见教材(下)P89,独立成句即动词性非主谓句。

> 这一类是兼语句中的绝大多数。

使令式:前一动词有使令意义,能引起一定的结果,常见的动词有"请、使、叫、让、派、催、逼、求、托、命令、吩咐、动员、促使、发动、组织、鼓励、号召"等。例如:

(1)老师鼓励学生学好功课。(=老师鼓励学生,学生学好功课。)

爱恨式:前一动词常是表示赞许、责怪或心理活动的及物动词,它是由兼语后面的动作或性状引起的,前后谓词有因果关系。常见的动词有"称赞、表扬、夸、笑、骂、爱、恨、嫌、喜欢、感谢、埋怨"等。例如:

(2)我感谢你告诉我一个好消息。(=因为你告诉我一个好消息,所以我感谢你。)

✦ 考试拓展

这种因果关系也是这一类兼语句与主谓短语作宾语的句子的区别所在。如兼语句"我喜欢他诚实","他诚实"是"我喜欢"的原因,而主谓短语作宾语的句子"我知道他诚实"中,"他诚实"和"我知道"之间无因果关系。

> 再如"称呼、叫、认、追认、封"等。

选定式:前一动词有"选聘、称、说"等意义,兼语后面的动词有"为、做、当、是"等。例如:

> 这类动词前后的名词性词语之间隐含着判断关系。

(3)大家选他当代表。

"有"字式:前一动词用"有""轮"等表示领有或存在等。例如:

> "有、没有、无、轮"等动词后面一般是人或动物类名词或代词。

(4)他有个妹妹很能干。

(5)轮到你值班了。(非主谓句)

📝 考试拓展

还有一类兼语句[1]比较少见，如"他倒杯水给我喝""单位分给我一间公寓住""你拿本书给我读"，这类句子的末尾有额外的一个动词，因而与双宾语不同，一般叫双兼语句[2]。这类句子的第一个动词有"交给"义，其第一个宾语是直接宾语，第二个宾语是间接宾语，后面的动词"喝""住""读"是间接宾语发出的，因而也被看作兼语句。试卷上一般不会碰见，但需要知道。

兼语句和连谓句可以先后连用在一句里。例如：

（6）鲁迅先生 ‖ 派人叫我 [明天早晨] 打电话托内山先生请医生看病。

→ 这类句子中的动词往往具有"带领""陪同"义。

还有一种兼语连谓兼用句。例如：

（7）我陪他上街。

兼语句与主谓短语作宾语的句子形式上相似，因此要注意二者的区别。举例对比如下：

A. 我请他来 —— 我请V他来* —— 我请明天他来*

B. 我知道他来 —— 我知道V他来 —— 我知道明天他来

→ 又是一处明显的辨析，需要掌握！

二者的区别：

①停顿处和加状语处不同。在第一个动词后，兼语句（A句）不能有停顿（V），不可加状语；主谓短语作宾语的句子（B句）可以。

②第一个动词性质不同，支配的对象不同。兼语句的动词多有使令意义，支配的是人，不是一件事；主谓短语作宾语的句子的动词是认知、言说类动词，支配的是一件事，不是一个人。

③变换式也不同。如B句可以变换成"他来，我知道"，兼语句不能说"他来，我请"。

📝 考试拓展

另，提问的形式也不同。主谓短语作宾语的句子如"我知道他来"，可以用"什么"提问，如"你知道什么"。而兼语句如"我派他去"不可，不能说成"你派他什么"。

→ 参见《教材》(下) P49 兼语短语部分

教材里认为兼语为"前一动词的宾语兼后一动词的主语"，但有的人[3]认为表述为"前一动作的受事兼后一动作的施事"更为妥当。

---

[1] 龚千炎.由"V给"引起的兼语句及其变化[J].中国语文，1983（04）.

[2] 赵元任著，吕叔湘译.汉语口语语法[M].北京：商务印书馆，1979:71. 周国光.谈现代汉语里的双兼语句[J].复印报刊资料（语言文字学），1984（08）.邢福义.汉语语法三百问[M].北京：商务印书馆，2002（05）:184-185.

[3] 宋玉柱.兼语为与事的兼语句[J].汉语学习，1998（06）:62.

6. 双宾句

有指人和指事物双层宾语的句子叫双宾句。双宾句的动词必须是三价动词[1]。例如在"我（施事）给（动作）他（与事）苹果（受事）"里，动词"给"是有三个必有成分的三价动词。离动词近的叫近宾语（与事宾语或间接宾语），一般指人；离动词远的叫远宾语（受事宾语或直接宾语），一般指物或事。

> 📣 **小贴士**
> "近宾语、与事宾语、间接宾语"和"远宾语、受事宾语、直接宾语"，这两组各有三种称法的概念，一定要搞清，不要混淆！

例如：

（1）伯父给我两本书。
（2）你给了我很多帮助。
（3）我借他十块钱。（"向他借"和"借给他"）

双宾句有如下特点：

①动词要有"给出""取进""询问""称说"等意义。有的动词如"借、分"等既可表"给出"，又可表"取进"，如例（3）。

②近宾语一般指人，回答"V谁"的问题，靠近动词，中间无语音间歇，常由代词、名词充当；远宾语一般指事物，也可指人（如教材［下］P96 例⑨），回答"V什么"的问题，远离动词，前面可以有语音间歇或逗号，一般比较复杂，可以由词、短语、复句形式充当。

③双宾句有的可变换为非双宾句同义句，变换之后，**宾语离位，句子就不再是双宾句**。句法结构不同了，句法成分不同了，但语义结构、语义成分不变，多数用介词将指物宾语提前。例如：

例（1）伯父给我两本书。↔ 伯父［把（那）两本书］给了我。（"两本书"加"那"，变成有定事物）

> 📣 **小贴士**
> 双宾句的层次划分一般看作动宾组合再带宾语的情况，即划分时，先划出远宾语，再划出近宾语。

---

[1] 陆俭明. 现代汉语语法研究教程（第四版）[M]. 北京：北京大学出版社，2005:125-126.

🎓 **考试拓展**

现代汉语中双宾语的类型远不止教材罗列的几类（见教材 [下] P96）[1]。

以下[2]是对哪些成分可以充当近宾语和远宾语的大致梳理：

位置＼类别	人称代词	指人名词	指物名词	时间名词	处所名词	事物名词	抽象名词	数词短语
近宾语	给我支持	给小张书	—	给春天生机	给家里四千元	给土地深情的投入	给理想翅膀	—
远宾语	给我一个你	给我一个女儿	给了我一切	给我一个小时	—	给他一些饼干	给我力量	给我五万

7. 存现句

存现句是表示何处**存在**、**出现**、**消失**了何人或何物，结构上用来描写景物或处所的一种特定句式。它可分为存在句和隐现句两种。

> 教材和《通论》都是分为这两种，有的则分为存在句、出现句和消失句三种。

> "存在句"最早由吕叔湘在《中国文法要略》（1942）中提出。

第一，存在句是表示何处存在何人或何物的句式。例如：

（1）山上有个庙。

（2）山上净（是）石头。

（3）明信片背后盖着鸟巢的风景邮票。

（4）山顶覆盖着白雪。

（5）台上坐着主席团。 ← 一个非常有名的歧义例句。

以上是静态存在句，以下是动态存在句[3]。

（6）刚才天空中飞着一只老鹰。

第二，隐现句表示何处出现或消失何人或何物。例如：

（7）她的脸上透出一丝笑意。（表出现） ← 通常用来表示"出现"义的动词有"来、出、出现、呈现"等，或由此构成的动补短语。

（8）昨天村里死了两头牛。（表消失） ← 通常用来表示"消失、减少"义的动词有"走、跑、逃、死、丢、少"等，或由此构成的动补短语。

---

[1] 马庆株. 现代汉语的双宾语构造 [C]// 马庆株. 汉语动词和动词性结构 [M]. 北京：北京大学出版社，2004:94-122.

[2] 张斌主编. 现代汉语描写语法 [M]. 北京：商务印书馆，2010:618-634.

[3] 付義琴. "着"字存在句的来源及发展——兼谈体标记"着"的语法化历程 [J]. 汉语史学报，2011（00）:63-77.

并非表示存现的都是存现句，要满足开头讲的三个条件才是。

> 如"孩子一直在外婆家""年轻人有上进心""我们还有很多缺点"，这些句子都表示存现，但不是存现句。

> 存现句的基本格式是"处所词+存现动词+事物"。

存现句一般分为三段。下面对存现句的前、中、后三段作说明： → 即存现句的特点

①前段是处所段，可以同时出现时间词语，如例（8），那是时间修饰，是状语，它是存现句的可有成分，不是必有成分（指处所词语），如"[昨天]来了三个客人"，或把例（8）说成"昨天死了两头牛"，不能认为"昨天"是主语，它是省了主语（处所词）的省略句，凭语境可以补出主语来。

> 可以加"从"的隐现句，涉及空间位置的变化，如"（从）外面跑进来一只小猫"；可以加"在"的隐现句，不涉及空间位置的变化，如"（在）书架上少了一本书"。

有些表示处所的方位短语可在前面加介词"从、在"等构成介词短语，作状语，例如"[从树林里]跳＜出＞一只吊睛白额老虎＜来＞"。可以认为是存现句的变体，是非主谓句。

> 严格来说已经不是存现句了。

> 🕮 **小贴士**
>
> 当存现句句首同时出现时间和处所时，不论谁在前谁在后，都是将处所处理为主语，将时间处理为状语，如"[上个月]这里住〈满〉了人""这里[上个月]住〈满〉了人"。

> ▶ **考试拓展**
>
> 处所段可以出现的词语有三类：①双音节方位词，如"外边下着雨"；②处所名词及其短语，如"中山大学的对面是海珠纺织城"；③ 方位短语，如"风中有朵雨做的云"。
>
> → 最普遍

> 一般需要有助词或补语同现。

②中段是不及物动词或"有""是"。

> 动态助词"着、了、过"经常出现，这里唯独缺少"过"，其实另有一种特殊的经历体存现句，动词后就是"过"，如"雪地上走过两匹马"。

存在句的动词常带助词"着"，也可带"了"[1]，如"车库里放了（着）十辆车"。隐现句的动词常带趋向补语和"了"。有些存在句的动词可以隐去，或用"是"和"有"，如例（2）隐去"是"字，成了没有动词的存在句即成了名词谓语句，它是存现句的变体。

> 再如"雪地上一串脚印"，这种句子的名词性谓语一般是偏正短语，大多还带有数量词语。

---

[1] 宋玉柱.经历体存在句[J].汉语学习，1991（05）:1-6.

因为宾语多是不确指的，所以需要在前面加上"一个"等数量词修饰，使其确指，所以这也是带有数量词的名词性偏正结构作存现宾语最频繁的原因。

③后段必有存现宾语。存现宾语大都有施事性或不确指性，有的兼而有之。如例（5）的"主席团"就在不及物动词后面，有施事性，例（1）在非动作动词句的后段就没有施事性，带有不确定性。

> **考试拓展**
>
> 存现宾语一般是定中关系的偏正短语，往往带有数量词，表示不定指。根据类型可分为以下几项：
> ①单个名词，如"外面都是警察"。 现代汉语中这一类最多。
> ②带有数量词的名词性偏正短语，如"桌上放着两张报纸"。
> ③带有领属性定语的名词性偏正短语，如"屏风后传来了妇人惊觉声"。
> ④带有描写性定语的名词性偏正短语，如"头顶上传来了隐隐的雷声"。

（五）变式句
这一称法来自黎锦熙的《新著国语文法》(1924)。

共时语法的某一句型总有一定句法成分，各成分的排列都有固定的位置。在交际中出于修辞或语用上的需要，故意减省了句法成分或调换成分的位置，这些变化了的句型叫变式句，变化前的句子叫原句。变式句可以分为省略句和倒装句两种。

1. 省略句

在一定的语境里，为了语言的经济原则，说话时往往会省去句中某个句法成分，即省去已知信息的成分。如果离开了这样的语境，意思就不清楚，必须添补一定的词语才行，这就是省略。省略句有因对话而省和因上下文而省等。

（1）因对话而省

问：他上哪儿了？

答：上公园了。（省已知信息"话题"主语）

问：谁来了？

答：我。（省已知信息"说明"谓语）

> **小贴士** 参见教材（下）P61
>
> 这里虽然只是例句和解释，但其实又呼应了"句法成分"一节"主语"部分对"话题和说明""主语和谓语"的阐明。教材知识点往往如此，前后勾连。

（2）因上下文而省

有的成分，上文已经有了，或者下文马上就要出现，也往往省去不说。复句里的分句往往会承前或蒙后省去某些成分。

参见教材（下）P128

考试拓展

语言的经济性原则[1]（principle of economy）是从经济学中借用的概念，指的是：①在效果不变的情况下尽可能减少数量；②在数量既定的情况下尽量扩大效果；③数量减少而效果扩大。

该原则在语音层面表现有同音删略、音位归纳；在词汇层面有同音词、合音词、多义词、缩略语、旧词新用等；语法上表现为句法结构的整合等；语用上有省略、紧缩等。

2. 倒装句

调换原句句法成分位置的变式句叫倒装句。倒装句调换了位置的句法成分，可以恢复原位而句法成分不变。常见的有：（这属于语言现象背后动因的解说，需要特别注意。）

（1）主谓倒置，如"怎么了，你？"这一般常见于疑问句、祈使句和感叹句，目的在于强调谓语，或者是说话急促而先把凸显信息焦点说出来，然后追加主语。主语一般读得轻些。

（2）定语、状语后置，如"许多外国朋友来到桂林旅游，从伦敦，从纽约，从巴黎，从世界各地"。后置的定语、状语可以是联合短语，这往往是为了突出它，或者是为了调整语序，使语句更显简洁。（同上）

有时要强调状语的中心语，也会把状语放后，例如口语中的"十二点了，都""下班了，已经"。这些后置成分又叫追补语[2]。

倒装句也叫易位句[3]。倒装句与原句成分不变，基本意思不变，只是语用价值不同。

（在处理倒装句的时候，分析符号等要按照原句划分！）

（六）句子的变换

A. 感情淹没了他的理智。（带宾动词谓语句）

B. 他的理智被感情淹没了。（"被"字句）

C. 感情把他的理智淹没了。（"把"字句）

以上三句是同义句，它们的深层结构或里层语义结构和语义成分是相同的，都是"施事+动作+受事"。共同的语义基础构成三个句法格式的相关性，于是才能有变换关系。运用语言表达思想要受到许多因素的制约，如语境，每种句式都有自己的表意特点或差别，这是语言表达要求细致入微造成的。

（话题）（焦点）

有翼被石头把脚砸伤了。（"把、被"共现句）

（在这类句子中，主语"有翼"和"把"字宾语"脚"都是受事，二者一般是领属关系或整体和部分的关系。）

---

[1] 陈淑美. 语言的经济性原则在汉语中的体现 [J]. 韶关学院学报, 2008, 29 (10): 108-111.

[2] 史有为. 认识"话尾巴"——兼议"句子碎片"[J]. 语言教学与研究, 2017 (01): 57-67.

[3] 张燕春. 易位与倒装和追补 [J]. 汉语学习, 2004 (06): 28-30.

有翼的脚被石头砸伤了。（"被"字句）
（话题：有翼的脚；焦点：砸）

有翼被石头砸伤了脚。（"被"字句）
（话题：有翼；焦点：脚）

石头把有翼的脚砸伤了。（"把"字句）
（话题：石头；焦点：砸）

有翼把脚砸伤了。（"把"字句）
（话题：有翼；焦点：砸）

考试拓展

句式变换是句子变化的重要内容，主要是主动句和被动句、"把"字句和"被"字句、肯定句和否定句、设问句和反问句、常式句和变式句等。

句子的变换不限于单句之间的变换，单句与复句、复句与句群之间可以变换，句式与句类之间也可以变换。

有人把变换方法称为变换分析法，把它看作与析句法中成分分析法和层次分析法并列的第三种析句法。其实"变换分析法"只是与"扩展法""插入法""代替法"等并列的语法研究方法之一。它们用来鉴别、测试或分析同形结构，与析句法不同，并不是把句子切分成句法成分，把切出的成分定个名称的析句法。

小贴士

这段话要着重理解，最好能自己翻一下教材，看哪些地方用到了上述语法研究方法。

"扩展法"应用实例：教材（上）P203 词和短语的区分；教材（下）P56 消除歧义的方法；教材（下）P58 短语与词的区分；教材（下）P74~75 可能补语的分析等。

"插入法"应用实例：教材（下）P34 "的"字的分辨；教材（下）P49 分辨同位短语和联合短语；教材（下）P95 兼语句与主谓短语作宾语的句子的分析等。

"代替法"应用实例：教材（下）P102 辨析特指疑问；教材（下）P40 介词分析；教材（下）P70 消除歧义等。

"删去法"应用实例：教材（下）P34 "的"字分析；教材（下）P97 存现句分析（2）等。

"变换分析法"应用实例：教材（下）P96 双宾句的变换；教材（下）P110 语义指向分析；教材（下）P103~104 "你呢？"的变换等。

下面举个鉴别或分化同形结构或歧义结构的例子。

处所词语 + 动词 + 着 + 名词：（词类序列）

原句式
A. 台上坐着主席团。→ B. 主席团坐在台上。
C. 台上演着京戏。→ D. 京戏演在台上。*
变换式

在这里，A、C 两例是同形结构，属于"处所词语 + 动词 + 着 + 名词"的词类系列，如果对这两个句子进行句法分析，分析结果相同，但是，通过变换法可以知道 A、C 两句不是真正的同形结构，这是用层次分析法和成分分析法作句法分析无法发现的。其实这两句只是表层相同，里层并不一致。动词"坐"和"演"语义特征不同。

（这并不是变换分析法的内容，而是语义特征分析法的。）

A 句中"坐"有"附着"语义特征，是表示存在的静态存在句，可以变换成 B 句式；C 句中"演"没有"附着"语义特征，是表示活动的动态存在句，不能变换成 D 句式。

▶ 考试拓展

运用存现句部分考试拓展里的知识，即静态存在句中可以把动作转变为状态，动态的不可，即 A 句的"着"能被"了"替换，变为"台上坐了主席团"，C 句不能变成"台上演了京戏*"。

句法分析的局限促进了变换法的运用，变换法可以发现句式是否相同。至于为何相同或不同，还要依靠语义分析和语用分析来加以解释。

（七）句类[1]

句子都有语气，语气是说话人根据需要采取的说话方式。句子根据语气可以分为四种类型，即陈述句、疑问句、祈使句和感叹句[2]。（结构分析的重点）（语气分析的重点）

这与句子有四种用途有关。一般说来，陈述句用平调，平而略降，疑问句多数用升调，祈使句和感叹句用不同的降调，祈使句的降调略为短促，感叹句的降调略为舒缓而较长。一种句类可以使用不止一个语气词，也可以不用语气词。

（参见教材（下）P33"语气词的连用"）

（参见教材（下）P31 下注释。句中表达语气的手段有四种：①语气词；②语调；③副词"难道、多"；④句法格式，如"V 不 V 式"。）

1. 陈述句

叙述或说明事实、带有陈述语气的句子叫陈述句。它是思维最一般的表现形式，也是使用得最为广泛的一种句子。它可带的语气词有"了、的、嘛、呢、罢了、啊"等，表示略有区别的陈述语气。

---

[1] 何容. 中国文法论 [M]. 北京：商务印书馆，1942. 该书明确提出句类概念。
[2] 章士钊. 中等国文典 [M]. 北京：商务印书馆，1907. 此种四分格局源自于此。

> **考试拓展**
>
> 陈述句有肯定和否定两种形式。肯定形式往往是无标示的，如果要强调，则常常用动词或副词"是"。要强调某个成分就把"是"安插在这个成分之前。否定一般可以在动词前使用否定词"不、没、未"等，如"革命尚未成功，同志仍需努力"。还可以在动补短语的补语中使用，如"这句话说得不太好"。
>
> *参见教材（下）P18~19"肯定、否定的副词"。*

有时候肯定的口气可以用"双重否定"来表示。双重否定的陈述句常在一句话内用两个互相呼应（抵消）的否定词，如"不……不……""没有……不……""非……不……"等。

2. 疑问句 [1]

即疑问句有两个意义：一是疑惑；二是询问。

提出问题、具有疑问语气的句子叫疑问句。疑问句句末用问号。

请尽可能记住这四种提问的手段。

提问的手段有<u>语调、疑问代词、语气副词、语气词或疑问格式（"V不V"等）</u>，有时只用一种手段，有时兼用两三种。其中句调是不可或缺的。*兼用多种的时候，带有强调的意味。*

> **小贴士**
>
> 我们在学习疑问句时，一般要注意疑问信息、疑问焦点、疑问语气、疑问代词等的使用。

疑问句根据提问的手段和语义情况，可以分为四类：是非问、特指问、选择问、正反问。

第一类：是非问   *注意，会考填空！*

是非问的句法结构像陈述句，即没有表示疑问的结构或代词，它带有语气词"吗"或可以带"吗"。回答是非问句，只能对整个命题作肯定或否定，用"是、对、嗯"或"不、没有"等作答复，或用点头、摇头回答，所以又叫然否问。

疑问句的回答都是针对疑问焦点的，而是非问的疑问焦点是整个句子，所以有时也可以重复原句，甚至面对面时，体态语点头就可以回答。

> **考试拓展**
>
> 如果是非问句中没有疑问语气词，语调必须上升，如果有疑问语气词，语调可升可降，即疑问语气词和升调在是非问中必有其一，要么由语气词负载疑问信息，要么由语调负载。
>
> 语调方面，是非问句倾向于否定，表示难以理解、不可思议。语气词上，是非问句

---

[1] 邵敬敏. 现代汉语疑问句研究 [M]. 上海：华东师范大学出版社，1996.

内部略有差异:"吗"字表示疑问程度较高,基本不知;"吧"字表示疑问程度较弱,表估测,大概知道,但希望得到对方的确认;"啊"则惊疑兼备。

第二类:特指问

> 陈述句中的每一项基本都可以用疑问代词来替换。

> 特指问里疑问代词承担了疑问信息,同时也形成了疑问焦点。

用疑问代词(如"谁、什么、怎样"等)或由它组成的短语(如"为什么、什么事、做什么"等)来表明疑问点,说话者希望对方就疑问点作出答复,句子往往用升调。

特指问常用语气词"呢、啊",但是不能用"吗"。要注意,不要以为有疑问代词的句子都是特指问,因疑问代词有"任指""虚指"用法。

> 一旦加了"吗",就变成了回声问,如"你是问我姓什么吗?"这是是非问中的一种。

第三类:选择问   参见教材(下)P23

> 选择问句的回答方式比较多:可以选择其中一项;可以全部否定;可以在疑问项之外另选一项。

用复句的结构形式提出不止一种看法供对方选择,用"是、还是"连接分句。常用语气词"呢、啊",不能用"吗"。选择问句中间一般不能用问号,用了问号就变成疑问句句群了。

第四类:正反问

> 正反问句的提问方式有多种,例如:开会不开会;开不开会;开会不开;开会不。

> 这种别称务必加以注意,要知道说的是哪一种。

由单句谓语中的肯定形式和否定形式并列的格式构成,又叫"反复问"。粗分为三种疑问格式:(1)V不V(来不来);(2)V不(来不),省去后一谓词;(3)附加问,先把一个陈述句说出,再后加"是不是、行不行、好不好"一类问话格式,有人想把附加问单列一类[1]。

格式(2)"V不(来不)"中的"不"还可以用"没有"替换,如"吃饭没有?"如果用"没有"否定前面的动词,则此时答句的肯定形式不能用"有",如:

"吃饭没有?"

"吃了。"

"有吃。*"

正反问句常带语气词"呢、啊"等,不能用"吗"。如"这个人老实不老实?"

📌 考试拓展

教材(下)P103 例㉕附加问的相关知识点如下:

定义:是指附加在某个句子后面的一种有特殊交际功能的疑问句。

特点:①不独立使用,必须附加在某个非疑问句的后面;②回答必须是简单的。

---

[1] 邵敬敏."X 不 X"附加问研究[J].徐州师范学院学报,1990(04):86-90.

> 归属：本质上看属于正反问，称之为附加问是从语用角度分类的。
>
> 附加问的三种格式：①疑问格式"X 不 X"；②疑问代词"怎么样"；③叹词"啊""嗯"构成。
>
> 含义：附加问是就先行的内容，征求对方的意见或希望对方予以证实。

有一种特殊的"呢"字问句，如"你呢？"它与一般"呢"字句的不同在于，它没有疑问代词或疑问结构。但可以在中间补出疑问代词和疑问结构。如：

（他们都去北京，）你呢？

它可以变换成：

你怎么办呢？你去哪儿？（特指问）

你去不去呢？（正反问）

你去还是不去呢？（选择问）

> 📣 **小贴士**
>
> 以上是疑问句的结构类型，下面是疑问句的功能类型。仔细想想，短语分结构类和功能类，句子也分。不仅是本教材，众多其他教材都十分看中各种语言成分（短语、句法成分）的结构和功能，这是因为受到美国结构主义语言学派思想的影响，结构主义学说的核心[1]是"通过替代确定单位的各种类别，根据直接组成成分的分析得出各种不同类别单位的结合规律"。

根据答语的差异，疑问句可分为三种：询问句、反问句和设问句。 *(有疑而问，有问有答。)* *(无疑而问，有问无答，又叫反诘问。)*

反问句，不要求回答。反问口气相当于否定口气。否定格式加否定口气就变成肯定的意思。肯定格式加否定口气就变成否定。 *(口气中含有不满、反驳的意味。)*

反问句多用是非问和特指问，少用选择问和正反问。

> 📣 **小贴士**
>
> 关于疑问句的知识点，都在教材（下）P104 疑问句总表中，需多看且多理解性记忆！

3. 祈使句[2]

要求对方做或不要做某事、具有祈使语气的句子叫祈使句。它可分为两大类：一类是命令、禁止；另一类是请求、劝阻。这两类句子虽都用降语调，但在语气词等的运用上略有不同。

表示命令、禁止的祈使句一般带有强制性，口气强硬、坚决。这种句子经常不用主语，结 *(被省略了)*

---

[1] [苏]Н.А.康德拉绍夫著，杨余森译.语言学说史[M].武汉：武汉大学出版社，1985：136-144.

[2] 袁毓林.现代汉语祈使句研究[M].北京：北京大学出版社，1993.

构简单，语调急降而且很短促，不大用语气词，句末一般用叹号，语气缓和的也可用句号。

表示请求、劝阻的祈使句包括请求、敦促、商请、建议、劝阻等。一般也用降语调，但往往比较平缓。表示请求时，多用肯定句，常常用语气词"吧"或"啊"。表示劝阻时，多用否定句，常用"甭、不用、不要、别"等词语和语气词"了、啊"等。*或者使用一些祈使性词语，如"千万""请"。*

> **小贴士**
> 以上是从语气强弱的角度来区分的，《通论》是以肯定和否定来区分的，即"命令、请求"是肯定的一类祈使句，"禁止、劝阻"是否定的一类祈使句。

> **考试拓展**
> 祈使句的主语限于三类词语[1]：第二人称代词（"你"）、包括式的第一人称复数（"我们""咱们"）、称谓词（常被省略）。
> 我们在词汇章里碰到了反义词的不平衡现象，此处祈使句中的肯定形式与否定形式也存在不平衡，如可以说"请尊重别人"，不能说"请随地吐痰"，可以说"抓住扶手"，不可以说"冻感冒"。

用语气词"吧"带有商量的口气，用"啊"略带敦促的意味。

请求或敦促人家做事，总是有商量的余地，比较客气，因此适宜使用重叠形式的动词，有时用敬词"请"，常出现主语。

4. 感叹句

带有浓厚的感情、具有感叹语气的句子叫感叹句。它表示快乐、惊讶、悲哀、愤怒、厌恶、恐惧等浓厚的感情，句末都用叹号。

有的感叹句由叹词构成。有的叹词，它所代表的感情，一目了然，如"哦"表示醒悟，"呸"表示鄙视；但是有的叹词表示什么感情，则要看前后的话才能确切知道。

> **考试拓展**
> 感叹句的类型大体可以分为三类：①直接用叹词构成，如"哟！""哎呀！"；②带有语气副词、语气词、特定词语等，如"多大的阵仗！""不错哇！""毛主席万岁！"；③形式和陈述句一样，但加了感叹号，或者语调变化后同时音量加大，如"后天放假！""你是繁漪！"。
> *（语气副词：多；语气词：哇；特定词语：万岁）*

---

[1] 朱德熙. 语法讲义 [M]. 北京：商务印书馆，1982:205-206.

（八）单句分类小节

（1）凡是就单句整体的结构或主体词词性特点定出的类名，叫句型；凡是就单句的局部某一结构特点定出的类名，叫句式。

（2）句式与句式可以交叉共存在一个句子里，但同级的句型里很少有交叉共存的现象。

（3）句式是开放性的，有多少特点就有多少句式，无定额；句型是封闭性的，同级句型数量有定额。

（4）句型与句类性质完全不同。句类是凭语气分类的，同一句类可以属于不同的句型，同一句型也可以属于不同的句类。

> **小贴士**
>
> 以上是狭义的句型和句式；广义上说，句式是句型中的小类型，可以不必严格区分。另，下方是教材所附的句型、句式、句类的梳理，其实就是本章框架，可以帮助厘清层次关系。

考试拓展

确定句式的标准往往不是单一的，而是多标准的，大致有以下几种情况：

第一，按关键词（介词或动词）来命名，"把"字句、"被"字句、"比"字句、"是"字句、"有"字句、"连"字句等；第二，按特殊结构命名，如主谓谓语句、双宾句、连谓句、兼语句等；第三，以特定语义范畴命名，如存现句、否定句、被动句、比较句等。

不影响句型的因素主要有以下四点：

（1）语气词的有无。

（2）倒装与否。

（3）省略与否。

（4）独立成分的有无。

句子（单句）和短语的区别： *（词和短语的区别见教材（下）P58。另外这又是一处辨析，学习者需要加以注意！）*

（1）句子有特定的语气、句调，可分为陈述句、疑问句等；短语没有特定的语气、句调，因此没有陈述短语、疑问短语等。

（2）短语有主语、谓语、宾语、定语、状语、补语等八个配对成分；句子也有八个配对成分，但还有独立语这种语用成分，共九个。

（3）句子有成分的倒装和省略，有倒装句、省略句，短语没有倒装短语、省略短语等。

（4）句子是交际单位，短语不是。

这说明二者的本质不同，句子是语言的运用单位，是动态单位；短语是造句的备用单位，是静态单位。

（九）语法分析 *

（1）语法分析的三个层面

①句法分析：找出句法结构中的句法成分、指明构成成分的词语类别和词、语、句的整体类型或格式等，也就是对语法单位之间的结构关系和语法单位的类型进行的分析。

②语义分析：指出句中动词与有关联的名词语所指的动作与事物之间的语义关系，即动作与施事、受事、与事、工具、时间、处所等关系以及指出其他词语之间的**语义关系**，如领属、同位、方式等；此外，还包括**语义成分、语义指向、语义特征**等的分析。

是指隐藏在句法结构后面由该词语的语义范畴所建立起来的关系。

> **考试拓展**
>
> 语义关系相关："汉语句法结构中的语义关系是多种多样的，句法分析的重点是动词跟名词性词语之间的语义关系，这也叫配价关系或者格关系。"名词性词语经常担任的语义角色，有很大一部分即是动词后宾语中的语义角色，如"结果、处所、工具、方式"等。除宾语外，还有施事、受事、系事、等事、与事、领事、属事、自事、同源、范围等。
>
> *参见本书语法第四节句法成分中的宾语的语义类别，以及考试拓展。*
>
> 而名词除和动词搭配可以显现出语义关系之外，名词和名词之间也存在语义关系，我们上文已有提及。
>
> *参见本书语法第四节句法成分中的主语的语义类别，以及考试拓展。*

③语用分析：包括话题和说明、表达重点、语境、省略和倒装、语气和语调（停顿、重音、句调的升降）等的分析，也就是语言符号与它的使用者、使用环境之间的关系的分析。

> **考试拓展**
>
> 语用的基本要素：发话者、受话者、话语内容、语境。
>
> 语用分析的主要内容：语境对话语交际起重要作用；字面意义和话语意义；话语结构及连贯规律等。

> 📢 **小贴士**
>
> 教材中关于语用的只有辞格和语体等，但其实语用分析得更多，基本概念、话语意义、言语行为、会话原则等暂未涉及，这部分建议阅读《通论》的相关章节。

(2) 三个层面的语法分析举例

①句法分析。 <- 这部分教材的解释较为详细，建议仔细阅读，好好领会。

②语义分析。

③语用分析。

(3) 句子的语义分析

①语义成分，指词语组合时双方所发生的意义关系的名称。例如：

昨天　他的弟弟　在校园里　与同学小李　用木棒　把疯狗　打　死了。
（时间）（施事）　（处所）　（与事）　（工具）（受事）（动作）（结果）

此外，这个句子里还有领属关系（"他"和"弟弟"）、同位关系（"同学"和"小李"）等。整个句子的语义结构是属于"施事+动作+受事"的类型。

②语义特征，指词语在句法结构中互相比较时显出的语义特点。语义特征分析有助于说明词语的搭配和同形结构的分化等问题。例如：

A. 榕树死了。→木头死了。*

B. 床上躺着一个人。→一个人躺在床上。

C. 台上演着京戏。→京戏演在台上。*

D. 春天（夏天、秋天、冬天）了[1]。→桌子（椅子、沙发）了。*

📌 考试拓展

不仅词与词的组合涉及语义特征，某些句式的使用也涉及语义特征[2]。比如上方的"NP 了"中的 NP，要求有 [+ 推移性]。

语义特征解释歧义的更多例子，如"倒了一杯水""烧了一车炭"，前者可以理解为"倒掉"或"倒上"，后者可以理解为"烧掉"或"烧得"，原因就在于是具备 [+ 去掉] 还是 [+ 获得] 的语义特征。

③语义指向，指句法结构中甲成分与乙成分有语义联系及语义所指的方向。例如： <- 这边的各个例句都需要好好理解。

A. 我和他都只有一个弟弟。

B. 两个报社的记者。

C. 老王有个明星女儿很骄傲。

D. 老王有个女孩很淘气。

---

[1] 邢福义. 说"NP 了"句式 [J]. 语文研究, 1984 (03): 21-26.

[2] 陆俭明. 现代汉语语法研究教程（第四版）[M]. 北京：北京大学出版社, 2005:107-124.

考试拓展

语义指向有狭义与广义之分，教材中的定义是狭义的。

最早使用"指向"这个术语的是吕叔湘先生[1]，而更早的张斌先生[2]也注意到这种现象。邵敬敏与段业辉[3]则同年发文，完整地使用了"语义指向"这个术语。

小贴士

教材（下）P111 的"单句分析举例"，建议扫码后打印出来勤学多看，每句话每个词都不要放过，加之教材（下）P57 的"短语分析举例"和教材（下）P142 的"复句分析举例"，层次分析和句子成分分析应当不在话下！

思考和练习六

1. 指出下列句子的句型（主谓句和非主谓句及其小类）。

①主谓句、名词谓语句、存在句。

②主谓句、动词谓语句。

③非主谓句、动词性非主谓句、兼语句。

④主谓句、动词谓语句、主谓谓语句。

⑤主谓句、动词谓语句、"把"字句。

⑥主谓句、动词谓语句、兼语句。

⑦主谓句、动词谓语句、兼语句。

⑧省略主语的主谓句、动词谓语句、兼语句、双宾句，"部长同志"是独立语。

⑨主谓句、动词谓语句、"把"字句、兼语句。

⑩非主谓句、动词性非主谓句、存在句。

⑪主谓句、动词谓语句、连谓句。

⑫主谓句、动词谓语句、存在句。

⑬主谓句、动词谓语句。

⑭主谓句、动词谓语句、兼语句。

---

[1] 吕叔湘.汉语语法分析问题[M].北京：商务印书馆，1979:77.

[2] 文炼.论语法学中"形式和意义相结合"的原则[J].华东师范大学学报（自然科学版），1960（01）:73-78.

[3] 邵敬敏.副词在句法结构中的语义指向初探[C]//华东师范大学《汉语论丛》编辑委员会编，林祥楣主编.汉语论丛[M].上海：华东师范大学出版社，1990:52-66. 段业辉."这样"的语义指向和已知信息的代词化[J].汉语学习，1987（06）:8-11.

⑮非主谓句、动词性非主谓句。
⑯主谓句、动词谓语句、主谓谓语句。
⑰非主谓句、动词性非主谓句。
⑱主谓句、动词谓语句、连谓句。
⑲主谓句、动词谓语句。
⑳非主谓句、名词性非主谓句。

2. 试指出下列句子属哪一句类。如果是疑问句,要指出小类名;如果有语气词,还要指出它的意义。

①疑问句、反诘问句,"吗"表示疑问语气。
②祈使句。
③疑问句、特指问句,"呢"表示疑问语气。
④感叹句,"哪"表示感叹语气,增加感情色彩。
⑤疑问句、选择问句,"呢"表示疑问语气。
⑥疑问句、正反问句。
⑦祈使句,"吧"表示商量、请求。
⑧疑问句、反诘问句,"吗"表示疑问语气。
⑨陈述句,"的"表示确定语气。
⑩祈使句。

3. 把下列句子变换为别的格式的句子。

略

4. 分析下面各句并指出其句型(附加成分内部可以不分析)。

①鲁迅‖是(在文化战线上,代表全民族的大多数,向着敌人冲锋陷阵)的(最正确、最勇敢、最坚决、最忠实、最热忱)的(空前)的(民族)英雄。(主谓句、动词谓语句)

②(风景美丽)的西双版纳,‖吸引了成千上万的有志气、有抱负的知识青年进入橡胶园。(主谓句、兼语句)

③(敦煌艺术宝库)的保存,‖使我们有可能:来:理解(一千五六百年来的中国艺术)的成长、演变和发展。(主谓句、兼语连谓连用句)

④(康藏公路和青藏公路)的通车‖[把幸福和繁荣]带给了(住在青藏高原的人们)。(主谓句、动词谓语句、"把"字句)

⑤(生长在江南)的同志们‖看〈到〉(这些)水墨画:高兴得〈直鼓掌〉。(主谓句、动词谓语句、连谓句)

⑥(凡是)[于小事]忠实的‖[于大事][也]忠实。(主谓句、形容词谓语句)

⑦我所遇到的‖[毕竟][还]是好人多于坏人。（主谓句、动词谓语句）
⑧篇章‖指的‖是（由句子连接成篇）的语言体。（主谓句、动词谓语句）
⑨银行法‖[对中国金融业的发展]意义‖重大。（主谓句、主谓谓语句）
⑩旧社会‖逼得〈他没路可走〉。（主谓句、动词谓语句）
⑪[多]威风啊，‖仪仗队！（变式主谓句、形容词谓语句）
⑫[在战争年代]，人们‖对一身灰布制服，一件本色的粗毛线衣，或者自己打的一副手套、一双草鞋]，[都][很]有感情。（主谓句、动词谓语句）
⑬[为了保护羊群]，英雄的小姐妹——玉荣和龙梅‖[同暴风雪]搏斗了〈一天一夜〉。（主谓句、动词谓语句）
⑭他‖[被亲人]送〈到〉医院：[把伤]治〈好〉了。（主谓句、动词谓语句、连谓句）

5. 按照下面的格式造句。

略

6. 指出下列句子的错误并加以改正，是方言的句子要指出何处不合和为什么不合普通话语法规范。

①"把"字句的介引对象应该是动词的受事，但"二十四小吋"并非"扑"的支配、关涉对象，故应该将"扑"改为"用"。
②"把"字句的谓语中心不能是光杆动词，可在"考虑"后加"一下"作补语，或重叠之。
③"辩护"是不及物动词，后面不能带受事宾语，改为"为自己辩护"即可。
④"被"字句的格式要求动词是及物的，而"倒塌"是不及物动词，故改为"震塌"。
⑤滥用"被"字句，应该删去第一个"被"，因为"心脏跳动"不是受事。
⑥添加一个"被"字，改为"被剥夺了……"。
⑦否定词"没有"应该在"把"字前，另需要删去句中逗号；第二个"寄给"后应加一个"了"，因为这是已经实现的事情。
⑧"文化素质"包括"法制观念"，概念上有蕴涵关系，故应删去后面的"和法制观念"。

粤语方言中常用，以下提及的方言用法，几乎都来自粤语。

⑨"有收到"和"有没有收到"都是方言说法。需要去掉动词前的"有"和"有没有"。分别改为"你收到我的信了吗？""你收到我的信了没有？"但这种"有"字句已经慢慢被吸收进普通话的书面语里了。
⑩"A 高过 B"是方言说法，应当改为"比那个人高""似那个人强"。
⑪方言说法，应把"少""先"移到动词前。
⑫方言说法，改为"你去不去学校？"或"你去学校不？"。

⑬方言说法,改为"我给你一本书"。

练习题

(一) 指出下列疑问句的结构类型

1. 那本书你买了没有?
2. 明天会下雨吧?
3. 你的衣服呢?
4. 你到底去不去?
5. 你到底打算去不去?
6. 我们是看电影,看话剧,还是看球赛?
7. 你们那儿还有谁要去吗?
8. 你是说谁都可以去吗?

参考答案

1. 正反问	2. 是非问	3. 特指问的简略格式	4. 正反问
5. 正反问	6. 选择问	7. 是非问	8. 是非问

(二) 判断句式

1. 发给我一瓶水。
2. 叫狗咬了一下。
3. 葡萄一人一串。
4. 海面上飘来一朵云。
5. 他心里不太舒坦。
6. 社区通知我明天不做核酸了。
7. 将锅从灶台上拿下来。
8. 没有人找你。
9. 你不相信我住在这个茶壶里吗?
10. 我国有大量的化石能源资源等待开发。

参考答案

1. 双宾句	2. "被"字句	3. 主谓谓语句	4. 存现句
5. 主谓谓语句	6. 双宾句	7. "把"字句	8. 兼语句
9. 主谓短语作宾语	10. 兼语句		

（三）主观题

> **小贴士**
>
> 单句部分的知识点非常适合出大题，而在各高校历年的简答题中，又有以下几种情况需要加以区分：其一，单纯考查书上知识点的背诵情况，如下列 1~11 题，这一部分的解答可对照教材学习；其二，结合教材部分涉及但语焉不详的知识点加以考查，难度较大，水平要求较高，如 12~14 题，我们给出了答题参考；其三，某些高校会有对超纲知识点的考查，如 15~16 题，我们简要介绍了相关知识点，也可当作知识的补充。

第一类：

1. 举例说明双宾句的特点。（广东外语外贸大学；2020）

2. 在汉语的名词谓语句中，名词性词语有时可以直接作谓语，用例子说明句式特点和语义及语用功能。（北京语言大学；2020）（15 分）

3. "门前种着一棵枣树"属于什么句式？请简单说明此类句式的特点。（北京语言大学；2019）（7 分）

4. 简述汉语"把"字句。（暨南大学；2018）（10 分）

5. 简述现代汉语普通话中疑问句的类型，以及疑问句中使用语气助词的情况。（南京大学）（10 分）

6. "把"字句的构成条件、应用及功能。（西南大学；2019）

7. 什么是兼语句？举例说明其主要类型。（陕西师范大学；2020）（10 分）

8. 简述主谓谓语句的类型。（山东师范大学；2021）（7 分）

9. 举例说明兼语句与主谓短语作宾语的句子的区别。（西南大学；2018）（5 分）

10. 简述语法分析的三个层面。（湖南师范大学；2020）（10 分）

11. "我知道他来""我请他来"这两个句子，哪个句子是兼语句？哪个句子是主谓短语作宾语？应该如何区分这两个句子？（广东外语外贸大学；2018）

第二类：

> 这是汉语语法学界著名的一个讨论存现句的例句，最早由沈家煊在其《"有界"与"无界"》一文中给出。

12. 分析"台上坐着主席团""台上唱着戏""山上架着炮"的语法差异。（10 分）

这三句话的排列次序都是 [处所 +V 着 + 名词]，但三者存在内部语义差异。以下用变换分析法加以说明。

> 这三句话同时出现拿来对比，最早出现在陆俭明的《变换分析在汉语语法研究中的运用》（1990）一文中。

（1）台上坐着主席团。——A 式 [处所 +V 着 + 名词]

（2）台上唱着戏。——B 式 [处所 +V 着 + 名词]

(3) 山上架着炮。

如上所示，(1)(2)(3)的排列次序、构造层次、语法结构关系相同，都是[处所+V着+名词]，但(1)(2)背后的A式和B式语法意义有别。

第一，A式可以变换成C式[名词+V+在+处所]，如下所示：

A式[处所+V着+名词]　　→C式[名词+V+在+处所]

台上坐着主席团。　　　　→主席团坐在台上。

门口站着人。　　　　　　→人站在门口。

前三排坐着来宾。　　　　→来宾坐在前三排。

床上躺着人。　　　　　　→人躺在床上。

A式表示静态存在，C式也表示静态存在。这表明A式确实可以变换成C式，即A→C。

第二，B式则可以变换成D式[名词+正在+处所+V着]，如下所示：

B式[处所+V着+名词]　　→D式[名词+正在+处所+V着]

台上唱着戏。　　　　　　→戏正在台上唱着。

门外敲着锣鼓。　　　　　→锣鼓正在门外敲着。

外面下着大雨。　　　　　→大雨正在外面下着。

大厅里跳着舞。　　　　　→舞正在大厅里跳着。

B式表示动态存在，D式也表示动态存在。这表明B式确实可以变换成D式，即B→D。

需要注意的是，A式只能变换成C式，不能变换成D式，而B式只能变换成D式，不能变换成C式。

而(3)则具有两种分析。当它表示静态存在时，即A式，此时可以变换成C式，如：

A式　山上架着炮。→C式　炮架在山上。

而当它表示动态存在时，即B式，此时可以变换成D式，如：

B式　山上架着炮。→D式　炮正在山上架着。

如此，我们就用变换分析法分化了同形句式[处所+V着+名词]。

> 📢 **小贴士**
>
> 变换分析法在历年的主观大题中时常出现，教材上的展示有限，建议学习者对照此处，模仿复刻变换分析法的步骤和要点，一定要动笔练一练！

13. 简述汉语的"配价理论"并分析以下句子（小王休息了。小王吃饺子。小王借小李一本书。）。（暨南大学；2019）（10分）　汉语配价研究主要围绕动词进行，最重要的著作是袁毓林的《汉语动词的配价研究》(1998)。

> 🏷️ **考试拓展**
>
> 语法学中引入"价"的概念，是为了说明一个动词能够支配多少个属于不同语义角

色的名词词组。配价语法理论的基本思想：

①句法不仅研究句子，更要注意其中隐含的词与词的句法关联。

②我们要注意的句法关联是动词（句子核心）与行动元（主要是名词构成）之间的关联。

③动词所关联的行动元的多少决定了动词的配价数目。

④动词按配价分类，具体如下：

一价动词：一个动词只能支配一个行动元，即前有一个主语，无宾语，如"我游泳，你跑步"。

二价动词：一个动词能支配两个行动元，即前有主语，后能带也只能带一个宾语，如"我吃饭"。

三价动词：一个动词能支配三个行动元，即前有主语，后能带两个宾语，如"我给你书"。

综上，利用这种配价关系来研究解释某些语法现象的手段，就叫"配价分析法"，形成的理论即"配价理论"。

"小王休息了。"动词"休息"前只有一个主语，后面无宾语，故"休息"是一价动词。

"小王吃饺子。"动词"吃"前有主语"小王"，后有且只有一个宾语"饺子"，故"吃"是二价动词。

"小王借小李一本书。"动词"借"前有主语"小王"，后有直接宾语"书"、间接宾语"小李"，故"借"是三价动词。

14. 我们经常说"今天是十五度""苹果是十五斤"，请简要分析这类"是"字句与名词谓语句"今天十五度""苹果二十斤"在使用上的差异。（北京语言大学；2020）（10分）

这类"是"字句表示的意思是"宾语从某个方面对主语加以说明，主语和宾语不相应，是汉语特有的句式"。具体而言，可以说明主语的特征、时间、处所、角色、属性、工具、手段、情况等。这类句子体现了汉语的经济性和简练性，它能将一个内容复杂的句子变成由"是"联系的几个关键词构成的较为简单的句子。

而名词谓语句对能够进入该句式，独立充当谓语中心的名词性词语是有要求的，要满足四个条件：①肯定句而非否定句；②短句而非长句；③一般口语句式而非书面语句式；④限于说明时间、天气、籍贯、年龄、容貌、数量等的口语短句。名词谓语句实际上是动词谓语句的变体或省略形式。名词谓语句在使用中更显示出其经济性的特点。

第三类：

15. 简要分析"由"字句[1]的特点。（上海大学；2018）

> 📢 **考试拓展**
>
> 　　一般把"由"字作介词时带上宾语，置于句子谓语中心前作状语的句式叫"由"字句，如"后果由他负责"。"由"字句分三段，前面的"后果"叫前段 A，"由 X"叫中段，"负责"叫后段 B。
>
> 　　前段 A 一般由名词性词语充当，少数由谓词性词语充当。如"他由梯子上下来""运沙包由七班承包了"。
>
> 　　中段"由 X"中，X 多数是体词性的，少数是谓词性的。如"一个班的班长由谁担任，班主任说了算""我对旭旭的态度由为她担心变成了嫌她糊涂"。
>
> 　　后段 B 多为动词性词语和形容词性词语。如"全办公室都由级长那里得到了不做核酸的消息"。另 B 中的动词多是"趋向义""移动义""拿取义""感知义"等。
>
> 　　最后，"由"字结构可以整体被嵌套进一个更大的句子中充当宾语、定语、插入语等。

16. "这个字连老师都不认识。"这句话是什么句式？请简单说明这类句式的句法、语义、功能。（北京语言大学；2020）（7分）

> 📢 **考试拓展**
>
> 　　这句话是一个典型的"连"字句。"连"字句的基本格式为"连 +Y 都 / 也 +VP"。现在一般把"连"字看作<u>介词</u>（持介词说的有赵元任《中国话的文法》、吕叔湘《现代汉语八百词》、朱德熙《语法讲义》）。最早的、典型的"连"字句产生于宋元时期。句法上，Y 的形式非常灵活，既可以是体词性的，也可以是谓词性的，甚至是句子。"连"字句的一个显著特点是 Y 的后面一般必须要出现副词"都 / 也"[2]。语义上，Y 不是 VP 的某种固定句法成分，它和 VP 的语义关系是多种多样的，但必须为 VP 所控制。语用、功能上，整句话的逻辑重音在 Y 上。而整个"连"字句的功能在于对一个"典型事例"加以强调，从而表达对相关周遍性事物的强调。介词"连"的功能则在于介引表示"典型事例"的成分 Y。

---

[1] 吕文华."由"字句——兼及"被"字句 [J]. 语言教学与研究, 1985（02）:17-28. 李卫中."由"字句的句法、语义、语用分析 [J]. 汉语学习, 2000（04）:28-31.

[2] 马真. 说"也" [J]. 中国语文, 1982（04）.

第六节　单句语病的检查和修改

学习提示：这一节熟读教材表述即可，多看材料、多应用、多操练是破解这类题目的方法，故略去"划重点"部分。

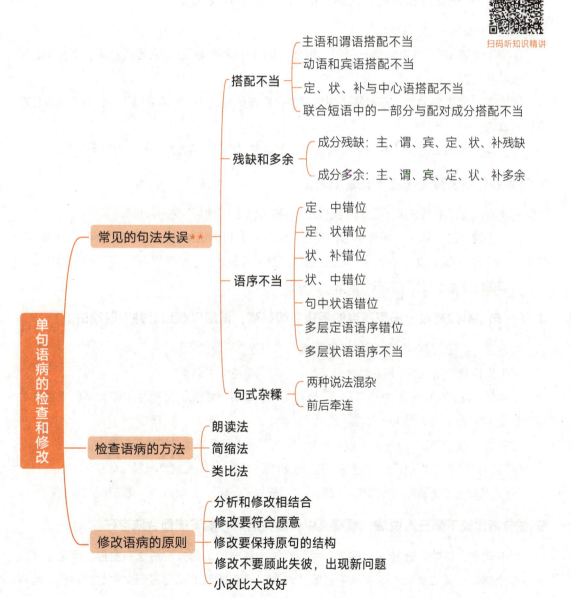

解习题

思考和练习七

1. 下面几组句子中的甲乙两种说法都对吗？为什么？

第一组，甲句说法不对。主语中心和谓语里的宾语中心不搭配。

第二组，甲句说法不对。语序不当，定语"美妙"错放在状语位置上了。

第三组，乙句说法不对。定语"束束"不对，自然状态下野花只能是一株株或一朵朵的。

2. 下面句子中的动语和宾语是否都能搭配？谈谈你的看法。

①改"分离到"为"分离出"。

②"医治和保护"（联合短语）中的"医治"与"安全和健康"（联合短语）动宾不搭配。删去"医治和"三字。

③"实现"是名宾动词，不能带谓词性宾语，应该把宾语中心"的愿望"补出来，从而变成名词性宾语。

④"感到"是谓宾动词，不能带名宾词语，可以在"感到"后面加一个"有"字。

3. 下列各句中没有语病的一项是（D）。

A项动宾搭配不当。"破坏"和"到位率"不搭配，换"破坏"为"降低"。

B项语病有二。其一，联合短语作宾语，部分宾语和谓语中心搭配不当。"表示……兴趣"错配，应该改"表示"为"产生"。其二，语序不当，应该是先"产生兴趣"，再"表示关心"。

C项语序不当。应把"超前"放在"当今世界"之前。

4. 下列句子有没有成分搭配不当的毛病？如果有，试加以改正，并说明理由。

①定语"坚强"和中心语"思想"不搭配。改"坚强"为"坚定"。

②主谓搭配不当。改"均由优秀选手组成"为"都是优秀选手"。

③动语"盖出"和宾语中心"工程"搭配不当。改为"建成了工程巨大的宏伟的人民大会堂和历史博物馆"。另建议将"林立"改为"许多"。

④主语中心"劳动"和宾语中心"一天"搭配不当。可把末尾的"一天"删去。

⑤"出发"是不及物动词，不能带宾语"瓦窑堡"。改为"向瓦窑堡出发"。

⑥"文艺作品"使用的地方肯定是好的，故可删去"好坏"，分句改为"文艺作品的语言"。

5. 试分析比较下面三种说法，看看其中有没有病句，能不能都合法存在。

后两句是合法的。针对第一句，有两种看法：其一是认为介词短语在主位，但是主语残缺，是个病句；其二是认为存在承前省略，这类句子在典范的现代白话文中数量很多，可以视为"合法"。

6. 下列句子有没有成分残缺或多余的毛病？如果有，试加以改正，并说明理由。

①谓语残缺。删去第一个"的"字，并加一个逗号即可。

②介词"通过"和方位词"中"不搭配，并造成主语残缺。删去此二者，令"多年……活动"变成主语。

③第二分句主语残缺，在"一致"前加"会议"作主语。

④"发生"多余，删去。

⑤"黄金季节"前缺定语"旅游"，并改其后句号为逗号；删去多余的定语"全国"。

⑥状语残缺，缺少介词"与"，加上后变为"和与自己……分道扬镳"。

⑦状语多余，删去"正"。

⑧"的殊荣"多余，删去。

⑨状语残缺，补充完整为"以太平洋……为中心"。

⑩"的美丽前程"多余，删去，"一份"也建议删去。

⑪"来""以及"多余，删去。

⑫"最多"多余，删去。

7. 下面句子有什么毛病？指出来并加以改正。

①多层定语语序不当，将"许多"放在领属性定语"党的"之后。

②"看到"与"心情"动宾搭配不当。"心情舒畅、信心满怀"修饰"喜悦心情"，是语义重复，改"喜悦心情"为"神情"，并将"仿佛"移到"我们"之后。

③"把小岛建成花园一样美丽"句式杂糅，改为"把小岛建成美丽的花园"或"把小岛建设得像花园一样美丽"。

④句式杂糅。改为"考场设在一间古色古香的大厅里"或"考试在一间古色古香的大厅里举行"。

⑤"采用"与"稻底养萍"动宾搭配不当，前者是名宾动词，可在"稻底养萍"之后加"的方法"。

⑥"相互"是副词，不宜作定语，可将其移位至"暖和"前作状语，并删去"的"和"对方"。

⑦第二个分句结构残缺加句式杂糅。改为"才能改革教育，使之适应四个现代化的要求"。

⑧语序不当。将"几层"移至"用"之后。

⑨"许多"是数词，不能作"跑"的状语，可将其移至"妇女"前作定语。

⑩状语语序不当。将"详细地"移至"介绍"之前。

8. 用层次分析法和成分分析法分析下面两句的句法成分和语义成分,指出为什么不对,为什么对。

① 绿色的念头愤怒地睡觉。

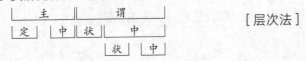　　　　　　　　　　[层次法]

(绿色)的念头 ‖[愤怒]地睡觉。　　　　[成分法]

② 安娜的妹妹正在安静地睡觉。

　　　　　　　　　　　　　　　　[层次法]

(安娜)的妹妹 ‖[正在][安静]地睡觉。 [成分法]

第一句从句法成分的角度来看是合理的,即名词作定语、形容词作状语,但从语义的角度来看是不合理的。首先,"念头"的语义特征[-生命],而"睡觉"是[+生命]的;其次,"绿色"含有语义特征[+颜色],而"念头"没有,故二者定中搭配不当;最后,"愤怒"是[+动态],而睡觉[-动态]。

第二句不论从句法还是语义,都是可以搭配的。

9. 在教师教学用书中,经常出现"通过……使……"或"通过……"这样的句式,下面三句都用了这样的句式,请分析哪句是正确的,哪句是错误的,为什么?

第一句正确,第二、第三句错误。

判断标准:前后分句的行为主体是一致的,即正确,若不一致,则是错误的。第一句中,前后分句的行为主体都是教师,故正确;第二、第三句则不一致,故错误。

10. 用简缩法检查下面句子的毛病,并加以改正。

①主谓搭配不当。"竹画"是作品,不能成为题材,删去"竹画"即可。

②主谓搭配不当。句子主干是"全体工人和科技人员我国成功地发射了第一颗人造地球卫星",删去"我国"即可。

③主干缺少谓语中心。在每一个小分句中的"有的"和"来"之间加"是"。

④有两处需要修改,第一处改为"南京近期将建成……",第二处改为"……仿明大院将在中华门落成……"。

11. 用类比法检查下面的短语,看看哪个是正确的,哪个是不正确的。

略

12. 举例说明如何把简缩法和类比法结合起来使用。

在碰到较长或较复杂的句子时,先用简缩法找出基本结构,再用类比法加以检验。例句略。

练习题

（一）选择题

1. 以下没有语病的句子是（   ）。
   A. 他甚至连车窗外的茂密的青松、起伏的翠岗和遍地的野花也无意观赏。
   B. 艰苦的工作正是我们锻炼自己的好机会。
   C. 吴哥寺在淡蓝色的烟霞中就像一座仙宫，多么美妙地引起人们的遐想。
   D. 那就要谴责和依法严肃惩处肇事者，医治和保护受害者的安全和健康。

2. 以下有语病的一句是（   ）。
   A. 德国队中场队员积极抢断，破坏了巴西队的一传。
   B. 科技界的同志对这一问题表示了极大的关心和浓厚的兴趣。
   C. 我们必须狠抓科学技术的现代化，用先进的科学技术把国民经济搞上去。
   D. 这套网上航班查询系统和民航总局计算机订座系统相连，具有及时、准确、信息全面等特点。

3. 下列句子中成分搭配不当的一句是（   ）。
   A. 参加这次运动会的八名男运动员和三名女运动员均是优秀选手。
   B. 张玉所以这般刻苦，是因为有一种坚强的思想在支配她。
   C. 这次在工厂劳动的最后一天，是同学们最紧张、最愉快、最有意义的一天。
   D. 敌人已经发现我们了，这里不能久住，今晚六点向瓦窑堡进发。

4. "在老师的教育下，使我提高了认识。"这句话的语病是（   ）。
   A. 搭配不当   B. 语序不当   C. 句式杂糅   D. 成分残缺

5. "当上级宣布我们摄制组成立的时候，我们大家有既光荣又愉快的感觉是颇难形容的。"这句话的语病是（   ）。
   A. 搭配不当   B. 语序不当   C. 句式杂糅   D. 成分残缺

6. 以下有成分多余语病的句子是（   ）。
   A. 他很后悔，不该这样绝情地跟与自己同过患难、共过生死的好朋友分道扬镳。
   B. 大热天劳动，出汗多，身体里的水分和盐分消耗得也多，不随时补充上去，容易发生中暑。
   C. 目前正值印度旅游的黄金季节，游客纷至沓来，这种盛况为"黑市"生意提供了赚钱机会。
   D. 书面语完全脱离口语是违背语言发展规律的反常现象。

7. 以下没有语病的一句是（   ）。
   A. 他荣获了诺贝尔物理学奖的殊荣。
   B. 贺兰县接到文件后，立即在会议上进行了传达，一致认为文件说出了广大农民和干部的心里话。

C. 不仅这样，他们还把小岛建成花园一样美丽。

D. 在俄罗斯，社会史的研究方兴未艾，而其巨大的生命力正来源于历史唯物主义的基本理论和方法。

8. "从他身上，我们看到了许多党的地下工作者的光辉形象。"这句话的语病属于（　　）。

   A. 搭配不当　　　B. 语序不当　　　C. 成分残缺　　　D. 句式杂糅

9. 以下属于语序不当语病的句子是（　　）。

   A. 只有弄清30年来教育战线上的是非得失，认识教育规律，才能改变教育适应四个现代化的要求。

   B. 红萍具有繁殖快、肥效高的特点，但在生产上长期采用季节性稻底养萍，潜力没有充分发挥。

   C. "心连心"艺术团到来的消息传开后，街道里的妇女、老人和孩子许多都跑了出来。

   D. 从此，这个平静的家庭里，就不时发生使人不安的怪事来。

10. 以下属于句式杂糅语病的句子是（　　）。

   A. 我们姐妹蜷缩在地板上，合盖一床薄薄的被子，冻得发抖，只好用相互的身子暖着对方。

   B. 考试场设在一间古色古香的大厅里举行的。

   C. 丰富的实践，使他广阔地接触了社会生活。

   D. 目前财政困难，有些问题短期内不可能很快解决。

参考答案

1~5 ABBDC　　　　　6~10 BDBCB

（二）下列句子有无毛病？如果有，是什么问题？并请改正。

1. 中学生是青年学生学习的重要阶段。
2. 近几年来文坛非常活跃，小说、散文、诗歌的数量和质量都显著地增加了。
3. 鲁迅先生在斗争中创造了杂文，成了文学艺术中的奇葩。
4. 大家的不同意见，主要集中在如何更彻底地改革陈规陋习。
5. 大家的关心使我感到一点儿也不想家。
6. 驰名中外的我国万里长城不是最近的事。
7. 牛二就把虱子用牛尾毛挂在窗口上。
8. 这届学术研讨会是由中文系为主持单位召开的。
9. 我们今天学习这则小故事，对我们还很有启发意义。
10. 大家不由得热烈鼓掌，望着慰问团微笑着走进会场。

参考答案

1. 有，主谓搭配不当。

改为：中学阶段是青年学生学习的重要阶段。

2. 有，主谓搭配不当。

改为：近几年来文坛非常活跃，不仅小说、散文、诗歌的数量都增加了，而且质量也都显著地提高了。

3. 有，主语残缺。

改为：鲁迅先生在斗争中创造的杂文，成了文学艺术中的奇葩。

4. 有，宾语残缺。

改为：大家的不同意见，主要集中在如何更彻底地改革陈规陋习这一问题上。

5. 有，动词多余。

改为：大家的关心使我一点儿也不想家。

6. 有，语序不当。

改为：我国的万里长城驰名中外不是最近的事。

7. 有，多层状语语序不当。

改为：牛二就用牛尾毛把虱子挂在窗口上。

8. 有，句式杂糅。

改为：这届学术研讨会是由中文系召开的。

9. 有，句式杂糅。

改为：今天学习的这则小故事，对我们还很有启发意义。

10. 有，歧义。

改法一：大家不由得热烈鼓掌，欢迎慰问团微笑着走进会场。

改法二：大家不由得热烈鼓掌，边望着慰问团边微笑着走进会场。

第七节 复句

 理框架

扫码听知识精讲

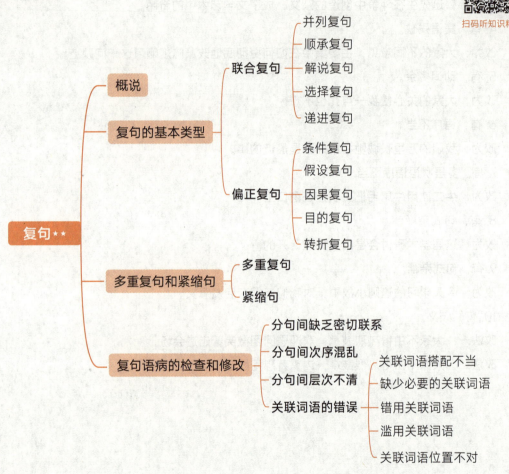

✏️ 划重点

（一）复句概说

定义：复句是由两个或两个以上意义上相关、结构上互不作句法成分的分句加上贯通全句的句调构成的。复句前后有隔离性停顿，书面用句号或问号、叹号表示。复句的各分句间一般

↪ 这是单句和复句结尾的硬性要求。

有句中停顿，书面上用逗号、冒号或分号表示。

> **考试拓展**
>
> 几个分句组成一个复句是有条件的：
>
> 第一，这几个分句在意义上必须有密切联系，即必须有事理、逻辑上的关系。
>
> 第二，几个单句组成复句时，必须都先去掉原来的语调；组合在一起后再根据整句的语气另加上一个贯穿全句的语调，在书面上用句末标点表示。单句失去了语调就不能再算句子了，要改称"单句形式"或"分句"。分句间的停顿用句中标点表示。
>
> 分句是一种单句形式，其构造与一般的单句构造基本上是一致的，只是分句没有完全独立的语调，不能表达一个完整的意思。

从结构看，构成复句的分句可以是主谓结构，也可以是非主谓结构。

从复句主语看，各分句的主语可以相同，也可以不同；可以省略，也可以不省略。

从关联词语看，分句与分句之间，一种是通过语序或语意关系直接组合，这叫作意合法，多见于口语；另一种是靠关联词语联结，叫作关联法，多见于书面。

关联词语包括关联词和关联短语。大部分的关联词是连词，少量是(副词)，个别是助词，如"的话"。 *参见教材（下）P19 "关联副词"*

> **小贴士**
>
> 复句这一部分最重要的是学会判断是单句还是复句，是什么类型的复句。这是考试的重点，其他的了解即可。

（二）复句的基本类型

各家的分类标准和分类结果不尽相同，大致分为联合与偏正两大类，这是较为普遍的看法，而《通论》则是从语义角度着眼，另成体系。

> **考试拓展**
>
> 1957年，汉语学界曾在《中国语文》上展开过单复句的大讨论，集中提出并尝试解决汉语单复句学说存在的各种问题。但最后也没得出较为一致的意见，这使得单复句问题与主宾语问题、词类问题并列，成了汉语语法学界的三大议题。

1. 联合复句

（1）并列复句

前后分句分别叙述或描写有关联的几件事情或同一事物的几个方面。分句间或者是平列关系，或者是对举关系。常用的关联词语：

平列	合用	既A，又（也）B　又（也）A，又（也）B　有时A，有时B　一方面A，（另、又）一方面B　一边A，一边B　一会儿A，一会儿B
	单用	也　又　同时　同样　另外
对举	合用	不是A，而是B　并非A，而是B　是A，不是B
	单用	而　而是

> 非常容易出错的一对，常被认为是选择，其实是并列。

（2）顺承复句

前后分句按时间、空间或逻辑事理上的顺序说出连续的动作或相关的情况，分句之间有先后相承的关系。顺承复句又称连贯复句、承接复句。常用的关联词语：

合用	首先（起先、先）A，然后（后来、随后、再、又）B　刚A，就B　一A，就B
单用	便　就　又　再　于是　然后　后来　接着　跟着　继而　终于

（3）解说复句

分句间有解释和总分两种关系。解释关系一般不用关联词语，也有少数在后一分句单用"即、就是说"等关联词语。有后面分句解释前面分句的。

（4）选择复句

分句间有选择关系，有的分别说出两种或几种可能的情况，让人从中选择，这叫未定选择，内部又分数者选一（又称任选）和二者选一（又称限选）两类；有的说出选定其中一种，舍弃另一种，这叫已定选择，又称决选，内部又分先舍后取、先取后舍两类。常用的关联词语：

未定选择	数者选一	合用	或者（或、或是）A，或者（或、或是）B 是A，还是B
		单用	或者　或是　或　还是
	二者选一	合用	不是A，就是B　要么A，要么B　要不A，要不B
已定选择	先舍后取	合用	与其A，不如（毋宁、宁肯、还不如、倒不如）B
		单用	还不如　倒不如
	先取后舍	合用	宁可（宁、宁肯、宁愿）A，也不（决不、不）B

（5）递进复句

后面分句的意思比前面分句的意思更进一层，一般由少到多，由小到大，由轻到重，由浅到深，由易到难，反之亦可。内部可区分为一般递进关系和衬托递进关系两类。递进关系必须用关联词语，常用的有：

一般递进	合用	不但（不仅、不只、不光、非但）A，而且（还、也、又、更、连）B 不但不 A，反而 B
	单用	而且　并且　何况　况且　甚至　以至　更　还　甚至于　更何况
衬托递进	合用	尚且 A，何况（更不用说、还）B 别说（慢说、不要说）A，连（就是）B 也（都）
	单用	尚且　何况　反而

> 注意这几个单用的例子。

2. 偏正复句

> 条件复句和假设复句容易混淆，需要特别注意。

（1）条件复句

偏句提出条件，正句表示在满足条件的情况下所产生的结果。条件关系分有条件和无条件两类，有条件又分充足条件和必要条件两类。常用的关联词语：

有条件	充足条件	合用	只要（只需、一旦）A，就（都、便、总）B
		单用	便　就
	必要条件	合用	只有（唯有、除非）A，才（否则、不）B
		单用	才　要不然
无条件		合用	无论（不论、不管、任、任凭）A，都（总、总是、也、还）B

> 其实更多时候并不需要分清究竟是充足还是必要。

（2）假设复句

偏句提出假设，正句表示假设实现后所产生的结果。假设关系分一致关系和相背关系两类。常用的关联词语：

一致	合用	如果（假如、假使、假若、假设、倘若、倘使、若是、若、要是、万一）A，就（那么、那、便、则）B
	单用	那　那么　就　便　则　的话
相背	合用	即使（就是、就算、纵使、纵然、哪怕）A，也（还）B 再 A，也 B
	单用	也　还

> 需注意

（3）因果复句

偏句说出原因或理由，正句表示结果。因果关系分说明因果关系和推论因果关系两类。常用的关联词语：

说明	合用	因为（因、由于）A，所以（才、就、便、故、于是、因此、因而、以致）B 之所以 A，是因为（是由于、就在于）B
	单用	因为　由于　是因为　是由于　所以　因此　因而　以致　致使　从而　以至（于）

续表

推论	合用	既然A，那么（就、又、便、则、可见）B
	单用	既然　既　就　可见

> 注意这一对 （指向"既然A，那么"）

(4) 目的复句 ← 目的复句非常好辨别

偏句表示行为，正句表示行为的目的。关联词语都单用。目的关系可分为求得什么和求免什么两类。常用的关联词语：

求得	单用	以　以便　以求　用以　借以　好　好让　为的是
求免	单用	以免　免得　省得　以防

(5) 转折复句

前后分句的意思相反或相对，即后面分句不是顺着前面分句的意思说下去，而是突然转成同前面分句意思相反或相对的说法，后面分句是说话人所要表达的正意。根据前后分句意思相反、相对程度的强弱，转折关系分重转、轻转、弱转三类。常用的关联词语：

重转	合用	虽然（虽是、虽说、虽则、虽、尽管、固然）A，但是（可是、然而、但、却、还、也、而）B
轻转	单用	虽然　但是　但　然而　可是　可　却
弱转	单用	只是　不过　倒

> 弱转的这三个还是很好记忆的。

（三）多重复句和紧缩句

1. 多重复句

根据结构层次多少，复句可以划分为一重复句和多重复句。

分析多重复句的步骤总结如下：

（1）总观全句，确定分句界限和数目。

（2）运用层次分析，尽量一分为二。

> **小贴士**
>
> 教材（下）P142所附"复句分析举例"二维码中的例子非常重要，极具参考价值，很值得一看。另，复句中分句数量的增加不仅会增加句子的长度，也会增加复句的层数。

> **考试拓展**
>
> 复句分析的重点是分析多重复句。复句分析的目标有两个：一是确定分句间的关系；二是划分复句内部的层次。

> 分析复句的辅助方法：
> ①看切分后的两部分语义是否相对完整；②运用换位的方法看分句之间的关系是否合理；③句中的标点符号也对层次切分有帮助。

2. 紧缩句

定义：紧缩句由复句紧缩而成。紧，是紧凑，指语气上紧，隔开分句的语音停顿没有了；缩，是缩减，指结构上有些词语被压缩掉了。它是分句间没有语音停顿的特殊复句，又叫"紧缩复句"。

特点：①紧缩句与单句中的连谓句相像，但不相同，主要区别在于结构上有无关联词语和意义上有无复句所具有的假设、条件等关系。

②紧缩句精练明快，常在口语中运用。

③紧缩句中的关联词语可以成对使用，也可以只使用一个，还可以不使用。

> **小贴士**
>
> 紧缩句的考查方式主要为选择题，考查这个句子是哪一类紧缩句，解题的关键就在于熟记教材（下）P142~143 的紧缩句常用关联词语表。
>
> 紧缩句的特点：有一些紧缩句只使用单个的关联词语；紧缩句的主语可以相同，也可以不同，可以全部出现，可以部分出现，也可以全不出现。

思考和练习八

1. 下列各句哪是单句，哪是一重复句，哪是多重复句，哪是紧缩句？为什么？指出复句内分句间的关系，分析多重复句的层次和关系。

①外面太阳很好，|也没有风。（并列）

②作者在这篇小说里，主要写一个农民。（单句）

③只要你能工作，|就应当工作。（条件）

④只有这样，|我们才能完成任务。（条件）

⑤无论谁，都不能不学习。（单句）

⑥你跑得再快也追不上他。（紧缩句）

⑦为了祖国的繁荣昌盛，我们要努力工作。（单句）

⑧那边，你瞧，绿油油的一大片，|都是新法栽种的好庄稼。
　　　　　　　　　　　　　　　并列

⑨每个人都把准备好的锄头扛在肩膀上，|爬上山去。
　　　　　　　　　　　　　　　　　　　顺承

⑩分析能力强，是这位青年同志的优点。（单句）

⑪只有在特殊情况下，才可以改变咱们的计划。（单句）

⑫鲁迅是中国文化革命的主将，|他不但是伟大的文学家，||而且是伟大的思想家和伟大的革命家。
　　　　　　　　　　　　　　并列　　　　　　　　　　　递进

⑬他还启示人们，不应该迷信书本上的道理，而应该重视客观事实，重视实验和实践；要有勇气怀疑并且敢于批评不符合实际却历来被认为神圣不可侵犯的权威学说。（单句）

2. 指出下列复句的各种类型（关联法，意合法？联合，偏正？并列，递进，因果……）。

①意合法、偏正复句、因果关系。
②意合法、偏正复句、因果关系。
③意合法、联合复句、并列关系。
④关联法、联合复句、并列关系。
⑤意合法、偏正复句、因果关系。
⑥意合法、偏正复句、因果关系。
⑦关联法、偏正复句、因果关系。
⑧意合法、联合复句、并列关系。

3. 分析下列多重复句。

①他虽然没有很用力，|可是因为铁烧得过了火，||火星溅得特别多。
　　　　　　　　　　转折　　　　　　　　　　因果

②谁要是工作起来马马虎虎的，|不管他说得多么动听，||人们也不会信任他。
　　　　　　　　　　　　　　假设　　　　　　　　　　条件

③没有知识，||工人就无法做好工作；|有了知识，||工人才能更好地完成任务。
　　　　　　假设　　　　　　　　　并列　　　　条件

④困难是欺软怕硬，|你的思想是硬的，|||它就变成豆腐，||你要软，|||它就硬。
　　　　　　　　　解说　　　　　　假设　　　　　　　　并列　　　假设

⑤地方那么大，|||事情那么多，||我知道的真太少了，|虽然我生在那里，||一直到27岁才离开。
　　　　　　　并列　　　　　　因果　　　　　　　　　转折　　　　　　顺承

⑥我不能说我不珍重这些荣誉，||并且我承认它很有价值，|不过我从来不曾为追求这些荣誉而工作。
　　　　　　　　　　　　　　递进　　　　　　　　　　转折

⑦尽管古代的一些作家，并不完全是唯物主义者，｜但是他们既然是现实主义者，Ⅲ他们思想中就不能不具有唯物主义的成分，Ⅱ因而他们能够从艺术描写中反映出一定的客观真理。
（｜转折　Ⅲ因果）

⑧我们所以要隆重纪念阿尔伯特·爱因斯坦，｜不仅是因为他一生的科学贡献对现代科学的发展有着深远的影响，Ⅱ而且还因为他勇于探索、勇于创新、为真理和社会而献身的精神是值得我们学习的，Ⅲ是鼓舞我们为加速实现四个现代化而奋斗的力量。
（｜递进　Ⅱ因果　Ⅲ因果）

⑨唱歌的时候，一队有一个指挥，｜指挥多半是多才多艺的，Ⅱ既能使自己的队伍唱得整齐有力，Ⅲ唱得精彩，Ⅲ又有办法激励别的队伍唱了再唱，唱得尽兴。
（｜并列　Ⅱ顺承　Ⅲ解说）

⑩我讨厌定时约会，｜到得早，Ⅲ显得太急切；Ⅱ到迟了，Ⅲ人家说你摆架子；Ⅱ准时到，Ⅲ又似乎太拘谨；Ⅱ索性不去，Ⅲ他们就说你没礼貌。
（并列　并列　因果　假设　并列　假设　并列　假设　并列　假设）

4. 按照复句的十个大类，每类各造一个复句。

略

5. 改正下列病句，并说明理由。

①在"提高"前加上"而且"。
②在"成绩"前加上"但是"。
③删去"虽然""却也"。
④删去"如果""那么"。
⑤分句错序，应该将"克服困难"与"完成任务"对调。
⑥将"如果"改为"无论"，将"只有……才"改为"只要……就"。
⑦改"就"为"也"。
⑧改"不管"为"尽管"。

6. 下列四组复句的后一分句，有的能加上"但"或"却"，有的不能加。能加的请加上，并说明意思的变化；不能加上的请说明原因。

①第一句有并列关系，不能加；第二句有对立、矛盾的意味，可以加。
②第一句有并列关系，不能加；第二句有对立、矛盾的意味，可以加。
③第一句有对立、矛盾的意味，可以加；第二句无对立、矛盾的意味，不能加。
④第一句是前后相同的关系，不能加；第二句有对立、矛盾的意味，可以加。

7. 找一篇短文，对其中的复句进行归类，指出归类中遇到的问题，并说明解决的方法。

略

练习题

（一）选择题

1. 复句与单句的根本区别是（　　）。
   A. 有没有关联词语　　　　　　　B. 有几个结构中心
   C. 有没有句中停顿　　　　　　　D. 有几个语调

2. 下列句子属于复句的是（　　）。
   A. 当他回到家里的时候，孩子一个也不在家。
   B. 我们的武器，一部分是自己造的，一部分是敌人造的。
   C. 我这样做，还不是为了你好？
   D. 不管做什么工作，都要勤奋、努力。

3. "说走就走"表达的是（　　）。
   A. 假设关系　　B. 因果关系　　C. 转折关系　　D. 顺承关系

4. "既然A，那么B"表示（　　）。
   A. 条件关系　　B. 因果关系　　C. 假设关系　　D. 选择关系

5. 下列不属于因果关系的复句是（　　）。
   A. 行李太多，每个人都要拿一些。
   B. 他劳动惯了，离开土地就不舒服。
   C. 那边走来两个人，一人提着一只竹筒。
   D. 老哥哥为人非常和善，孩子们都喜欢他。

6. "这里应该建座桥，以便两岸群众的往来。"这个复句是（　　）。
   A. 转折复句　　B. 条件复句　　C. 目的复句　　D. 因果复句

7. 以下属于关联法复句的是（　　）。
   A. 天气暖和起来了，蜘蛛又出来在檐前做网。
   B. 下雨了，小河涨水了。
   C. 我们不怕死，因为我们有牺牲精神。
   D. 外面风这么大，他们还是出发了。

8. 下列属于条件关系的复句是（　　）。
   A. 他一进教室就发现气氛不对了。　　B. 我一打完球就累得蹲在地上了。
   C. 大家一听完报告就离开了教室。　　D. 小王一考试就紧张。

9. "不是A，而是B"是表示（　　）的关联词语。
   A. 递进关系　　　B. 选择关系　　　C. 顺承关系　　　D. 并列关系
10. "你请我就来。"是（　　）。
    A. 兼语句　　　B. 连谓句　　　C. 紧缩句　　　D. 双宾句

参考答案

1~5 BBABC　　　　6~10 CCDDC

（二）判断下列句子是单句还是紧缩句

1. 你不看不要紧。
2. 螃蟹不吃不知道滋味。
3. 你要走明天就走。
4. 他真是越长越高了。
5. 你们一家六口就住两间房子？
6. 没找到凭据就下判断叫武断。
7. 他再狡辩也没有用。
8. 我放学回家一口气喝了两罐汽水。

参考答案

1. 单句　2. 条件紧缩，关联格式"不……不……"　3. 条件紧缩，关联词"就"
4. 单句　5. 单句　6. 单句　7. 让步紧缩句，关联格式"再……也……"　8. 单句

第八节　句群与标点符号 *

学习提示：本节包含教材（下）第四章的第九节和第十节，略去"理框架"与"划重点"部分是缘于这两节的内容在课程要求里都是选讲或者不讲的，即便是学时多的也多让学生自学。在应试试卷中这两节的内容也难觅踪迹，分值占比趋近于无，但从今后长期的语文学习角度来看，还是有价值的。

解习题

扫码听知识精讲

思考和练习九

1. 简要说明句群与复句、段落的区别。

　　句群和复句的区别主要有以下三点：
　　（1）构成单位不同。
　　（2）关联词语使用情况不同。
　　（3）句群和复句在一定条件下可以相互变换，但是有些复句不能变换成句群，有些句群也不能变换成复句。
　　句群和段落的区别主要为以下两点：
　　（1）句群是语言使用单位，属于语言学的范畴；自然段是文章的结构单位，属于文章学的范畴。二者相比，自然段的划分更加随意。
　　（2）划分的目的不同。划分句群是为了研究句群的结构和表达效果；划分自然段主要是为了使结构更显豁，层次更清晰。

2. 从某篇文章中选一个自然段，划分句群，并分析各句群内部的结构层次和句际关系。

　　略

3. 举例说明哪些复句不能直接变换成句群，哪些句群不能直接变换成复句。

　　限选关系复句常用"不是……就是"关联，决选关系复句常用"与其……不如""宁可……也不"等关联，这两类复句一般不能直接变成句群。如："话题与其大而空，不如小而精。"
　　句群中的问答句式、连问句式等都需要由两个或两个以上的句子组成，因而不适宜变成复句。如："人呢？你说人到了，在哪儿呢？"

4. 分析下列句群的句际关系类型。

①松树的生命力可谓强矣！|松树要求于人的可谓少矣。（并列／递进）

②在这些时候，我可以附和着笑，掌柜是决不责备的。|而且掌柜见了孔乙己也每每这样问他，引人发笑。（解说）

③"满招损，谦受益"，这句格言流传到今天至少有两千年了。‖这是普遍真理，任何地区、时代都适用的真理。|但是，可惜得很，并不是所有的人都能从这句话受到教益。（解说／转折）

④大豆属于豆科植物，包括我们常见的黄豆、青豆、黑豆、褐豆等。|大豆的茎是直立的，也有半蔓生或蔓生的，茎上、叶上和豆荚上都有茸毛。‖花有白色的，也有紫色的。‖种子圆形或椭圆形，有黄、青、黑、褐等不同颜色。（解说／并列／并列）

⑤忽然间，一个最聪明的双喜大悟似的提议了，他说："大船？八叔的航船不是回来了么？"‖十几个别的少年也大悟，立刻撺掇起来，说可以坐了这航船和我一同去。‖我高兴了。|然而外祖母又怕都是孩子们，不可靠；母亲又说是若叫大人一同去，他们白天全有工作，要他熬夜，是不合情理的。（并列／并列／转折）

⑥现代自然科学，不是单单研究一个个事物，而是研究事物、现象的变化发展过程，研究事物相互之间的关系。|这就使自然科学发展成为严密的综合起来的体系。（条件）

⑦无论准确也好，鲜明、生动也好，就语言方面讲，字眼总要用得恰如其分。|这样，表现的概念才会准确，也才能使人感到鲜明。（条件）

⑧譬如吧，我们之中的一个穷青年，因为祖上的阴功（姑且让我们这样说说吧），得了一所大宅子，且不问他是骗来的，抢来的或是合法继承的，或是做了女婿换来的。|那么，怎么办呢？‖我想，首先是不管三七二十一，"拿来！"（假设／解说）

5. 改正下列句群的错误，并说明理由。

略

思考和练习十

1. 简述句末点号同语气的关系。

句末点号与句子语气的关系很紧密。表陈述语气用句号，表疑问语气用问号，表感叹语气用叹号。语气分为四大类，而句末点号只有三个，故二者并非一一对应的关系。祈使语气可以对应两种句末点号，语气强烈的用叹号，语气舒缓的用句号。

2. 解释下列各段文字中每个标点符号的使用理由。

略

3. 举例说明点号用法的灵活性。

略

4. 举例说明括号与点号连用时的用法。

括号分为句内括号和句外括号。与点号连用时，句内括号里可以有逗号、分号，但不能有句号，因为句内括号包含在句子之内；句外括号里若是句子，则可以用句号，因为它处在句子之外。

5. 标点下列几段文字。

①当年，焦裕禄同志调到兰考后，经过调查研究，找张副书记交换意见。他问："改变兰考面貌的关键在哪儿？"张说："在于人的思想的改变。""对！"焦裕禄说，"但是应该在'思想'的前面加两个字：'领导'。关键在于县委领导核心的思想转变。没有抗灾的干部，就没有抗灾的群众。"在这里，焦裕禄仅用了短短几句话就把如此重大而复杂的问题说得一清二楚，内涵深刻，这才是简洁朴素的语言。

②1859年，达尔文出版了《物种起源》一书。他以极其丰富的事实、无可辩驳的证据指出："现在的生物界不是上帝或神创造的，而是由共同的最原始的祖先经过极其漫长的时间发展进化来的。各种生物之间，不是彼此孤立的，而是有着或远或近的亲缘关系。"

③A. 他赞成，我也赞成，你怎么样？

B. 他赞成我，也赞成你，怎么样？

④A. 男人没有了，女人就慌了。

B. 男人没有了女人，就慌了。

6. 改正下列句中使用不当的标点符号，并加以说明。

①冒号改为逗号。

②删去书名号。

③将两处直接引语后的句号都放在后引号内。

④改书名号为引号，改引号为书名号。

⑤"看""嗬"后面都要用逗号，并将三个分号改为逗号。

⑥改顿号为逗号。

⑦改问号为逗号。

⑧改冒号为破折号。

练习题

改错题，修正下列句子的标点。

1. 市就业办为帮助下岗女工解决再就业的问题，决定举办《潮汕卤水培训班》。
2. 你明天不愿意有的东西，今天就抛弃吧，你希望明天有的东西，今天就争取吧。
3. "永字八法"，最关键的其实只有一个字——"练。"
4. 曹植的"七步诗"写道："煮豆燃豆萁，豆在釜中泣，本是同根生，相煎何太急"！
5. 他好像站立在水里，不知道哪里是路？不晓得前后左右都有什么？只觉得透骨冰凉的水往身上各处浇。

参考答案

1. 改书名号为引号。
2. 改第二个逗号为分号。
3. 将句尾的句号放在后引号外。
4. 其一，使用书名号标示《七步诗》；其二，将叹号放在后引号内，引用的是全诗。
5. 句中两处问号均需改为逗号，因整个句子并非疑问语气，故不宜使用问号。

第五章

修辞

第一节 修辞概说、词语的锤炼和句式的选择

📝 **理框架**

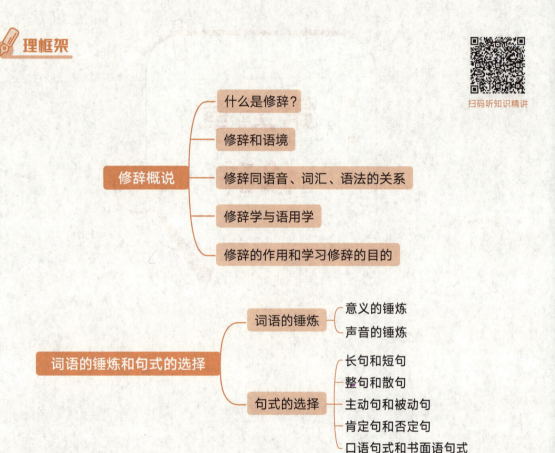

扫码听知识精讲

📝 **划重点**

1. 什么是修辞？

修辞是以在特定的题旨情境中运用恰当的语言手段为研究对象，从词、句到篇章、语体的所有表达手段都是它的研究内容，而追求理想的表达效果，则是修辞的根本任务。修辞学就是研究这种规律的科学。

🎧 **考试拓展**

在我国，"修辞"这个词最早见于《易经》中的"修辞立其诚"。

"修辞学"作为一门独立的学科,是20世纪二三十年代的事。

在修辞学中,研究所有语言共同的修辞规律的是普通修辞学,只研究个别语言的修辞规律的是个别修辞学,现代汉语修辞属于个别修辞学。

2. 修辞和语境

语言环境(语境)是修辞的生命。没有语言环境,就没有修辞。一切修辞现象只能发生在特定的语言环境之中。语境对修辞有相当大的影响,它们的关系具体表现为:第一,语境制约着修辞的使用(即语言的运用要适应上下文);第二,语境帮助修辞的表达(如表达言外之意)。

3. 修辞同语音、词汇、语法的关系

修辞同语音、词汇、语法有着密切的联系,但它们既不是并列关系,也不是从属关系。

修辞是从表达方式、表达效果的角度去研究语音、词汇和语法的运用。修辞借助语音表达,而语音也能构成各种各样的修辞手段,因此,修辞学和语音学的关系非常密切。但二者研究语音的角度不同,修辞学研究语音是从运用语音材料增强表达效果上着眼的,语音学研究的是语音的系统,揭示语言的发音过程和发音变化及其规律。

许多修辞手段是通过词汇来实现的,修辞学与词汇学的关系非常密切。修辞学研究词汇着眼于词语的选用、词语的修辞义、词语的活用、词语的艺术化等。词汇学研究词语的本质特征,语义、词汇的构成和发展变化的规律。

修辞学与语法学的关系也是非常密切的。修辞学研究的是如何根据表达的需要,选用符合语法结构规则的各种组合来提高表达效果的规律。语法学则在于揭示语言结构规律本身。

考试拓展

《通论》中对语音里的双声、叠韵、平仄、音节、节奏等和修辞有关的部分作了更为详细的介绍和举例。

词汇的修辞方面同时受到词语本身含义和外界语境两个因素的限制。前者又不仅仅只是词语所指对象的本质属性,还包括其所指对象的文化含义、联想意义、形象意义等。

在语法的修辞上,语序变化和句子格式变化是两个非常重要的方面。

语序变化有三:词语语序变化(语法结构不变、语义变化),如"屡败屡战""屡战屡败";语法语序变化,如话题化、"把"字句与非"把"字句、状语提至句首、偏正复句中偏句移到正句前等;语用语序变化,如书面语里的强调后移成分和口语里的强调前移成分等。

4. 词语的锤炼,古人叫作"炼字"

锤炼的目的,在于寻求恰当的词语,使语句的表达更加完美,即不仅要求词语用得准确,

还要求词语用得鲜活。锤炼词语必须要锤炼思想内容。内容要通过一定的形式来表现。因此，锤炼词语一般从内容（意义）和形式（声音）两方面着手。

5. 句式的选择

选择句式主要依据以下三条原则：根据表达的目的和表达的内容；根据句式的修辞功能；根据语境，主要是上下文语境。

（1）长句和短句

①定义：长句是指词语多、结构复杂、形体较长的句子；短句是指词语少、结构简单、形体较短的句子。

②特点：长句具有较强的书面语色彩，其修辞功能是丰满细腻、严肃庄重；短句的修辞功能是简洁明快、干脆有力、活泼自然、具有较强的口语色彩。

③结构形式：长句的结构形式，一是修饰语较多，二是联合成分较多，三是某一成分结构复杂，四是结构层次较多；短句的表现形式与长句则刚好相反。

（2）整句和散句

①定义：整句是指由长度和结构相近的若干句子组成的言语单位；散句是指由长短不齐、结构相异的若干句子组成的言语单位。

②修辞功能：整句结构统一，形体对称，声音和谐，语气畅达，具有整齐美的特点，能够给人留下鲜明、深刻的印象；散句长短交错，结构多样。

（3）主动句和被动句

①定义：主语是施事的句子叫主动句；主语是受事的句子叫被动句。

②区别：从语用上看，主动句和被动句存在两点主要区别。其一，在主动句中，施事为陈述对象，通常反映已知信息；在被动句中，受事为陈述对象，通常与已知信息相联系。其二，主动句中的"把"字句，具有较为明显的处置意味；被动句中的"被"字句，则往往带有较强的被处置意味。

（4）肯定句和否定句

对主语所指的人或事物作出肯定判断的句子叫肯定句，对主语所指的人或事物作出否定判断的句子叫否定句。 *参见教材（下）P10~12 动词部分*

否定句有单重否定句和双重否定句。单重否定句只有一次否定。双重否定句最常见的是前后连用两次否定，有两个否定词，也可以用一个否定词再加上否定意义的动词或反问语气。双重否定表示的是肯定的意思，它比一般的肯定句语气更强，更加坚定有力。

（5）口语句式和书面语句式 *参见教材（下）P102~104 疑问句部分*

口语句式指一般只在口语语体中出现的句式，书面语句式指一般只在书面语体中出现的句式，通用句式指既经常在口语语体也经常在书面语体中出现的句式。

口语句式随着语言的产生而产生，属于基础性句式。书面语句式在有了文字以后才出现，属于派生句式。通用句式是口语句式与书面语句式相互影响的结果，是二者相互渗透后孕生的中和物。通用句式使用较为自由，区别性特征不甚明显。

总体来说，口语句式的修辞作用主要是简洁、活泼、自然；书面语句式的修辞作用主要是严谨、周密、文雅。

思考和练习一

1. 有人说："修辞就是咬文嚼字，就是雕琢词句、卖弄文字技巧。"这种说法对不对？为什么？

"咬文嚼字"的说法欠妥。它的弊病是把修辞看作单纯的文字技巧，贬低、缩小了修辞的功用。不可否认，修辞是要从锤炼词语的角度咬文嚼字的，可这只是它的部分功用。修辞还要研究句式的调整、修辞格的运用以及语言风格与同义手段选用的关系等，单单在文字上进行雕琢是不够的。

"雕琢词句、卖弄文字技巧"的说法虽然扩展了修辞的功用，然而也不尽合适。选用同义手段提高表达效果虽然离不开对词句的雕琢，但修辞是语言的综合运用，要恰当地运用各种积极的语言手段，涉及面很广，不是"雕琢词句"所能全面概括的。再者，选择什么样的表达方式，达到什么样的表达效果，并非只是语言形式的雕琢问题，思想内容的锤炼更为重要，不能把修辞看作单纯追求文字技巧，更不是"卖弄"。

2. 结合实例，谈谈修辞同语境的关系。

修辞中语言手段的恰当运用要以适应语境为前提，修辞效果的检验也难以离开语境。同适应表达内容一样，适应语境也是修辞的重要原则。

"超常"是修辞的特点之一。修辞往往借助故意违反常规表达而取得不同一般的表达效果，但这要紧紧依靠语境的配合和制约。

双关就是故意使语句具有双重含义，言在此而意在彼的修辞手法。不管是利用词语意义，还是借助语音条件，总是以语境为前提。

动词"种"可以用"花草、树木、药材"等作宾语，这是正常的句法结构，如果以"希望、理想、精神、意志"作宾语，是搭配不拢的。但是，在甲乙两件事连说的语境里，后一种用法却可以"起死回生"，产生别开生面、含意深厚的表达效果。如"在高原的土地上种下一株树秧，也就是种下了一个美好的希望"。在这句话里，把"种……树秧"的"种"同"希望"拈用一起，不仅不是病句，而且文采顿生，含蓄隽永，别具一格。

修辞的情境意义、形象意义、色彩意义以及风格意义等都要受制于语境。

3. 修辞同语言三要素有什么关系？明确它们的关系对学习和研究修辞有什么好处？

修辞同语音、词汇、语法有着密切的联系，但它们既不是并列关系，也不是从属关系。

修辞是从表达方式、表达效果的角度去研究语音、词汇和语法的运用。修辞把语音的双声叠韵、叠音、轻声、重音、儿化、字调、平仄等作为语言手段加以调动，使之在特定的题旨情境中以声传情，以音达意，以收到较好的修辞效果。修辞还从筛选、锤炼词语的角度，就声音、形体、意义、色彩、用法等方面加以选用，使语言材料成为提高表达效果的重要语言手段。语言的表达更多的是靠句子传达修辞感受。一般来说，修辞要在合乎语法的基础上进行，但有时也可突破语法规则。修辞往往是从同义手段选择的角度研究句子和句群的表达效果。语言和文章的力量、气势、情采、义理、跌宕等方面的效果离不开句式的选择和调整。

总之，语言三要素为修辞手段的选用、修辞效果的体现提供了条件，而修辞又在语言的综合运用中扩大了语言三要素的功用。

明确修辞与语言三要素之间的关系，有利于从综合角度研究语言的运用，有利于多方面地、恰当地选用语言手段，也有利于了解修辞的某种特点并就此去辩证地分析修辞现象。

思考和练习二

1. 词语锤炼应该从哪些方面入手？为什么？

词语锤炼应该从意义和声音两方面入手。在意义方面，应力求用最准确妥帖的词语集中地、突出地揭示人物的外部特征和内心世界；通过联想，用动态的词语去烘托、渲染静态的事物，使之栩栩如生；用含义比较具体、色彩比较鲜明的词语描绘事物，使人如见其形，如闻其声；还必须注意词类活用，临时改变某些词的词性，赋予其新的生命力。这些都应以提高观察、认识事物的能力为基础。在声音方面，应力求音节整齐匀称，平仄相间，韵脚和谐以及叠音、双声叠韵的恰当运用，使词语声音协调。因为词语是声音和意义的结合体，所以要想以声传情达意，只有从意义和声音两方面锤炼词语，才能收到完满的表达效果。

2. 下面这些句子在声音配合上各有什么特色？

①您的光辉将永远照耀着雄伟的天安门广场，照耀着我们伟大祖国的河山，照耀着五洲四海，照耀着我们的万里征途。

叠韵词"照耀"（zhàoyào）多次重现形成了声音的反复美。各分句谓语结构大体一致。"广场"（仄仄）和"河山"（平平）、"四海"（仄仄）和"征途"（平平），平仄相间，声音错落有致，悦耳动听。

②他坚强不屈地斗争，铮铮铁骨，凛凛情操，真正表现了松树的风格。

"铮铮铁骨"（平平仄仄）和"凛凛情操"（仄仄平平），音节整齐匀称、平仄相间，有节奏感。"铮铮"和"凛凛"叠音相对，音调铿锵，表现了一位革命家的崇高气节。

③人民中国，屹立亚东。光芒万道，辐射寰空。艰难缔造庆成功，五星红旗遍地红。生者

众，物产丰，工农兵做主人翁。

这段文字在音节配合上比较整齐匀称，有变化，有节奏感。押韵自然，合辙（中东辙）上口，读起来很有诗词的格调和韵味。

3. 比较下面各组的句子在表达上有什么不同。

A组

①山愈聚愈多，渐渐暮霭低垂了，渐渐进入黄昏了，红绿灯渐次闪光，而苍翠的山峦模糊为一片灰色。

②山愈聚愈多，暮霭低垂了，进入黄昏了，红绿灯闪着光，而苍翠的山峦模糊为一片灰色。

例①用"渐渐"修饰"暮霭低垂"和"进入黄昏"，用"渐次"修饰"闪光"，描绘了傍晚景色的变化和时间推移的过程，表现了人的悠闲的心情和细微的观察。例②虽也描写夜景，但不能使人明显地感觉到它的变化，也暗示不了人的悠闲的心情和细微的观察。

B组

①那时候，天气还很冷，潍河里还在流着冰水，平原上整天价在刮着老黄风。

②那时候，天气还很冷，潍河里还在流着冰水，平原上整天价在刮着扬天揭地的老黄风。

例①对"老黄风"缺乏具体的描写。例②用"扬天揭地"修饰"老黄风"，写出了"老黄风"猛烈的情状，形象而有气势。

4. 从词语锤炼的角度谈谈下面这两段文字中相关词语的修辞效果。

①金刚山的美景，被朝鲜人民引以自豪。她位于朝鲜中部东海岸太白山脉的北部地区，绚丽多姿，四季有不同的雅名。春天万紫千红，叫金刚山；夏天飞泉腾空，浓荫蔽日，又名蓬莱山；秋天漫山红叶，层林尽染，外号枫岳山；冬天白雪皑皑，银装素裹，人称皆骨山。

"绚丽多姿"一语十分准确地概括了对金刚山美好景色的总印象。"绚丽"言其美观，"多姿"言其变化，只此一语便包括了下文的许多描写。"万紫千红、飞泉腾空、浓荫蔽日、漫山红叶、层林尽染、白雪皑皑、银装素裹"等四字格词语描绘了金刚山四季景物的变化，音节整齐匀称，声调抑扬起伏，富于音乐美。"飞、腾、蔽、染、装、裹"等动词使静止的景物鲜明而生动，随季节变化更替的山名，更使人感到金刚山的四时之美。

②这里的水，多，清，静，柔。在园里信步，但见这里一泓深潭，那里一条小渠。桥下有河，亭中有井，路边有溪。石间细流脉脉，如线如缕；林中碧波闪闪，如锦如缎。这些水都来自难老泉。泉上有亭，亭上挂着清代著名学者傅山写的"难老泉"三个字。这么多的水长流不息，日日夜夜发出叮叮咚咚的响声。

首句用了"多、清、静、柔"四个单音节形容词，简洁干脆，描写贴切，有容量。作为总写部分，很有概括力和形象感。次句对偶十分自然，"深潭""小渠"点出多处是深水浅流。第三句的"有河""有井""有溪"除同前一句一样尽写这里水多之外，还暗含无水不成景之意。接下来的对偶句用词精细，又含蓄地写出了这里的水给人的感官之美：清亮、平静、柔和。水之源头就是难老泉。这段文字用词准确形象，朴素自然，透出一股清新之气。单音节词用得平实稳妥，其文多有整句的修辞效果。

思考和练习三

1. 句式选择的总的原则是什么？

不同的思想内容可以用不同的句式来表达，一个意思可以用多种句式来表达。为什么用这种句式表达而不用那种句式表达？这说明人们在表达思想时会对句式进行调整和选择。调整和选择句式的总的原则就是根据具体的语言环境和表达目的，选择具有最佳表达效果的句式。这种句式应该尽可能准确、鲜明、简练，尽可能连贯得体。

2. 从《白杨礼赞》中选出适当的例子，谈谈句式选择的作用。

略

3. 从句式选择的角度看，下列句子是哪种类型？它们有什么修辞效果？

①那种假统一论，不合理的统一论，形式主义的统一论，乃是亡国的统一论，乃是丧尽天良的统一论。

这是个整句，由结构相同的两个分句构成。形式整齐，气势贯通，有力地揭露了反共顽固派所宣扬的"统一论"的反动本质。

②抑不住的颂歌啊，尽情地唱吧！止不住的喜泪呀，甜甜地流吧！金子般的光辉题词啊，把各族人民团结的金桥飞架！

这是个整句，三个分句是结构相似的主谓句，而且主语、谓语的末了都是押韵的，形式整齐，音韵和谐，流畅地抒发了赞颂党的真挚感情。

③他生得身材高大，面貌敦厚，眉目间透出股英武的俊气。

这是个散句，两个分句结构不同，但语意贯通，散而不乱，描述了一个英俊人物的特征。

④真的、善的、美的东西总是在同假的、恶的、丑的东西相比较而存在，相斗争而发展的。

这是书面语句式。句中用了"……而……，……而……"的结构，揭示了真、善、美的事物的发展规律，有严密的逻辑性。

4. 现代汉语的句式多种多样，除了讲到的五组，还有哪些？举例并说明它们的特点。

从修辞角度划分，常见的句式有松句和紧句、常式句和变式句，等等。现将松句和紧句加以比较，说明其特点：

①中国人民是勤劳的勇敢的伟大的人民。

②中国人民是勤劳的人民，是勇敢的人民，是伟大的人民。

例①是紧句，"勤劳（的）""勇敢（的）""伟大（的）"三个定语集中在一起说，没有语音停顿，结构较紧。语意的重点是"人民"。例②是松句，"勤劳（的）""勇敢（的）""伟大（的）"

分开来说，作三个分句的"人民"的定语，分句间有语音停顿，结构较松，突出表明这三个定语是语意的重点。

5. 分析下面各组的原句和改句，说明它们属于哪种句式变换，再指出改句的修辞效果。

A. 原句：苏轼有"罗浮山下四时春，卢橘杨梅次第新。日啖荔枝三百颗，不辞长作岭南人"一诗，久为人所传诵。

改句：苏轼有名诗云："罗浮山下四时春，卢橘杨梅次第新。日啖荔枝三百颗，不辞长作岭南人。"久为人所传诵。

原句的第一个分句是宾语有同位短语的句式，用同位短语列举全诗过长，在表意上诗的内容不突出，语感上拖沓不爽。

改句将原句第一个分句同位短语中的引诗抽出来造成兼语句，引诗成了动语"云"的宾语，虽然形式上仍是两个分句，但诗的内容较原句鲜明突出，读起来更觉顺畅。

B. 原句：他告诉将军：因为天气太热，要多喝开水，等会来了咸菜要猛吃。告诉他：下班时候要把鞋里的砂土倒干净，要不走到家就会打泡的！还告诉他：睡觉前要用热水烫烫手脚。

改句：他告诉将军：因为天热要多喝开水，等会儿来了咸菜要猛吃；下班时候要把鞋里的沙土倒干净，要不到家会打泡的；睡觉前要用热水烫烫手脚。

原句是个并列关系的句群，由带双宾语的三个单句构成。三个单句的谓语都有"告诉"，句群的中心意思比较明确：通过一再告诉，强调要提醒的生活细节，表现了人们对将军的关照和热爱。如此表达，既可突出提醒的内容，又显得有条理。

改句把包含三个单句的句群改成一个有双宾语的长单句，其中的远宾语是一个复杂的复句形式，把"告诉"的三个内容都集中在远宾语里，表达效果不如单句清楚。字数少了，句式化简了，但结构拖沓，表意不如原句突出。

练习题

1. 什么是修辞？

"修辞"一词有三个含义：第一，指运用语言的方法、技巧和规律；第二，指说话和写作中积极调整语言的行为，即修辞活动；第三，指以加强表达效果的方法、规律为研究对象的修辞学或修辞著作。通常情况下，总是把修辞理解为对语言的修饰和调整，即对语言进行综合的艺术加工。所以修辞是在适应表达内容和语言环境的前提下积极调动语言因素，获取最理想的表达效果的对语言的加工。

2. 结合修辞在当代社会生活中的作用，说明修辞学习的必要性和迫切性。

修辞在当代社会生活中应用广泛，可以说我们每天都离不开修辞。因为任何为了一定目的而运用语言的交际行为都是一种修辞行为。比如我们平时说话或写文章，词用得确切不确切，句子造得是不是明白而有力，整段的话、整篇的文章条理清楚不清楚，生动不生动，这都是修辞的事。可见修辞在当代社会生活中时时都要用，处处都会派上用场。尤其是在当今世界经济飞速发展、世界形势瞬息万变的情况下，我们更离不开修辞，更感到修辞学习的必要和迫切。比如经济方面的商务合同，就要以修辞策略来调整交际双方的经济利益；外交关系上就要以修辞行为来调节国家与国家之间的关系；司法工作上就要以讲究修辞的艺术解决各式各样的矛盾；在计算机对自然语言的处理上，就更要加强对修辞软件人工智能系统的研究。

3. 现代汉语的书面话语可以体现语音修辞的美感吗？为什么？

从本源来说，语言是由语音表达的，用汉字把口头话语记录下来，就成了书面话语。现代汉语的书面话语是否可以体现语音修辞的美感，要从两方面分析：(1) 书面话语不等于原来的口语话语，不能直接体现语音修辞的美感，如果不朗读出来，它们仅仅是默默无声的文字语篇。(2) 如果把书面话语朗读出来，理论上是可以体现语音的修辞美感的。当然，这种美感完美与否、水平高低，要视朗读者对话语真实含义的理解程度、普通话语音还是方言语音等多种因素而定，书面话语体现语音修辞美感实质上是一种"二度创作"，语境因素影响较大，因人而异，效果各不相同。

4. 你认为词语运用得好与不好以什么来评判？为什么？

词语运用得好与不好，最主要的评判标准是发话者的交际目的。只要能够体现发话者交际话语的真实含义和交际意图，同时也能够帮助受话者领会发话者的会话含义和交际意图，词语就运用得好，否则就不好。即词语运用是"言内行为"，必须能发生"言外之力"，收到"言后行为"，达到交际目的，如此，这个词语就运用得好。

5. 有些话语口语夹用文言，你对此有什么看法？

口语夹用文言，本身没有任何问题，都是话语表达成品。关键要看交际语境，在什么场合，与什么人对话，什么话题等。比如在跟朋友聊天、与自己单位员工谈话、舞台上表演小品或相声节目等语境下，口语夹用文言效果就非常好，显得幽默、准确，而且有语言修养功底。

第二节　辞格（一）至（四）

理框架

扫码听知识精讲

- 辞格（一）至（四）
  - 辞格（一）：比喻、比拟、借代、拈连、夸张
  - 辞格（二）：双关、仿词、反语、婉曲
  - 辞格（三）：对偶、排比、层递、顶真、回环
  - 辞格（四）：对比、映衬、反复、设问、反问

划重点

辞格又称"修辞格"，是人们在长期的语言交际过程中，在本民族语言特点的基础上，为提高语言表达效果而形成的格式化的方法、手段。

教材中列出了19种修辞格。它们分别是比喻、比拟、借代、拈连、夸张、双关、仿词、反语、婉曲、对偶、排比、层递、顶真、回环、对比、映衬、反复、设问、反问。过去曾有学习和研究修辞以辞格为中心的倾向，这是很不正常的。

1. 比喻

（1）定义：比喻即打比方，是用本质不同又有相似点的甲事物来描绘乙事物或用甲道理说明乙道理的辞格，也叫"譬喻"。比喻里被比方的事物叫"本体"，用来打比方的事物叫"喻体"，联系二者的词语叫"喻词"。

（2）作用：一是使深奥的道理浅显化；二是使抽象的事物具体化；三是使概括的东西形象化。

（3）基本类型：

类型	成分/形式	本体（甲）	喻词	喻体（乙）
明喻	甲像乙	出现	像、好像、似、好比、犹如、有如、如、仿佛、像……一样（一般、似的）	出现
暗喻	甲是乙	出现	是、变为、变成、成为、等于	出现
借喻	乙代甲	不出现	（无）	出现

(4) 灵活用法：没有喻词的比喻、强喻、反喻。

2. 比拟

(1) 定义：依据想象把物当作人写或把人当作物写，或把甲物当作乙物来写，这种辞格叫比拟。被比拟的事物称为"本体"，用来比拟的事物称为"拟体"。

(2) 作用：帮助读者展开想象、体味深意；使读者有鲜明的印象、产生共鸣；使喜爱的事物栩栩如生，使憎恨的事物令人生厌。

(3) 基本类型：一是拟人，即把物当作人来写，赋予"物"人的言行或思想感情；二是拟物，即把人当作物来写，也就是使人具有物的情态或动作，或把甲物当作乙物写。

> **考试拓展**
>
> 比喻和比拟的区别：
>
> 比喻的重点在"喻"，即以甲事物"喻"乙事物，甲乙两物一主一从。因此，比喻的喻体一定要出现，本体和喻体之间必须要有相似点，通过相似点把二者联系起来，唤起人们的联想，给人具体形象的感觉。
>
> 比拟的重点是"拟"，即将甲事物当作乙事物来写，甲乙两物彼此交融，浑然一体。因此，比拟的拟体一定不出现。比拟中甲事物和乙事物之间不需要相似点，直接把乙事物的特性强加于甲事物。比拟常常化静为动，给人以生动感。
>
> 构成比喻的基础是相似性，构成比拟的基础是仿照性。比喻的喻体是确定的，比拟的拟体是不确定的。因而"勇敢的海燕"是比拟，"海燕像勇士"则是比喻。

3. 借代

(1) 定义：不直说某人或某事物的名称，借与它密切相关的名称去代替，这种辞格叫借代，也叫"换名"。被代替的事物称为"本体"，用来代替的事物叫"借体"。

(2) 作用：引人联想，形象突出，特点鲜明，具体生动。

(3) 基本类型：特征、标志代本体；专名代泛称；具体代抽象；部分代整体；结果代原因。另有作者代作品，以数字、牌号、动作代本体等。

> **考试拓展**
>
> 借代和借喻有相似之处，但是不同。
>
> 借代侧重相关性，强调借体和本体有关系；借代是代而不喻，不能改为比喻。
>
> 借喻侧重相似性，强调喻体和本体之间有相似点；借喻是喻中有代，可以改为明喻或暗喻。

4. 拈连

(1) 定义：利用上下文的联系，把用于甲事物的词语巧妙地用于乙事物，这种辞格叫拈连，又叫"顺拈"。甲事物一般都是具体的，多数在前；乙事物一般都是抽象的，多数在后。

(2) 作用：使语言生动别致，具有含蓄、风趣、简练的修辞效果。

(3) 基本类型：全式拈连、略式拈连。

5. 夸张

(1) 定义：故意言过其实，对客观的人、事物作扩大或缩小或超前的描述，这种辞格叫夸张。

(2) 作用：对事物某方面的特征加以合情合理的渲染，使人感到虽不真实，却胜似真实。

(3) 基本类型：扩大夸张，即故意把一般事物往大处说（多、快、高、强、长……）；缩小夸张，即故意把一般事物往小处说（少、慢、矮、短、弱……）；超前夸张，即在两件事之中，故意把后出现的事说成先出现的，或同时出现的（这一点往往被忽视）。

6. 双关

(1) 定义：利用语音或语义条件，有意使语句同时关顾表面和内里两种意思，言在此而意在彼，这种辞格叫双关。

(2) 作用：一方面可以使语言幽默，饶有风趣；另一方面也能适应某种特殊语境的需要，使语言表达含蓄曲折、生动活泼，以增强文章的表现力。

(3) 基本类型：谐音双关，利用音同或音近的条件使词语或句子语义双关；语义双关，利用词语或句子的多义性在特定语境中构成语义双关。

> **考试拓展**
>
> 借喻是借用喻体说明本体事物，使抽象深奥的事物表达得具体、生动、简洁。语义双关是借一个词语或句子关顾两个事物，同时包含两种意思，表面一层意思，隐含另外一层意思，使表达含蓄委婉、幽默风趣。

7. 仿词

(1) 定义：根据表达的需要，更换现成词语中的某个语素，临时仿造出的词语，这种辞格叫仿词。仿词是仿拟形式之一。仿拟也叫"仿化"，还包括仿句和仿调。

(2) 作用：使内容上有新意，能给人以新鲜活泼、生动明快的感觉，且有强烈的讽刺性和幽默感。

(3) 基本类型：音仿，换用音同或音近的语素仿造另一词语；义仿，换用反义或类义语素仿造另一词语。

> **考试拓展**
>
> 仿词是在现成词语比照下,用更换语素的方法创造新词,出现了新的形体,如仿"公海"造"私海",仿"黑格尔"造"白格尔",它们是两个词。拈连是利用上下文的联系,把适用于甲事物的词移用到乙事物上,只是从意义上拈用,不创造新词,仍是一个词。

8. 反语

(1) 定义:故意使用与本来意思相反的词语或句子来表达本意,这种辞格叫反语,也叫"倒反"或"反话"。

(2) 特点:词语表里不一,但并不影响正面理解,因为词语的反义在表里之间起作用。

(3) 基本类型:以正当反、以反当正。

9. 婉曲

(1) 定义:有意不直接说明某事物,而是借用一些与某事物相应的同义语句婉转曲折地表达出来,这种辞格叫婉曲,也叫"婉转"。

(2) 作用:可使读者在品味中体察所表达的本意,使认识深化,感受强烈。婉曲有时平和动听,使人乐于接受;有时曲折婉转,容易感染对方。

(3) 基本类型:婉言,不直接说出本意,故意换一种含蓄的说法;曲语,不直接说出本意,而是通过描述与本意相关的事物来烘托本意。

10. 对偶

(1) 定义:结构相同或基本相同、字数相等、意义上密切相连的两个短语或句子,对称地排列,这种辞格叫对偶。

(2) 作用:形式上音节整齐匀称,节律感强;内容上凝练集中,概括力强。有鲜明的民族特点和特有的表现力,便于记诵。

(3) 基本类型:正对,从两个角度、两个侧面说明同一事理,表示相似、相关的关系,在内容上是相互补充的,以并列关系的复句为表现形式;反对,上下联表示一般的相反关系或矛盾对立关系,借正反对照、比较以突出事物的不同本质;串对,上下联内容根据事物的发展过程或因果、条件、假设等方面的关联,连成复句,一顺而下,也叫"流水对"。

> **考试拓展**
>
> 对比和对偶都是成对的,但是又有区别。
> 对比主要是意义内容的相反或相对,而不管结构形式如何。

对偶主要是结构形式上的对称，要求字数相等、结构相同或相似。有的对比也是对偶（即反对），就意义内容上说是对比，就结构形式上说是对偶。

11. 排比

　　（1）定义：把结构相同或相似、语气一致、意思密切关联的句子或句子成分排列起来，使内容和语势得以增强，这种辞格叫排比。

　　（2）作用：突出表达力。

　　（3）基本类型：句子排比，从句子结构上看，单句和复句（其中包括分句）都可以构成排比；句法成分排比。

> **考试拓展**
>
> 关于排比和对偶的辨析：
> ①排比是三个或三个以上句子的平行排列，对偶只限于两个句子。
> ②排比的形式不如对偶严格。排比的各个句子字数可以不完全相等，往往运用相同的词语；对偶的两个句子字数必须相等，而且忌用相同的词语。

12. 层递

　　（1）定义：根据事物的逻辑关系，连用内容递升或递降的语句，表达层层递进的事理，这种辞格叫层递。

　　（2）作用：借步步推进，使人们的认识层层深化，对表达的事理产生深刻的印象。

　　（3）基本类型：递升，即按照事物的发展状况排列，由小到大，由少到多，由低到高，由短到长，等等；递降，即按照事物的下降状况排列，由大到小，由多到少，由高到低，由长到短，等等。

> **考试拓展**
>
> 层递和排比的区别：
> 层递在结构上不强调相同或相似，往往不用相同的词语；排比的结构往往相同或相似，常用相同的词语。
> 层递在内容上是递升或递降的，事物之间是步步推进的逻辑关系；排比的内容是并列的，是一个问题的几个方面，或几个相关的问题。

13. 顶真

(1) 定义：用上一句结尾的词语或句子作下一句的起头，使前后的句子头尾蝉联，上递下接，这种辞格叫顶真，也叫"联珠"。

(2) 作用：议事说理准确、严谨、周密；抒情写意，格调清新。

14. 回环

(1) 定义：把前后语句组织成穿梭一样的循环往复的形式，用以表达不同事物间的有机联系，这种辞格叫回环。

(2) 作用：可使语句整齐匀称，能揭示事物的辩证关系，使语意精辟警策。

(3) 特点：词语"循环往复"，既有密切关系，又有情趣。用回环论理使人容易理解事物的辩证关系；用回环抒情使人感到深情无限；用回环叙景使人容易体会出景物间的联系。

(4) 顶真和回环的辨析：

顶真和回环在头尾顶接这一点上相似，但又有根本上的不同。

顶真反映事物间的顺接或联结关系，它从一个事物到另一个事物，顺连而下，不是递升或递降的关系（这又与层递不同）。

回环是在词语相同的情况下，巧妙地调遣它们，利用它们不同结构关系的不同含义形成回环往复的语言形式，反映从甲事物到乙事物，又从乙事物到甲事物。它反映事物之间相互依存或密切关联的关系。回环在视觉上、语感上都给人以循环往复的美感。

15. 对比

(1) 定义：把两种不同事物或者同一事物相反或相对的两个方面放在一起相互比较，这种辞格叫对比，也叫"对照"。

(2) 作用：可以使客观存在的对立统一关系表达得更集中、更加鲜明突出。

(3) 基本类型：两体对比，把两种根本对立的事物放在一起进行对照，使好的显得更好，坏的显得更坏；一体两面对比，把同一事物的正反两个方面放在一起来说，能把事理说得更透彻、更全面。

(4) 对比和对偶的辨析：

对比的基本特点是内容上的"对立"；对偶的基本特点是形式上"对称"。

对比是从意义上说的，它要求意义相反或相对，而不管结构形式如何；对偶主要是从结构形式上说的，它要求结构对称、字数相等。

16. 映衬

(1) 定义：为了突出主体事物，用类似的或相反的、相异的事物作陪衬，这种辞格叫映衬，也叫"衬托"。

(2) 作用：突出正面或反面或相异的事物的主体，表达强烈的思想感情，深化文章的中心思想。

（3）基本类型：正衬，即利用同主体事物相类似的事物作陪衬；反衬，即从反面衬托，利用同主体事物相反或相异的事物作陪衬。

（4）映衬和对比的辨析：映衬有主次之分；对比的二者无主次之别，相互依存。

17. 反复

（1）定义：为了突出某个意思、强调某种感情，特意重复某个词语或句子，这种辞格叫反复。

（2）作用：突出思想、强调感情、分清层次、加强节奏感。

（3）基本类型：连续反复，是连接重复相同的词语或句子，中间没有其他词语出现；间隔反复，是相同词语或句子的间隔出现，即有别的词语或句子将反复的部分隔开。

（4）反复与排比的区别：反复着眼于词语或句子字面的重复，其修辞作用在于强调突出；排比着眼于结构形式相同或相似，其修辞作用在于加强气势。运用反复的句子不一定形成排比，排比句也不一定使用反复的词语。

（5）反复和重复的区别：重复是一种语病，使人感到内容贫乏，语言累赘；反复则是一种常见的修辞手段。运用反复，是为了突出要表达的中心意思，强调感情。如果没有充实的内容、强烈的感情，而一味地采用反复的形式，就只能造成重复累赘。

18. 设问

（1）定义：无疑而问，自问自答，以引导读者或听众注意和思考问题，这种辞格叫设问。

（2）作用：用设问作标题，可吸引读者，启发读者思考，更好地领会文章的中心思想；设问用在一段或一节文章的开头或结尾，能起到承上启下的过渡作用。总体来说，设问的作用是提醒注意，引导思考；突出某些内容，使文章起波澜，有变化。

19. 反问

（1）定义：用疑问的形式表达确定的意思，无疑而问，明知故问，这种辞格叫反问，又叫"激问"。反问只问不答，把要表达的确定意思包含在问句里。否定句用反问语气说出来，就表达肯定的内容；肯定句用反问语气说出来，就表达否定的内容。

（2）设问和反问的辨析：二者都是无疑而问，但是有明显的区别。

设问是有问有答，或自问自答，或问而让对方思考答案；反问明确地表示肯定或否定的内容，寓答于问，有问无答。

设问主要是提出问题，引起注意，启发思考；反问则主要是加强语气，用确定的语气表明作者的思想。

解习题

思考和练习四

1. 分析下列各句中的比喻，指出各是哪种类型，说明它们的修辞效果如何。

①人需要真理，就像庄稼需要阳光和雨露才能生长、开花、结果一样。

这句的比喻是明喻，喻词"像"的前后有本体和喻体。本句是想把"人需要真理"（本体）这个比较深奥的道理说得浅显些、具体些、形象些，使人容易理解，并加深印象。

②波浪"哗哗啦啦"有节奏地拍打着船舷，溅起千百朵璀璨的水花，恰似撒下一把晶莹的珍珠。

这句的比喻是明喻，"似"是喻词。用"珍珠"比喻"水花"，使"水花"更加形象生动，给人以鲜明深刻的印象。

③生命如果是树，那么，理想是根，勤奋是叶，毅力是干，成功是果。

这是个比较复杂的暗喻。首先从总体上来比，用喻词"是"把"生命"（本体）比作"树"（喻体）；接着根据"树"的特点，又从四个方面作比：用四个喻词"是"直接联系四个本体和四个喻体。全句通过"树"的各部分的特点，把一个人的"成功"过程，具体而形象地描绘了出来，表达效果非常突出。

④树影再长也离不开树根，雁飞再远也忘不了故乡，人走天边也怀念祖国。

这句是没有喻词的比喻。第一、第二分句是喻体，第三分句是本体。喻体和本体排列成结构相似、互相映衬的并列句式，有突出本体、加深印象的作用。有人称这种比喻为引喻。

⑤再往下走几十级，瀑布就在我们上头，要抬头看了。这时候看见一幅奇景，好像天蒙蒙亮的辰光正在下急雨，千万枝银箭直射而下，天边还留着几点残星。

这句是明喻，"瀑布"是本体，"好像"是喻词，"天蒙蒙亮的辰光正在下急雨""千万枝银箭直射而下"是连用的两个喻体。作者意在描写，把瀑布的奇景说成像"天蒙蒙亮的辰光正在下急雨"，进而又像"银箭直射而下"，是为了通俗易懂、形象生动。

2. 形式上带有"像、好像、同、如同"一类词的，有的是明喻，有的不是。是与不是的根据是什么？举例说明。

A 组

①红军像一个火炉，俘虏兵过来马上就熔化了。

②那年轻人像他来的时候一样，匆忙忙地打开屋门，冒着大雨走出去了。

B 组

①敌人进到直罗镇，真如同钻进了口袋。

②这部电视剧中的情景，如同真实的生活。

A、B两组的第一句都是明喻，把"红军"比作"火炉"，把"敌人进到直罗镇"比作"钻进了口袋"。"像、如同"前后的事物本质是不同的，但又有突出的相似点。又如"月光好像水银泻地一般"是明喻。

A、B两组的第二句虽也有"像、如同"这类词，但它们前后的词语并不表示不同本质的事物，所以不是明喻。又如"他像他哥哥一样高"不是明喻，而是类比。

3. 就下面两句进行比较，说明比喻和比拟的区别在哪里。

①满天的阳光下，一川的翡翠雕刻似的大瓜，一个个大如斗。

②沙家店一战，把敌人打得晕头转向，一败涂地，再也不敢恋战，只有夹着尾巴冒死南逃了。

例①有两处比喻，例②是比拟（拟物）。比喻是取一个相似点，通过喻体加以形象描绘，并不涉及本体事物其他方面属性的描写问题。如例①以"翡翠雕刻"比喻瓜的色泽与整个光洁晶莹的外形，以"斗"比喻瓜的大。比拟是物我不分，把拟体的特征加给本体，把本体完全当作拟体来描述，如例②把敌人当作狗来描述，拟体（狗）并不出现，直说本体"夹着尾巴"，这就是比拟。

4. 试就比拟的运用分析一下毛泽东的《卜算子·咏梅》的修辞效果。

卜算子·咏梅

读陆游咏梅词，反其意而用之。

风雨送春归，飞雪迎春到。已是悬崖百丈冰，犹有花枝俏。

俏也不争春，只把春来报。

待到山花烂漫时，她在丛中笑。

一九六一年十二月

《卜算子·咏梅》这首词运用了比拟修辞手法。作者用表达人的思想感情和动作情态的词语，如"送、迎、俏、争、报、笑"等来描绘大自然和梅花，把大自然的现象和梅花人格化了，把无知觉、无感情的梅花写得栩栩如生。通过比拟，赞美了傲霜斗雪的梅花，也就赞美了不为名利、不向恶势力屈服的坚韧刚强的无产阶级革命战士。形象生动，富有感染力。

5. 借代也就是"换名"，为什么要"换名"？换名的方式主要有哪些？

借代就是利用客观事物之间的种种关系，巧妙地进行一种语言上的艺术换名。这主要是为了引起人们的联想，使表达富于变化，取得形象突出、特点鲜明、具体生动的效果。

换名的方式通常有这样几种：(1) 特征代本体，如用"红领巾"代替"少先队员"；(2) 专名代泛称，如用"诸葛亮"代替"有智谋的人"；(3) 具体代抽象，如用"头脑"代替"思想"；(4) 部分代整体，如用"柴米油盐"代替"所有日常生活资料"。

6. 举例说明拈连和比拟、移就的区别。

①这是梅花，有红梅、白梅、绿梅，还有朱砂梅，一树一树的，每一树都是一树诗。

②群山肃立，江河挥泪，辽阔的祖国大地沉浸在巨大的悲痛之中。

③明天早上，辛楣和李梅亭吃几颗疲乏的花生米，灌半壶冷淡的茶，同出门找本地教育机关去了。

例①是拈连。拈连的特点主要是利用上下文的联系，把适用于上文甲事物的词语巧妙地用于下文乙事物。用"一树梅花"的"树"顺势拈连到"一树诗"上，这是临时巧妙运用。拈连的成立依赖于甲乙两事物都出现。例②是比拟。比拟由本体和拟体构成，在字面上只出现本体、而拟体是不出现的。"群山""江河""大地"都是本体，它们有共同的拟体——人，然而拟体并没有出现，只是把人的动态——"肃立""挥泪""沉浸在巨大的悲痛之中"，直接加在本体上。例③是移就。移就是把适用于甲事物的词语移用过来修饰乙事物。"疲乏"和"冷淡"本来是描绘人的感受与心情的，移用过来描写"花生米"和"茶"，带上了人情味。

7. 夸张常常借助哪些辞格加强表达效果？举例说明。

（1）借助比喻来夸张。例如：①眼睛正像两把刀，刺得老栓缩小了一半。②跟随的人越来越多，霎时汇成了一条长长的河流。

（2）借助比拟来夸张。例如：天简直热得发了狂。

（3）借助借代来夸张。例如：他们看见那些受人尊敬的小财东，往往垂着一尺长的涎水。

8. 运用比喻、比拟、夸张辞格，以"人与自然"为题写一篇300~400字的短文。

略

思考和练习五

1. 双关的修辞作用是什么？从你读过的诗文里选出两个运用双关的例子，分析一下它们的修辞效果。

双关有两类。一类是谐音双关。例如：

杨柳青青江水平，闻郎江上唱歌声。东边日出西边雨，道是无晴却有晴。（刘禹锡《竹枝词》）

利用"晴"与"情"的同音关系，表面说"天晴"，实际是说"爱情"。

另一类是语义双关。例如：

可是匪徒们走上这几十里的大山脊，他们没想到包马蹄的麻袋片全踏烂掉在路上，露出了他们的马脚。（曲波《林海雪原》）

"露出了马脚"的另一种意义是匪徒们暴露了行踪。一语双关，含蓄幽默，很有表现力。

2. 运用反语应力求明显，切忌含混，怎样才能做到这一点？试结合实例加以说明。

采用下列方法可使反语明显，不含混。

（1）用上下文来显示某些词语是反语。例如：

也有解散辫子，盘得平的，除下帽来，油光可鉴，宛如小姑娘的发髻一般，还要将脖子扭几扭，实在标致极了。（鲁迅《藤野先生》）

行文"扭几扭"将清国留学生留着小姑娘似的发髻的丑态描写了出来，接着却说是"实在标致极了"，这就是反语。

（2）用引号标明某些词语是反语。例如：

便使我忽又良心发现，而且增加勇气了，于是点上一枝烟，再继续写些为"正人君子"之流所深恶痛疾的文字。（鲁迅《藤野先生》）

"正人君子"加上引号，实指它的反面。

3. 举例说明婉曲和反语、双关的区别。

①今天光明的新中国已经到来，他这个最有资格看见它的人却永远闭上了眼睛。（巴金《忆鲁迅先生》）

②流氓欺乡下佬，洋人打中国人，教育厅长冲小学生，都是善于克敌的豪杰。

③夜正长，路也正长，我不如忘却不说的好吧。

例①是婉曲。它是用委婉曲折的话来正面表达本意。这里不说"去世了"，而用"永远闭上了眼睛"来委婉地表达。例②是反语。它是故意使用和本意恰好相反的词语或句子来表达本意。这里"豪杰"的本意与句中本意恰恰相反。反语的意思一定是与本意截然相反，或者是在感情色彩上是对立的，对立越鲜明，反语的效果也就越明显。例③是双关。它有意利用语音或语义的条件，使词语或句子具有双重含义，言在此而意在彼。这里的"夜"和"路"在本句可以是实指，但更重要的一层意思却在于它们暗指黑暗的社会和革命的征途。双关的两重意思一般只有意义上的联系或语音上的联系，并不一定要求对立。

4. 下面的诗文都用了什么辞格？

①朱毛会师在井冈，红军力量坚又强。不费红军三分力，打败江西两只羊。（《红军歌谣》）

诗中末句用的是谐音双关。"羊"与"杨"谐音，指的是敌军师长杨池生、杨如轩。

②希望大家积极支持文字改革工作，促进这一工作，而不要促退这一工作。（周恩来《当前文字改革的任务》）

"促退"仿"促进"而造，是仿词。

③中国军人屠戮妇婴的伟绩，八国联军惩创学生的武功，不幸全被这几缕血痕抹杀了。（鲁迅《记念刘和珍君》）

屠戮妇婴的"伟绩"、惩创学生的"武功"，都是反语。

④要不是咱们今天搞到这口袋小米，你们的行军锅就要挂起来当锣敲哩。（杜鹏程《保卫延安》）

"你们的行军锅就要挂起来当锣敲哩"，是婉曲。

⑤我妈呀，心里总想着别人，就是不想自己，老是说：咱是人民代表，只能奉献，不能索取。别人家里都现代化了，我们还是一贯制。

"别人家里都现代化了，我们还是一贯制"用的是婉曲和映衬辞格，不直说自己家还没现代化，没有别人富裕。

⑥他勇敢地承认了错误——是别人的；他坦率地说出了对顶头上司的全部看法——都是优点。

句中破折号前后语意不一致，这是设疑。

思考和练习六

1. 下边两句，一个用对偶手法，一个不用。比较一下，用和不用在表达效果上有什么不同。

①为了实现四个现代化，我们应当向科学进军，不怕征途上的千难万险。

②向科学进军不畏征途坎坷，朝四化迈步何惧道路崎岖。

第①句是一般陈述句，是散句形式，有口语风格，语言简单易懂，常用于一般语境。第②句是对偶句，形式整齐，音韵和谐，有节奏感，有书面语风格，语言凝练，便于记诵，常用于特殊语境。

2. 排比的修辞效果是什么？了解排比的结构形式对写作有什么好处？

排比是把结构相同或相似、语气一致、意思密切关联的句子或句法成分排列起来的一种辞格，它可以增强语势，突出语义，加深感情，提高表达效果。构成排比的各项往往有共同的提示语，因而节奏感强，和谐流畅。在写作中遇有内容不便于作总括叙述时，可以采用排比列举叙述；有的虽然能作总括叙述，但为了加强语势，突出重点词语，也可采用排比句。排比多用于说理、抒情。用于说理，可以把道理阐述得更严密、透彻；用于抒情，可以把感情发挥得淋漓尽致。

3. 就下面两例谈谈排比和层递的相同点和不同点。

①首都人民，全体中国人民，在自己的歌声中，表明了自己的要求，自己的愿望，自己的意志，自己的力量……

②后来我才体会到，这位老教师是怎样关心青年一代，关心教育事业，关心祖国的未来。

例①是排比，例②是层递。

二者的相同点：

（1）都有三个以上事物较整齐地排列着，例①是四个偏正短语并列，例②是三个动宾短语并列。

（2）都有提示语，例①是"自己"，例②是"关心"。

二者的不同点：

（1）从形式上看，排比要求相同或相似，要求有共同的提示语，层递没有这样的要求。

（2）从内容上看，层递要求有层递性（递升或递降），排比没有这样的要求。

4. 就下列两例说明顶真和回环的区别。

①拜师不如访友，访友不如经手。

②你的就是我的，我的就是你的。

例①的两个"访友"头尾顶接，反映了事物间的顺接关系，在内容上强调实践的重要性，这是顶真。例②前后分句用词相同，经变序形成回环往复的语言形式，反映彼此不分的亲密关系，这是回环。

5. 试给下面的出句（上联）按正对、反对、串对分别填出相应的对句（下联）。

①靠山吃山靠水吃水

种豆得豆种瓜得瓜（正对）；无粮要粮无钱要钱（反对）；捕鸟得鸟捕鱼得鱼（串对）

②乐观者从灾难中看到希望

开拓者从挫折中看到光明（正对）；悲观者从幸运中看到失望（反对）；革命者从失败中看到成功（串对）

③江山添秀色

天地沐春晖（正对）；风雨送阳春（反对）；人民庆长春（串对）

6. 下面的句子都用了什么辞格？

①时代变了，延安的歌就增加了新的曲调，换上了新的内容，歌唱革命，歌唱抗战，歌唱生产。

"歌唱革命，歌唱抗战，歌唱生产"，三项并举，都是动宾短语，这是排比。"歌唱"一词三次出现，这是反复。

②村子靠着山，山脚下有个大龙潭，龙潭的水流到村前成了小溪，溪水碧清碧清的。

句中的"山，→山""龙潭，→龙潭""溪，→溪"，这是顶真。

③走生路，生而出新；走险路，险而出奇；走难路，难而不俗。

这是由三个并列复句构成的排比，其中的"生一生""险一险""难一难"属于间隔反复。

④我的许多作品，尤其是剧本，差不多都得到周总理的亲切关怀。他在日理万机之中挤时间读剧本，看演出，提意见，使我深受感动和激励。

句中的"读剧本,看演出,提意见",既有时间上的先后,又有事理上的先后,这是层递。

7. 自拟文题,在对偶、层递、回环、排比、双关、拈连、仿词、反语等辞格中,选用四种不同辞格写一篇300至400字的短文。

略

思考和练习七

1. 对比与映衬有什么不同?指出下列句子里对比、映衬的表达作用。

①我急急走前几步伏在他身上,叫着、喊着。灶膛里火光熊熊,他的身体却在我的胸前渐渐变冷了。有的人死在战场上,有的人死在酷刑下,而我们的钱班长却死在他的岗位上——锅灶前。

②老三界是我们长征中所走过的第一座难走的山。但是我们走过了金沙江、大渡河、雪山、草地以后,才觉得老三界的困难比起这些地方来,还是小得很。

对比是表明对立现象,两种对立的事物并无主次之分,而是相互依存的。映衬是用陪衬事物说明被陪衬事物,是用来突出被陪衬事物的。

例①中的"灶膛里火光熊熊"与"身体……渐渐变冷"是映衬手法,写出了钱班长忠于职守、死于工作岗位的敬业精神。又以"钱班长死于锅灶前"与"有的人死在战场上""有的人死在酷刑下"对比,死的环境虽然不同,但公而无私,其死重如泰山,是相同的。二者对比,可收到相得益彰的效果。文中映衬和对比连用更能表现出钱班长生命不息、工作不止的革命精神。

例②是先写"老三界"是"难走的山",但是走过了"金沙江、大渡河、雪山、草地以后",前后相比,前者"困难小得很",后者困难重重。这用的是映衬手法,歌颂了"红军不怕远征难"的英雄气概。

2. 就下面例句说明反复与重复的区别。

①他说的是沙漠里的胡杨树。"没有滴水它居然能活上一千年,终于枯死后又挺挺地站立一千年,倒下后不散架不腐朽又是一千年!"

②平淡的生活,平静的心情,平和的脾气,平静的话语。

例①中的三个"一千年"突出了胡杨树顽强的生命力,属隔离反复,这是一种修辞表达手法。例②中前后两个"平静"用词重复,这是语病,后一个"平静"改成"平实"好些。

3. 什么是设问?设问和一般的疑问句有什么不同?试从形式和效果上加以比较说明。

设问有时是自问自答,如"是谁把天安门打扮得这么漂亮?是劳动人民巧手一双。"设问有时是明知故问。设问可以使语言有波澜,引导人们注意和思考问题,或激发人们的感情。一般疑问句是有疑而问,要求对方回答,如"你知道明天有雨吗?"对方回"我不知道。"它的效果就是使对方明白自己的疑问而作出回答。

4. 下列文句都用了什么辞格？

①言简意赅，是凝练、厚重；言简意少，却不过是平淡、单薄。对比。

②杨嗣信艰难地翻了个身，转脸眺望着窗外。夜空阴云密布，看不见一颗星星。可他那颗跳跃的心却是明亮的。映衬。

③苏州城里，有不少这样别致的小街小巷：长长的，瘦瘦的，曲曲又弯弯；石子路面，经过夜雾洒过，阵雨洗过，光滑、闪亮。在它的旁边，往往淌着一条小河，同样是长长的，瘦瘦的，曲曲又弯弯。间隔反复。

④是云？是雾？是烟？还是沙漠中常见的海市蜃楼的幻影？还是翻译同志眼尖，脱口而叫着"骆驼！骆驼！"设问。其中"骆驼！骆驼！"是连续反复。

1. 比喻与象征到底应怎样区分？

比喻与象征既有联系又有区别。比喻的喻体和本体之间是有相似点的，象征的本体和喻体之间也往往有相似之处。所以在这样的情况下，当两个概念的外延交叉时，就既可以称之为比喻，也可以称之为象征。象征与比喻的这种联系，正好说明象征往往是以比喻为基础的，而象征在某种情况下正是比喻的扩大。

比喻和象征的区别大致有以下几点：

(1) 概念内涵不同。比喻和象征是两个不同范畴的事物。比喻属于修辞范畴；象征是文艺创作的一种表现手法，是通过某一特定的具体形象来表现某种人的品质或社会现象的本质特征。

(2) 表现形式不同。比喻主要表现在造句上，它往往是一句话或好几句话。而象征，需要对具体形象作细致而深刻的描绘，象征义才会表现出来。因此象征义的完成并非一句话、几句话所能奏效，它往往需要文章用好几段甚至全篇才能完成。

(3) 构成的基础不同。比喻中本体和喻体是两个不同的事物，它们构成的基础是相似点，不相似的两个不同事物不能构成比喻。因此比喻能构成"本体像喻体"的格式。象征是用具体的东西表现事物的某种意义，它是"托义于物"。因此象征体和象征义之间构成的基础可以是相似点（在此情况下象征和比喻兼有），也可以不是相似点，而是相关点。这些相关点能使人产生联想，产生类似的思想感情。此时象征就不能换成像比喻那样的格式。

(4) 作用不同。比喻是拿熟悉或形象的事物去说明另一与其相似的事物，目的是把事物说得通俗、易懂、形象、生动，便于理解和感受。象征是拿具体、形象的事物去表现人的品质或社会现象的本质，目的是激发人们的感情，深刻地认识这些本质特征。

2. 有人认为下列文字中画线处使用了借代辞格，有人认为使用了借喻辞格，还有人认为使用了借代式借喻辞格，你认为哪一种说法正确，为什么？

"芦柴棒"着急地要将大锅子里的稀饭烧滚，但是倒冒出来的青烟引起了她一阵猛烈的咳嗽。她十五六岁，除了老板之外，大概很少有人知道她的姓名。<u>手脚瘦得像芦柴棒一样，于是大家就拿"芦柴棒"当了她的名字</u>。（夏衍《包身工》）

我们倾向于认为"芦柴棒"是借喻辞格，不宜说成借代辞格。因为借代的代体是"代而不喻"，借喻的喻体是"又喻又代"。"她"的"手脚"与"芦柴棒"一样"瘦"，二者之间存在着相似的关系，"芦柴棒"代替"她"，属又喻又代，因此"芦柴棒"是借喻而不是借代。至于说"芦柴棒"是借代式借喻的说法也不对，因为借喻本身就具有"又喻又代"的特点，不宜再制造出一个借代式借喻的说法。

3. 比喻、比拟和夸张为何存在联系？

比喻、比拟与夸张之所以存在联系是因为比喻、比拟都必须把两种不同的事物相提并论，而这两种事物一方面要有某种联系，另一方面又要在性质上或者程度数量上有着一定的差别。当这种差别非常悬殊的时候，就产生了夸张的意味。例如"眼光正像两把刀""天热得发了狂"，都把两个差别非常悬殊的事或明或暗地放在一起相提并论，从而造成了夸张的效果。

4. 请指出下列句子中的辞格及其修辞作用。

（1）老麦为避开这些四个轮子，把自己的两个轮子随手一扔，进了一条小马路。

借代，"四个轮子"借代"汽车"，"两个轮子"表示自行车，显得生动、形象。

（2）春运的大幕在寒潮中开启。

暗喻，把"春运"的开始比作舞台演出的"大幕开启"，显得形象、简练。

（3）梅塘总是弥漫着清香，这是传统的法兰西乡村的清香，散发在卢梭孤独散步的郊区小道上，弥漫在雨果惊涛骇浪的笔尖上……

移就，移情式，用"惊涛骇浪"修饰"笔"，简洁地展示了用笔人的情态。

（4）当你在某个问题或者某一件事情上遇到了挫折，千万不要陷在这个坑里爬不出来，赶快换一个方向爬出来……

双关，语义双关，利用"坑"的字面义，暗示人遇到挫折会发生"深陷""沉沦"的精神状态。

（5）就像突然学会骑自行车的快感般，从此我迷恋上一个人的旅行，一直到现在。

比喻，明喻，出现喻词"像"，把迷恋"一个人的旅行"的快乐程度与"突然学会骑自行车的快感"联系起来。

（6）设想一下，地球悬在半空，如同漆黑夜幕中一颗暗淡的珍珠。

比喻，明喻，用喻词"如同"把"地球"与"漆黑夜幕中一颗暗淡的珍珠"联系起来，形象、逼真。

（5）表面上，日子是一天天过去了，而到了晚上，冰冷的梦境从此一次次地重演，把我拉进最黑暗最无助的深渊。

辞格套用，比喻套用移就和反复。把"梦境"比喻（借喻）成表演，而且"一次次地重演"；然后又把"表演"拟化为"人"，"把我拉进最黑暗最无助的深渊"。

第三节　辞格的综合运用及修辞常见的失误与评改

学习提示： 这一节考查的要求较低，多为判定某句属于连用、兼用、套用的哪一种类。至于余下的内容，鲜有提及。

1. 辞格的综合运用，可以分为连用、兼用和套用三种形式

（1）连用

连用是指同类辞格或异类辞格在一段文字中的接连使用。例如：

①看，像牛毛，像花针，像细丝，密密地斜织着，人家屋顶上全笼着一层薄烟。（朱自清《春》）

例①是比喻连用，将密密的、细细的春雨描摹得十分形象。同类辞格的连用，能强化同一辞格的表达效果；异类辞格的连用，可以前后搭配、互相映衬，收到更好的效果。

（2）兼用

兼用是指一种表达形式兼有几种辞格。从这种角度看是这种辞格，从另一个角度看又是别的辞格。例如：

②有的英雄，勒马挥刀，叱咤风云；

　　有的英雄，豪情满怀，才华横溢。

　　有的能言善辩，八面玲珑；

有的拉帮结派，拍马吹牛。

（丁玲《诗人应该歌颂您——献给病中的宋庆龄同志》）

例②从"有的"重复四次来看，是反复，从前两句和后两句的内容来看，是对比；歌颂了革命前辈的才能与功臣，批判了有些干部的坏思想、坏作风。

（3）套用

套用是辞格里包含着辞格，层层相套，有层次地进行组合。例如：

③高粱好似一队队"红领巾"，

　　悄悄地把周围的道路观察。

（郭小川《团泊洼的秋天》）

例③整体看来是明喻，"红领巾"是借代，"悄悄地……观察"是拟人，套用了三种辞格。

异类连用、兼用和套用都是多种辞格的综合运用，但它们彼此间是有区别的：异类连用是不同辞格的顺序使用；兼用是一种表达形式同时具有几种辞格，但这几种辞格是从不同角度分析出来的，它们之间不存在从属、包容关系；套用则是几种辞格按层次大小的组合使用，有从属、包容、主次的关系。

2. 修辞常见的失误与评改

（1）韵律配合不协调

①音节不匀称。

音节不整齐、不匀称，诗文的节奏感和气势将降低。为了音节的匀称，可采用"删、添、换"的办法加以调整。

②平仄不相间。

平仄是使声调悦耳的重要条件。如果韵文不讲究平仄相间，使同声调的字相连过疏或过密，就会失去音韵美；非韵文也应当适当调配平仄。

③押韵不和谐。

诗歌讲究押韵，给人以回环美；如不押韵，就失去了这种美感。

诗歌押韵不能单纯追求形式，为押韵而押韵，以免"因韵害意"。如果意思不晓畅，押韵也就失去了作用。

（2）词语选用不精当

①词语表意不确切。

②词语的感情色彩不相宜。

③词语的语体色彩不相称。

（3）句子表意不畅达

①句式选择不恰当。

②句子不简练。

③句子表达不连贯。

(4) 辞格运用不恰当

包括比喻不当、比拟不当、借代不当、拈连不当、夸张不当、仿词不当、对偶不当、排比不当、顶真不当、映衬不当、设问不当等。

 解习题

思考和练习八

1. 辞格的综合运用形式有哪些？它们的修辞效果是什么？试举几个综合运用的例子，分析它们的类型和表达效果。

辞格的综合运用有连用、兼用、套用等形式。

辞格的连用是指同类辞格或异类辞格在一段文字中接连使用。具有不同修辞效果的辞格交错使用，前后配合、互补互衬、珠联璧合、浑然一体，可使思想内容表达得更加丰富多彩、鲜明有力。例如：

杜鹃花开遍山头的时节，英雄们终于唱着凯歌，欢送着亲手砍下来的那三十万根毛竹，让它们沿着满山旋绕的滑道，一路欢唱着飞下山去了。（袁鹰《井冈翠竹》）

这是比拟辞格的两次连用。"欢送""毛竹"是把毛竹比为被欢送的人，这是一次比拟。让毛竹"一路欢唱着飞下山去了"，是把毛竹比成能欢唱又能飞的动物，这又是一次比拟。文字写得极其生动活泼，使读者对毛竹有深刻的印象。

辞格的兼用是指一种表达形式兼有多种辞格，也叫"兼格"。它可以使多种修辞效果相得益彰，多彩多姿，使文章的表达更有文采和力量。例如：

真是天大的喜事！屋子里连扫帚也在欢笑。

这是拟人与夸张两种辞格兼用。"扫帚在欢笑"，是拟人，又是夸张。描绘了喜事临门、皆大欢喜的景象。

辞格的套用是指一种辞格里又包含着其他辞格，形成大套小的包容关系。套用的几个辞格互相配合，使大辞格有所借助，小辞格有所依托，大中有小，变化层出，从而加强了表达效果。例如：

风来花自舞，春到鸟能言。

这是对偶套用比拟。从结构形式上看，上句和下句构成对偶。分开来看，上句的"花"能舞蹈，是拟人；下句的"鸟"能说话，也是拟人。这副对联把春天的美景写活了。

2. 从综合运用的角度分析下文的辞格。

①那黄河和汶河又恰似两条飘舞的彩绸，正有两只看不见的大手在耍着；那连绵不断的大小山岭，却又像许多条龙灯一齐滚舞。——整个山河都在欢腾着啊！

分号前是明喻与拟人连用，分号后是明喻，破折号后是拟人。

②书山有路勤为径，学海无涯苦作舟。

这是对偶中套用暗喻。

③由谁来教育文艺工作者，给他们以营养呢？马克思主义的回答只能是：人民。人民是文艺工作者的母亲。

首先是设问，其次是暗喻。

④这种感情像红松那样，根深蒂固，狂风吹不动，暴雨浸不败，千秋万载永不凋谢。

首先是明喻，其次是夸张、对偶兼用。

⑤在古老的年代，玛瑙河对岸是一片森林，森林边上的村落里，有一个名叫米拉朵黑的年轻人，他是一个出色的猎手。

论力气，米拉朵黑能和野熊摔跤。

论人才，米拉朵黑像天神一般英俊。

论性情，米拉朵黑像一个温柔的少女。

"……森林，→森林……"是顶真，三个"论……"是排比。其中套用夸张、明喻。

⑥东方白，月儿落，

　车轮滚动地哆嗦。

　长鞭甩碎空中雾，

　一车粪肥一车歌。

第二行是拟人兼夸张，第三行是拟物，第四行是拈连。

⑦好！黄山松，我大声为你叫好，

　谁有你挺得硬，扎得稳，站得高！

　九万里雷霆，八千里风暴，

　劈不歪，砍不动，轰不倒！

第一行是拟人；第二行是排比；后两行是夸张，其中第三行是对偶，第四行是排比。

3. 试以"我心中的长城"为内容，运用辞格连用、兼用、套用的形式写一篇 400 字左右的短文。

略

4. 有人把连用、兼用、套用的综合运用形式叫"混用"，你对此有什么看法？

辞格的综合运用是个复杂的问题。从复杂的修辞现象中进一步分析研究，归纳总结出辞格的连用、兼用、套用三种基本形式，它们各有其特点和表达效果，应该各立门户。但有时候它们会有交叉现象，或在连用中有兼用，或在套用中有连用等，这种错综运用，有人又叫"汇用"。不管是哪种形式，通称"辞格的综合运用"，是有道理的。"分析"与"综合"相对应说，也很明确。而"混用"的说法，笼统模糊，不必用此概念。

思考和练习九

1. 下列句子在声音配合上有不和谐的地方，请加以改正，并说明理由。

①动人的事数说不尽，丰收的喜讯到处传。

改为：动人的事迹说不完，丰收的喜讯到处传。

把"事"改为"事迹"，把"数说"改为"说"，再改"尽"为"完"，前后音节相称，配合得当，声音和谐。

②我是一名清洁工，绿色奥运记心怀，早出晚归勤打扫，要为祖国立新功。

这是一首诗歌，诗歌一般要讲究押韵，将第二句末尾的"怀"改为"中"，韵脚才和谐，读起来才上口、好听，也比较好记。

2. 比较下面两例的原文和改文，从音节方面谈谈为什么修改。

①原文：扫开一块雪，露出地面，用一枝短棒支起一面大的竹筛来，下面撒些秕谷，棒上系一条长绳，人远远地牵着，看鸟雀下来啄食，走到筛下时，将绳一拉，便罩住了。

改文：扫开一块雪，露出地面，用一枝短棒支起一面大的竹筛来，下面撒些秕谷，棒上系一条长绳，人远远地牵着，看鸟雀下来啄食，走到筛子底下的时候，将绳一拉，便罩住了。（鲁迅《从百草园到三味书屋》）

原文中的"筛下时"是三个书面色彩的单音节词，读时音节短促，语气急速，不是很适应上下文的要求。改为"筛子底下的时候"，是三个口语色彩的双音节词，读时音节和谐匀称，自然顺口，语气舒缓，适应语言环境的需要。

②原诗：他要和你算账，不要你的银洋；要交的朋友，也不是朱桂棠。

改诗：他来和你算账，不是要你银洋；他要交的朋友，不是你这条狼。（田间《赶车传》）

这首诗改了几个地方，就音节而言，改诗比原诗整齐匀称，第三句增加了一个音节，使每句都是六个音节。

3. 比较下面各例的原文和改文，从词语的意义上说说为什么修改。

①原文：蜂王是黑褐色的……每只蜜蜂都愿意用采来的花精供养它。

改文：蜂王是黑褐色的……每只工蜂都愿意用采来的花精供养它。（杨朔《荔枝蜜》）

原文中的"蜜蜂"是个大概念，包括工蜂、蜂王（母蜂）和雄蜂，用"花精"供养蜂王的只是工蜂。改"蜜蜂"为"工蜂"，表意准确贴切，符合实际。

②原文：白天在图书馆的小书库一角，夜晚在煤油灯底下，他又在爬，爬，爬了，他要找寻一条一步也不错的最近的登山之途，又是最好走的路程。

改文：白天在图书馆的小书库一角，夜晚在煤油灯底下，他又在攀登，攀登，攀登了，他要找寻一条一步也不错的最近的登山之途，又是最好走的路程。（徐迟《哥德巴赫猜想》）

原文中的"爬"是用来比喻陈景润为攻关所作出的努力。"爬"是手脚同时着地向前移动的意思，它的方向可以是向上、向下、向水平方向，表意不是很确切，人物形象也不够高大。改"爬"为"攀登"，"攀登"特指抓住东西向上爬，用手"攀"，用脚"登"，生动形象，既从正面写出陈景润攻关时坚韧不拔的神情，又从侧面烘托了科研山路之险阻、高峰之巍峨。

4. 比较下面两例的原文和改文，从句式选择上说说改文的好处。

①原文：正说着，门被推开了。一个须眉花白、手提着一杆明火枪、肩上扛着一袋米的瑶族老人站在门前。

改文：正说着，门被推开了。一个须眉花白的瑶族老人站在门前，手里提着一杆明火枪、肩上扛着一袋米。（彭荆风《驿路梨花》）

原文第二句是一个定语过多、结构过于复杂的单句，文学作品不宜多用，因句子显得冗长，不便阅读。改文是结构较松的复句，由三个短分句组成，内容突出，能更好地表达语意，语气也比较舒缓，便于阅读和理解。

②原文：碧梧园里游人实在不少，彩色的衣裙在温热的阳光中闪耀着，人的视神经被刺得晕晕的。

改文：碧梧园里的游人很不少，彩色的衣裙在炎热的阳光中闪耀着，人们只觉得眼花缭乱。（叶圣陶《两样》）

原文中"人的视神经被刺得晕晕的"是被动句，陈述的对象是"人的视神经"，其中的"视神经"是专用语，不通俗；从上下文来看，语体色彩也不很协调。改文"人们只觉得眼花缭乱"是主动句，用语简练明确，通俗易懂，语体色彩协调一致。

5. 比较下列各例的原文和改文，从辞格运用上谈谈为什么改文好。

①原文：几只木船从下游上来，帆篷给阳光照得像透明的白色羽翼……

改文：几只木船从下游上来，帆给阳光照得像透明的白色羽翼……（刘白羽《长江三日》）

船上挂在桅杆上的布篷叫帆，也叫篷，把"帆"和"篷"合成一个词有点生硬，不好念，改用"帆"，念起来就顺畅得多。"篷"是口语，如改用"篷"，就和下面的词语格调不一致了。

②原文：四周的人挤得紧紧，皇帝要避没法避，想要蹲下来，缩做刺猬似的一团，也办不到。

改文：人围得风雨不透，皇帝东撞西窜，都被挡回来，他又想蹲下，学刺猬，缩成一个球，可是办不到。（叶圣陶《皇帝的新衣》）

原文用"四周的人挤得紧紧"，比较抽象；改文用"人围得风雨不透"，是夸张说法，更好地描绘出人多的情态。原文用"缩做刺猬似的一团"，是比喻，也较具体，但"一团"比较笼统；改文用"学刺猬，缩成一个球"，仍是比喻，但形象生动得多。

③原文：武震一到桥头，先听见一片人声，鬼哭狼嚎地从桥南头滚过来，转眼就有无数朝鲜人从烟火里涌出来……

改文：武震一到桥头，先听见一片人声，连哭带叫地从桥南头滚过来……（杨朔《三千里江山》）

原文中的"鬼哭狼嚎"纯为贬义，不适合用来描绘朝鲜老百姓从烟火里逃出来的情景。改用中性词语"连哭带叫"，就比较贴切，符合实际。

6. 改正下列各句中所用辞格的错误，并说明理由。

①这歌声似一盏灯把我的红心照亮。

这是用的比喻（明喻）手法，把"歌声"比成可见的"明灯"，二者毫无相似之处。可改为："这歌声将变成一盏明灯把我的红心照亮。"

②登山远望，对岸的一方池一方池的稻田，好像天上的繁星一样。

这里用的是比喻（明喻），把"稻田"比为"繁星"不恰当，二者无相似点。可改为："登山远望，对岸的一方块一方块的稻田，好像绿色的方格锦缎一样。"

③收割那天，我们拿着镰刀，走向田野，金黄的稻子吓得浑身发抖，低头求饶，好像在说，别割我，别割我！啊，我痛死了！

这是用拟人的手法描写割稻的景况。镰刀割稻，稻子发抖、求饶、痛死，这与丰收的环境气氛很不协调。可改为："收割那天，我们拿着镰刀，走向田野，金黄色的稻浪，随风起伏，好像在欢迎我们，齐唱："来吧！来吧！快收获！快收获！""

④人群欢跃，泥土也从地下伸出头来向着人们微笑。

这是用拟人的手法描写"泥土"，但缺乏真实的思想感情。"泥土"怎么能"从地下伸出头来"？可改为："人群欢跃，土地也微笑。"

⑤晨踏白霜，晚披红绸。

这是对偶，句中的"红绸"语意不明。联系上文看，好像指的是晚霞。可改为："晨踏白霜，晚披红霞。"

⑥一个南瓜如地球，结在五岳山上头。把它架到大西洋，世界又多一个洲。

这首诗歌是通过比喻来夸张，但夸张得不合情理，没有实际基础。既然南瓜如地球那么大，又如何"结在"地球上的"五岳山上头"，又怎样把它"架到大西洋"，怎么好说"世界（指地球）又多一个洲"？思维混乱，矛盾百出。这是假话、大话、空话，故意虚张声势，应根据实际情况，重新创作。

⑦大家决心学雷锋人，走雷锋路，接雷锋枪，使雷锋精神不断发扬光大。

这里用的是排比手法。"雷锋人"是生造词语，可改为："大家决心做雷锋式的人物，走雷锋的道路，接雷锋的枪支，使雷锋精神不断发扬光大。"

练习题

1. "什么树开什么花，什么花结什么果。"运用的修辞格是（　　）。
2. 关于比喻，以下说法错误的是（　　）。

　　A. 比喻是用本质不同又有相似点的事物描绘事物或说明道理的辞格。

B. 比喻有明喻、暗喻、借喻三种基本类型。

C. 比喻的本体和喻体之间通常用喻词"像"连接，如"眼睛也像他父亲一样，周围都肿得通红"。

D. 比喻可以使深奥的道理浅显化，使抽象的事物具体化，使概括的东西形象化。

3. 以下出现借喻辞格的一句是（　　）。

   A. 最可恨那些毒蛇猛兽，吃尽了我们的血肉。

   B. 面对这一问题，白宫及时作出了回答。

   C. 决定历史命运的不是秦皇汉武、唐宗宋祖，而是人民自己。

   D. 江山如此多娇，引无数英雄竞折腰。

4. 利用上下文的联系，把用于甲事物的词语巧妙地用于乙事物，这种辞格叫（　　）。

   A. 顶真　　　B. 仿词　　　C. 双关　　　D. 拈连

5. "农民们都说，看见这样鲜绿的苗，就嗅出白面包的香味儿来了。"这句话中使用的夸张类型是（　　）。

   A. 扩大夸张　　B. 缩小夸张　　C. 间接夸张　　D. 超前夸张

6. 以下属于语义双关的是（　　）。

   A. 东边日出西边雨，道是无晴却有晴。

   B. 我失骄杨君失柳，杨柳轻飏直上重霄九。

   C. 我躺着，听船底潺潺的水声，知道我在走我的路。

   D. 桑蚕不作茧，昼夜长悬丝。

7. 关于对偶与排比的不同，以下说法不正确的是（　　）。

   A. 排比是三项或更多项的平行排列，对偶只是两项的对称并列。

   B. 排比每项的字数可以不完全相等，对偶两项的字数必须相等。

   C. 排比几项的意义可以相反或相对，对偶两项的意义都是相同或相似的。

   D. 排比常反复使用相同的词语，对偶力避字面的重复。

8. "严志和一见了土地，土地上的河流，河流两岸阴湿的涯田，涯田上青枝绿叶的芦苇，心上就漾着喜气"中使用了（　　）辞格。

   A. 拈连　　　B. 顶真　　　C. 层递　　　D. 反复

9. 以下说法不正确的是（　　）。

   A. 衬托有主次之分，对比无主次之分。

   B. 设问是有疑而问，反问是无疑而问。

   C. 对偶里的"反对"，从意义上来说同时也是对比。

   D. "燕山雪花大如席"既是比喻又是夸张。

10. "记忆是抹不去的，抹不去的是记忆"使用的修饰手段是（　　）。

参考答案

1. 顶真　2.C　3.A　4.D　5.D　6.C　7.C　8.B　9.B　10. 回环

第四节 语体

学习提示： 语体一节要求较低，往年几乎从未考过，若有出现也仅限于判定语体类别、填写语体名称，少有更深层次的考查，故略去"理框架"与"划重点"部分。

 解习题

思考和练习十

扫码听知识精讲

1. 什么是语体？

语体是为了适应不同交际需要而形成的语文体式，它是修辞规律的间接体现者。

2. 公文语体和政论语体各有哪些特点？举例说明。

公文语体的特点是明确性、简要性和规格性。明确性是指公文语体所要求的时间、地点、数量、范围等方面必须写明确，避免发生歧义和误解。例如《中华人民共和国宪法》规定："中华人民共和国年满十八周岁的公民，不分民族、种族、性别、职业、家庭出身、宗教信仰、教育程度、财产状况、居住期限，都有选举权和被选举权；但是依照法律被剥夺政治权利的人除外。"简要性是指公文语体的内容必须扼要、清楚、通顺，指出问题和争论之所在；不能废话连篇，离题万里。例如《征兵工作条例》规定："部队应该派思想好、政策观念强并有一定组织能力的干部和医务人员，组成精干的临时接兵机构，做好接兵工作。"规格性是指公文语体有固定的格式，不能随意更改。例如命令、通报、决议之类的标题、编号、发文日期有一定的格式。

政论语体的特点是宣传鼓动性和严密的逻辑性。宣传鼓动性是指其观点明确，旗帜鲜明，论述带有强烈的思想感情。例如毛主席说："人民，只有人民，才是历史发展的真正动力！"严密的逻辑性是指其论证问题采用逻辑思维兼顾形象思维的方法，把科学的论证和形象的描绘结合起来，使论点突出，论据充分有力，论证周到严密，以理服人。例如毛主席说："调查就像'十月怀胎'，解决问题就像'一朝分娩'。调查就是解决问题。"

3. 文艺语体有几种类型？举例说明。

文艺语体可分为散文体、韵文体和戏剧体三类。散文体指小说、散文和特写等；韵文体指诗歌、词曲和快板等；戏剧体指话剧、歌剧和地方戏等。

举例略。

4. 比较下面两个例子，说明文艺语体、科技语体的主要特点。

①三株名松都在这里。"卧龙松"与"抱塔松"同是偃仆的姿势，身躯奇伟，鳞甲苍然，有飞动之意。"九龙松"老干槎丫，如张牙舞爪一般。若在月光底下，森森然的松影当更有可看。此地最宜低回流连，不是匆匆一览所可领略。（朱自清《潭柘寺戒坛寺》）

②细菌有三种主要形态：球形（球菌）、杆形（杆菌）及螺旋形（螺旋菌）。但在这三类之间，还有许多不显著的过渡形态。细菌的形体虽然如此之小，但各类细菌间，其体积的差别很大。最小的杆菌，长约0.5微米，宽约0.2微米；一般杆菌为2×0.5微米。（李杨汉《植物学·细菌》）

例①是文艺语体。文艺语体的特征是语言的描绘具有形象性和情感性，努力追求艺术化。例②是科技语体。科技语体的特征是语言表达具有精确性和严密性，不追求艺术化。

5. 绘制一个简表，说明四种语体及其风格。

略

练习题

1. 在一段文字中接连使用同类或异类辞格，这是辞格的（　　）。
   A. 兼用　　　　B. 连用　　　　C. 套用　　　　D. 借用
2. "巧云十五岁，长成了一朵花"使用的修辞手法是（　　）。
3. "莫道此河无鱼钓，俺不钓鱼钓时间"使用的修辞手法是（　　）。
4. "写稿子用不了多少心血，只是蚊子多，用了不少身血"使用的修辞手法是（　　）。
5. "这种文章让人没有胃口看下去"使用的修辞格是比喻。（　　）（判断）
   　　　　　　　　　这里使用的是"胃口"的比喻义，不是比喻手法。
6. "他的自尊像弹簧，谁碰一下，就蹦得很高。"这句话使用的辞格是（　　）。
7. "春天不知不觉地悄悄来了"运用的修辞格是（　　）。
8. "这地真肥啊，插根筷子都能长苗"运用的修辞格是（　　）。
9. 联想电脑的广告词"世界失去联想，将会怎样？"运用的修辞格是（　　）。
10. 根据想象把物当作人写或者把人当作物写，或者把甲物当作乙物写，这种修辞法叫（　　）。

参考答案

1. B　　2. 暗喻　　3. 拈连　　4. 仿词　　5. ×
6. 比喻　　7. 拟人　　8. 夸张　　9. 双关　　10. 比拟

跋

这本小书从校门里写到校门外，终于在参加工作一年多后完稿了。忘记了有多少个夜晚，自己一个人在办公室埋头撰稿至凌晨三四点，事毕出门，非但不觉疲乏，反倒有吐尽胸中块垒之感。

这本书与市面上的同类参考书最大的不同，即在于有课内知识与课外知识的关联，而这对学生了解现代汉语这个学科，过后再掌握教材所言，有极大的裨益。

感谢联系我、给我机会的泽华老师，感谢耐心细致的审校汪奇卉老师、书宁老师，感谢为这本书的出版付出心力的各位幕后的老师们。尤其要感谢在我撰稿期间，一直指点我、督促我、鼓励我、宽限我的策划编辑李梦雨老师，我们于 2021 年 10 月在北京聚首，后联络频繁，已然是工作上互相沟通、理解的战友了，没有她就没有这本书的诞生，在此向她致以深深的敬意与谢意！

若鄙作能助各位学弟学妹蟾宫折桂、金榜题名一臂之力，将会是笔者的一大荣幸！

笔　者

2023 年 3 月 29 日

中山大学相山